RICHARD SUCHENWIRTH

MARIA THERESIA

EIN KAISERLEBEN

Gemälde von Martin van Meytens, wiedergeg. im Stich
von Leopold Schmittner
Aus dem Bildarchiv d. Öst. Nationalbibliothek, Wien

RICHARD SUCHENWIRTH

MARIA THERESIA

EIN KAISERLEBEN

DRUFFEL-VERLAG

LEONI AM STARNBERGERSEE

Umschlagentwurf: Florian Urich

Internationale Standard-Buchnummer

ISBN 3 8061 0691 6 (Broschur)

1975

Satz, Druck und Bindearbeiten: Sellier GmbH Freising — Printed in Germany

INHALTSVERZEICHNIS

VORWORT

Zu einer Zeit, da man die unmenschliche deutsche Wirklichkeit — Mauer, Stacheldraht und Todesstreifen, Minensperren und fernöstlich wirkende Grenztürme, die mitten im Herzen Deutschlands das Land in zwei Teile teilen — kaum ertragen kann, sucht man in früheren Zeiten der deutschen Geschichte Trost und Erbauung. Die nun schon fast 30 Jahre dauernde deutsche Teilung erscheint so widersinnig, so von außen aufgezwungen, gänzlich unverständlich, ohne daß man doch zur Zeit auch noch die geringste Hoffnung auf deutsche Wiedervereinigung erkennen kann.

Aber der Blick in die Vergangenheit bietet keine Idyllen. Wenn man vor dem wohl authentischen Bild Rudolf von Habsburgs im Dom zu Speyer steht, eines unserer glückhaftesten und erfolgreichsten deutschen Könige, ahnt man von der ungeheuren Last, Mühe, Sorge und Verantwortung, vor der auch unsere Vorfahren immer wieder standen. Es ist das Bild eines fast bis zum Unerträglichen leidenden Menschen. Die deutsche Geschichte war immer Kampf und nicht nur nach außen. Immer wieder gab es aufeinanderprallende Gegenströmungen, ja man könnte sogar sagen deutsche Teilungen: Zentralgewalt gegen Teilherzogtümer, der Kampf um das Primat zwischen Kirche und Kaisertum, hie Welf, hie Waiblinger, Städtebünde gegen Fürsten und Landesherrn, der freie Bauer gegen die Obrigkeit, evangelisches Christentum gegen Katholizismus, Reformation gegen Gegenreformation und schließlich der Kampf der beiden deutschen Großmächte Brandenburg-Preußen gegen Habsburg-Österreich. Verglichen mit den Energien und Opfern, die diese innerdeutschen, allerdings oft weit in die Welt hin ausstrahlenden Kämpfe gekostet haben, treten die Kämpfe mit den äußeren Feinden, den Ungarn, Westslawen, Mongolen, Franzosen und Dänen, Schweden und Türken fast zurück. Kaum einer der ungeheuren innerdeutschen Gegensätze konnte zu seiner Zeit harmonisch gelöst werden. An vielen von ihnen hat sich aber deutsche Wesensart und deutscher Geist bewähren können und bewähren müssen. Jeder dieser schrecklichen und unverständlichen, zu fanatischen Parteinahmen führenden Gegensätze hat auch Früchte reifen, Mannesmut, Überzeugungstreue, Heldentum und geistige Großleistungen erwachsen lassen.

Aus dem fruchtbaren Gegensatz Brandenburg-Preußen gegen Habsburg-Österreich erwuchsen zwei im Wesen unterschiedliche, aber in ihrer Art beides große deutsche Staaten, die sich um die Stabilisierung von Ost- und Südosteuropa über weit mehr als ein Jahrhundert hin, damit aber auch um die Ausbreitung von Kultur, Technik und Fortschritt, letztlich um eine Humanisierung dieser Welt in bestem Sinne hochverdient gemacht haben. Die Zeit ist im Grauen der letzten beiden Weltkriege über beide Reiche, das alte Preußen und das alte Österreich hinweggegangen.

Die Spuren dieser Reiche sind nicht nur in Gebäuden, sprachlichen Eigentümlichkeiten, einem Straßen- und Eisenbahnnetz gerodeter, trocken gelegter und kultivierter Länder erkennbar, sondern auch in der geistigen Welt unerschütterlich. Ein

Kant, ein Eichendorff, ein Kolbenheyer und ein Adalbert Stifter sind aus ihrer geistigen Heimat nicht zu vertreiben.

Das Leben der Kaiserin Maria Theresia entfaltete und gestaltete sich unter einem schier unerträglichen Druck, der besonders von ihrem genialen, vielleicht erfolgreicheren Widersacher, dem großen Friedrich ausgeübt wurde. Trotzdem oder vielleicht gerade deshalb wurde es so reich und voll — weil dies einer großen Kaiserin Gelegenheit gab, aber auch sie zwang, all ihre Fähigkeiten zu entwickeln.

Der Autor dieses Buches, mein vor zehn Jahren verstorbener Vater, nimmt Partei für diese großartige Frau. Er tut dies aber in Bewunderung vor der Größe Friedrichs, der ja in mancher Hinsicht der Sieger geblieben ist. Er tut es vor allem im Bewußtsein der uns immer wieder auferlegten furchtbaren innerdeutschen Spannungen, die so viele unserer Kräfte verzehren, also vom großdeutschen Standpunkt, vielleicht manchmal auch vom Standpunkt des „größeren Deutschland" aus, wie es Constantin Frantz gefordert hat.

Das Buch, aus einer Vorlesung an der Universität München 1943/44 entstanden, ist dem Andenken des in russischer Kriegsgefangenschaft verstorbenen Sohns und Bruders Harald gewidmet. Der Herausgeber, selbst akademischer Lehrer in einem ganz anderen Bereich, fühlt sich mit diesem Buch doch innerlich besonders verbunden. Ich hatte das Glück, als Student meinem Vater dabei vielerlei Handreichungen tun zu dürfen und an der Entstehung Phase für Phase teilzunehmen. Es ist daher nicht nur für mich, sondern auch für die Schüler meines Vaters dankenswert, daß dieses Buch zum 10. Todestag meines Vaters herausgebracht wird und damit das bis dahin unveröffentlichte Werk vor dem Vergessen bewahrt.

Prof. RICHARD M. A. SUCHENWIRTH Kassel, im Januar 1975

ERBE UND JUGEND

DAS VÄTERLICHE ERBE

Das Europa des achtzehnten Jahrhunderts ist ein mannigfaches Gebilde von überquellenden Kräften des Geistes und der Tat. Noch herrscht zu seinem Beginn das monumentale Zeitalter des Barock, baufreudig und farbenselig, in jedem Ausdruck von Kunst und Leben stark, ja überschwenglich, das Dasein bejahend und doch dem Jenseits verbunden. Mit einem dichtesten Wurzelgeflecht ist es in der Vergangenheit, in Brauchtum und Überlieferung verankert. Die verstandesstarken Kräfte der Aufklärung, die das Leben ernüchtert und auf die diesseitigen Zwecke verweist, sind erst von Westen her im Anzug. Aus England und Frankreich herkommend erfassen sie zunächst das evangelische, viel später dann das katholische Deutschland. Von Westen nach dem Osten, von Norden nach dem Süden nehmen diese Ideen ihren Weg.

Im Zeichen des Barock, aber auch der Aufklärung entfaltete sich eine lebensfreudige Zeit, wohlhäbig, sobald eine längere Friedensdauer Möglichkeiten bot, die reichen Gaben von Ackerbau, Gewerbefleiß und Handel in Ruhe zu verwerten. Die Kriege dieser Zeit haben die Schrecknisse des Dreißigjährigen Krieges oder der Raubkriege zum großen Teil verloren, so ausgedehnt etwa auch der Schauplatz des Spanischen Erbfolgekrieges war und so lang er auch dauerte. Aber schon die beiden Türkenkriege Karls VI. wurden fernab der großen Schauplätze der abendländischen Geschichte ausgefochten und waren schnell überstanden.

Sooft immer von 1700 bis 1740 die Waffen aneinanderschlugen, Europa machte einen stabilisierten Eindruck. Ausgeprägte staatliche Gebilde standen sich gegenüber und durch die Friedensschlüsse von Utrecht und Rastatt am Ausgang des Spanischen Erbfolgekrieges sowie nach dem Ende des Nordischen Krieges stellt sich uns ein konsolidiertes System der Großmächte dar, das von den Seemächten, England voran, angestrebte Gleichgewicht der Mächte.

Allerdings war bei solcher Gestaltung auch der stolze Überschwang ausgeklungen, der noch das zu Ende gehende siebzehnte Jahrhundert beherrscht hatte: Ludwigs XIV. Hoffnung auf eine französiche Beherrschung Mitteleuropas ebenso wie der kühne Kaiser- und Papst-Traum einiger glücklicher Jahre im großen Türkenkriege, es könnte das Kreuz auf der Hagia Sophia wieder aufgepflanzt und mit der Austreibung der Türken aus Europa auch das eine ungeteilte Kaisertum, ja vielleicht das ungeteilte Christentum, wieder errichtet werden. Mit diesem Überschwang zugleich aber verrann in der eingetretenen Ernüchterung auch die schöne Hoffnung auf eine Wiedervereinigung der beiden abendländischen Bekenntnisse, welchem Ideale Leibniz Bemühungen gewidmet hatte.

Im Bilde der damaligen Zeit drängen sich auf dem Kontinent, immer noch einander widerstrebend, Habsburg und Bourbon vorerst dem Blick des Betrachters auf, nun, im Zeitalter der Staaten, besser Österreich und Frankreich zu nennen.

Immer noch war die französische Macht, die im Spanischen Erbfolgekriege eine so große und militärisch hervorragend geführte Koalition ohne Einbußen bestanden hatte, kraft der Volkszahl, des Gewerbefleißes ihrer Bewohner und der unerhörten Fruchtbarkeit des Bodens, aber auch dank ihrer zentralistischen Einrichtungen und eines alle Kraftanstrengungen des Staates begünstigenden Patriotismus und nationalen Selbstgefühls, die erste auf dem europäischen Kontinent. Frankreich hatte sich durch die Verpflanzung der Bourbonen nach Spanien einen Sekundanten gesichert, der, obwohl nicht mehr Großmacht wie ehedem, doch schon durch die Unermeßlichkeit seiner Kolonien und seinen politischen Ehrgeiz nicht zu verachten war. Dieses Spanien strebte mit französischer Unterstützung zäh und schließlich erfolgreich danach, sich in Italien auf Kosten der habsburgischen Macht Sekundo- und Tertiogenituren zu errichten und es fand auf die Dauer dabei keine Schwierigkeiten seitens der die Meere nicht ohne Einschränkung beherrschenden britischen Macht.

Von den früheren Großmächten war Schweden durch den Verlust seiner baltischen Provinzen an Rußland zur Ohnmacht herabgesunken. Polen, immer noch überaus ausgedehnt, ja bis in die Weiten des Dnjepr hineinreichend, konnte sich, innerlich aufgelöst, zu keiner Kraftanstrengung mehr ermannen. In seinem Osten aber erhob sich immer fühlbarer die russische Macht, ein Gigant der Ausdehnung nach, aber noch überaus dünn bevölkert und arm an Mitteln. Noch war dieses Rußland aus eigener Kraft nicht voll befähigt, sich mit der türkischen Großmacht zu messen. Noch nannte die Pforte große Teile des heutigen Südrußlands, darunter die ganze Krim, ihr eigen und durch die fliegende Kraft der Tatarenstämme drückte sie auf die russische Welt. Trotz ihrer Niederlagen gegen die Heere des Kaisers war die Türkei noch eine unverächtliche Macht.

Seit 1700 vermochten die Briten, die immer unverkennbarer auch die Macht Hollands, der zweiten unter den Seepotenzen, in die ihre aufsogen, die Rolle eines Schiedsrichters in Europa zu spielen. Unbedingt war dies dem Aufstieg des Weltreichs förderlich. Diese Rolle war erfolgverheißend, solang es auf dem Kontinent unversöhnliche Gegensätze, wie den zwischen den Häusern Habsburg und Bourbon gab. Durch seinen weit verzweigten Handel verfügte dieses England über reiche Mittel, die ständig von Hilfesuchenden in den europäischen Auseinandersetzungen angesprochen wurden und die britische Macht unaufhaltsam ansteigen ließen.

Der Staat aber, der als der historische Widersacher Frankreichs aufgekommen war, Österreich, hatte in Utrecht, wenn auch nicht die spanischen Kolonien und das Königreich selber, so doch die spanischen Nebenländer Mailand, Neapel und Sizilien sowie die Niederlande gewonnen. Hiedurch und durch den überaus glücklichen Ausgang des Türkenkrieges von 1716 bis 1718 war sein Staatsgebiet weit ausgedehnt und reich an Möglichkeiten für die Zukunft. Seine italienischen Besitzungen, aber auch die Niederlande, steuerten ihm größere Mittel zu, als die Monarchie bisher ihr Eigen nennen konnte. Immer noch war der Habsburger zugleich deutscher Kaiser und vermochte dadurch vor allem über die kleineren deutschen Staaten, die geistlichen Staatsgebilde, die Duodezfürstentümer und Grafschaften, über Reichsrittertum und Reichsstädte einen keineswegs zu unterschätzenden Einfluß auszuüben. Auch die größeren deutschen Fürstentümer konnten sich diesem nur mit französischer Unterstützung oder im Norden seit der Personalunion zwischen Hannover und England durch britischen Einfluß teilweise entziehen. Freilich, der größte unter diesen deutschen Staaten, Preußen, war durch eine vortreffliche Verwaltung im Innern bereits in die Lage gekommen, sich eigenständig im Bereich der Politik zu bewegen.

*

Eine weitläufige und herrliche Monarchie hatte die unter dem Vorsitz des Prinzen Eugen tagende Geheime Konferenz die Länder des Kaisers benannt. Worin nun bestand dieser Besitz? Was war seine Eigenart?

Die Karte von Europa läßt im achzehnten Jahrhundert als Österreich ein umfangreiches Gebilde mit zum Teil sehr wenig abgerundetem Grenzverlauf erscheinen. Dem geschlossenen Staatskörper sind in näherer oder weiterer Entfernung kleinste, kleine und größere Gebiete, Vorposten der Hauptmacht, vorgelagert. Wir haben es nicht mit einem einheitlichen, geballten Gefüge zu tun, wie dies bei Frankreich oder bei Spanien der Fall ist. Diese Habsburgermonarchie ist leicht angreifbar und nicht leicht zu verteidigen. Sie ist aber auch uneinheitlich. Denn dieses Reich der letzten Habsburger zerfällt in vier Ländergruppen, genauer gesagt gar in fünf. Da sind die deutschen Erblande, da sind die böhmischen Länder, da ist Ungarn und neben ihm Siebenbürgen, da sind als große Außenposten die italienischen Besitzungen und die Niederlande, die beide eine gewisse Sonderstellung einnahmen.

Der ursprüngliche Besitz des Hauses auf dem Boden der Monarchie sind die deutschen Erblande. Gerade die Stammlandschaften aber, aus denen sich die alemanische Dynastie zu ihrem weltgeschichtlichen Dasein erhoben hatte, der Sundgau im Elsaß und der Aargau in der heutigen Schweiz, waren schon lang verlorengegangen. Der Aargau fiel bereits 1415 mitsamt der Habsburg in die Hand der Eidgenossen und bald nach ihm auch der Rest des einstmals so stattlichen und hoffnungsreichen Besitzes südlich des Rheins. Den Sundgau und mit dazu die Grafschaftsrechte im Elsaß mußte Kaiser Ferdinand III. im Westfälischen Frieden den Franzosen überlassen.

Ging so der älteste Besitz verloren, immer noch reichten die deutschen Länder der Habsburger vom Oberrhein und vom Bodensee bis zum Ausklingen der Ostalpen und bis zum Gestade des Adriatischen Meeres; hier gehörte ihnen das wichtige Triest seit über dreihundertfünfzig Jahren.

Den eigentlichen Erbländern war im Westen ein schwäbisch-alemannischer Streubesitz vorgelagert. Er reichte vom Bodensee, wo auf dem Nordufer die wichtigsten Orte und auf dem Südufer Konstanz österreichisch waren, bis zum Rheinknie sowie nordwestwärts bis zum Neckar und nordwärts bis zur oberen Donau. Er war reich an alten Städten, darunter die Waldstädte am Rhein, er umfaßte fruchtbare Gebiete, aber auch Teile des Schwarzwalds und des Schwäbischen Jura. Seine stärkste Kraft lag im Breisgau, wo Freiburg mit seinem weithin sichtbaren Dom Sitz einer Universität und starke Festung zugleich war, ein Schmuckkästchen, aber auch ein Bollwerk des Reiches gegen den unruhigen französischen Nachbar. Dieser Streubesitz an wohlständigem altdeutschem Land durchsetzte Südwestdeutschland und hielt es im Bannkreis der habsburgischen Reichspolitik. Die Vorlande oder Vorderösterreich wurde er genannt, wobei letzterer Name auch Tirol und die Grafschaften westlich des Arlbergs mitumfaßte, zumal diese Gebiete mit der Tiroler Verwaltung eng verknüpft blieben.

Diesen Landsplittern und kleinen Gauen stand der weitaus größere und, wenn auch mit tiefen Einschartungen, geschlossene östereichische Landbereich in den Ostalpen gegenüber. Es waren die Herzogtümer ob und unter der Enns, das eigentliche Österreich, welche beiden Länder seit dem Gelingen des großartigen Betrugs, den Herzog Rudolf IV., der Stifter, mit der Fälschung der großen Freiheitsbriefe begangen hatte, Erherzogtümer hießen. Es waren ferner die Herzogtümer Steiermark, Kärnten und Krain, es war die gefürstete Grafschaft Tirol und Vorarlberg, es waren endlich die Gebiete am Karst, die Triest, Görz und Gradisca umfaßten.

Die im engeren Sinne österreichischen Herzogtümer sowie die Steiermark und Krain waren der erste, schon 1282 durch Rudolf von Habsburg seinem Hause zugewandte Besitz auf dem Boden der nachmaligen

Monarchie. 1335 fiel der Dynastie Kärnten, dann 1363 Tirol, 1368 der Breisgau, seit 1375 die Grafschaften westlich des Arlbergs, 1382 Triest zu.

Alle diese Gebiete besaßen ihre eigene Vergangenheit. Die Erzherzogtümer und Herzogtümer waren starke eigenständige Gebilde mit eifersüchtig gehüteter Landesverfassung und ausgeprägtem Sonderbewußtsein. Oberösterreich fühlte sich deutlich von seinem Bruderland Niederösterreich unterschieden, und selbst das herkömmlich treue Tirol, hatte gelegentlich der Verhandlungen über die Annahme der Pragmatischen Sanktion einen Seufzer der Kränkung darüber ausgestoßen, daß dem Lande künftig eine eigene habsburgische Linie, wie man sie in der Innsbrucker Hofburg mehrmals und durch längere Zeit gesehen hatte, nunmehr vorenthalten bleiben würde.

Bildeten die Herzogtümer und Grafschaften somit ein Bündel von Besitzungen, deren jedes konservativ seine Eigenstellung wahrte, so bestanden doch zwischen ihnen gruppenweise natürliche Verbindungen, die sie zu größeren Einheiten zusammenschlossen. Dies hat sich schon bei den einstigen Länderabteilungen im Hause Habsburg geoffenbart.

Die schwäbisch-alemannischen Vorlande hatten mit Tirol die Südwestlage gemeinsam. Die Grafschaften, westlich des Arlbergs, die heute Vorarlberg heißen, stellten die Brücke zwischen Tirol und dem Bodensee und damit zum habsburgischen Schwarzwald dar. Man weiß, wie eng für Maximilian, den großen Freund Tirols, die Namen Augsburg und Innsbruck miteinander verbunden waren. Tirol und die Vorlande bildeten das südwestdeutsche Bollwerk der habsburgischen Macht in Deutschland, aber sie waren auch ein solches für die Wacht am Rhein gegen Frankreich und allezeit zudem das Aufmarschgebiet gegen Italien, der feste Halt zu beiden Seiten des Brennerpasses, wenn die Franzosen von Oberitalien aus zur Donau durchstoßen wollten.

Als Innerösterreich wurden die Herzogtümer Steiermark, Kärnten und Krain sowie die Karstländer mit der Meerstadt Triest zusammengefaßt. Innerösterreich, denn sie lagen innerhalb der Ostalpen und waren nur durch den Pötschenpaß, den Pyhrnpaß und den Semmering, Einbuchtungen in den Bergmauern der oberösterreichischen und der steirisch-niederösterreichischen Alpen, mit den Donauländern verbunden. In diesem Innerösterreich, vorweg in der Steiermark und in Kärnten, dröhnten an den Bergwässern die Hämmer der Eisenwerke, die von den beiden Erzbergen lebten. Es war die Rüstkammer Österreichs, eine Quelle von Wohlstand.

Innerösterreich beherrschte im Süden die Zugänge ins Friaulische, die Kärntner Saumwege über die Karnischen Alpen und die Straße über Pontafel und Tarvis. Die größeren Flußläufe von Innerösterreich, Raab, Mur, Drau und Save, wiesen nach Ungarn, nach Kroatien und Slawonien. Jedoch dieser Ostflanke kam nur eine defensive Bedeutung zu. Das östliche

Oberitalien war es, wohin sich Innerösterreich in Angriff und Aufnahme meist gerichtet fühlte.

Für das eigentliche Österreich, die beiden Erzherzogtümer, die durch die Enns voneinander getrennt waren, tat sich der östliche Horizont auf. Die Donau wies nach der ungarischen Tiefebene. Die beiden österreichischen Länder waren eigentlich eins. Nur allmählich hatte sich Österreich, zu dem übrigens das sogenannte Innviertel noch nicht gehörte, zu eigener Landesgestalt erhoben. Ober- und Niederösterreich bildeten den Kern der österreichischen Monarchie. Von hier aus erfolgte die Begründung des Gesamtreichs, und Niederösterreich stellte den ungefähren Mittelpunkt der habsburgischen Macht dar.

Diese alten Erbländer der Habsburger, von einer österreichischen Hofkanzlei regiert, waren voneinander durch Mauten und Zölle aller Art geschieden. Sie waren, obwohl allmählich zu einem Bewußtsein der Zusammengehörigkeit gelangt, organisatorisch kaum über die Zeit des Kaisers Maximilian hinausgelangt. In den einzelnen Ländern herrschte ein ständisches Regiment, vorweg ein solches des Adels und der hohen Geistlichkeit. Von einem wahren Verständnis für die Notwendigkeiten der Gesamtmonarchie war es noch weit entfernt und keineswegs bereit, größere Opfer zu bringen. Adel und Geistlichkeit waren zudem steuerfrei.

Weitaus an Reichtum und Umfang wurden diese Länder von den böhmischen übertroffen, unter denen — fruchtbar waren sie alle drei — Böhmen durch seinen Bergbau und die Bodenschätze, Schlesien aber durch den Gewerbefleiß seiner Einwohner, insbesondere durch seine Textilindustrie, hervorragte. Diese Länder, Böhmen, Mähren und Schlesien, waren im Jahre 1526 nach dem Untergang der schwachen Jagellonendynastie in den Besitz der Habsburger gelangt. Bis in die Zeit des Dreißigjährigen Krieges hinein hatten sie sich als widerspenstig, der landesfürstlichen Macht wenig zugänglich, erwiesen. Just in Böhmen war ja der Dreißigjährige Krieg mit einer weithin hallenden Tat der Auflehnung gegen die habsburgischen Landesherren emporgeflammt. Als aber die böhmische Rebellion in der Schlacht auf dem Weißen Berge zusammenbrach, hob sich die Geltung der landesherrlichen Gewalt. Die Rebellen und Widerspenstigen wurden gezüchtigt oder ausgetrieben. Ein an Stelle des zu großen Teilen emigrierten oder vertriebenen tschechischen Adels neu in das Land gerufener war von mannigfaltiger Herkunft, der Krone durchaus ergeben; er verzehrte seine Reichtümer als ein wahrer Hofadel. In den böhmischen Ländern zuerst hatte sich die Stellung der Habsburger zu absoluter Macht zu erheben vermocht.

Wie sehr aber war man selbst hier an das Hergekommene gebunden! Die Landesverwaltung blieb den Ständen überlassen, denen auch hier kein Antrieb zu besonderer Opferwilligkeit oder zu raschem Vollzug der aus Wien ergangenen Weisungen innewohnte. Noch waren auch diese Länder nicht durch einen einheitlichen Herrscherwillen durchorganisiert, wenn sie auch schon eine sie alle berührende böhmische Hofkanzlei besaßen. Es gab aber noch wunderliche Privilegien und Bräuche. Gelegentlich des preußischen Einbruchs in Schlesien z. B. erwies es sich als ein schweres Hindernis für die Verteidigung des Landes, daß die Hauptstadt Breslau das Recht besaß und dieses selbst im Augenblicke der Bedrohung für sich in Anspruch nahm, in ihren Mauern keine Truppen aufzunehmen, vielmehr selbst für ihre Verteidigung Sorge zu tragen.

Auch die böhmischen Länder konnten keineswegs im Rahmen ihrer Leistungsfähigkeit für die Aufgaben des Gesamtstaates herangezogen werden, so gewichtig sie in dessen Organisation waren, ja geradezu sein Rückgrat bildeten.

War es im Dreißigjährigen Krieg möglich gewesen, das starre unbeugsame Böhmen dem Willen seines Königs zu beugen, und der Wiener Zentrale zu unterwerfen, nicht so glücklich wurde das gleiche Bemühen der Habsburger im Königreich Ungarn. Hier hatte sich der Adel während des fünfzehnten Jahrhunderts daran gewöhnt — und nur das Menschenalter eines Matthias Corvinus machte davon eine Ausnahme — ein schwaches Königtum vor sich zu haben. Er war unruhig, empfindlich, leicht zur Erhebung geneigt. Die Beschaffenheit des Landes erschwerte es, Aufstände rasch niederzuwerfen, ehe sie sich völlig zu entzünden vermochten. Steppen, Wälder und Gebirge des ausgebreiteten apostolischen Königreiches machten die Fortführung eines Kleinkrieges auch nach verlorenen Schlachten leicht möglich, und der Ungar war an ihn gewöhnt. Über hundertfünfzig Jahre hindurch hatte zudem in Siebenbürgen ein selbständiges Fürstentum magyarischer Führung bestanden. Wie sehr es auch gegen Pforte und Kaiser zu einer zweideutigen Politik der Gefügigkeit gehalten war, es vermochte durch den Gegensatz der beiden Mächte zu leben, ja es hatte sich mehrere Male mit türkischer Förderung oder direkter Hilfe über die Grenzen des benachbarten kaiserlichen Ungarns ausgebreitet. Siebenbürgen blieb der Hort des ungarischen Selbständigkeitsdenkens.

In Wien wollte man auch das ungarische Königreich mit den übrigen habsburgischen Ländern zu einer Einheit zusammenfügen, das, was man nach der Unterwerfung Böhmens „den Ungarn böhmische Hosen anziehen" nannte. Stets aber stießen diese Bestrebungen auf den entschlossenen Widerstand des ungarischen Reichstags und, wenn er ausgeschaltet wurde, alsbald des Landes selbst, das sich um seinen kriegerischen Adel scharte. Ein Kreuzweg von Hindernissen und Zwischenfällen hatte den zentralistischen Willen des Kaisers — hier sind Rudolf II. und Leopold I. vor allem zu nennen —, den Kampf mit dem magyarischen Selbständigkeitsbeharren mit ganzem Einsatz durchzufechten, zu Fall gebracht, so dringend es für

Habsburg erforderlich war, das ungarische Königreich zu einem wirklichen Instrument seiner Macht umzuformen. Da war die Verwicklung des Kaisers in dem Glaubenskampf gewesen, da seine Schwierigkeiten mit den Ständen der deutschen Erbländer und denen der böhmischen Länder, da der Bruderzwist im Hause, da der Dreißigjährige Krieg, da die Frage des spanischen Erbes und endlich die alles andere überschattende, seit dem Jahre 1526 so gefährliche Nachbarschaft der Pforte.

Noch während des Spanischen Erbfolgekrieges hatte der Aufstand Franz II. Rákóczys die Monarchie bis in ihre Grundfesten erschüttert, und der langjährige Kampf war zum Schlusse doch nur durch eine Art von Kompromiß beendet worden. Wohl übten Zentralstellen der Monarchie, wie insbesondere der Hofkriegsrat und die österreichische Hofkammer, Einfluß auch in ungarischen Fragen aus, und wohl befaßte sich die Geheime Konferenz mit der gesamten Monarchie, also auch mit Ungarn und Siebenbürgen. Der herrscherliche Wille offenbarte sich seit dem glücklichen Ausgang der Türkenkriege (1699 und 1718) in bestimmterer Form, hatten doch die Ungarn noch während des großen Ringens die Erblichkeit der Königskrone im Mannesstamme anerkennen müssen (1687), während sie bisher in der Idee stets an ihrem Wahlrechte festgehalten hatten. Auch hielt die Krone das durch ihre Waffen gewonnene Siebenbürgen nunmehr von Ungarn getrennt. Dennoch blieb die Frage, wie das Verhältnis Ungarns zu den übrigen Ländern und zur Gesamtmonarchie sich gestalten sollte, eigentlich noch zu lösen. Zumindest aber mußte bewirkt werden, daß seitens des so widerspenstigen Reichstags ein angemessener Anteil an den Erfordernissen der Gesamtmonarchie übernommen wurde.

Die Niederlande — dies war im wesentlichen das heutige Belgien und Luxemburg — und die italienischen Besitzungen genossen eine Sonderstellung. Es gab für erstere einen eigenen Niederländischen Rat und ebenso für die italienischen Länder einen Italienischen Rat. Die Niederlande erschwerten jede stärkere Geltendmachung einer landesherrlichen Macht durch ein eifersüchtig gehütetes System von Privilegien. Sie mußten vorsichtig behandelt werden, leisteten dann aber immerhin einen Beitrag und der war groß genug. Ihr Besitz jedoch war belastet, einerseits durch das von den Holländern im Spanischen Erbfolgekrieg dem Kaiser abgepreßte Barriererecht, wonach diese in etlichen Festungen der Niederlande Besatzungen — darunter in sieben allein! — zu halten ermächtigt waren, andrerseits durch die Scheldesperre, die zum Vorteil der holländischen Häfen den Handel von Antwerpen lahmlegte. Weit den eigentlichen habsburgischen Ländern entlegen, waren die Niederlande schwer zu verteidigen. Gern hätte man daher diese Provinzen gegen das nahegelegene Bayern eingetauscht. Immerhin aber bedeutete ihr Besitz eine Bastion des Einflusses im nordwestlichen Deutschland, er bedeutete Anteil an den Geschicken Westeuropas, er war mit dem sehr starken Luxemburg, dem südlichen Pfeiler dieser Länder, eine Trutzstellung gegen Frankreich. Aber auch für den Glanz der Kaiserkrone war es nicht ohne Bedeutung, daß der vornehme Adel der Niederlande mit seiner burgundischen Tradition auf diese Weise an den Kaiser gebunden blieb.

Die italienischen Gebiete, die Lombardei, Neapel und Sizilien, bedeuteteten wertvolle Einnahmequellen für die Monarchie. Aus ihnen und aus dem übrigen Italien her ergoß sich ein Strom anstelliger, zum Teil hochbegabter Menschen aller Berufe, insbesondere aber der künstlerischen, nach Wien, wurde doch die habsburgische Herrschaft in Italien zur damaligen Zeit noch keineswegs als eine Fremdherrschaft empfunden.

*

Die österreichische Monarchie, die seit 1714 vierzehn Völker in ihren Grenzen beherbergte, war durchaus deutsch regiert. Im ungarischen Königreich war das Lateinische die Amtssprache. Der Adel des Reiches war von Ungarn, den Niederlanden und den italienischen Gebieten abgesehen, durchaus deutsch oder eingedeutscht. Selbst die tschechischen Adelsfamilien, die dem Schicksal der Auswanderung oder Austreibung während des Dreißigjährigen Krieges entgangen waren, hatten inzwischen das Deutsche als Muttersprache angenommen. Kennzeichnend dafür ist eine Eintragung des Grafen Franz Ulrich Kinsky aus dem Jahre 1670. Er verzeichnet, daß er in einem heftigen Streit mit seiner Frau, einer Gräfin Ursenbeck, geraten sei, „weil sie mein Böhmisch lächerlich fand und mich mit dem Narren Hansel zu vergleichen wagte; ich gab ihr, um diese Keckheit zurückzuweisen, einige Stöße mit dem Ellenbogen". Vor unseren Augen erblicken wir die sich vollziehende Eindeutschung am Beispiel der Herrenfamilie der Kaunitz. Schon der Großvater des berühmten Fürsten und Staatsmannes Maria Theresias war Reichsvizekanzler, und dessen Sohn war mit einer westfälischen Gräfin verheiratet. Dieser empfand es als eine Schikane, daß sein zweiter Sohn, eben der nachmalige Fürst, vom Domkapitel des Bistums Münster nicht zum Domherrn gewählt wurde, weil für ihn die erforderliche Zahl von deutschen Ahnen nicht beigebracht werden konnte.

Der erbländische und böhmische Adel der Monarchie verfügte über gewaltige Einkünfte und vermochte einen fürstlichen Aufwand zu führen. Der ungarische konnte es aber mit ihm zumindest aufnehmen. Von dem Freiherrn von Grassalkowitsch wird berichtet, daß er gelegentlich eines Besuches der Kaiserin auf seinem Schlosse, der im August stattfand, der Monarchin das Vergnügen einer sommerlichen Schlittenfahrt geboten hätte, indem er ungeheure Massen Salz auschütten ließ.

So manches der Geschlechter dieser Länderprovinzen war von den Kaisern in den Reichsfürstenstand erhoben worden.

Neben dem Adel der Monarchie treffen wir in Wien den vornehmen Reichsadel. Er ist im Heere, aber auch in der Staatsführung vertreten, zumal sich ja die Reichskanzlei, das Amt des Reichsvizekanzlers, und der Reichshofrat in Wien befanden. So streng der Kaiser für seine Erblande und die böhmischen Länder am Katholizismus festhielt, sein Dienst stand auch evangelischen Adelsherren offen.

Noch immer griff das kaiserliche Ansehen weit in das Reich hinein. Kein deutscher Hof konnte sich mit dem von Wien messen, wie andererseits der Stolz dieses Hofes sogar als „hauteur d'Autriche" sprichwörtlich war. Noch konnte die junge Monarchie durch das Ansehen der Kaiserkrone für die ihr zu bewältigende einzigartige Aufgabe, ein Konglomerat von Völkern zu organisieren, mannigfaltige Stärkung gewinnen. Indessen, es ließ sich nicht verkennen, daß die deutsche Basis Oesterreichs, sein Besitz an Reichsboden, seit der Mitte des sechzehnten Jahrhunderts keine Verstärkung mehr erfahren hatte. Während der nichtdeutsche Besitz der Monarchie durch den glücklichen Ausgang der Türkenkriege und des Spanischen Erbfolgekrieges sehr vermehrt wurde — die Niederlande konnten ja kaum mehr als ein deutsches Land angesehen werden — war der deutsche im siebzehnten Jahrhundert durch den Verlust des Elsaß 1648 und der beiden Lausitzen 1635 empfindlich beeinträchtigt worden. Überblickt man den gesamten Zeitraum des sechzehnten und siebzehnten Jahrhunderts, so fällt es auf, wie durch die Weltsorgen Karls V., ferner durch die Erwerbung der ungarischen Sorgenkrone seitens Ferdinands I. und die damit unvermeidlich verbundene Auseinandersetzung mit den Türken der habsburgische Landerwerb im deutschen Südwesten aufgehört hat. Wie geduldig und erfolgreich hatte er sich einst auf dem zersplitterten Boden des ehemaligen Herzogtums Schwaben von Stück zu Stück Landes vorgetastet. Irgendein anderes deutsches Gebiet jedoch gelangte in diesem ganzen Zeitraum nicht zur Erwerbung. Es fehlten die habsburgischen Ehen mit deutschen Fürstenhäusern außer den Wittelsbachern, und so wurden keine neuen Erbansprüche begründet. Der stillschweigende Landerwerb im deutschen Südwesten war zugunsten der Erwerbung imposanter (die böhmischen und die ungarischen!), aber auch zum größten Teile fremdsprachiger Länder in Vergessenheit geraten.

Da nun das siebzehnte Jahrhundert eine so erhebliche Minderung an Reichsgebiet für das Kaiserhaus gebracht hatte, so bestand für dieses umso gebieterischer der Zwang, den noch vorhandenen Besitz auf Reichsboden zu bewahren. Das ohnehin beeinträchtigte Ansehen der Kaiserkrone vertrug eine weitere Verminderung der deutschen Hausmacht des Kaisers nicht. Auch aus diesem Grunde hatte Österreich die seinerzeitigen Ansprüche des Großen Kurfürsten auf die schlesischen Herzogtümer Brieg, Liegnitz und Wohlau sowie auf Jägerndorf nicht durch eine Landabtretung abgelten können.

*

Vergleicht man das ungleich größere Habsburgerreich mit der jungen preußischen Monarchie, so springt ins Auge, daß es weit weniger einheitlich war; daß es organisatorisch weit lockerer gefügt dastand; daß die Leistungsfähigkeit seiner Länder ganz erheblich geringer für die Bedürfnisse des Staates in Anspruch genommen wurde.

Der letzte Habsburger, Karl VI., besaß eine Vorliebe für kommerzielle Fragen. Manche verdienstliche Förderung von Handel und Wandel in Österreich ging von ihm aus. Aber alles, was er hier erstrebte und erreichte, blieb Einzelstück. Die Tiefe der von ihm beherrschten Länder und das Los der Gesamtmonarchie wurden dadurch nur wenig beeinflußt. Ganz anders stand es um die Leistungen des gleichzeitigen Friedrich Wilhelm I. von Preußen. Sie griffen staatsorganisatorisch weithin aus. Dessen Regierung wurde auch dem einfachen Untertanen fühlbar, und sie vermochte das höchste Maß von Leistungen für den Staat herauszuholen, das erzielte Erträgnis aber sparsam und vortrefflich zu bewirtschaften.

Gewiß verfügte Preußen gegenüber der österreichischen Monarchie über manchen Vorsprung der Begünstigung. Es breitete sich in der Ebene aus, es war nicht über hochragende, noch wenig erschlossene Gebirge ausgedehnt, wo im Winter die verbindenden Pässe in tiefen Schnee gehüllt waren, es umspannte nicht eine solche Weite, die zu durchdringen war, wie in Österreich. Fast nur eine deutsche Bevölkerung lebte in den preußischen Provinzen, und was der Spinnenleib der Staatsfiguration an Nachteilen in sich schloß, wurde durch die politische Gunst der geographischen Lage ersetzt.

Schon dem Staatswesen des Großen Kurfürsten war sie zugute gekommen und hatte seine Schaukelpolitik ermöglicht: die Manövrierfähigkeit zwischen dem Kaiser und Frankreich und den Wegfall jeder lebensgefährlicher Bedrohung.

Die Wiener Politik besaß mit den beiden Erbfeinden, den Türken und Franzosen, an der Seite nur eine geringe Bewegungsfreiheit. Sie mußte mit der herkömmlichen Mißvergnügtheit des mächtigen magyarischen Adels rechnen und somit Kämpfe in der Nähe ihrer Kernlande gewärtigen.

In den kaum siebzig Jahren nach dem Westfälischen Frieden hatten die Türken Wien auf Leben und Tod belagert, waren dann die Scharen von Rákóczy unter fürchterlichen Plünderungen an die Hauptstadt herangekommen.

Preußen nahm kriegerische Verwicklungen schon unter dem Großen Kurfürsten aus freier Wahl auf sich, und sie hatten nicht einmal bei dem schwedischen Einfall von 1675 einen lebensgefährlichen Charakter getragen. Es griff in die großen europäischen Verwicklungen als Subsidiarmacht ein und gewann dabei Geld, Ansehen und Landbesitz, wenn dieser auch nur gering war.

Der Kaiser, den neben den Sorgen und Notwendigkeiten seines eigenen Staates auch die Hypothek der erhabenen Reichskrone belastete, konnte im Zeitraum von 1648 bis 1740, also in zweiundneunzig Jahren, nur zweiunddreißig Friedensjahre genießen, wobei wir die Jahre des Kleinkrieges in Ungarn gegen Emmerich Thökölly verständigerweise unter die Kriegsjahre zählen. Aber selbst innerhalb dieser zweiunddreißig Friedensjahre waren d i e selten gezählt, die eine völlige Entspannung mit sich gebracht hätten.

Der ostelbische Deutsche fügte sich leichter einer durchgreifenden Organisation als der Alemanne und der Bajuware, die stammesmäßig das Hauptgewicht der deutschen Bevölkerung Österreichs darstellten. In Preußen gab es zudem keine so hochmögenden Stände wie in den deutschen Erblanden und in den böhmischen Ländern, von Ungarn ganz zu schweigen. Ein zäher Konservativismus stand in Österreich Reformen im Wege, während in Preußen der bereits zum Durchbruch gelangte Geist der Aufklärung die staatlichen Gerechtsame, die schließlich dem bürgerlichen Wesen mehr dienten als dem adeligen, begünstigten.

Das Österreich Karl VI. aber lebte trotz mancher rationalistischer Züge und fühlbarer Vorstöße eines schon rationalen Katholizismus jansenistischer Prägung noch durchaus im Geiste des Barocks. Zusammengefaßt: Man verstand sich in Preußen besser auf die Möglichkeiten, die dem jungen Staate gegeben waren, während man in Österreich, ständig in die Aufgaben der großen Politik verwickelt und von Finanznot geplagt, seine eigene Stärke nicht sah.

*

Mittelpunkt des Staates als der Sitz des Hofes und der höchsten Behörden war Wien. Noch stellte sich zur damaligen Zeit die Stadt wehrhaft dar, von Wällen und Gräben umgeben, von Bollwerken beschirmt, zur Verteidigung bereit, ein ragender Posten gegen die Gefahren aus den Weiten des Ostens her, an dessen Rand sie lag. Sicherheitshalber war 1706 selbst zum Schutze der inneren Vorstädte ein Linienwall errichtet worden.

Seit dem glücklichen Ausgang der Türkenbelagerung 1683 hatte sich eine mächtige Bautätigkeit entwickelt und manches gotische Bürgerhaus, manches aus der Zeit der Renaissance mußte fallen, um den aufschießenden Adelspalästen Platz zu machen, die für die neue Machtstellung der Habsburger charakteristisch waren. Zerstörungen aus der Belagerung her erleichterten diese Entwicklung. Auch die Bürgerhäuser wurden nun stattlicher, ja man faßte oft mehrere alte zu einem zusammen. Das Bürgertum verdiente gut, riß doch der Strom derer nicht ab, die sich am Sitz des Kaisers Vorteile, Rechte und Glück erringen wollten, Fürsten, Gesandschaften, Adelige aller Völker, Krieger, vornehme Reisende. Handwerk und Gewerbe hatten an ihnen, an diesem anspruchsvollen und zur Verschwendung bereiten Fremdenstrom, schöne dauernde Einnahmen. Hiezu kam der ungeheure Aufwand des Hofes selbst, seine Bautätigkeit, sein Leben, seine Ausgaben für Putz und Kleidung, für Schmuck und Juwelen. Die hohen Adelsgeschlechter suchten hinter dem Herrscherhause nicht zurückzubleiben und so fand das Handwerk im Barock goldene Zeiten.

In das Korsett ihrer Umwallungen eingeschnürt, schmiegte sich die Stadt um die Kirchenbauten, den grauen Stephansdom in der Mitte, dessen schlanke Pyramide den Reisenden von weitem schon die Residenz verkündigte. Uralt waren die Gassenzüge, uralt oft die Häuser. Großartig fügten sich in ihr Bild, allerdings mehr an den Rändern der Stadt erwachsen, die herrlichen neuen Adelspaläste, Jungkinder einer überschwenglichen Baukunst. Allesamt suchten sie die Nähe der Hofburg, die selbst mit den ihr zugehörigen Bauten von der Schaffenslust des Barock profitiert hatte, wenn auch das Herrscherhaus, wie Montesquieu feststellte, sich fast bescheiden verhielt.

Außerhalb der Mauern kündigten die Karlskirche, die Schlösser des Belvedere und das Palais Schwarzenberg das Ausgreifen der Bautätigkeit in das Gelände der Vorstädte an. In ihrer Nähe winkte der Lieblingspalast Karls VI., die Favorita.

Rasch erholte sich der Kranz der Vorstädte von den Bränden aus der Türkenbelagerung her. Hier war noch fröhliches Winzerleben zu Hause, in Sievering, in Hernals, in Ottakring. Selbst die heutige Josefsstadt war noch weithin von Weingelände erfüllt. Hernals, „heut ein Steinbezirk wie ein anderer auch", zog damals die Wiener durch seinen Kalvarienberg mächtig an, zu dem ein Kreuzweg durch die Alservorstadt her führte.

So präsentieren sich die habsburgischen Länder als Gebilde, in denen, wenn auch mit länderweisen Unterschieden, der Geist des Barocks lebendig ist. In diesem Geist war die Monarchie groß geworden. Ihn atmete ihr politisches Leben, ihre gesellschaftliche Struktur und ihr, durchaus noch von Jesuiten bestimmtes, an Andachten und Prozessionen, an Bruderschaften und Orden überreiches religiöses Leben. Ihn atmete die gesamte „weitläufige und herrliche Monarchie".

Sie war der Reform bedürftig. Niemand konnte es bestreiten. Noch niemand aber, auch nicht der große Eugen, hatte sie ihr zu geben vermocht. Wer sollte dazu bestimmt sein, das als notwendig erkannte „totum", das Einheits- und Gesamtgebilde, zu fügen?

DIE PRAGMATISCHE SANKTION

Kaiser Karl VI., der Vater Maria Theresias, ist der letzte Habsburger. Fast acht Jahrhunderte lang bewegt sich dieses Herrschergeschlecht auf der Bühne der Geschichte. Einmal schon, es war dies in der Zeit von Friedrich III. und Maximilian I., ist es dem Erlöschen nahe, blüht aber, von spanischem Blut gespeist, aufs neue auf. Dann ist es seit der Mitte des siebzehnten Jahrhunderts wieder mit dem Absterben bedroht, nicht nur in Madrid, sondern auch in Wien. Beide Linien neigen sich zum Grabe. Endlich gewinnt der Kaiser Leopold in einer dritten Ehe zwei Erben, die beiden Brüder Josef und Karl. Als aber der erstere, Kaiser Josef I., ohne Söhne stirbt und seinem Bruder Karl VI. keine überlebenden männlichen Nachkommen beschieden sind, steht das Haus vollends am Abgrund. Alle Seitenlinien oder isolierten Sprossen sind abgestorben. Seit 1700, da Karl II. von Spanien gestorben war, gab es auch keine spanischen Habsburger mehr.

Oft gepriesen, aber auch bis in unsere Zeit umstritten wie kaum ein anderes Herrscherhaus, haben die Habsburger dem Heiligen Reiche siebzehn Kaiser und Könige gestellt. Sie übernahmen die Krone unter ihrem eigentlichen Stammvater Rudolf im Jahre 1273, als bereits der Einsturz der Kaisermacht während der Regierung des letzten Hohenstaufenkaisers Friedrichs II. und vollends nach dessen Tod erfolgt war und eine kaiserlose Zeit an den Grundlagen des Reiches gerüttelt hatte.

In einer vorsichtigen Politik, die peinlich zu dem Glanze der hochmittelalterlichen Epoche kontrastierte, versuchten Rudolf von Habsburg und, nach einer Unterbrechung von zehn Jahren, sein Sohn Albrecht das deutsche Königtum zu neuen Kräften gelangen zu lassen. Sie wurden die Begründer der habsburgischen Macht in Österreich, wo man das alemannische Herrscherhaus zunächst als fremd empfand.

Als Albrecht ermordet wurde und Friedrich der Schöne gegen Ludwig den Bayern im Thronkampfe unterlag, blieben die Habsburger über hundert Jahre lang von der Krone ausgeschlossen. Erst 1438 gelangten sie wieder zur Kaiserwürde, genauer gesagt, zunächst zum Königstum. Von da an behielten sie beides bis zum Jahre 1740 in Besitz.

Dieses Kaisertum jedoch war nun reichsrechtlich das Kaisertum der Goldenen Bulle, ein Kaisertum über aufgelockertem Reich, auf brüchig gewordener Basis, das Kaisertum nach der Niederlage des Deutschen Ritterordens bei Tannenberg sowie nach den Erschütterungen und Demütigungen der Hussitenkriege, ein Kaisertum praktisch schon ohne Burgund und ohne mehr als formale Lehensrechte in Italien.

Es gelang den Habsburgern nicht, von dem brüchig gewordenen deutschen Hause die Hypothek der letzten Jahrhunderte hinwegzuräumen, indem sie der ungemein schwierig gewordenen Lage durch eine Reichsreform neuen Halt gegeben und die Zentralgewalt auf Kosten der überstark gewordenen Territorialmächte gekräftigt hätten. Die Reichsreform mißlang, einmal durch den allzu frühen Tod Albrechts II. (1439), zum andern durch die Hilflosigkeit und Tatenscheu seines Nachfolgers Friedrich III., zuletzt aber durch die Verwicklung des überlebendigen Maximilian I. in die imperialistischen Auseinandersetzungen seiner Zeit. Sie unterlag aber auch, weil das Eigenbewußtsein der Reichsstände überstark geworden war. Diese stellten zusammengeschlossen im Zeichen ihrer gemeinsamen partikularen Interessen eine für den Kaiser nicht mehr überwindbare Macht dar.

Mit der burgundischen Erbschaft Maximilians beginnt der Aufstieg Habsburgs zur eigenständigen Macht, der Weltmacht einer Familie. Während Maximilians immer tapferes Schwert nur geringe bleibende Gewinne zu erstreiten vermochte, war seine kluge Heiratspolitik unerhört vom Glücke begünstigt. Sie errang für seine Enkel Spanien mit dessen Nebenländern und unermeßlichen Kolonien und bereitete den 1526 erfolgenden Anfall der böhmischen und der ungarischen Krone vor. Man möchte ihn den zweiten Stammvater der Habsburger nennen.

Unter dem Weltkaiser Karl V. hatte das Haus die Höhe seiner Machtstellung erreicht. Indessen auch diesem Kaiser, in dem ein starkes Gefühl für seine Verpflichtung als Reichsoberhaupt lebte, wurde es unmöglich, die Krongewalt in Deutschland zu stärken. Ja, das Reich erlitt vielmehr eine empfindliche Einbuße, indem zu Ende seiner Regierung durch den bekannten Verrat des Kurfürsten Moritz von Sachsen die Städte Metz, Toul und Verdun in die Hand Frankreichs gelangten. Das Lebenswerk des größten Habsburgers scheiterte trotz seiner gewaltigen Machtmittel, weil sich der Kaiser im deutschen Glaubensstreite gegen Luther entschieden hatte und nun die ganze aus innersten Quellen gespeiste Kraft des jungen Bekenntnisses sich in Deutschland gegen ihn und in der Folge gegen die Habsburger überhaupt wandte, weil ferner alle Fürsten, ob alt-, ob neugläubig, zusammenstanden, um zu verhindern, daß die Gerechtsame des Reichsoberhauptes auf ihre Kosten gestärkt werden konnten. Zudem freilich, und dies blieb für alle Zeiten des habsburgischen Kaisertums bestehen, verwickelte die Sorge um seine eigenen Königreiche und Länder Karl V. in fortgesetzte Kriege und Spannungen, ja sie führte auch zu schmerzlichen Überschneidungen mit den Rechten und Interessen des Reiches.

Diese Verhältnisse blieben bestehen, auch als sich nach Karls Thronverzicht im Jahre 1556 endgültig eine deutsche Linie des habsburgischen Hauses gegenüber der spanischen eigentlichen Hauptlinie herausgebildet hatte. Im siebzehnten Jahrhundert wuchs die Devotion der deutschen Habsburger gegenüber dem katholischen Bekenntnisse, es wuchs ihre Beeinflussung durch den Jesuitenorden. Beide ließen es den Kaiser Ferdinand II. versäumen, im Dreißigjährigen Kriege rechtzeitig ein für seine kaiserliche Machtstellung gewiß sehr günstiges Kompromiß mit den Protestanten abzuschließen. So aber endete trotz der Schlacht auf dem Weißen Berge und der Erfolge Wallensteins der verhängnisvolle Glaubenskrieg mit weiteren Minderungen der kaiserlichen Autorität und mit Gebietsabtretungen an Frankreich und Schweden, von denen vor allem die ersteren eine unheilvolle Auswirkung auf die deutsche und die europäische Geschichte gewannen.

Wenn so das Habsburger Kaisertum uns schon durch den ganzen Zwang der Verhältnisse als mühselig und beladen erscheinen muß, wenn es dem allgemein gegen deutsches Fürstentum des Nachmittelalters und der Neuzeit gerichteten Vorwurf, die eigenen Sonderinteressen über das Gesamtinteresse gestellt zu haben, keineswegs ganz entgehen kann, sein Verdienst war es, die Türkengefahr gebändigt und fast gleichzeitig das aus innerster Kraft übergreifende Frankreich eines Ludwig XIV. in Schranken gewiesen zu haben. Als vollends am 1. November 1700 der letzte spanische Habsburger starb, verhinderte das energische Eingreifen des Kaisers, daß das gesamte Riesenerbe an Frankreich fiel. Geschah dies nicht, so wäre dieses zu einer ganz Europa überschattenden Macht emporgestiegen.

Aus der spanischen Erbschaft brachte Karl VI. im Frieden von Rastatt 1714 seinem Hause die Niederlande, Mailand, Neapel und Sardinien (dieses 1718 gegen das zunächst dem Herzog von Savoyen zugesprochene Sizilien eingetauscht) seiner Monarchie zu, die sich in dem sechzehnjährigen Türkenkriege durch die endgültige Eroberung Ungarns vollendet hatte. Karl, der seinem Bruder Josef um sieben Jahre nachstand, sollte ursprünglich den spanischen Thron besteigen und eine neue spanische Linie der Habsburger begründen, da beim Ausbruch des Erbfolgekrieges die Seemächte ihm als dem eigentlich Berechtigten das gesamte Erbe überlassen wollten. Nur der frühe Tod des söhnelosen Josef I. am 17. April 1711 war es, der Karl nach einem spanischen Königtum von acht Jahren der Sorgen und der Enttäuschungen zur deutschen Krone erhob, in die Heimat zurückführte.

Ungern genug. Der letzte Habsburger beging den schweren Lebensfehler, daß er sich mit Verlorenem nicht abzufinden wußte. In seltsamem Gegensatze zu seiner nüchternen Natur hing er dem romantischen Traum der spanischen Krone zu lange nach. Er duldete und finanzierte das gespenstige, aber schwere Nachteile nach sich ziehende Treiben der Spanier, die ihm aus Katalonien gefolgt waren. Er zollte ihnen eine Dankbarkeit, die in ihrem Übermaße und in ihrer Reichweite durchaus nicht zu rechtfertigen war.

Karl gehörte offenkundig dem schwerblütigen Typ des Habsburgerhauses an. Schon im Mittelalter begegnet uns dieser. Er wurde durch die Ehe von Maximilians Sohn Philipp mit Johanna der Wahnsinnigen verstärkt und trat von da an sehr häufig auf. Karl hatte nichts von dem Frohsinn und der schäumenden Lebenslust seines früh verstorbenen Bruders Josef, er war mehr dem Vater Leopold, dem stillen, ernsten, nachgeraten. Freilich, so wie dieser in den bekannten Briefen an den Grafen Pötting einen kernigen Humor an den Tag legte, so wußte auch Karl dort, wo er sich vertraulich gab, in Briefen an Eugen, an Guido Starhemberg, an den Grafen Wratislaw und etwa in seinem Abschiedsbrief an den von Wien abgehenden Reichsvizekanzler Graf Schönborn einen behaglichen, gemütlichen Ton zu finden, der kaum zu dem sonst überlieferten Bild der Gravitas paßt.

Seinem Äußern nach war der letzte Habsburger mittelgroß und schlank. Er hatte braune Haare und Augen sowie eine lange, fast gerade Nase. Nach Berichten von Augenzeugen wirkte der Kaiser sehr gemessen, zumal er streng auf die spanische Etikette hielt und immer ernst blieb. Jonathan Swift gibt dem König der Liliputaner in „Gullivers Reisen" die Züge Karls VI. Bei dem Achtzehnjährigen schon stellte übrigens ein scharfer Beobachter etwas hängende Wangen und Lippen fest, was wir weniger aus dem Gemälde von J. G. Auerbach als an dem von Martins de Meytens ersehen, wo es dem Antlitz einen ausgesprochen resignierten, fast zu sagen griesgrämigen Ausdruck verleiht.

Wir haben bereits auf Karls kommerzielle Interessen verwiesen. Nicht diese merkantilistischen Bemühungen sind Weltgeschichte geworden. Der Name Karl VI. steht in der Weltgeschichte als der des letzten Habsburgers und des Schöpfers der Pragmatischen Sanktion. Sein Vater Kaiser Leopold I. war dreimal verheiratet und hatte aus diesen Ehen sechzehn Kinder. Aber so heiß die männlichen Nachkommen ersehnt waren, nur zwei Söhne aus seiner letzten Ehe mit Eleonore von Pfalz-Neuburg, Josef und Karl, blieben ihm. Josef war mit Wilhelmine Amalie, Tochter des katholisch gewordenen Herzogs von Braunschweig-Hannover, verheiratet. Die Ehe erfüllte den Wunsch nach dem Erben nicht, seit ein 1700 geborenes Söhnchen kaum einjährig starb und die Hoffnung auf weitere Kinder bald danach entschwand. Es blieben also aus dieser Ehe nur zwei Töchter.

Karl selbst war, als er die Herrschaft nach seinem Bruder übernahm, noch ohne Kinder. In dieser Lage mußte sich dem Herrscher frühzeitig der Gedanke an seine eigene Nachfolge aufdrängen, obwohl er selbst erst knappe sechsundzwanzig Jahre alt war.

Ein gewisser Zwang, sich mit der ganzen Frage zu befassen, ergab sich auch aus der Rangordnung am Hofe. Denn hier bestand nun, wie der humorvolle böhmische Hofkanzler Graf Wratislaw feststellte, eine Hierarchia feminina. Da waren nach dem Eintreffen der jungen Gemahlin Karls in Wien zur gleichen Zeit drei Kaiserinnen, nämlich die Witwe Josefs und die Witwe des 1705 verstorbenen Kaisers Leopold I. Da waren aber auch vier Erzherzoginnen, zwei Töchter Josefs und zwei Töchter Leopolds. Unter ihnen konnten Reibungen wegen der Frage des Ranges nicht ausbleiben.

Karl hatte sich schon in Spanien Gedanken über seine Nachfolge gemacht. Wie, wenn auch er aus seiner welfischen Ehe nur Töchter, aber keinen Sohn erhielte? Vor seiner Abreise aus Spanien verfaßte er am 26. September 1711 in Barcelona ein Testament, das für diesen Fall die Nachfolge der ältesten und einzigen Tochter in beiden Monarchien, der spanischen, wie der österreichischen, vorsah. Diese Tochter gab es übrigens noch gar nicht.

Als Karl dies niederlegte, hatte er sich noch nicht zu der Erkenntnis durchgerungen, daß mit dem Tode seines Bruders Josef bei dem unverkennbaren Willen der Seemächte, die Zusammenballung der spanischen mit der österreichischen Monarchie und der Kaiserkrone nicht zu erlauben, das spanische Königtum für sein Haus unwiederbringlich dahin sei. Daß er überhaupt die Nachfolge seiner Tochter in beiden so ausgedehnten Herrschaftsgebieten für möglich ansah, offenbart ein Vertrauen in die Zukunft, das bereits als wirklichkeitsfremd, um nicht zu sagen naiv, anzusprechen ist. Sei aber, so sah das Testament weiter vor, von den Nachkommen Karls niemand mehr am Leben, dann sollten erst die Töchter Josefs und ihre Nachkommen, sodann die Töchter Leopolds und ihre Nachkommen die Nachfolge antreten. In allen Fällen nach den Gesichtspunkten der Primogenitur.

Die Sorge um das Erbe sollte den letzten Habsburger nicht mehr loslassen. Schon tauchte ja auch die Frage der Verheiratung der Töchter Josefs auf. Man weiß, daß Max Emanuel die älteste dieser Töchter für seinen Sohn Karl Albert wünschte, und man nahm diese Bewerbung in Wien sehr ernst, obwohl sich der bayerische Kurfürst damals noch in der Reichsacht und im Exil befand, war es doch das Jahr 1712 und der Spanische Erbfolgekrieg noch im Gange. Der Kaiser dachte bei diesem Plan, wobei er selbst die Initiative ergriff, an einen Eintausch Bayerns gegen die Niederlande, womit dem Ehrgeiz Max Emanuels geschmeichelt, dem Habsburgerhause aber unendlich genützt worden wäre. Die Verhandlungen scheiterten, doch wurden sie später wieder aufgenommen. Da aber sollte bereits der sächsische Kurprinz als Mitbewerber auftreten. Beide Male handelte es sich um die älteste Prinzessin, natürlich, denn die Brautwerber wollten ja auch den Anspruch auf das Erbe sichern. Der helle Sachse Friedrich August, war aus diesem Grunde vorausdenkend bereits katholisch geworden, freilich, man konnte nicht wissen, zunächst im Geheimen. Der Übertritt aber hatte die Jesuiten für seinen ehrgeizigen Plan gewonnen. Sie wirkten bei seiner Konversion mit und sie galten am Wiener Hofe noch immer sehr viel.

Dies alles waren Symptome der Lage und nicht gerade beruhigende, zumal der Kaiser noch immer über keinen Nachfolger verfügte. Schon bat der kroatische Landtag, und wir stellen staunend fest, wie österreichtreu die Kroaten damals waren, daß die weibliche Erbfolge auch für Kroatien festgesetzt werden möge, wenn eine solche die Länder Österreich, Steiermark und Kärnten besitzen würde.

So wurde denn die Geheime Konferenz mit dieser Frage befaßt, zumal die ehrgeizige Kaiserinwitwe Amalia den Kaiser brieflich gebeten hatte, das Unrecht zu beseitigen, daß ihre Töchter hinter den Töchtern des Kaisers Leopold rangierten. Im Frühjahr 1713 beriet die Geheime Konferenz, und niemand geringerer als der Prinz Eugen führte dabei den Vorsitz. Man wurde sich rasch schlüssig.

Bereits am 19. April 1713 fand die feierliche Versammlung von vierundzwanzig Ministern und Würdenträgern der Monarchie in der Geheimen Ratsstube der Hofburg statt. Nach Verlesung der älteren Pakte über die Erbfolge, in denen, da zur Zeit der spanischen Königshoffnungen für Karl abgeschlossen, noch ein Vorrecht der Töchter Josefs vor solchen Karls in Österreich vorgesehen war, ergriff der Kaiser das Wort und gab die folgenden Erbbestimmungen als eine immerwährende Satzung bekannt.

Die Erbkönigreiche und Länder sollten eine unteilbare Einheit bilden. Bei Karls Tod sollten sie seinen ehelichen, männlichen Leibeserben nach der Primogenitur verbleiben, ebenso unzerteilt aber bei Abgang des Mannesstammes auf seine Töchter kommen. Mangelten dem Kaiser aber überhaupt Deszendenten, so sollte das Erbrecht unter den gleichen Bedingungen auf die Töchter Josefs fallen, blieben auch diese ohne Nachkommen, dann auf die Töchter Leopolds und weiters auf die weiblichen Nachkommen anderer Linien des Hauses, immer unter der gleichen Geltung der Primogenitur.

Dieses Hausgesetz, das später die Pragmatische Sanktion genannnt wurde, war kein Geheimgesetz. Die anwesenden Würdenträger wurden sogar ausdrücklich ihrer Schweigepflicht entbunden.

Da ja, wie noch einmal festzustellen ist, der Kaiser bei der Verkündung dieses Gesetzes noch immer keine Nachkommenschaft besaß, war es zunächst ein Privileg für die Töchter Josefs, was auch die dankbare Freude der Kaiserinwitwe Amalia hervorrief.

Endlich am 13. April 1716 wurde dem Kaiser der ersehnte Leibeserbe geboren, aber er starb noch im gleichen Jahre. Nach diesem so schnell erdenflüchtigen Leopold aber kam dreizehn Monate später eine Tochter zur Welt, die Maria Theresia getauft wurde. Für sie traten nun die Bestimmungen der Pragmatischen Sanktion in Geltung.

Jetzt konnten die Töchter Josefs verheiratet werden. Noch 1717 trat der sächsiche Kurprinz öffentlich zum katholischen Glauben über und warb, hatte Bayern seine Werbung wiederholt, war der König von Sardinien, ein geschulter Länderspekulant, zu den beiden Bewerbern getreten. Der sächsische Kurprinz erschien sogar 1719 in Wien.

Wieder sehen wir die Geheime Konferenz am Werke. Der Savoyer wurde abgewiesen, dem Bayern zunächst die Ältere, 1699 geborene, dann aber die zwei Jahre Jüngere der Josefstöchter bestimmt. Seine Verheiratung aber sollte erst nach erfolgter Vermählung und feierlichem Rechtsverzicht der älteren Tochter Maria Josefa erfolgen. Diese wurde, nachdem sie den Verzicht auf alle Ansprüche auf die Reiche, Fürstentümer und Gebiete des Kaisers unter Anerkennung der Pragmatischen Sanktion mit ihrer Bestimmung der Unteilbarkeit und Untrennbarkeit, unter Wahrung allerdings auch ihrer Rechte für den Fall des Absterbens sämtlicher männlicher oder weiblicher Leibeserben des Oheims, für ihre katholischen Nachkommen geleistet hatte, am 19. August 1719 dem Sachsen verlobt. Braut und Bräutigam leisteten in der Geheimen Ratsstube der Favorita das Gelöbnis. Der größeren Sicherheit halber wurde dieses Gelöbnis nach vollzogener Vermählung zu Dresden nochmals beschworen. Das kursächsiche Haus fügte feierliche Bürgschaftsurkunden dem schriftlichen Gelöbnis hinzu.

Der Kaiser und seine Regierung hatten sich also so gründlich vorgesehen, als es menschliche Voraussicht überhaupt möglich machte.

Der zurückgesetzte Bayer warb 1721 nochmals für seinen Sohn Karl Albert. Auch er willigte in die zur Bedingung gestellte Verzichterklärung und sie wurde bei der Eheschließung mit Maria Amalia am 10. Dezember 1722 in aller Feierlichkeit geleistet. Jedoch der Bayer, der Ehrgeizigere unter den beiden Bewerbern, faßte den Verzicht nur so auf, daß man auf Grund „dieser jüngsten" Heirat keine Erbansprüche erheben würde. Was für ein Hintergrund dieser Einschränkung innewohnte, wird uns zu gegebener Zeit klar werden.

Zwischen dieser und der früheren sächsischen Verzichterklärung war die Pragmatische Sanktion, einmal zum Leben erwacht, bereits weiter fortgeschritten. Über die Geheime Ratsstube hinaus war sie schon an die Länder gelangt und fast alle außerungarischen Landesstände hatten in den Jahren 1720 und 1721 ihre Annahme oder Entgegennahme beschlossen, die Tiroler unter den schon erwähnten schweren Bedenken partikularistischer Natur. Die Niederlande vollzogen ihre Annahme 1724, den Mailändern wurde sie 1725 nur bekanntgegeben. In Neapel und in Sizilien wurde die Pragmatische Sanktion überhaupt nicht publiziert.

Schwieriger lagen die Dinge in Ungarn, wo die Stände dem Königtum dauernd mit Mißtrauen gegenüberstanden. Noch zwei Jahre nach der Erklärung des Hausgesetzes hatte der Kaiser einen Beschluß des ungarischen Reichstags bestätigen müssen, wonach beim Aussterben des habsburgischen Mannesstammes den Ständen das Recht der freien Wahl zustand. Ein schwerer Rückschlag! Dennoch glückte es auch hier, wobei man sich der Taktik bediente, daß man zuerst die Zustimmung des ja von Ungarn getrennten Siebenbürgens einholte und dann einen Initiativantrag des ungarischen Reichstags erwirkte, der dem Sinne der Pragmatischen Sanktion entsprach. Ungarn hatte damit am 16. Juli 1722 auch die Verbundenheit seiner eigenen, eine untrennbare und unteilbare Einheit bildenden Länder mit den gleicherweise unteilbaren und untrennbaren übrigen Reichen und Ländern des Kaisers anerkannt.

Die Pragmatische Sanktion war das Lebenswerk Karl VI., sein großer Beitrag zur Formung des österreichischen Gesamtstaates. Die einzelnen Länder seines Hauses, die bisher engstirnig an ihrer Eigenständigkeit festgehalten hatten, bekannten nun erstmalig das Erfordernis, mit Gut und Blut für ihre Zusammengehörigkeit einzustehen.

Als der Kaiser diese Bekenntnisse und Verpflichtungen seiner Länder durchgesetzt hatte, stand er auf dem Gipfel seiner Erfolge. Nun aber begann das Verhängnis seines Lebens.

Karl VI. wollte sich mit der Anerkennung seiner Lieblingsschöpfung durch die österreichischen Länder nicht begnügen. In ihm lebte eine starke Neigung zum Formalrechtlichen, was die Anekdote richtig festhält, die besagt, der Kaiser hätte sich auf seinem Totenbette beim Empfang der Letzten Ölung beklagt, daß nur zwei Kerzen brannten: „Mir gebühren als römischem Kaiser vier." Der Gedanke bemächtigte sich seiner, die Pragmatische Sanktion auch von den europäischen Staaten anerkennen zu lassen, um nur ja die Nachfolge der Tochter sicher zu stellen.

Der Prinz Eugen hatte dieser Meinung nicht zugestimmt. Eine starke Armee und eine wohlgefüllte Kriegskasse seien die besten Garanten der Nachfolge, meinte bekanntlich der alte Praktiker, dem die spätere Zeit dann wie so oft recht gegeben hat. Freilich aber, woher sollten die Mittel beschafft werden, wo doch Österreich nur über anerkannt schlechte Finanzen verfügte? Jedenfalls nicht auf die Art, wie der Kaiser nun das Problem anfaßte.

Europa befand sich seit dem Bekanntwerden der Pragmatischen Sanktion in einer lauernden Unruhe. Welche Möglichkeiten für Erwerb von Land, für Machtausweitung und Interventionen, die einträglich sein konnten, schuf das bevorstehende Aussterben des uralten Herrscherhauses, das über so viele Länder verfügte! An die weibliche Linie dachte man doch nur mit Achselzucken. War es nicht an der Zeit, jetzt schon durch Eheschließungen und durch Geheimbündnisse für diesen willkommenen Fall des Erlöschens gerüstet zu sein? Noch gärte es ja in Europa von den letzten Kriegen her, und die diplomatische Tätigkeit war lebhafter und unehrlicher als zu anderen Zeiten. Welch ein Ansatzpunkt für Geheimabkommen und Bündnisse, daß mit der Frage, wer der künftige Gemahl Maria Theresias sein sollte, der Maria Theresia, die damals noch ein Kind war, die künftige Gestaltung des Antlitzes von Europa zusammenhing!

Es wurde das Verhängnis des Kaisers, daß er in diese, von Miasmen übersättigte politische Atmosphäre seinen Wunsch nach der Anerkennung der Pragmatischen Sanktion durch die Mächte, allein den Sultan ausgenommen, hineintrug und dies just in einer durch die Gebietserwerbungen Österreichs aus dem Spanischen Erbfolgekriege her für die Monarchie wesentlich schwieriger gewordenen Lage.

Dies klingt zunächst paradox, war doch das Gebiet der Gesamtmonarchie erheblich vergrößert worden. Tatsächlich aber stellten sich von den neu erworbenen Ländern die Niederlande und fast noch mehr Neapel und Sizilien als schwer verteidigbar dar. Ihr Besitz machte den Kaiser von dem Wohlwollen der beiden die Meere beherrschenden Seemächte abhängig, die allerdings seine alten Bundesgenossen waren, aber auch eigennützig und herrisch. Eben mit diesen, England und Holland, stand der Kaiser seit der Begründung der Ostendischen Handelskompagnie, die seinen auf Entwicklung des Handels gerichteten Interessen entsprach, nicht mehr zum besten. Außerdem sahen beide Mächte, England vorweg, Österreichs starke und nach Abrundung drängende Stellung in Italien mit scheelen Augen an. Eine rechtzeitige Preisgabe der Handelskompagnie, so sehr dies der Billigkeit widersprach, sowie ein vorsichtiges Auftreten in Italien, dem klassischen Boden der Intrigen, wäre für Karl das Gebotene gewesen. Dieser aber erblickte in den Niederlanden und in den neu erworbenen italienischen Besitzungen ein Stück von dem innerlich immer noch nicht durch ihn aufgegebenen Spanien. Schließlich konnte man es auch der Monarchie, die sich nach so langen siegreich durchgestandenen Kämpfen kraftgeschwellt fühlte, nicht zumuten, ohne weiteres die Möglichkeiten der von ihr erworbenen Länder zum Schaden der Bewohner ungenutzt zu lassen.

Beides aber, Ostendische Kompagnie und Pragmatische Sanktion, wurden die Handhabe für die unruhige Politik der spanischen Königin Elisabeth. Diese, die ihren Mann beherrschte, strebte für ihren Sohn Don Carlos die Hand Maria Theresias, später auch noch für ihren zweiten Sohn Don Philipp die Hand der inzwischen geborenen zweiten Kaisertochter Maria Anna an. Der Kaiser ließ sich um 1725 zu einem Bündnis mit Spanien verleiten, das ihn an den Rand eines Krieges mit England und einer um dieses gescharten Koalition brachte. Spanien jedoch gab in jäher Wendung und unter Entzug der Österreich gewährten Handelsvorteile dieses Bündnis auf, als die ehrgeizige Königin erkannte, daß die sehr verklausulierte Zustimmung des Wiener Hofes zur spanischen Ehe der Erbtochter unter dem Eindruck der im Reiche und bei England zu gewärtigenden Schwierigkeiten nicht mehr zu Recht bestand. Hatte der Kaiser schon vorher unter dem Druck der Seemächte in die vorläufige Suspendierung der Ostendischen Handelskompagnie willigen müssen, so sah er sich nunmehr gezwungen, am 16. März 1731, im sogenannten zweiten Wiener Vertrag, den Ostindienhandel aus den Niederlanden und allen ihm aus der spanischen Erbschaft zugefallenen Ländern aufzugeben und die Zulassung spanischer Besatzungen in Toskana, in Parma und Piacenza zuzugestehen. Damit wurde eine alte spanische Forderung erfüllt, zugleich aber die österreichische Stellung in Italien beunruhigt, ja gefährdet.

Für dieses Zugeständnis erteilten die Seemächte — Holland erst ein knappes Jahr später — der Pragmatischen Sanktion ihre Garantie. Der König von England tat dies zudem in seiner Eigenschaft als Kurfürst von Hannover. Diese Garantie aber, so verlautete in geheimen Artikeln, hörte auf oder wurde beschränkt, wenn Maria Theresia, die uns damit erneut in der großen Politik begegnet, einen bourbonischen Prinzen oder einen Fürsten mit solcher Macht heiraten würde, „durch deren Zuwachs zum österreichischen Besitz das Äquilibrium gefährdet würde".

Inzwischen hatte der Kaiser bereits die wertvolle Gesamtgarantie Preußens erhalten. König Friedrich Wilhelm I. sprach sie für sich und seine Kinder im Berliner Vertrage vom 23. Dezember 1728 aus. In diesem Vertrage verpflichtete sich der König von Preußen auch, seine Stimme bei der Kaiserwahl dem Gemahl Maria Theresia zu geben, wenn dieser aus altem deutschen Reichsgeschlechte stamme. Friedrich Wilhelm, damals noch ein warmherziger Anhänger des Kaisers, tat aber noch mehr. Er unternahm im Sommer 1730 eine Rundreise an die Höfe von Kursachsen, Württemberg, Kurpfalz, Hessen-Darmstadt und Köln, um diese für die Garantie der Pragmatischen Sanktion zu gewinnen. Spröde und schwer erschlossen sich die Gemüter der Kurfürsten. Der Wittelsbacher Clemens August von Köln sagte gegen finanzielle Zuwendungen am 16. August 1731 zu, aber Kurbayern blieb ebenso wie Kursachsen unzugänglich. Bayern erklärte bereits, einen Mehrheitsbeschluß der Kurfürsten nicht anerkennen zu wollen.

Immerhin, die Reichsgarantie für die Pragmatische Sanktion konnte nun nicht mehr aufgehalten werden. Die Majorität im Kurfürstenkollegium war gewonnen, und so erfolgte am 11. Januar 1732 die Reichsgarantie. Bayern verließ unter Protest gegen die von Friedrich Wilhelm erwirkte Zulassung der böhmischen, burgundischen und österreichischen Stimme bei den Verhandlungen den Reichstag und bestritt die Gültigkeit des Majoritätsbeschlusses.

Die sächsische Garantie für sein Lieblingswerk erlangte der Kaiser durch sein Eintreten für die sächsische Kandidatur bei der Polnischen Königswahl. In dieser Sache ging Wien gemeinsam mit dem ihm seit 1726 verbündeten Rußland vor. Im März 1733 leistete dafür der Kurfürst Friedrich August, der Gemahl der Kaisernichte Maria Josefa, die Anerkennung. Dieser Erfolg verwandelte sich alsbald in den bittersten Schaden, da Frankreich die polnische Wahl zur Gelegenheit nahm, den Krieg gegen Österreich zu beginnen. Diesen Krieg, in welchem in wohlvorbereiteter Allianz Spanien und Savoyen an der Seite Frankreichs fochten, der Kaiser jedoch wider alles Erwarten ohne Hilfe durch die Seemächte blieb, nahm einen unglücklichen Verlauf in Italien, einen unentschiedenen am Rhein. Österreichs Kriegsführung, auch die des altgewordenen Prinzen Eugen, enttäuschte. Die wittelsbachischen Kurfürsten nahmen bereits eine sehr zweifelhafte Haltung ein, das aufgebotene Reichsheer machte einen kläglichen Eindruck. Eine über die Bestimmungen des Bündnisses hinausgehende Hilfsbereitschaft des preußischen Königs Friedrich Wilhelm I. war von Wien, wo man angesichts des starken Anwachsens dieser Macht Mißtrauen hegte und auch nicht bereit war, für eine solche Unterstützung den gewiß erwarteten Preis von Jülich und Berg zu zahlen, nicht angenommen worden. Bei dem eingetretenen militärischen Mißerfolg konnte man noch erfreut sein, daß die Friedensbedingungen Frankreichs glimpfliche blieben. Österreich mußte auf das Doppelkönigreich Neapel und Sizilien, das in diesem Kriege rasch gegen die das Meer beherrschenden Spanier verlorengegangen war, verzichten, erhielt aber dafür Parma und Piacenza und wurde die lästigen Garnisonen in Oberitalien los.

Es war ein mageres Entgelt für die Abtretung Unteritaliens, daß nun Frankreich der Pragmatischen Sanktion seine Genehmigung erteilte, allerdings mit der kennzeichnenden und nichts Gutes erwarten lassenden Einschränkung „mit Vorbehalt der Rechte Dritter".

Eines belastete den Kaiser in diesem Friedensvertrag besonders. Lothringen, auf das die französische Politik seit langem ihr Augenmerk geworfen hatte und das sie sich keinesfalls durch die Ehe des Herzogs Franz Stephan mit der Kaisertochter entgleiten sehen wollte, wurde dem in Polen depossedierten französischen Königskandidaten Stanislaus Lesczynski zugesprochen und sollte nach seinem Tode — was dann 1766 geschah — Frankreich zufallen. Der Lothringer aber wurde mit Toskana entschädigt, das ihm nach dem Aussterben des dort regierenden Hauses zugesichert wurde und tatsächlich 1737 in seine Hände kam.

So hatten, da Rußland in seinem Bündnisvertrag von 1726 dem österreich-spanischen Bündnis mit dessen Garantie der Pragmatischen Sanktion beigetreten war, alle in Frage kommenden europäischen Mächte die Pragmatische Sanktion anerkannnt, wovon freilich das Bündnis mit Spanien längst in Brüche gegangen war.

Welchen Preis aber bezahlte der Kaiser für die Verwirklichung seiner Idee! Die Machtstellung Österreichs war gegenüber der Zeit seines Regierungsantritts vermindert und seine Armee hatte sich zuletzt nicht glücklich geschlagen. Es war nicht eine kriegerische Untüchtigkeit der Soldaten, sondern auf dem entscheidenden Kriegsschauplatz, und der wurde Italien, das Versagen der österreichischen Generalität bis auf einen, Ludwig Andreas Graf von Khevenhüller.

Karl VI. besaß die Garantieurkunden der maßgebenden Staaten, aber er hatte seine Kassen geleert und die Armee hatte von ihrem großen Prestige verloren. Ihre Verluste an geschulter Mannschaft waren schwer zu ersetzen. Die Armeestärke blieb vermindert. Es war also gerade das Gegenteil von dem geschehen, was der Prinz in seiner Weisheit dem Kaiser geraten hatte.

JUGEND UND VATERHAUS

Als Kaiser und Landesherrn zeichneten den Vater Maria Theresias Würde und Ernst aus. Eine zähe Beharrlichkeit und ein standhafter Sinn lebten in ihm. Er besaß ein starkes Gefühl für seine Herrscheraufgabe und er ging seinen Pflichten im Rahmen seiner Einsicht mit Fleiß nach. Das waren Lichtseiten, denen als Schatten Steifheit und Formalismus, Mangel an politischer Phantasie und zugleich doch auch an der Gabe, die tatsächlichen Gegebenheiten nüchtern zu erfassen, gegenüberstanden. Dieser letzte Habsburger nahm ein warmes Interesse an den Regierungsaufgaben, aber, wo er selbst mit ganzem Fleiße eingriff, betraf es doch zu oft Kleinigkeiten, wenn auch würdige, an sich berechtigte, oft lang nach seinem Tode nachwirkende, oder wie die Ostendische Kompagnie Dinge, die nicht mit den Möglichkeiten und Aufgaben der österreichischen Monarchie ganz ineins gedacht waren, so berechtigt und so bedeutungsvoll sie auch an sich sein mochten. Es war diesem Manne nicht gegeben, ausstrahlender Mittelpunkt oder auch nur, wie sein Vater Leopold I., das ruhende Zentrum zu sein, um das sich die Kräfte und Begabungen sammelten und sich in seinem Schutze zu den größten Leistungen erhoben.

Letzteres darzustellen verhinderten den Kaiser ein zu großes monarchisches Selbstbewußtsein als das Erbe großer Siege, sein Mißtrauen, etwa selbst ausgeschaltet zu werden, ein Drang ferner, selbst zu regieren, dem doch das Maß an Begabung und Gewicht der Persönlichkeit mangelte. Es verhinderte vor allem aber auch seine Zugänglichkeit für Flüsterrat und Einfluß der Umgebung, dessen er sich natürlich niemals bewußt wurde, wie dies zumeist in allen ähnlichen Fällen so ist. Dieser Monarch bedurfte des „Atlas Eugen“, daß er ihm die große Monarchie trage, aber er schwächte doch wiederum durch die genannten in ihm wohnenden Mängel die Möglichkeiten selbst ab, die ihm in dem Vorhandensein eines so gewaltigen und edlen Helfers gegeben waren. Mit dem Tode Eugens mußten vollends alle Mängel spürbar werden, die sich eingeschlichen hatten. Daher der innere Grund der Mißerfolge nach 1736, den der Kaiser in seiner Frage: „Ist denn mit Eugen der Glücksstern völlig von uns gewichen?“, nicht begriff.

Schien solcherart der Vater Maria Theresias nicht zum Glücke seiner Staaten geboren, sein Familienleben war ein musterhaftes und ein glückliches. Der nach außen so steife, der Etikette ergebene Monarch fast spanischer Prägung trat seinen Kindern als liebevoller Vater entgegen.

Karl VI., geboren am 1. Oktober 1685, hatte sich später als sein älterer Bruder Josef vermählt. Am 23. April 1708 trat er mit Elisabeth Christine, der siebzehnjährigen Prinzessin von Braunschweig-Lüneburg-Wolfenbüttel in der Pfarrkirche von Hietzing, damals ein Dorf bei Wien, vor den Traualtar. Die Wahl auf die welfische Prinzessin war erst gefallen, als sich ihm die Tochter des Markgrafen von Brandenburg-Ansbach, die Prinzessin Wilhelmine Charlotte, oder wie sie später hieß, Karoline, zugunsten des Kurprinzen und späteren Königs von England, Georg, versagt hatte. Karl war aber dann von der Schönheit seiner Gemahlin geradezu hingerissen.

Voll Begeisterung schrieb er am 8. August 1708, als sie, die ihm in Wien nur per procurationem angetraut worden war, in Spanien anlangte, aus Barcelona ihrem Großvater: „Obwohlen schon vorhero von allen Orten die große Schönheit und vollkommene Qualitäten (mit welchen sie alle Herzen einnimbt) mir angerühmet worden von meiner englischen Gemahl und Königin, so ist doch alles wie ein Schatten gegen der Sonne mir vorkommen, nachdem das Glück und Trost gehabt, die Königin selbst bedienen zu können. Wünschte nur, daß meine Königin ein ihr Meritirten bekommen hab, obwohlen wohl alls dahin trachten werde, umb mich in allen ein treuen Ehegemahl zu erzeigen.“ Das sind schöne und treuherzige Worte eines begeisterten jungen Gemahls.

Auch die Schwägerin der Neuvermählten, die Kaiserin Amalia, stimmte, was noch mehr bedeutet, in einem Briefe an die Mutter Elisabeths in das gleiche Lob: „Es ist nicht zu beschreiben, was sich diese unvergleichliche Prinzessin hier durch Schönheit und liebe Manier vor einen universalapplauso attirieret hat.“ Noch als Fünfundzwanzigjährige fand Karls Gemahlin die begeisterte Bewunderung einer sehr kritischen Beobachterin, der Engländerin Lady Montague. Diese sagte 1716 von ihr: „Wie regelmäßig ihre Züge sind, kann ich gar nicht sagen; ihre Augen sind nicht groß, aber sie haben einen Blick voll Süße, Nase und Stirn sind wohlgebildet, aber ihr Mund hat zehntausend Reize, die die Seele bezaubern. Wenn sie lächelt, geschieht es mit einer holdseligen Anmut, die zur Anbetung zwingt. Dazu eine Fülle des schönsten Haares und die herrlichste Gestalt! Um ihr gerecht zu werden, muß man sprechen wie die Dichter, ja alles, was diese von Juno und Venus gesungen haben, bleibt vor dieser Wirklichkeit zurück ... die Grazien begleiten sie. Die berühmte medizäische Venus zeigt nicht so vollkommene Formen. Die Schönheit ihres Nackens und ihrer Hände ist unübertrefflich. Bevor ich diese Hände gesehen habe, ahnte ich nicht, daß es etwas so Schönes gäbe, und ich bin unglücklich, daß mir mein Rang hier nicht erlaubt, sie zu küssen." Zu solcher leiblichen Schönheit der „schönsten Königin auf Erden" muß sich eine mutige Seele gesellt haben. Als die kaum Fünfzehnjährige zum Katholizismus gewonnen werden sollte, wie das für die Habsburger Braut unumgänglich war, wehrte sie sich lang und tapfer und es bedurfte der Autorität und des gütigen Einflusses von Leibniz, der ja ganz von dem Gedanken an die Vereinigung der beiden Bekenntnisse erfüllt war, daß diese Konvertierung möglich wurde, zu der man von Wien einen besonders gewandten Jesuiten, namens Pleckner, entsendet hatte. In Spanien blieb die junge Frau, als ihr Gemahl nach dem Tode des Bruders Josef nach Deutschland abreisen mußte, als ein mutiger Generalkapitän zurück, bis die Würfel über diesen Königstraum gefallen waren, und sie nach eineinhalb mühsamen Jahren, in welchen die junge Frau genug Menschenkenntnis und Geschick bekunden mußte, nach Wien zurückkehren konnte.

Elisabeth Christine entstammte einem sehr begabten Zweige des Welfenhauses. Ihr Großvater Anton Ulrich war als Schriftsteller aufgetreten. Er hatte geistliche Lieder geschrieben und war der Verfasser der beiden Romane — fünfbändig der erste, sechsbändig der zweite, und jeder Band an tausend Seiten stark — „Die durchleuchtige Syrerin Aramena" und „Die römische Oktavia"; der letztere wird noch von Goethe in den „Bekenntnissen einer schönen Seele" erwähnt. Als Mensch und Fürst blieb er gegen seinen Vater zurück, der ein hervorragender Regent war. Von den Eltern Elisabeths, die Mutter war Christine Luise von Öttingen, wird nichts Bedeutendes überliefert.

Der jungen Königin und erst recht Kaiserin harrte die sorgenvolle Verpflichtung, das nur noch auf den Augen ihres Gemahls Karl stehende Habsburgerhaus mit Thronerben zu beschenken. Acht Jahre hindurch blieben dem jungen Paare Kinder versagt. Wir hörten schon, wie der endlich geborene Sohn noch im gleichen Jahre sarb. Aber schon im nächsten Jahre, am 13. Mai 1717, kam Maria Theresia zur Welt. Es war just einen Tag, bevor sich der Prinz Eugen vor dem Aufbruch zu seinem berühmtesten Feldzug, dem vor Belgrad, in feierlicher Audienz vom Kaiser verabschiedete. Noch folgte 1718 eine Tochter, Maria Anna, aber dann gab es sechs Jahre hindurch keinen Kindersegen, und als endlich 1724 wieder eine Tochter, Maria Amalia, geboren wurde, war diese — sie starb sechsjährig — das letzte Kind der kaiserlichen Ehe.

Die „weiße Liesel", wie Karl VI. seine Gemahlin nannte, hatte um die damalige Zeit bereits viel von ihrer einstigen Schönheit eingebüßt. Man ließ sie zur Nachhilfe für die Fruchtbarkeit viel starke Weine und Liköre trinken. Nun war ihr Gesicht gerötet und hatte den weichen Schmelz verloren. Durch eine starke Leibesfülle, die sich eingestellt hatte, war die Schönheit ihrer Gestalt vernichtet. Die Kaiserin wurde schwerfällig und war in der letzten Zeit ihres Lebens geradezu bewegungsunfähig.

In den österreichischen Regierungsgeschäften trat Elisabeth Christine nicht maßgebend hervor. Die Eigenart des Kaisers erlaubte offenkundig keinen starken Anteil der Frau und sie, bis zum Tode ihrem Gemahl von Herzen ergeben, vermied es, hervorzutreten. Private Tugenden, wie Mildtätigkeit und Güte, ein heiteres Wesen und eine schmeichelnde Art, aber auch ein scharfer lebhafter Verstand werden ihr nachgerühmt. Als Nachteile hob ein strenger Beobachter, der Graf Sylva Tarouca, der durch einige Zeit Maria Theresias Gewissensrat war, einen Hang zur Veränderung und Neuheit sowie Unbeständigkeit in ihrem Vertrauen hervor, was ihrer Beliebtheit geschadet hätte. Er warnte die Tochter vor Ähnlichem.

So stammte die junge Maria Theresia von beiden Seiten aus uraltem Hause. Als sie geboren wurde, tat sich eben das glorreichste Kriegsjahr der österreichischen Geschichte auf. Einige Monate später sollten die reitenden Trompeter ihren schmetternden Einzug in Wien halten, um den Sieg Eugens in der großen Belgrader Schlacht zu verkünden. Österreichs Großmachtstellung war erneut erhärtet, ja die junge Monarchie überstrahlte an Kriegsruhm alle zeitgenössischen Staaten. Österreich atmete in Glanz und Stolz. In Europa blickte man erstaunt, befremdet, oft gekränkt auf die unerhörten „hauteurs Autrichiennes", und an dem stolzen Hofe drängte sich ein reicher Adel zusammen. Eine unglaubliche Verschwendung waltete in Angelegenheiten der Kunst, besonders der Oper und der Bühne. Die Baukunst blühte. Es war das spezifisch österreichische Kaiserbarock. Alles baute: Der Kaiser, der hohe Adel, die Bischöfe und die Äbte. Es war Ausdruck des gesicherten Stolzes dieser Jahre um Maria Theresias Geburt, daß beim Bau der berühmten Karlskirche, die noch heute als ein Werk des bedeutenden Bernhard Fischer von Erlach, eines der markantesten Denkmäler Wiens ist, das Banat, Brabant, die Lombardei und die Steiermark die Bausteine lieferten. Alle diese Länder waren Glieder der ausgedehnten und herrlichen Monarchie Karls VI.

Wir wissen, wie schnell schon, und leider ohne daß der waltenden Verschwendung energisch gesteuert wurde, die Sorgen der Außenpolitik über der Großmacht Österreich zusammenschlugen. Die kaiserliche Familie aber blieb bei all der Prachtentfaltung in der Öffentlichkeit in ihrem Leben schlicht, in ihrem privaten Gebrauch gemäßigt. Und hier in der Familie fielen auch von Karl die Schranken, die ihn im öffentlichen Leben einengten. Es ist ein durchwärmtes und beglückendes Haus gewesen, das die heranwachsenden Erzherzoginnen und unter ihnen Maria Theresia, die Hoffnung und die Zukunft der Dynastie, umschloß.

Maria Theresia war in der Hofburg geboren, deren graue Masse just in ihrer Kinderzeit die entscheidenden Umänderungen und Neubauten erfuhr, die an den Namen des schon genannten geistvollen Meisters Bernhard Fischer von Erlach geknüpft sind. Die schöne Jahreszeit wurde in der neuen Favorita verbracht. Das war ein ziemlich schmuckloser Schloßbau, der am Rand der Wiener Vorstadt lag. Bis zu ihrem Regierungsantritt blieb die Favorita die Sommerfrische Maria Theresias, nur zu kürzerem Aufenthalt weilte die kaiserliche Familie in dem Auschloß von Laxenburg, das immerhin schon weiter entfernt war. Man würde es dem heutigen Theresianum — Maria Theresia widmete die Favorita den Zwecken einer von ihr gegründeten adeligen Schule — nicht anmerken, wieviel höfisches Leben und auch wie viel beseelte Familienfreude sich damals in ihren Räumen und in dem weiten, mit zwei großen Teichen versehenen Schloßgarten abspielte.

Kirchliche Feste, Kirchen- und Klosterbesuche spielten am damaligen Hofe eine bedeutende Rolle und verschwisterten ihn mit dem noch in barocker Fülle sich breitenden kirchlichen Leben. Zu Fuß unternahm der Hof die Wallfahrt hinaus zu dem Kalvarienberg in der alten Hernalser Kirche; alljährlich erfolgte die Fahrt zum Fest des Landespatrons von Niederösterreich nach Klosterneuburg, und zu diesem brach man schon am Tag zuvor — am 14. November — auf, denn man konnte ja in den Kaiserzimmern des Chorherrenstiftes, dem Karl VI. noch eine größere Bedeutung zugedacht hatte, gut nächtigen. Kirchenbrauch und gottesdienstliche Übung verwuchsen im Leben der jungen Maria Theresia zu einer selbstverständlichen Einheit, und wir können begreifen, daß die später so klardenkende Frau, die mit nüchterner Strenge ihren Herrscheraufgaben gegenübertrat, sich noch zeitlebens an die jung gewohnten, als Kind und Mädchen lieb gewonnenen barocken kirchlichen Übungen gebunden fühlte.

Das häusliche Leben vollzog sich zwanglos wie in einem Bürgerhause. Man sprach viel französisch und italienisch, das die Habsburger ja stets liebten, aber die eigentliche Sprache blieb das Deutsche, natürlich im Wiener Dialekt. Die beiden überlebenden Töchter Karls und Elisabeth Christinens hießen darum auch die Reserl oder Resi und Mariandl; die

Tante war „Frau Mahm", der Firmpate „Herr Göd" genannt. Die kaiserliche Familie im engeren und die im weiteren Sinne war klein.

Als Maria Theresia elf Jahre alt war, trat jene Erzieherin zu ihr, der sie zeitlebens die größte Zuneigung entgegenbrachte und die bis zu ihrem Tode den Ehrennamen „Mami" behielt, nach dem Tode aber als einzige, die nicht zu diesem Kreise gehörte, in der Kapuzinergruft beigesetzt wurde. Diese Frau, Gräfin Charlotte Fuchs, war ein geborenes Fräulein von Mollart. Als Witwe erblickte sie in der Erziehung der beiden Kaisertöchter ihre Lebensaufgabe. Sie muß eine unerhört lebenskluge, herzgewinnende Art besessen haben.

Die Erzieher der beiden jungen Erzherzoginnen waren durchwegs Jesuiten, denn noch beherrschte der Orden im katholischen Deutschland fast ausschließlich das Schulwesen. Der Religionsunterricht der Jesuiten betonte die Bedeutung der formalen Gebetsübungen, und die von ihnen erteilte Lehre ist gewiß an dem überreichen Maße beteiligt, das Maria Theresia für sich und später auch für ihre Kinder davon als notwendig erachtete. Der Geschichtsunterricht, von dem uns die von den beiden Lehrern Keller und Spannagl zugrunde gelegten Hefte erhalten sind, wies neben einem Wust an skurrilen Einzelheiten eine Tendenz auf, die dem herrscherlichen Empfinden und der Staatsauffassung der damaligen Zeit stark entgegenkam. Dies ersehen wir insbesondere bei der Schilderung der Regierung von Heinrich IV., die keineswegs papstfreundlich gehalten ist, vielmehr eher dem Kaiser recht gibt, für jesuitische Verfasser außerordentlich beachtlich. Im übrigen war es gedrängter Lehr- und Wissensstoff, der den beiden Erzherzoginnen eingeflößt wurde. Bis auf Karl VI. reichte der Unterricht, und den Kindern wurde so die Gestalt des Vaters verklärt und mit allen fürstlichen Tugenden geschmückt vorgeführt, was die tiefe eingewurzelte Hochschätzung begründete, die in Maria Theresia ständig für ihren Vater lebendig blieb.

Dieser Unterricht endete mit dem sechzehnten Lebensjahr. Nun kamen die musischen Fächer zur Geltung. Da war die schöne Literatur, und zwar in italienischer Sprache. Man hielt sich ja am Hof einen eigentlichen italienischen Hofpoeten. Es war zuerst Pietro Pariati, dann Apostolo Zeno, endlich der bedeutendste italienische Dichter des achtzehnten Jahrhunderts, Pietro Bonaventura Metastasio. Ueber fünfzig Jahre lebte dieser, der 1698 geboren war, in Wien und überlebte sogar die spätere Kaiserin. Nach der Literatur kam die Musik, und beide waren eng miteinander verbunden, da ja die damalige Zeit an Singspielen großes Gefallen fand. Später traten die beiden Erzherzoginnen gar selbst in einem Stücke von Metastasio auf und stellten in Spiel und Gesang den Dichter zufrieden, der sich begeistert über ihr Wesen äußerte. Der deutsche Hofdichter in Wien Karl Gustav Heräus hat wohl auf die Kinder keinen sonderlichen Eindruck gemacht.

Die Pflege der deutschen Sprache in der kaiserlichen Hauptstadt stand damals nicht auf der Höhe, die um die damalige Zeit in Mittel- und Norddeutschland vom Bürgertum erreicht wurde.

In der Musik wurde Maria Theresia mit aller Sorgfalt, aber natürlich im italienischen Geschmack, erzogen. Die letzten Habsburger waren begeisterte Musiker, der Kaiser Leopold I. ein nicht unbedeutender Komponist. Seine Söhne waren beide Komponisten und freudig ausübende Musiker. Die verschwenderisch ausgestatteten Opernaufführungen am Hofe mußten naturgemäß einen mächtigen Eindruck auf empfängliche junge Seelen geübt haben.

Überblicken wir das Gesamte von Erziehung und Unterricht in der Jugend Maria Theresias, so wies nichts auf die große, schwere, sorgenvolle Aufgabe hin, die ihr beim Ausbleiben habsburgischer Prinzen notwendigerweise einmal zufallen mußte. Solcherart wurde ihr das für später Auferlegte nicht erleichtert, wenn auch die Kinderjahre dadurch einen zarteren, intimeren Schmelz für sie gewinnen konnten, als ein frühzeitiges über das eigene Lebensalter hinaus vorgreifendes Aufgeschlossensein für Regierung und Herrschertum.

JUNGES EHEGLÜCK — TOD DES KAISERS

Früh hatte sich in Anbetracht der damit verbundenen großen Entscheidungen die europäische Politik mit einer künftigen Eheschließung der ältesten Kaisertochter befaßt. Wir sehen die Schatten dieses Ereignisses schon viele Jahre vorher über den Geschicken des Kaiserstaates.

Sein Selbstgefühl und sein Verantwortungsbewußtsein gegenüber seinem alten Hause hatten Karl VI. in den Ausweg gedrängt, die Königreiche und Länder der Habsburger, die ganze Monarchie, ungeteilt der ältesten Tochter Maria Theresia zu vererben. Dieser aber wollte er keinen Gemahl aus einem führenden europäischen Hause geben, um nicht das habsburgische Blut mitsamt seinem großartigen Erbe aufgeheiratet sehen zu müssen. Wien sollte nach dem Empfinden des letzten Habsburgers immer der Mittelpunkt des Reiches bleiben. Darum war Karl VI. im Grunde seines Herzens doch stets gegen die Hochzeit mit dem spanischen Prinzen, auf die im Guten und Bösen die spanische Königin Elisabeth aus dem Hause Farnese hinarbeitete. Nie hätte ebenso der flüchtige Einfall des preußischen Kronprinzen Friedrich, sich um die Hand Maria Theresias oder um die Maria Annas zu bewerben (11. April 1731), vor ihm Gnade finden können. Friedrich dachte an seine Kandidatur unter gleichzeitigem Verzicht auf seine Erbfolge in Preußen. Eine Ehe Maria Theresias und Friedrichs wäre gewiß allein schon rein menschlich kein Glück geworden, was jeder bedenken möge, der, wie es so oft zu hören, alles Leid der deutschen Geschichte mit dem einfachen Rechenexempel: Friedrich heiratet Maria Theresia, geheilt sehen möchte. Ganz abgesehen davon, daß sich geschichtliche Prozesse nicht nach Rezepten des Adam Riese lösen lassen.

An das Kaiserhaus war früh eine Bewerbung herangetragen worden, die auf Widerhall rechnen durfte. Es mag schon 1721 gewesen sein, und Maria Theresia also erst vier Jahre alt, als sich Herzog Leopold von Lothringen für seinen Sohn um die Hand Maria Theresias bewarb. Der venezianische Gesandte, der meist gut unterrichtet war, rechnete Ende 1722 mit einer künftigen lothringischen Hochzeit. Der Lothringer Herzog war am Kaiserhofe keineswegs ein Fremder. Sein Vater, der Herzog Karl von Lothringen, hatte im Jahre 1683 das siegreiche Entsatzheer für Wien gegen die Türken befehligt. Der Sohn war mütterlicherseits ein Neffe des Kaisers Leopold. Er war in Wien aufgewachsen und Jugendgespiele der beiden letzten habsburgischen Kaiser gewesen. Um so größer dürfte das Gewicht seiner Bewerbung gewesen sein. Der Kaiser mochte, als er sich für den Gedanken einer solchen Eheschließung seiner Tochter erwärmte, zuerst an den ältesten lothringischen Prinzen gedacht haben. Dieser jedoch starb bereits 1723. Der Herzog schickte nun seinen zweiten Sohn Franz Stephan nach Wien, wo er noch 1723 eintraf.

Die Lothringer waren eine der ältesten Dynastien des Abendlandes, aber sie waren durch die Grenzlage ihres Herzogtums zwischen Frankreich und dem Reiche in den letzten Menschenaltern schwer in Mitleidenschaft gezogen, ja fast entmachtet worden, so treu die Bevölkerung des geprüften Herzogtumes an dem angestammten Hause hing.

Als ein Fünfzehnjähriger traf der am 8. Dezember 1708 in Lunéville geborene Prinz in Wien ein. Er wurde von den Zeitgenossen bildschön genannt und war auch später noch eine schöne Erscheinung von gewinnendem Wesen. Der nachmalige preußische König Friedrich II. empfing von ihm, der bei der Verlobungsfeier des Kronprinzen mit der Nichte der Kaiserin, Elisabeth von Braunschweig, anwesend war, einen liebenswürdigen, aber unbedeutenden Eindruck. Er wurde der Gespiele der beiden Erzherzoginnen und war ein fröhlicher junger Bursche, der allerdings nicht als sehr fleißig gerühmt wurde. Erst im Jahre 1733 scheint der Herzensbund der beiden jungen Menschen geschlossen worden zu sein. Als der unglückselige Polnische Erbfolgekrieg wie durch ein Wunder für den Kaiser noch glimpflich zu Ende ging, sollte, wie schon erwähnt, der Herzog von Lothringen das Hauptopfer tragen. Er mußte von dem Jahrhunderte lang seinem Hause zugehörigen Stammland Abschied nehmen.

Noch drohte, es war am Ausgang des Krieges, dem Eheplan der beiden Liebenden eine große Gefahr. Von Sorgen um die Zukunft Österreichs erfüllt, richtete der greise Prinz Eugen aus dem Feldlager im August 1735 an seinen Kaiser eine Denkschrift, darin er riet, die Erbtochter zur Versöhnung Frankreichs entweder mit dem so hartnäckigen spanischen Bewerber Don Carlos, oder, welcher Lösung der Prinz den Vorzug gab, mit dem Kurprinzen von Bayern zu verheiraten. Beides waren Möglichkeiten von weltgeschichtlichen Ausmaßen. Der Kaiser indes konnte sich nicht entschließen, dem Herzenswunsch der Tochter entgegenzutreten und eine solche Ehe zu billigen, die auch seinen Wunsch zur Erhaltung seines Reichs als eine um Wien gruppierte Einheit von nachwirkend habsburgischem Gepräge nicht erfüllt hätte.

Als Eugen seinen Rat, der auf den Kaiser einen tiefen Eindruck gemacht hatte, nicht befolgt sah, hat er in der letzten Unterredung, die der am Ende seines Lebens stehende Mann mit seinem Souverän hatte, es war im Dezember 1735, diesen noch „treulich angetrieben und angeraten", nun mit der Heirat der Tochter, natürlich jetzt mit Franz Stephan, nicht länger mehr zuzuwarten.

Noch vor dem Abschluß des Friedens wurde der Herzensbund von einer weiteren Gefahr bedroht. Die Forderung Frankreichs auf Lothringen berührte Schicksal und Ehre des lothringischen Hauses. Es sollte nun nach Italien, nach dem Großherzogtum Toskana, wo es keine Wurzeln besaß, verpflanzt werden. Stolz und Überlieferung mußten sich gegen die Zustimmung zu diesem Plane sträuben. Tatsächlich trieb die Mutter des Herzogs, Elisabeth Charlotte, ihren Sohn mit allem Nachdruck an, seine Einwilligung zu versagen, und sie hat auch die dann doch erfolgte Verbeugung Franz Stephans vor den Tatsachen niemals begriffen. Es war in Wien der Hofrat von Bartenstein, der vertrauteste Ratgeber des Kaisers, der dem Prinzen die barsche Alternative „Keine Abtretung, keine Erzherzogin" zugerufen hatte und den Verzicht Franz Stephans auf das heimatliche Herzogtum erwirkte.

Nun konnte am 31. März 1736 die Werbung erfolgen. In einem Kleide, das 300 000 Gulden gekostet hatte, erschien der Herzog. Nach erfolgter Zustimmung der Eltern überreichte er der Braut sein von einem Brillanten bedecktes Miniaturbild. Dann reiste Franz Stephan der Sitte gemäß ab. Drei Briefe hat ihm die Braut in der Trennungszeit geschrieben. Darinnen sprechen uns die Schlußworte „Adieu, Maisl" noch aus der Ferne an.

Die Vermählung fand am 12. Februar statt. Der alte Paladin und Heros von Österreich, Prinz Eugen von Savoyen, konnte wegen seiner Kränklichkeit nicht mehr an der Trauung, die in der Augustinerkirche stattfand, teilnehmen. Eine neue Zeit war angebrochen.

Kurz danach schon, am 21. April, starb der Prinz und wurde mit den höchsten Ehren, die das Haus Habsburg seinen Toten zu vergeben hatte, in der Wiener Stephanskirche beigesetzt.

Die jungen Eheleute lebten in ihrem Glücke. Schon 1737 wurde ihnen ein Kind zuteil, freilich eine Tochter, nicht der von den Eltern und dem

Großvater besonders ersehnte Sohn. Schon tat sich mit dem Tode des letzten Medici den Verträgen gemäß Toskana für das Herzogspaar auf. Franz Stephan hatte den formellen Verzicht auf Lothringen kurz nach der Hochzeit unterschrieben. Noch aber erfolgte die Reise nach Italien nicht, denn ein neuer Krieg war inzwischen angebrochen, einer der sinnlosesten und vor allem unzeitgemäßesten der österreichischen Geschichte, ein Krieg mit den Türken.

Zweifellos bewogen durch den Rat Bartensteins, der damals alles bei ihm vermochte, hatte sich der Kaiser entschlossen, in den seit Herbst 1735 entbrannten Krieg Rußlands mit der Pforte nicht nur mit einem Hilfskorps einzugreifen, sondern als selbständiger Bundesgenosse mit ganzer Macht. Dieser Krieg wurde bekanntlich, ohne daß eine Großschlacht in seinem Verlaufe verlorengegangen wäre, durch den Mangel an einer wahrhaften Autorität besitzenden Führung, durch gehäuftes Ungeschick und oft auch Gewissenlosigkeit der Generäle zu einem schweren Mißerfolg, der das Ansehen Österreichs tief herabsetzte.

Der Gemahl Maria Theresias nahm an den Operationen des Jahres 1737, in denen sich das Verhängnis erst vorbereitete, als Freiwilliger teil. Im nächsten Jahre wurde er nominell mit dem Oberbefehl bekleidet, während das tatsächliche Kommando Graf Königsegg führte, ein erfahrener General, der jedoch ausgesprochen unentschlossen war. Der Kaiser kannte den Mangel, und doch war kein Tüchtiger berufen worden. Auch dem jungen Oberbefehlshaber, dem es offenkundig an der militärischen Begabung mangelte, war es nicht gegeben, durch das Gewicht einer starken Persönlichkeit den Ablauf des Feldzuges günstig zu gestalten. Er war an die Zustimmung der Generale gebunden, wo es sich um wichtige Entscheidungen handelte. Nach einem ersten Erfolge beschloß Königsegg ohne zwingenden Grund den Rückzug und der gesamte Feldzug dieses Jahres endete mit der Versammlung der Armee bei Belgrad.

Franz Stephan hatte sich ohne Erfolg dem Rückzug widersetzt. Er war dann erkrankt und froh, als der kaiserliche Schwiegervater seiner Bitte um Abberufung nachkam. Freilich, in der Gunst der Wiener Bevölkerung, die sich von dem Gemahl der Erbtochter die ersehnten Erfolge gegen die Türken erwartet hatte, war das Ansehen des Lothringers stark gesunken.

Während der Türkenkrieg im nächsten Jahre, 1739, sich noch unglücklicher entwickelte und Österreich schließlich im Frieden von Belgrad mit Ausnahme des Temesvarer Banats alle Errungenschaften des glorreichen Friedens von Passarowitz kostete, hatte das junge Paar im Dezember 1738 die Reise nach Italien angetreten, um die Huldigung von Toskana entgegenzunehmen. Maria Theresia war in der Zwischenzeit, im Oktober 1738, zum zweiten Male Mutter geworden, aber wieder war es eine Erzherzogin, nicht der ersehnte Kaiserenkel.

Wir wissen nichts über Reiseeindrücke unserer Heldin. Der Aufenthalt in Toskana war nur Episode. Schon im April rief der Kaiser die beiden zurück. Aber eine neue kriegerische Verwendung von Franz Stephan fand trotz dessen Bitte nicht mehr statt. Das böse Spiel stand ja ohnedies vor dem Ende, einem wahrhaft erschütternden. Nochmals muß rückschauend festgestellt werden, daß Österreich zum Belgrader Frieden durch keine Niederlage, aber durch einen Zusammenbruch des Selbstvertrauens und des Pflichtbewußtseins, durch Schwäche und Gewissenlosigkeit der Generäle bei noch intakter Kraft der Festung Belgrad gezwungen wurde. Nun war diese Stadt mit all den mühsam erbauten Bollwerken den Türken ausgeliefert. Die Pforte feierte ihren letzten Triumph in der großen Politik.

Der Oberbefehlshaber des ersten Feldzugsjahres Graf Seckendorff wurde in Haft genommen. Auch der Vorwurf des Unterschleifes heftete sich an seinen, zu Lebzeiten des Prinzen Eugen verdienten Namen. Königsegg, der Sünder von 1738, kam glimpflicher weg. Er mußte nur das Amt eines Präsidenten des Hofkriegsrates aufgeben und in die stille Atmosphäre eines Oberhofmeisters der Kaiserin einrücken. Härter drohte das Schicksal des unseligen Grafen Olivier Wallis zu werden, des Heerverderbers im letzten Feldzugsjahre. Er kam auf den Spielberg in Brünn und gegen ihn wurde ein „Judicium delegatum" eingesetzt. In Graz inhaftiert, aber gleichfalls dem Sondergericht, dem der neue Hofkriegsratspräsident vorstand, unterstellt, wurde der Graf Neipperg. Leichtsinnig und eigenwillig hatte dieser im Türkenlager den schmählichen, durch rasche Durchführung nicht mehr abzuwendenden Präliminarfrieden abgeschlossen. Beide Generale harrten noch ihres Urteils, als der Kaiser starb. Schon 1738 aber hatte einer, Nikolaus Doxat de Morez, die mutlose Kapitulation mit dem Tode der Enthauptung bezahlen müssen.

Schwer wog der Verlust des Ansehens, und die Geheime Konferenz war sich dessen voll bewußt. Schon am 13. September, fünf Tage vor der Unterzeichnung des endgültigen Friedenstraktates, resumierte ihr Sekretär Johann Christoph von Bartenstein dem Kaiser, man könne nicht verschweigen, daß für jetzt alles Ansehen in der Welt verloren sei. Dieses Ansehen müsse wiederhergestellt werden. Man müsse die Mächte überzeugen, daß man die „ehemaligen Gebrechen aus dem Grund zu verbessern sich angelegen sein lasse". Ein Runderlaß an die kaiserlichen Gesandten bei den christlichen Höfen beauftragte diese, darzutun, wie es zu diesem schmählichen Friedenschluß gekommen sei und zu erklären, daß der Gerechtigkeit ihr Lauf gelassen würde.

Der Kaiser war persönlich auf das tiefste getroffen. Wir haben darüber zwei briefliche Zeugnisse, in denen durch alle kaiserliche Verhaltenheit die schwere Bedrückung hindurchklingt. So schreibt er an den Fürsten Lobkowitz nach Siebenbürgen, daß durch das Geschehene „nicht nur meine

Würde, Ansehen, Lieb und Vertrauen, sondern auch, was das meiste ist, mein Ehr und Gewissen so großen Anstoß leiden". An Bartenstein schrieb er etwas später: „Dieses Jahr nimmt viele Jahre meines Lebens weg, an denen jedoch wenig gelegen ist. Gottes Wille geschehe." Es war die Haltung des Grandseigneurs, die uns so oft bei Schicksalsschlägen im Hause Habsburg begegnet.

Es verdient festgestellt zu werden, daß der Kaiser in seinen Briefen sehr herzliche Töne zu finden vermochte. Sein Deutsch ist hier übrigens besser als das Maria Theresias, wenn diese sich in Briefen der Muttersprache bediente, was leider nur selten geschah.

Noch mußte man nicht an freundlicheren Tagen verzweifeln, so resigniert auch der Ton des vorstehend angeführten Schreibens des Kaisers klingt. Ja der Kaiser soll sogar die Hoffnung gehegt haben, daß bei der Kränklichkeit seiner Gemahlin ihm vielleicht in einer zweiten Ehe der ersehnte männliche Thronerbe geschenkt werden könnte. Vielleicht hat diese stille Erwartung, etwa doch noch das drohende Schicksal des Erlöschens seines Hauses abgewendet sehen zu können, dazu beigetragen, daß Karl VI. seine Tochter nicht in Regierungsgeschäfte einweihte. Er zog sie niemals zu einer Sitzung der Geheimen Konferenz heran, sondern schränkte vielmehr ihr Leben auf Familie und Jugendgeselligkeiten ein. Maria Theresia hat später selbst einmal gesagt: „Solange der Kaiser lebte, hat mich niemand angesehen, noch ist wer zu mir gekommen."

Die Kaisertochter war nun schon die Mutter dreier Kinder geworden, wenn auch dreier Töchter. Mit ihrem Mutterglücke erschöpfte sich die damalige Aufgabe Maria Theresias. Wiederum erwartete sie ein Kind. Ob es endlich ein Sohn werden würde? Wie viel Leiden sollte die Mutter noch bestehen müssen, ehe dieses Kind, tatsächlich ein Söhnchen, am 13. März 1741 geboren wurde!

Der Kaiser war noch ein rüstiger Mann. Niemand hätte ihm einen schnellen Tod prophezeit. Es kam aber anders. Auf einer Herbstjagd erkrankte der letzte Habsburger auf dem Schlosse Halbthurn, das östlich des Neusiedlersees gelegen ist, nach der Mitteilung einer bald nach seinem Tode erschienenen Biographie, an einer Pilzvergiftung. Ein heftiges, immer wiederkehrendes Erbrechen veranlaßte die sofortige Rückreise nach Wien. Bei rascher Verschlimmerung fühlte der Kaiser bald den Tod nahen. Die Ärzte waren ratlos. Der Sterbende meinte humorvoll, einer der Ärzte müßte ihm nachsterben und ihm im Jenseits die aus der Eröffnung der Leiche gewonnene Diagnose mitteilen. Am 20. Oktober 1740, sieben Tage nach dem Beginn seiner Erkrankung, starb der Kaiser. Mit diesem Leben fanden drei kaiserliche Jahrhunderte des Habsburgerhauses ihren Abschluß. Karl VI. starb in der Favorita, seinem Lieblingsschloß.

UM RECHT UND LAND

DER BEGINN

Mit dem Tode des Vaters trat Maria Theresia aus der geschichtslosen Stille und Glückseligkeit ihres Familienlebens in die Welt des Handelns. Wir wissen, daß der jungen Frau durch das schwere Versäumnis des hingegangenen Kaisers die Regierungsgeschäfte fremd geblieben waren. Von sich aus hatte sie nie eingreifen wollen, ja sie hatte, wie wir aus ihrem eigenen Munde wissen, „aus einer so schuldig als angewohnten Ehrfurcht gegen meines Herrn Vatters Majestät all deme sorgfältig immerdar auszuweichen gesucht . . ., so einer auch mindesten Regiersucht hätte gleich sehen können."

Die Nachfolge Maria Theresias war verfassungsmäßig und außenpolitisch sorgfältig vorbereitet. Allein es hatte schon in den Tagen der Todeskrankheit des Kaisers das rechte Vertrauen gefehlt. Ob es wirklich gelingen würde, daß die Tochter auf Grund der Pragmatischen Sanktion nachfolge? Der venezianische Botschafter Zeno schrieb damals vom Kaiserhofe nach Hause: „Nur allzudeutlich sieht man die Auflösung der gewaltigen Monarchie voraus."

Neu waren die Verhältnisse, neu gesehen als Mitarbeiter und Helfer der jungen Frau die vom Vater hinterlassenen Minister und schwierig die Lage der ja erst ein Jahr zuvor so tief gedemütigten Monarchie. Und doch mußte Maria Theresia nunmehr, schon einen Tag nach dem Tode des Vaters, der Geheimen Konferenz präsidieren, um mit den fast durchwegs überlebten Räten des verstorbenen Kaisers sofort schweren, bald schwersten Sorgen gegenüberzustehen. Ihr Erbrecht wurde, wir hören es noch näher, sogleich von dem bayerischen Kurfürsten Karl Albert, der sich schon in den letzten Lebzeiten des Kaisers unangenehm bemerkbar gemacht hatte, angefochten. Das Volk von Wien war schwierig. Es bestehe eine Abneigung gegen ein „Frauenregiment", so berichtet auch der vorerwähnte Zeno. Das Volk sei stimmungsmäßig großenteils dem Wittelsbacher zugeneigt, der Adel ziemlich gleichgültig und nur dem eigenen Vorteil hingegeben, die Minister aber ohne Schwung und Sicherheit.

Wie stellten sich die Dinge für Maria Theresia selbst dar? Wir besitzen darüber eine spätere Aufzeichnung: „Da sich der unvermutete betrübliche Todesfall meines Herrn Vater ereignet und vor mich so viel mehr schmerzlich ware, weilen nicht allein selben verehret und geliebet als einen Vatern, sondern als wie die mindeste Vasallin als meinen Herrn angesehen und also doppelten Verlust und Schmerzen empfunden, und damalen die zu Beherrschung so weitschichtiger und verteilter Länder erforderliche Erfahr- und Känntnüs umb so weniger besitzen können, als meinem Herrn Vatern niemals gefällig ware mich zur Erledigung weder der auswärtigen noch inneren Geschäften beizuziehen noch zu informieren, so sah ich mich auf einmal zusammen von Geld, Truppen und Rath entblößet."

Es war nur allzu begreiflich, daß die junge Frau in dieser Bedrängnis durch die neue Aufgabe sich nach d e r Hilfe umsah, die sich ihr als die natürlichste darstellte, nämlich der ihres Gemahls. Dieser war ohnedies bereits Mitglied der Geheimen Konferenz und war vom Kaiser als Statthalter Ungarns verwendet worden, er mußte also eine gewisse Erfahrung besitzen. Maria Theresia ernannte Franz Stephan, der seit 1737 Großherzog von Toskana war, zu ihrem Mitregenten. Es war der erste bedeutende Akt ihrer Regierung. Wer aber sollte nun künftig regieren, die Herrscherin oder der Mitregent?

Die Mitregentschaft Franz Stephans war bald nur mehr eine formale Angelegenheit. Der doch recht mittelmäßige Gemahl konnte nur eine geringe Stütze gewähren, da er einer wirklichen Krise gegenüber nicht standhaft genug war. Freilich, Maria Theresia hat sich nie über diese Tatsache Rechenschaft gegeben. Entweder schwieg sie mit Absicht darüber oder sie sah es gar nicht, daß der geliebte Mann weit unter ihr stand. Das letztere ist wohl das Wahrscheinlichere. Sie drängte den gewährten Einfluß allmählich mit dem Instinkt des Stärkeren, Berufeneren zurück; sie empfand es wohl täglich als selbstverständlicher, daß s i e regieren müsse. In Franz Stephans Brust wieder überwogen die Neigungen eines hochgeborenen Privatmannes überalteter Familie. Diese Neigungen galten nicht dem Herrschen. Seine Begabung und sein Vergnügen lagen vielmehr, wie sich später immer stärker offenbarte, in der geschäftlichen Verwentung und Vermehrung seines Vermögens. An dem Heroischen und Herrscherlichen seiner Gemahlin hatte Franz Stephan keinen Anteil. Das war ihm im Grunde eine fremde Welt.

Schien so der Mitregent nicht dazu angetan, mit starker Hand der jungen Herrscherin die Schwierigkeiten aus dem Wege zu räumen und eine geruhige Zeit der Regierung zu ermöglichen, auch die Minister besaßen die Eigenschaften nicht, die Umstände und Aufgaben erforderten. Was sollte ein junger, unerfahrener Mensch mit diesen Räten anfangen? Der beste unter ihnen, den fünf Männern der Geheimen Konferenz, war Graf Gundakar Thomas von Starhemberg. Er war seit fünfunddreißig Jahren in den Finanzen erprobt und galt als ein Mann von unerschütterlicher Redlichkeit. Auf seine Wahrhaftigkeit durfte man zählen. Er war die Stütze des Prinzen Eugen in den auswärtigen Fragen gewesen. Indessen, er trug schon am siebenundsiebzigsten Lebensjahr. Nach ihm war der Graf Philipp Ludwig von Sinzendorf am einflußreichsten, ein eitler Mann, wenn auch reich an Erfahrung. Seit über vierzig Jahren stand er an führenden Stellen im auswärtigen Dienst, er war Österreichs Vertreter fast auf allen bedeutenderen Friedenskongressen. Aber dem weitschweifigen und trägen Hofkanzler, der seinen Stolz darin sah, die beste Küche von Wien zu besitzen, fehlte der tiefe Ernst für die ihm anvertrauten Geschäfte und die unbedingte Integrität. Sein Vater Georg Ludwig hatte als Hofkammerpräsident wegen unglaublicher Unterschlagungen in Haft gesetzt werden müssen, und er selbst liebte diplomatische Geschenke und legte die Erteilung solcher mit aller Deutlichkeit nahe. In der ganzen Familie muß etwas Ungutes gelegen sein, obwohl sie reich begabt war, wie aus einer späteren Notiz der Kaiserin Maria Theresia hervorgeht. Sie nannte ihn in der Rückschau „nicht allezeit ohne Neben-Absichten", „präventiones und passiones"; er sei „ein großer Staatsmann", „ein großer Minister" gewesen, aber „nicht gar regulier mit Preußen". Nun, der Staatsmann Sinzendorf, der damals neunundsechzig Jahre alt war, zeigte sich den Aufgaben als ein verbrauchter Mann nicht mehr gewachsen. Seine Voraussagen trafen nicht ein, seine Ratschläge waren nicht die eines vorausschauenden Politikers, Tatkraft und Mut wohnten ihm nicht inne. Neben den Genannten standen die Brüder Harrach, alle zwei, Alois Raimund und Johann Philipp Josef über siebzig Jahre alt; der letztere war seit 1738 Präsident des Hofkriegsrates. Wie es damit beschaffen war, sagt uns am besten die Notiz, mit welcher der Kaiser die Ernennung begründete. Es heißt da griesgrämig: „... weil auch keine große Wal hab." Und als letzter war der Graf Königsegg, den wir vom Türkenkriege her bereits kennen. Er stand den Siebzig nahe, ein ängstlich vorsichtiger Mann, noch vom jüngsten Mißerfolg belastet. Sehen wir also von Franz Stephan ab und haben wir die eigentlichen Räte im Auge, so stellt sich uns ein Durchschnittsalter von über siebzig Jahren in diesen Räten vor, was in der Barockzeit mit ihrem weit größerem Lebensgenuß und damit früherem Verbrauch der Menschen besonders viel bedeutet.

Der einzige energische Geist in dieser Konferenz war kein Rat, sondern ihr Protokollführer. Auch ihn kennen wir bereits. Johann Christoph von Bartenstein war 1689 in Straßburg als Professorssohn geboren. Obwohl bürgerlicher Abkunft, war der ehrgeizige Konvertit zum unentbehrlichen Berater und Helfer des Kaisers geworden. Er besaß das Ohr Karls VI. und hatte viel dazu beigetragen, den Einfluß des Prinzen Eugen in dessen letzten Lebensjahren zu mindern. Mit Maria Holler von Doblhoff vermählt, führte er ein reiches Haus. Selbst der spanische Gesandte konnte dort erblickt werden. Bartenstein war ein geschulter Jurist, hervorragender

Kenner des schwierigen Reichsrechts. Maria Theresia und ihr Gemahl hatten in ihm einen Gegner erblickt, war er es doch gewesen, der mit seiner barschen Parole: „Kein Verzicht, keine Erzherzogin“ von Franz Stephan den Verzicht auf Lothringen erzwungen hatte. Gleich beim Regierungsantritt der neuen Herrin legte er ihr deshalb sein Amt zu Füßen. Die Königin — Maria Theresia war nach dem Tode des Vaters Königin von Ungarn und Böhmen, aber natürlich nicht Kaiserin — hieß ihn bleiben, wenn auch mit strengen Worten. Sie hat später selbst sich eingestanden, daß sie mit sehr übler Gesinnung gegen ihn zur Regierung gekommen sei. Um so schöner ist aus dem gleichen Munde das Zugeständnis, daß sie „ihme allein schuldig, die Erhaltung dieser Monarchie“ „Ohne seiner“, setzte sie fort, „wäre alles zu Grunde gegangen, dann Starhemberg allein nicht mehr so activ ware, und habe erst lang darnach erfahren, daß er Bartenstein der eintzige ware, der mein Heurath mit Spanien hintertrieben, die Sintzendorff wollte ... Ich sage nicht, daß er ohne Fehler gewesen, welche allein aus seinem Temparament hergeflossen und gewiß nicht aus Mangel der Treue und Eyffer, auch nicht Ambition, vor das ich stehen kann und schuldig bin, an ihme und denen Seinigen allezeit zu erkennen, recht aus Schuldigkeit und nicht aus Gnad.“

Das waren die Männer, wie war der Stand des Staates? Maria Theresia faßte es kurz zusammen: „In diesen Umständen fande ich mich ohne Geld, ohne Credit, ohne Armee.“

Wir hören aber in allen diesen Worten die schon gereifte Herrscherin, die rückschauend berichtet. Wieviel muß sich an Sorgen vor der frischen, energischen, aber noch gänzlich unerfahrenen Königin aufgetürmt haben und wieviel Ungemach mußte Lehrmeister sein, ehe ihr die volle Klarheit zu Hilfe kommen konnte! Für alle aber mußte sogleich die rasche Entschiedenheit fühlbar sein, mit der die junge Frau auftrat. Hier war ein Quell von Vertrauen und Klarheit des Willens, der den zielbewußten Bartenstein, der bei aller Weitschweifigkeit seiner Denkschriften ein hervorragender Diener war, in seinem Eifer beleben mußte und selbst einem schon fast erschöpften Greis wie Starhemberg neue Lebenskraft einzuflößen geeignet war.

Entscheidend aber mußte werden, ob sich für die junge Herrscherin die Zeit gewinnen ließ, sich fest in den Sattel zu setzen, bevor noch von außen eine empfindliche Drohung erfolgte. Denn nun mußte sich ja offenbaren, ob die Pragmatische Sanktion mehr war, als eine völkerrechtliche Spielerei, mehr als das fürstliche Selbstvertrauen Karls VI.

Der Kurfürst von Bayern war es, von dem die erste Bedrohung ausging.

Karl Albert ließ durch seinen Gesandten Graf Perusa Maria Theresia die Anerkennung als Königin von Böhmen und Ungarn verweigern und erhob selbst gebieterisch Erbanspruch auf die österreichischen Länder. Es war nicht der nahe und durch den seinerzeitigen feierlichen Verzicht seiner Gemahlin, der Tochter Josefs I., mehr als brüchige Erbanspruch auf Grund dieser Ehe, sondern es waren fernher geleitete Ansprüche.

Der Kurfürst berief sich auf das Testament des Kaisers Ferdinand I., wonach seiner mit einem Wittelsbacher verheirateten Tochter Anna beim Abgang der männlichen Linie des Hauses Habsburg mit ihren Nachkommen die Nachfolge gebühre. Er verwies fernerhin auf das Jahr 1156, da Österreich als ein unfreundlicher Akt gegen Bayern zum Herzogtum erhoben worden sei.

In Wien präsentierte man dem Bayern, der Einsichtnahme forderte, am 3. November das Original des Testaments. Hier war nicht von den männlichen Nachkommen, sondern von den ehelichen Nachkommen der Söhne die Rede und offenkundig sah das Testament auch nur die nächste Generation, eben die der eigenen Kinder, vor sich. Da in dem Testament von den Königreichen Böhmen und Ungarn die Rede war, stellte sich der wittelsbachische Anspruch fast als ein Totalanspruch auf die Monarchie dar, zumal Bayern, um ja die Gunst der Glücksstunde auszuschöpfen, auch die Vorlande als Teile des einstigen, durch die Hinrichtung Konradins angefallenen hohenstaufischen Erbes in Anspruch nahm.

Der Kurfürst ließ sich durch den Wiener Rechtsnachweis nicht beeindrucken. Er berief seinen Gesandten unter feierlichem Einspruch gegen die Nachfolge und die Regierungausübung Maria Theresias ab. Er meldete seine Bewerbung um die deutsche Kaiserkrone an.

Man war in Wien nicht sonderlich beunruhigt. Der bayerische Schritt war erwartet, der Anspruch auf Grund des Testamentes von 1547 nicht neu. Was bedeutete der grollende Wittelsbacher schon, selbst mitsamt seinem verwandtschaftlichen Anhang im Reiche? Nicht einmal die Kaiserwahl Franz Stephans, des Gemahls Maria Theresias, hielt man durch Karl Alberts Bewerbung für gefährdet. Der bayerische Kurfürst hatte ja die größte Chance, die ihm gegeben war, nämlich unmittelbar nach dem Eintreffen der Todesnachricht des letzten Habsburgers zu handeln und das unsichere, ihm besonders in Wien eher zuneigende Gefühl des Volkes für sich zu nutzen, mit seinem Sichbescheiden auf Rechtsanspruch und Rechtseinspruch vorübergehen lassen, vorübergehen lassen müssen, da ihm eine ausreichende mobile Kraft nicht zur Verfügung stand, und diese bei der Schwerfälligkeit damaliger militärischer Bewegungen wohl auch die Wirkung verfehlt hätte. Nein, der Wittelsbacher bedeutete für sich allein keine Gefährdung der Tochter des letzten Habsburgers. Wie aber, wenn er Bundesgenossen fand?

Nur einer war nach der Meinung des Wiener Hofes als solcher Bundesgenosse möglich. Es war der König von Frankreich. Aber in Frankreich war der leitende Staatsmann, der uralte Kardinal Fleury, einem Kriege nicht unbedingt geneigt, ja nach der Meinung von Sinzendorf und der übrigen österreichischen Minister unbedingt vertragstreu, hatte er doch die Pragmatische Sanktion anerkannt, wenn auch mit der uns bekannten Einschränkung. Daß der österreichische Gesandte in Versailles Ignaz von Wasner warnende Berichte schickte, meinte man in der Zentrale in den Wind schlagen zu können.

Frankreich selbst aber war für Österreich nicht lebensgefährlich, so mißlich es um Österreichs Finanzen und Heerwesen stand. Denn diesmal ging England in einem solchen Kriege mit, England, das bereits mit Spanien im Kriege stand, in welchem gemäß dem engen Zusammenhalt, wie er sich zwischen den beiden Bourbonenstaaten in der letzten Zeit herausgestellt hatte, auch Frankreich mit hinein verwickelt werden mußte. England war diesmal, wo es um seine eigene Haut ging, nicht etwa nur zum Krieg bereit, es drängte von sich aus auf Österreichs Eintritt in eine große Koalition. Ja selbst in dem erschütternden Augenblicke, da die Minister vom Sterbebette Karls weggingen, hatte sich der englische Gesandte unter Verletzung jeder Pietät dringend an den österreichischen Hofkanzler gewandt, um die Bedenken der habsburgischen Staatsmänner gegen einen Eintritt in den Krieg zu zerstreuen.

So mochte man denn in Wien trotz des bayrischen Protestes unbesorgt in die Zukunft blicken. Maria Theresia hatte durch ihr mitreißendes Auftreten die schwankenden Wiener bereits gewonnen. Schwierigkeiten erwartete man eigentlich nur von den herkömmlich aufsässigen Ungarn. Gegen sie und gegen die Pforte, die hinter ihnen stand, meinte man, auf der Hut sein zu müssen.

Sardinien, England, Holland, Hannover und Sachsen, aber auch der König in Preußen hatten die Nachfolge Maria Theresias bereits anerkannt. Fleury zog die Stellungnahme Frankreichs hinaus, sein Säumen höflich tarnend. Wie man in dieser Lage Wasner mit seinen Warnungen nicht hören wollte, und selbst Bartenstein sich in Sicherheit wiegte, so legte man auch den Warnungen des österreichischen Residenten in Berlin, Franz von Demeradt kein Gewicht bei. Dieser deutete offensichtliche preußische Rüstungen und ein lebhaftes geheimes Beraten am Berliner Hofe sogleich auf einen feindlichen Einfall in Schlesien. Es waren auch ängstliche Anfragen des gleichfalls hellhörigen schlesischen Oberamtes in Breslau eingegangen. Selbst diese vermochten die Geheime Konferenz nicht aus ihrer Sicherheit zu bringen.

Man erwartete in Wien alles eher als einen kriegerischen Akt Preußens, mit dem der Bundesvertrag von 1728 noch in Kraft stand, so große Entfremdung auch in den letzten Jahren zwischen den beiden Höfen eingetreten war. Maria Theresia wandte sich vielmehr mit einem persönlichen Schreiben an den König, um ihn für ihren Gemahl um die brandenburgische Kurstimme zu bitten. Der Feldmarschalleutnant (künftig FML. gekürzt) Botta d' Adorno wurde mit diesem Briefe nach Berlin entsandt, um die Absichten des Königs zu erkunden.

Gerade der Hohenzoller aber sollte es sein, von dem der Stein des Verhängnisses ins Rollen gebracht wurde.

FRIEDRICHS EINFALL IN SCHLESIEN

In Preußen war einige Monate vor Karl VI. der König Friedrich Wilhelm I. gestorben.

Sein Nachfolger, der achtundzwanzigjährige Friedrich II., war kein Mensch der Sentimentalitäten. Die Natur vereinigte in dieser Gestalt ein Maximum an Begabung, ein Minimum an Gefühl. Mit dem Verstande, einem scharfen und unbekümmerten, betrachtete Friedrich die Dinge, und ein unheimlicher Ehrgeiz lebte in seiner Brust. Er wollte von sich reden machen und die Gunst der Stunde für sich und die Größe des Hauses Brandenburg nützen. Als Kronprinz hatte er sich in einer geistvollen Schrift gegen Machiavelli gewandt, als König handelte er nun selbst als ein geharnischter Machiavelli. Sein Ziel stand ihm mit dem Eintreffen der Todesnachricht aus Wien klar vor Augen. Nicht mehr, wie noch kurz zuvor, dachte er nun an den Rhein, die langerstrebte Besitzergreifung von Jülich und Berg. Seine Kriegsvorbereitungen und Pläne zielten jetzt auf etwas weit Größeres. Dieses Ziel zu erringen, machte sich der König ans Werk: rasch, ohne Verzug. Er nützte die Gunst der Stunde. Seine Forderungen, die er bald an Wien stellen sollte, wurden nicht wie die des wittelsbachischen Kurfürsten von Bayern mit Rechtsdeduktionen und Rechtsverwahrungen vorgebracht, sondern mit dem blanken Schwerte in der Hand verkündet.

Es ist nicht zu verkennen, daß in der Brust des Königs ein tief eingewurzelter Haß gegen das Haus Habsburg lebte. Der kalte Hohn, der bei ihm gegen den verstorbenen Kaiser durchbrach, zog aus diesem Gemütsbereich her seine Nahrung. Daß der Kaiser seinerzeit zu seinen Gunsten interveniert hatte, nämlich als der Kronprinz durch die Affaire seiner Flucht in der erstesten Gefahr schwebte, daß ihm Karl VI. ein Jahrgeld von schließlich 3000 Dukaten ausgesetzt hatte — auch die Schwester Friedrichs, Wilhelmine, erhielt ein solches von 1000 Dukaten — hatte keineswegs vermocht, ihn für Österreich günstig zu stimmen. Vielleicht haben die finanziellen Zuwendungen eher das Gegenteil bewirkt. So sehr die Kräfte des Prinzen Eugen im Feldzuge von 1734 erschöpft waren, so scharf erkannte der Greis, daß es nicht gut um das Verhältnis des Kronprinzen zu Österreich bestellt sei. Er riet seinem Kaiser, einen glänzenden Kavalier nach Berlin zu entsenden, um Friedrich, der vom französichen Botschafter umworben war, zu gewinnen. Aber die Mission des Fürsten Wenzel Liechtenstein scheiterte dennoch. Es war ein Täuschungsmanöver, wenn der Minister Grumbkow dem österreichischen Gesandten Graf Seckendorf von der „brennend kaiserlichen Gesinnung" Friedrichs gesprochen hatte. In Vater und Sohn lebte tiefe Verbitterung darüber, daß Österreich Preußen in der Frage von Berg und Jülich im Stich gelassen hatte. Als dann die kaiserlichen Truppen im Türkenkriege unterlagen, erblickte Friedrich darin ein Strafgericht Gottes, das den „maßlosen Stolz" des Hauses Habsburg getroffen habe. Der kranke Vater wies den Sohn zu einem gepflegten Verhältnis mit Frankreich, wenn auch unter Wahrung der rechtlichen Autorität des Kaisers. Selbst König geworden, hatte Friedrich den Kaiser in einem Marginale vom 16. Juni 1740 das „alte Phantom eines Idols, das einstmals Macht" besessen, „gegenwärtig aber nichts mehr ist", genannt. „Früher", sagte der König, „war der Kaiser ein robuster Mann, aber Franzosen und Türken haben ihn todkrank gemacht."

Als der König am 25. Oktober 1740 die Todesnachricht aus Wien erhielt, erfaßte ihn keine Bewegung. Er schrieb am nächsten Tage an Voltaire das folgende Epigramm: „Ein geborner Zivilist War der Fürst; er wurde König. Kaiser auch nach kurzer Frist. Seine Laufbahn bietet wenig, weil er als ein Bankerotteur Trotz Prinz Eugens Ruhm und Ehr Schließlich doch gestorben ist."

In zwei Tagen war der Beschluß gefaßt, sich Schlesiens zu bemächtigen. Dieses Schlesien konnte mehr locken als die Ansprüche am Rhein. Schlesien mit seinen 182 Städten und 4760 Dörfern war größer als die Mark Brandenburg, weit größer als Ostpreußen oder Pommern. Es zählte etwa ein Fünftel der Einwohner des gesamten Königreiches Preußen.

Auf Teile dieses schlesischen Gesamtherzogtumes hatten die Hohenzollern seit dem siebzehnten Jahrhundert Erbansprüche erhoben. Diese betrafen die Herzogtümer Brieg, Liegnitz und Wohlau. Außerdem begehrten sie die Rückerstattung des ihnen nach ihrer Meinung rechtswidrig entzogenen Herzogtums Jägerndorf. Alle diese Ansprüche wurden von den Habsburgern niemals anerkannt, jedoch schließlich mit der Abtretung einer schlesischen Exklave — dem Schwiebuser Kreis — abgegolten. Da indessen der damalige Kurprinz von Brandenburg und spätere erste König in Preußen, Friedrich, sich bei Gelegenheit der Vertragsschließung darüber in einem geheimen Revers zur Rückgabe dieses kleinen Ländchens verpflichtete, kam es gegen eine Geldentschädigung wieder an Österreich zurück. Trotz Erklärung der brandenburgischen Räte, daß damit die alten Ansprüche auf die schlesischen Herzogtümer wieder auflebten, war später fast ein halbes Jahrhundert hindurch nie mehr davon die Rede gewesen. Friedrich Wilhelm I. hatte die Pragmatische Sanktion garantiert. Das formelle Recht war durchaus auf Seite Österreichs.

Aber Friedrich, der seine Hand auf Schlesien legen wollte, kam es auf die Frage des Rechtes gar nicht an. Den Einwand seines Ministers Podewils, der auf die Rechtsfrage hinwies, speiste der König mit den Worten ab: „Die Sache des Rechts ist die Sache der Minister, ist Ihre Sache", was doch recht machiavellistisch klingt. Das Recht wurde in einer Aussendung vom 13. Dezember 1740 aufs Panier geschrieben, „vor sich selbst und vor wenigen Vertrauten bekannte sich der König," wie einer seiner neuesten Geschichtsschreiber es faßt, „zu mächtigeren, elementareren Beweggründen seines Handelns".

Friedrich war sich der Bedeutung der Situation vom ersten Augenblick an klar, da er sein kühnes Planen begann. Er sagt: „Es ist der Augenblick der völligen Umwandlung des alten politischen Systems; der Stein hat sich gelöst, den Nebukadnezar auf das Bild von vier Metallen rollen sah und der sie alle zerstörte."

Was noch zu reden oder zu schreiben war, sollten seine Diplomaten ausmachen. Der König hatte sich entschieden, die eisernen Würfel mußten rollen. „Der Ehrgeiz, das Interesse, der Wunsch, von mir reden zu machen, trugen es davon, und der Krieg ward beschlossen," sagte er später abschließend und deutlich genug.

Der Marchese Botta war mit offenen Augen nach Berlin gereist. Schon auf der Fahrt berichtete er von dem drohenden Ernst der preußischen Rüstungen und verkündete es vorausschauend mit Sicherheit, daß binnen 14 Tagen die preußischen Truppen die Grenze überschritten haben würden. Als erster unter den österreichischen Staatsmännern in Wien schöpfte kennzeichnenderweise die junge Königin Mißtrauen, gerade die, der man Unerfahrenheit und Leichtgläubigkeit am ehesten hätte nachsehen können. Die Minister aber, insbesondere Sinzendorf, beruhigten sie. Es geschah nichts zur Verteidigung der von Truppen fast völlig entblößten Provinz.

Am 17. Dezember wurde dem Wiener Hofe, den schon Botta nach einer Eröffnung des Königs vom 9. auf das Schlimmste vorbereitet hatte, die volle Klarheit zuteil. Selbst von dem Auftrag, der ihm zuteil geworden, peinlich berührt, erschien der preußische Gesandte von Borcke beim Großherzog, Maria Theresias Gemahl, und eröffnete ihm die in Wien seit dem 14. Dezember, also erst drei Tage vorher, endlich vorausgesehene Tatsache des Einmarsches in Schlesien, eines bereits im Gang befindlichen Einmarsches. Er bot für die Abtretung des Landes eine Geldentschädigung, Hilfe gegen jeden Feind sowie die brandenburgische Kurstimme zur Kaiserwahl an. Der Großherzog lehnte entschieden ab. „Lieber die Türken vor Wien, lieber Abtretung der Niederlande an Frankreich, lieber jedes

Zugeständnis an Bayern und Sachsen, als der Verzicht auf Schlesien." Als der Mitregent im Verlauf der Unterredung weicher wurde, öffnete die Königin die Türe und fragte nach dem Großherzog. Damit war die Besprechung beendet. Die Gemahlin aber hatte sich dem Mitregenten doch wohl eindeutigen Sinnes kundgetan.

Tags darauf erschien der preußische Sondergesandte Graf Gotter, ohne daß die Unterredung mit dem Großherzog einen anderen Verlauf als die mit Borcke geführte genommen hätte. Franz Stephan stand hier, und das sollte auch die nächsten Wochen noch so bleiben, im Vordergrunde. Nicht so ohne weiteres und direkt reckte sich der Wille seiner Gemahlin empor. Jedoch schon bei einer erneuten, lang dauernden Vorsprache Gotters, den diesmal auch Borcke begleitete — sie erfolgte am 1. Jänner 1741 — sehen wir die Königin bereits deutlicher hervortreten. Diesmal erhob der Sondergesandte nicht mehr die Forderung auf ganz Schlesien, sondern nur mehr auf ein „Gutteil" des Landes, und das Vorgehen des Königs wurde mit seiner Rücksicht auf das Wohl und die Erhaltung des Hauses Österreich begründet. Franz Stephan war zuerst in erneuter Abwehr der Forderungen energisch. Er empfing den Grafen Gotter mit lebhaften Vorwürfen. Ist es Freundschaft, erklärte er, einem Nachbar ins Haus zu fallen und mit Knüppeln dreinzuschlagen? Dann aber wurde er nach einer lebhaften Diskussion ruhiger und nachdenklicher. In diesem Momente des offensichtlichen „Weichwerdens", griff Maria Theresia, die nach Gotters Bericht hinter der halbgeöffneten Türe zugehört hatte, ein, indem sie ihrem Gemahl zurief, daß es bereits acht Uhr sei (also hohe Zeit zum Abendessen).

Was war inzwischen in Schlesien geschehen? Wehrlos lag das Herzogtum dem preußischen Einmarsch offen. Niemals hatte man von dieser Seite her einen Angriff erwartet. Also waren die Festungen vernachlässigt, ja verfallen. Nur das eine Neiße war richtig verteidigungsfähig. Breslau hatte darauf bestanden, sich selbst zu verteidigen, um bald, schon am 3. Jänner, dem König, der sich beeilt hatte, der Stadt die alten Privilegien zu bestätigen, seine Tore zu öffnen. Am 16. Dezember hatte der Einmarsch der Preußen begonnen, am 21. Jänner war bereits Jägerndorf am Rand des Altvatergebirges in ihrem Besitz, und neben Neiße, das sich unter dem Obersten von Roth, einem tapferen Schlesier protestantischen Bekenntnisses, einer vom 13. bis zum 21. Jänner dauernden Beschießung erwehrt hatte, waren nur noch die morschen Festungswälle von Brieg, Glogau und Glatz in der Hand der Österreicher.

Im Reich aber hatte der Kurfürst von Sachsen als Reichsvikar gegen die Mitregentschaft Franz Stephans Einspruch erhoben. Dazu kam die Nachricht über bayerische Truppenwerbungen.

Unter solchen Umständen erfolgte die Beratung der Geheimen Konferenz am 3. und 5. Jänner. Die preußischen Gesandten gaben in einer

Art Vorbesprechung, der auch Sinzendorf und Bartenstein beiwohnten, noch gemäßigtere Erklärungen ab und erhöhten den Kaufpreis. In der Sitzung der Geheimen Konferenz selbst offenbarte sich dann die Verhandlungsbereitschaft des alten Sinzendorf, der Harrachs, aber auch des böhmischen Hofkanzlers Graf Philipp Kinsky, ihres jüngsten Mitglieds. Starhemberg dagegen, trotz seiner hohen Jahre mit einem mutigen Herzen, und Bartenstein, ungeachtet seiner nur dienenden Funktion in dieser Zeit ein Repräsentant des Stolzes der Großmacht Österreich, sprachen sich dagegen aus. Die Haltung des Großherzogs können wir aus dem früher Gesagten erschließen. Maria Theresia entschied, und sie trat damit nun selbständig handelnd hervor, für das Votum der Minderheit, für die Ablehnung der übrigens keineswegs ganz klaren Angebote. Der preußische Gesandte Gotter berichtete seinem König stark von den Wiener Argumenten beeindruckt. Ranke sagt: „Die Zuversicht und der Stolz des Hofes beherrschten selbst die Fremden und die Gegner."

Damit waren die Würfel zum Kriege gefallen. Hört man immer wieder bedauern, daß Maria Theresia den Verlust von Schlesien nicht einfach hingenommen habe, wodurch der Krieg mit Preußen vermieden worden wäre, so entspricht eine solche Auffassung nicht dem Grundgesetz weltgeschichtlicher Prozesse. Nicht durch weichlichen Verzicht, durch ein einfaches Platzräumen vor dem Stärkeren vollziehen sich die Dinge, dürfen sich wohl nicht vollziehen. Sinn und Auftrag eines jeden Lebens, auch des staatlichen, ist es, sich seiner Haut zu wehren und in einem aufgezwungenen Kampfe unterzugehen oder sich zu behaupten. Schlesien besaß für Österreich eine derartige, schon damals erkennbare, und, wie sich Menschenalter später herausstellte, ja vielleicht erst der heutigen Rückschau ganz deutlich wird, entscheidende Bedeutung, daß um seine Behauptung für die Monarchie mit allem Einsatz gekämpft werden mußte. Ohne die tapfere Haltung der jungen Königin hätte sich Österreich gegenüber dem aufschießenden Genie Friedrichs nicht zu behaupten vermocht. Der Verlust von Schlesien wäre übrigens, soweit menschliche Erwägung reichen kann, keineswegs der letzte durch ihn gewesen. Denn niemand kann mit nur einiger Berechtigung sagen, daß dieser gewaltige, aber noch wilde Geist, dem noch nicht harte und gefährliche Kämpfe und Krisen die Zügel angelegt hatten, sich mit dem unblutig gewonnenen Riesenbeutestück begnügt hätte. Noch hatte ja Fleury nicht gesprochen. Wenn der Franzose aber begann, Bayern, Spanien und Sachsen zu ermuntern, daß sie, nachdem Preußen so vieles von der Schwäche der jungen Regierung erreicht hatte, auch über Österreich herfielen? Ist es anzunehmen, daß Friedrich dann, in einer solchen Lage und bei den dabei unvermeidlichen Wechselfällen, den stillen, vertragstreuen Zuschauer gespielt hätte? Vertragstreue war nie die starke Seite dieses Monarchen, zumindest in seinen jungen Jahren.

Freilich hieß es nun für die Königin, ein bereits verlorenes, in der Hauptsache verlorenes, Schlesien zurückzuerobern. Denn ohne Beispiel in der bisherigen deutschen Geschichte war hier ein Reichsstand über einen anderen hergefallen, Rechte mit Gewalt geltend zu machen, noch ehe der Ausgang von Verhandlungen abgewartet worden war.

Wer aber sollte nun die österreichischen Truppen befehligen, nachdem die Katastrophe des Türkenkrieges die höchsten Befehlshaber so sehr kompromittiert hatte? Österreich war auf einmal arm an Heerführern.

Wohl über den Rat des Großherzogs entschloß sich Maria Theresia, der ja ganz besonders jede militärische Erfahrung noch mangelte, und die in dieser wichtigen Herrschersache als Frau doch in der Hinterhand war, den Grafen Wilhelm Reinhard von Neipperg mit dem Oberbefehl zu betrauen. Neipperg war wie die übrigen angeschuldigten Generale beim Regierungsantritt der Königin aus seiner Haft entlassen worden. Die Wahl konnte keine glückliche sein. Neipperg war eine ängstliche, unschlüssige Natur, dem bei solchen Eigenschaften auch das Glück nicht lächelte. Zudem konnte seelisch und physisch die lange Haft an ihm nicht spurlos vorübergegangen sein. Wie sollte von einem Manne, der den tückischen Griff des Unglücks auf seiner Spur wußte, ein Feldzug bemeistert werden, bei dem alles auf die Schnelligkeit und Beherztheit des Handelns ankam?

Allzu gemächlich wartete Neipperg noch zwei Monate in Wien, bis sich endlich das Heer versammelt hatte. Das war ein großer Zeitverlust und wurde eine schwere Belastung für den tapferen Führer der österreichischen Sicherungskräfte, den FML. Graf Maximilian Browne. Bei kleineren Zusammenstößen hatte sich bisher die Überlegenheit der leichten österreichischen Reiterei geoffenbart, ja den unternehmenden Husaren wäre dabei — es war am 27. Februar bei Wartha — um ein Haar Friedrich selbst in die Hände gefallen.

Der Zeitverlust hatte es dem Könige ermöglicht, sich des völlig verfallenen Glogau zu bemächtigen. Aber die preußischen Truppen waren über den Rat des Feldmarschalls Graf Schwerin weithin über ganz Schlesien und vor allem entlang der schlesisch-mährischen Grenze zerstreut, während das an sich kleinere Heer Neippergs nunmehr als ein geschlossener Kern von etwa 15 000 Mann über Ziegenhals und Zuckmantel gegen Neiße vorrückte, das am 5. April erreicht wurde. Welche Aussichten hätten sich bei einer solchen Lage einem beherzt zugreifenden General geboten, in raschem Vorstoß die noch nicht gesammelten Kräfte des Gegners einzeln anzufallen und abzutun! Neipperg hatte sich dieses Vorteils durch sein wahrhaft schwerfälliges Vorgehen begeben. Er hatte in acht Tagen ganze sieben Meilen zurückgelegt, eine lächerliche Marschleistung, wenn auch starke Schneefällle den Vormarsch erschwerten. Von Neiße aus wandte sich der Feldherr der Königin ohne weitere Beeilung nach Grottkau, das sich ergab. Brieg wurde von den Belagerern befreit, diese aber blieben unverfolgt. Neipperg versäumte es auch, sich Ohlaus zu bemächtigen, mit dessen Besitznahme ihm ein großes Depot von Lebensmitteln und Munition zugefallen wäre.

So war der österreichische Heerführer in den Rücken der preußischen Stellung vorgestoßen, ohne sich der Gunst der Stunde zu bedienen, obwohl er durch die Erkundung seiner vorzüglichen leichten Reiterei über die Feindlage besser unterrichtet war als Friedrich.

Der König ließ solche gröbliche Versäumnisse nicht ungestraft. Er hatte seine Truppen auf die ersten alarmierenden Meldungen soweit als möglich zusammengefaßt, und führte sie nun, zum Schlagen ausholend, durch das Schneegestöber gegen den Feind. Als sich die preußischen Kolonnen am Morgen des 10. April, am Morgen eines wolkenlos klaren Tages, zur Schlachtordnung entwickelten, um die Österreicher in Mollwitz anzugreifen, war der Feldherr der Königin nun der Überraschte. Überflüssigerweise hatte Neipperg eben wieder einen Rasttag eingeschaltet gehabt. Jetzt war er emsig bemüht, unter dem schützenden Mantel seiner Kavallerie die österreichischen Truppen aus den umliegenden Dörfern herbeizurufen und in der Ebene aufzustellen.

Ein Tag großer Entscheidung war herangekommen. Zum ersten Male sollte sich die junge brandenburgische Armee, die bisher zumeist im Verbande fremder Heere, so oft in dem des kaiserlichen gefochten hatte, mit der österreichischen Armee messen, deren Hilfstruppe sie so oft gewesen war. Zum ersten Male sollte sich auf dem Schlachtfelde bekunden, was diese Armee, in der jahrelangen Zucht Friedrich Wilhelms I. und des alten Dessauers in einer, zuerst den Spott, dann die wachsende Besorgnis Europas herausfordernden strengen Zucht, auf dem Kasernhofe gelernt hatte. Ihr Gegner, das österreichische Heer, das im Augenblicke nicht auch das kaiserliche war, trug die Ruhmesfahnen aus den Siegesschlachten des Prinzen Eugen. Dieses Heer war in Glück und Unglück als herkömmlich tapfer bekannt, seine Mißerfolge im Polnischen Erbfolgekrieg wie im letzten Türkenkriege waren ihm unverdient durch das Versagen der Führung auferlegt worden.

Wie aber stand es nach Ausrüstung und Ausbildung mit diesem Heere?

Man hatte in Wien, auch der große Eugen, der strengen Ausbildungsform, die im jungen preußischen Heere auf das genaueste durchgeführt wurde, nicht die gebührende Aufmerksamkeit gezollt. Hiebei mag wohl etwas von der alten aristokratischen Auffassung noch mitgespielt haben, die in einem Heere ein Werkzeug für den Krieg erblickte, das im Frieden, abgesehen von einigen mehr der Zierde dienenden Garden, fast unsichtbar sein sollte. Man fand in Wien, das gewiß von jedem Vorwurf des Militarismus freizusprechen ist, keine Freude an den exakten Bewegungen und trefflichen Paraden, wie sie in Potsdam eingeübt wurden; man fand in ihnen nichts Nachahmenswertes, weil man in Krieg und Frieden auf eine größere Freiheit, auch des Soldaten, gerichtet war. Das hatte gewiß in der älteren Zeit seine Berechtigung, wo am Ende das Handgemenge entschied, und damit mehr der Geist als der exakte Drill in der Einteilung, nicht mehr jetzt, da der Feuerkampf der Infanterie auf dem Schlachtfelde wichtiger wurde, als die Kühnheit anstürmender Reiter. Ein Genie wie den Prinzen Eugen mochte überhaupt das allzu Maschinelle der preußischen Ausbildung abgestoßen haben. „Vill Soldathen und großen granadir spill" gäbe es in Berlin, schrieb Kaiser Karl VI. an seinen Schwiegersohn mit jenem leise humorvollen Unterton, der uns in seinen Briefen so oft begegnet. Aber gerade die Potsdamer Zucht brachte den Feuerkampf der Infanterie auf die Höhe. Nun bedeutete das Festhalten an den alten Ansichten eine Gefahr für die Zukunft. Freilich ging der Feldzug in Schlesien nicht dadurch allein verloren, weil die österreichische Infanterie der preußischen nicht gewachsen war. Dies geschah 1741 bei Mollwitz ebensowenig als 1866 bei Königsgrätz. Solche Umstände spielen eine wichtige, aber keine entscheidende Rolle. Ein Feldherr, der, wie Neipperg, eine so große Gunst der Lage, wie sie sich ihm aufgetan hatte, nicht benützte, war eigentlich schon geschlagen, noch ehe die Schlacht begann.

Es steht aber fest, daß die österreichische Armee durchaus reformbedürftig war. Maria Theresia sagt darüber in einer der beiden Denkschriften, die sie rückschauend verfaßte: „Wer würde glauben, daß nicht das mindeste eingeführet ware in Regul bei meinen Trouppen, ein jeder machte ein andres manöuvre im Marche, in Exercitio und in allen, einer schüssete geschwind, der andere langsam; die nemliche Wort und Befehle wurden bei einem also, bei den anderen wiederumb anderst ausgedeutet, und ist wahrhaftig kein Wunder, wenn zehn Jahr vor meiner Regierung der Kayser allezeit geschlagen worden, und wie nachgehnds das Militare gefunden, nicht zu beschreiben ist." So schreibt Maria Theresia, deren liebste Herrschertätigkeit, wie sie einmal selbst sagte, die Fürsorge für das Militär wurde, die also wohl über die Dinge urteilen konnte, die ihr unter den Nägeln brannten. Es wäre indessen ungerecht, wenn man nicht auch feststellen wollte, daß die Armeen aller europäischen Staaten, einzig die junge preußische ausgenommen, sich um 1740 im Zustande des Verfalls befanden und in den ersten Jahren des Österreichischen Erbfolgekriegs durchwegs keine großen Taten vollbrachten. Mit der französischen z. B., und das war doch eine der ersten, konnte sich die kaiserliche noch immer messen.

Zurück zu Mollwitz. Bei den schwerfälligen Bewegungen der damaligen Heere war es zwei Uhr mittags geworden, ehe der eigentliche Angriff der preußischen Truppen beginnen konnte. Eine eigenartige Lage entstand. Die österreichische Reiterei des linken Flügels, stürzte sich, geführt von FML. von Römer, 36 Schwadronen stark, auf die Kavallerie des rechten preußischen Flügels und warf sie zweimal über den Haufen. Der König von Preußen. verließ in diesem Augenblick über die Bitte des Feldmarschalls Graf Schwerin, der nun mit der Katastrophe des Heeres rechnen mußte, das Schlachtfeld. Es war vier Uhr. Friedrich sollte nachtsüber in schwersten Sorgen, gelegentlich von der Gefahr der Gefangennahme durch die schweifende leichte Kavallerie der Österreicher bedroht, auf den schlesischen Gefilden umherirren, um später erst die Kunde von dem Siege seines Heeres zu empfangen.

Denn ein solcher war es geworden. Der preußische Feldmarschall hatte die Ruhe bewahrt. Die Attacke der österreichischen Reiterei, die so glückhaft begonnen hatte, scheiterte unter starken Verlusten an der Feuerdisziplin des nun mehrmals angefallenen Fußvolkes. Römer fand den Tod. Auch der gleichfalls errungene Reitersieg des zweiten österreichischen Flügels unter von Berlichingen brach sich an der vortrefflichen Infanterie des Gegners. Die angreifende österreichische Infanterie aber mußte vor dem schnellen und präzisen Feuer der Preußen schließlich zurückgehen und vor ihrem Gegenangriff den Rückzug nach Grottkau antreten. Damit endete um sieben Uhr abends die fünfstündige Schlacht.

Beide Heere hatten ungefähr die gleiche Zahl von Toten, Verwundeten und Gefangenen, jedes ungefähr 5000 Mann verloren. Aber die Preußen waren auf dem Schlachtfelde verblieben, die Österreicher hatten es geräumt. Keineswegs allerdings war mit Mollwitz der Feldzug entschieden. Neipperg stand im Besitz von Neiße noch immer stark auf schlesischem Boden da. Jedoch vor einem lauernd den Ausgang des Kampfes erwartenden Europa hatten die Verteidiger des Rechtes und der alten Ordnung eine Niederlage erlitten, Signal für die noch Unschlüssigen, insbesondere für die Schwächeren und Kleineren unter den Beutegierigen, nun auch aufzubrechen, um der habsburgischen Monarchie den Fangstoß zu geben und für sich selbst größere oder kleinere Landstücke zu erobern. Wie mußte die Nachricht von Mollwitz vollends auf den Kardinal Fleury wirken? Für den König aber bedeutete es einen unerhörten Auftrieb. Seine Truppen durfte nun das Bewußtsein schwellen, daß man die Armee geschlagen habe, die einst die des großen Eugen gewesen war.

*

Die Nachricht von Mollwitz fiel als ein Reif in die Blütenträume des glückseligsten Erlebnisses der jungen Königin.

Das Kind, das sie in den ersten Monaten der Sorge und Mühen unter dem Herzen trug, war geboren worden, und es war ein Sohn. Nie mehr sollte Maria Theresia die Erinnerung an diesen 13. März 1741 verlieren, welchen Tag sie als ihren glücklichsten nächst dem der Eheschließung bezeichnete. Josef, der junge Kronprinz, war ja für die Mutter zugleich der Befreier von der geradezu typisch habsburgisch gewordenen Sorge um die Nachfolge in der Herrschaft. Nur ein Tag sollte später dieses glückliche Erlebnis trüben, der des Todes ihres geliebten Gemahls. In der Tat, die Geburt des Thronerben war für Maria Theresia unendlich bedeutungsvoll.

Sie war unschätzbar in ihren Auswirkungen auf die Stimmung der Untertanen, ganz besonders der Wiener. In wahrhaft urwüchsiger Weise machte sich die Verbundenheit mit dem alten Herrscherhaus aus diesem Anlaß geltend. Auch die Bewerbung um die Kaiserkrone beruhte nun auf sicherer Grundlage, weil hinter dem lothringischen Kandidaten schon wieder ein Sohn habsburgischen Geblütes stand. Darum ließ auch eines der zur Feier der Geburt Josefs entstandenen Huldigungsgedichte einen Astrologen sagen:

„Ich gucke hin, ich gucke her,
Es braucht kein Hirnzerreißen mehr —
Es bleibt beim Haus von Österreich
Der Adler von dem teutschen Reich."

*

Nun führte Mollwitz neue Sorgen herauf. Die junge Königin, die vorher den zaudernden Neipperg dazu gedrängt hatte, die Entscheidung zu suchen, machte ihrem Feldherrn keine Vorwürfe. Sie empfahl ihm Vorsicht, um nur ja Oberschlesien, Mähren und die Grafschaft Glatz zu schützen.

Wie aber verhielten sich die europäischen Mächte?

Noch an dem Tage der Schlacht, somit unabhängig von ihrem Ausgang, war für Österreich ein bedeutungsvolles Bemühen gescheitert. Der König von England, geleitet von dem ehrgeizigen Drang, sein Stammland Hannover auf preußische Kosten zu vergrößern, hatte ein Konzert England—Hannover, Österreich, Rußland und Sachsen—Polen zustande bringen wollen, das gar auf die Teilung Preußens hinzielte. Indes als die Vertreter der genannten Mächte in Dresden schon sehr bereitwillig versammelt waren, teilte ihnen der englische Gesandte mit, daß König Georg dringlichen Bitten um Vermittlung nachgeben mußte. Das englische Parlament war gegen die hannöversche Politik seines Königs aufgetreten. Österreich aber, dem die Rückgewinnung von Schlesien durch dieses Bündnis in Aussicht gestellt worden war, sah sich um eine wertvolle Hilfe betrogen.

England war der Pragmatischen Sanktion treu geblieben. Es hatte gegen Friedrichs Einfall in Schlesien Protest erhoben. Schon aber wirkte der britische Gesandte Robinson, der seit 1730 in Wien beglaubigt war und oft durch seine Formlosigkeit peinlich auffiel, auf die junge Herrscherin im Sinne eines Nachgebens gegenüber Friedrich ein. Gleich im Dezember war er dafür gewesen. Dieser Robinson, den der englische Historiker Coxe einen Enthusiasten für Maria Theresia nannte, und den auch gleichzeitige Beurteiler sehr für die Königin eingenommen fanden — Friedrich nennt ihn geradezu einen Schwärmer für sie —, erwarb sich durch sein ganzes Auftreten die Erbitterung der Herrscherin. Sie sollte bis zu seinem Abgang von Wien im Jahre 1748 genug Kummer durch ihn erleiden. Später hat sie darüber dem holländischen Gesandten Graf Bentinck ihr Herz ausgeschüttet: Sie rügte an Robinson seine Flegelhaftigkeit, seine Rauhheit, seine Kunst, unangenehme Dinge durch den Ton, in welchem sie vorgebracht wurden, noch unangenehmer zu machen. Gewiß, Robinson war noch kein Vertreter der damals viel bewunderten englischen Diplomatie.

Aber England war bei aller Derbheit seines Vertreters und bei aller Doppelzüngigkeit seines Königs noch ein Freund. Schon aber rüsteten sich Feinde, um dem Beispiel des preußischen Königs zu folgen. Da war der mit seinen Ansprüchen zurückgewiesene Kurfürst Karl Albert. Von beiden Schwiegersöhnen des lang verstorbenen Kaisers Josef war er unbestritten der Begabtere, unvergleichlich selbständiger, regsamer, zäher in der Verfechtung dessen, was er als sein Recht zu empfinden glaubte. Die ihm von seinem Vater her vererbte Großmannssucht hielt sein Blut warm, die von seinem alten Hause glücklich erzielten siebzehn habsburgischen Eheverbindungen drängten in ihm, eine Dynastie zu beerben, die er doch in Publizistik und Erklärungen rückschauend immer wieder belasten mußte, weil ihm in der tapferen Maria Theresia mit einmal ein mit seiner Auferstehung drohendes Haus Habsburg gegenüber stand. War sein eigener Staat mit seiner unzulänglichen und durch Schulden behinderten Maschinerie viel zu machtlos, um allein zum Schwerte zu greifen, der Bayer hatte doch zunächst bereits die rasche Kaiserwahl zu hintertreiben vermocht, die, ohne Aufschub vorgenommen, noch am ehesten für den Herzog von Lothringen und Großherzog von Toskana ausgefallen wäre. Von seinem altdeutschen Geblüt aufgefrischt, wolle er sich um die Kaiserkrone bewerben, hatte er an Friedrich geschrieben. Im März 1741 war — Ausdruck einer sich verschlimmernden Lage! — von den Kurfürsten der Königin die böhmische Kurstimme abgesprochen worden: Eine Frau könne diese nach den Bestimmungen der Goldenen Bulle nicht führen und die von ihr erfolgte Übertragung auf den Gemahl laufe der Pragmatischen Sanktion zuwider, die ja vom Reich garantiert worden sei. Das war eine mißliche Wendung. Die Aussichten des Wittelsbachers wuchsen, da sein sächsischer Schwager August III., der Polenkönig, seine Bewerbung um die Kaiserkrone in Erkenntnis der Aussichtslosigkeit solchen Beginnens zurückgezogen hatte. Allerdings lag vor Karl Albert noch ein dorniger Weg, ehe das ersehnte

Ziel, Karl VII. zu werden, erreicht werden konnte. Nicht auf die rechtlichen Grundlagen kam es an, so sehr auch der bayerische Kurfürst von ihnen trotz der ernüchternden Vorzeigung des wahren Testamentes Ferdinands noch überzeugt war, zu deren Verfechtung er eben noch die Veröffentlichung einer umfangreichen Rechtsdeduktion in drei Sprachen vorbereitete. Alles hing für den Wittelsbacher davon ab, ob Frankreich, das seinem Hause durch Verträge aus den Jahren 1670, 1701/02, 1714, 1727 und 1733, von denen er die beiden letzteren selbst abgeschlossen hatte, Hilfe schuldete, nun auch wirklich seine mächtige Hand über die Kaiserwünsche Karl Alberts halten würde. Die Harmlosigkeit seines Kaiserseins hatte er bereits mit allem Nachdruck biedermännisch betont.

Nicht ganz in dem bayerischen Ausmaße, aber doch auch von Frankreich abhängig war Spanien, wollte es seinen in mehrfacher Abstufung von der Erwerbung Parmas bis zu der der Gesamtmonarchie vorgetragenen Ansprüchen die Tat folgen lassen.

Es ging somit um Frankreich, das der alleinige und unmittelbare Helfer aller Begehrlichen sein mußte. Aber dieses Frankreich wand sich unter seinem uralt gewordenen Lenker, dem Kardinal Fleury, vor der geraden Entscheidung. Beim Einfalle Friedrichs in Schlesien hatte er noch mit Verwunderung erklärt, so alt er geworden sei, er habe noch nie etwas von preußischen Rechten auf Schlesien vernommen. Aus den zahllosen Lügen, die er dem österreichischen Vertreter, dem Kärntner Wasner, auftischte, blickte nur die eine Wahrheit hervor, daß es ihm persönlich vor einem Kriege graute. Der Kardinal wollte die großen Erfolge von 1735 nicht riskieren, er wollte aber doch auch Gewinne für Frankreich einheimsen, zugleich aber als der menschenfreundliche Friedenskardinal in einer trotz aller Intrigen wohl behaupteten Stellung sterben.

Konnten dem alten Spieler solche Triumphe ohne Einsatz zu Teil werden? War es möglich, den bayerischen Kurfürsten weiter hinzuhalten und doch seine Rechtsansprüche wohlwollend zu nähren? War es möglich, den Wiener Hof noch weiter zu täuschen, nachdem er in einer Anfang April in Wien eintreffenden Note sich nicht mehr an die Pragmatische Sanktion gebunden erklärte, weil sie die Rechte Dritter verletzte? Fleury hatte die Garantieverpflichtung Frankreichs auf Grund des letzten Friedensschlusses nur noch auf Toskana eingeschränkt!

So gern der Kardinal die Karten in der Hand behalten wollte, er war nicht mehr Herr des politischen Spiels. Schon war er der Gefangene der ausgreifenden Pläne des Charles Louis Fouquet de Belleisle geworden, der in zwei Denkschriften einen kühnen Plan französischer Machtentfaltung entwickelt hatte und mit ihnen durch das Medium der königlichen Mätresse, der Madame de Mailly, Ludwig XV. zu gewinnen vermochte. Schon vorher, am 19. Dezember 1740 bereits, mußte Fleury dem immer Einflußreicheren das Amt des französischen Wahlbotschafters zu Frankfurt übertragen.

In seinen Denkschriften vom 22. und 27. Januar 1741 forderte Belleisle ein Offensivbündnis mit Friedrich, um diesen von einem Bunde mit den Seemächten fernzuhalten und die Kandidatur des Wittelsbachers durchzusetzen. Frankreich müsse, ohne offen mit Maria Theresia zu brechen, als Hilfsmacht für den „bedrohten" Kurfürsten von Bayern und zur Aufrechterhaltung der Reichsverfassung schnell und mit großem finanziellen und militärischen Machtaufwand ins Feld ziehen. Die französische Hilfsarmee solle über Ulm durch Bayern hindurch und unterstützt von einem bayrischen mit Subsidien bis zur Stärke von 25 000 Mann aufzubringenden Heer gegen Wien vorbrechen, wohin durch Mähren auch Friedrich vordringen müsse. Ein spanischer Angriff auf Italien aber solle die dort stehenden Kräfte Österreichs binden. Gegen die Hilfe Rußlands für Österreich war ein schwedischer Angriff auf das Zarenreich gedacht. In Deutschland genügte nach der Meinung Belleisles der Aufmarsch französischer Truppen am Niederrhein, um Hannover zu neutralisieren, damit aber auch die Westmächte lahmzulegen. Noch sah der französische Planer zunächst keinen Gebietserwerb für sein Vaterland vor. Aber für dieses sollte sich mit der raschen Durchführung seines Planes die triumphale Möglichkeit ergeben, nicht nur Schiedsrichter in den deutschen Streitfragen zu sein, sondern auch für die Zukunft auf dem deutschen Spielfelde die Führung zu behaupten und damit selbst einer gesicherten Ruhe zu leben. Dies alles sollte erreicht werden, indem durch das französische Aufgebot Preußen in den Besitz von Schlesien, Bayern aber in den von Böhmen, Tirol und Vorderösterreich gelangte, während für Österreich der durch Gebietsabtretungen in Italien verkürzte Rest der Monarchie übrig geblieben wäre. Damit entstand, so dachte sich Belleisle, ein richtiges Gleichgewicht der Kräfte unter — französischer Patronanz. Es war das spezifisch französische Sicherheitsbegehren, das in der Ohnmächtigerhaltung, ja hier sogar Zerreißung der deutschen Mitte Europas zur Verwirklichung gebracht werden sollte.

Noch schwächte Fleury die Instruktionen für den Grafen auf eine Defensivallianz mit Preußen ab, auch sollte zunächst nur die Kaiserwahl des Bayern betrieben werden. Der Kurs aber mußte sich zwangsläufig aus der Zone des Fleuryschen Temporisierens in die offene See des kühnen Planens von Belleisle bewegen, zumal wenn der König von Preußen im Felde das Übergewicht gegen Maria Theresia behauptete. War Fleury bereits in den ersten Apriltagen gegenüber Karl Albert beachtlich aus seiner bisherigen Reserve herausgerückt, nun erschien Belleisle, überschäumend von Tatkraft und Plänen, im Hauptquartier Friedrichs. Gerade der Umstand, daß der Preußenkönig erst französische Taten sehen wollte, ehe er sich zu einem

Bündnisse bereit erklärte, stärkte die Stoßkraft der französischen Kriegspartei, die den säkularen Handel zwischen Habsburg und Bourbon endgültig ausgefochten wissen wollte.

Wir sehen, wie sich über dem Haupte der jungen Maria Theresia ein unheimliches Gewitter zusammenzuziehen begann, ohne daß sie über die Einzelheiten der drohenden Gefahr unterrichtet war. Sie, die noch vor einem Jahre nur glückliche Gattin und Mutter gewesen, sie, die sich erst schrittweise in die Schwierigkeiten der großen Politik einarbeiten mußte, sollte nun in ganz kurzer Zeit nicht nur um die eine Provinz Schlesien, sondern um das Recht ihrer Herrschaft, das gesamte, von den Vätern her ererbte Besitztum, zum Kampfe gestellt sein. Freilich, ganz ohne Hilfe stand Österreich für diesen Fall nicht da.

Just in der Zeit, da Fleury anfing, deutlicher zu werden, erkannte das englische Parlament die Verpflichtung des Inselreiches zur Unterstützung Österreichs feierlich an und bewilligte für den Fall eines französischen Angriffes der Königin eine Summe von 300 000 Pfund Sterling (19. April). Auch die Opposition erklärte sich damit einverstanden, ja Carteret sprach in ihrem Namen sogar die stolzen Worte, es solle von ihm nicht gesagt werden, daß er das Haus Österreich zu den Toten legen lasse, solang er nicht das Gleiche mit seinem eigenen Vaterland zu tun gedenke. Allerdings, gerade nach diesem Parlamentsbeschluß wurde der wunderliche Verehrer Maria Theresias in Wien, Robinson, noch dringlicher. Österreich müsse Preußen in der schlesischen Frage nachgeben. Erneut wurde ihm darauf, es war am 6. Mai 1741, von seiten der österreichischen Regierung eine entschiedene Absage zuteil.

Vergebens hatte England versucht, durch einen Sondergesandten, den späteren Lord of Hynford, der eben erst vom Offiziersberuf zum Diplomaten umgesattelt war, Friedrich im Sinne einer Verständigung zu bearbeiten. Der König bestand auf die Abtretung von Niederschlesien mit Breslau. Er sah seinen Vorteil bei den Verhandlungen mit dem englischen Gesandten und einem hannoverschen Entsandten, der den Spezialvorteil des König-Kurfürsten wahren wollte, zu wenig erblühen. Lockender war ihm das französische Angebot, das ja der Marschall-Connetable von Frankreich, Belleisle, der auch persönlich in seiner ganzen Geistigkeit und in seinem Temperament besser auf den König wirken mußte als der empfindliche Schotte, ihm bereits am 24. April persönlich vorgetragen hatte.

Der Kardinal aber traf nun Kriegsvorbereitungen größeren Stiles. Liefen schon vorher Besprechungen mit Bayern wegen eines gemeinsamen Kriegsplanes, nun legte Belleisle, der in München erschien, alle Einzelheiten fest: Stoß über Passau nach Linz, von Linz nach Prag. Die seltsame Richtung des Vormarsches, der an Wien vorbeiging, zwang der Franzose dem Bayern auf, um dessen Gebietserwerbungen vom Herzen Österreichs fernzuhalten, das ja nicht ganz vernichtet werden durfte, sollte der große Plan des mitteleuropäischen Gleichgewichts seine Verwirklichung finden können. Ohne mit dem Wittelsbacher und seinem Minister, dem Grafen Törring, einen förmlichen Vertrag abzuschließen, legte Belleisle die gegenseitigen Leistungen fest und versprach die erforderlichen Subsidien. Zugleich brachte er die zwischen Bayern und Spanien schwebenden Verhandlungen durch sein Geschick zum Abschluß des Nymphenburger Vertrages vom 28. Mai 1741, in welchem eine spanische Subsidienzahlung für die bayrische Zustimmung und Unterstützung zur Erwerbung österreichischer Gebiete in Italien versprochen wurde. Mitten in solcher erfolgreichen Tätigkeit erreichte den Marschall die beglückende Mitteilung des preußischen Königs vom 30. Mai, daß er nun zum Abschlusse des Bündnisses bereit sei.

Nun traf der Franzose zum zweiten Male bei Friedrich ein und schloß am 4. Juni einen auf den folgenden Tag datierten Vertrag, der eine gemeinsame Kriegführung mit Österreich vorsah. Preußen erhielt von Frankreich Niederschlesien zuerkannt, wofür Friedrich seine Wahlstimme für den Wittelsbacher versprach, und auf die alte Streitsache Jülich und Berg verzichtete. Am 1. August sollte der Doppelangriff auf das halsstarrige Österreich beginnen, sollte auch Schweden gegen Rußland losschlagen. Der König von Preußen schrieb an den französischen Unterhändler: „Wie brenne ich vor Ungeduld, Sie als Sieger an der Spitze Ihrer Truppen zu umarmen, wie ich Sie an der Spitze der meinigen umarmt habe."

Wir sehen, daß Österreich bei einem rechtzeitigen Friedensschluß bloß Niederschlesien, nicht aber die Grafschaft Glatz und den größeren Teil von Oberschlesien verloren hätte. Es wäre aber eine unberechtigte Kritik aus dem späteren Ausgange der Dinge her, wollte man der beherzten Königin das Beharren auf ihrem Rechte als Fehler vorrechnen. In einer Lage, wie sie 1741 für Österreich bestand, war der unbeugsame Kampfeswille seines Oberhauptes die einzige Möglichkeit, um aus der unermeßlichen Gefahr herauszukommen, die sich bei dem Durchgreifen des Marschalls Belleisle ergeben hatte. Einen der Fürsten, bei denen nun auch Ehrgeiz und Beutewille erwachten, Sachsen, hatte dieser zu gewinnen, gegen finanzielle Leistungen und den Königstitel zu gewinnen, freilich versäumt.

Noch aber ahnte Maria Theresia den bevorstehenden Sturm nicht. Sie hatte sich nach Ungarn begeben, um hier die Krönung als Königin zu empfangen. Zugleich mußte sie auch mit dem ungarischen Reichstag, der seit Mai tagte, unterhandeln. Maria Theresia wußte sich unangenehmen Tagen gegenüber. Mit beiden Tafeln, in die der ungarische Reichstag zerfiel, der Magnatentafel, die aus den Prälaten und dem höheren Adel bestand, und der Ständetafel, in welcher der niedere Adel und die Städte vertreten waren, hatte sie zu rechnen.

Am 20. Juni traf die Königin mit ihrem Gemahl und ihrer Tochter Marianne zu Schiff, an der Landesgrenze von dem gesamten Reichstag begrüßt, in Preßburg, der behäbigen ungarischen Krönungsstadt ein. Hier war der Reichstag versammelt: 67 Bischöfe und Äbte, 187 Magnaten, 235 Adelige, 75 städtische Abgeordnete. Unter festlichen Zeremonien und Jubel der Bevölkerung, die in Preßburg deutsch war, fand der Einzug statt. Die Königin nahm auf der beherrschend über Stadt und Donau gelegenen Burg ihre Wohnung.

Preßburg war der Ort, wo Maria Theresia den Durchbruch zur eigenen Führung des Staates erleben sollte, wo mit einem Schlage innen- und außenpolitische Ereignisse auf ihr junges Herz einstürmten.

DAS WUNDER VON PRESSBURG

Mühselige Verhandlungen erwarteten die junge Königin in Preßburg. Die Ungarn, besonders die Ständetafel, forderten erhebliche Zugeständnisse, standen aber dabei dem persönlichen Begehren der Königin, ihren Gemahl als Mitregenten auch für Ungarn anzuerkennen, ablehnend gegenüber, obwohl ihnen der liebenswürdige Lothringer, der schon einige Jahre Statthalter von Ungarn gewesen war, durchaus nicht als ein Fremder gegenübertrat.

Noch aber fand zuerst die feierliche Krönung Maria Theresias statt.

Offenkundig war diese, die am 25. Juni 1741 vollzogen wurde, einer der glanzvollsten Momente ihres Lebens. Die Magnaten und der Adel entfalteten einen unerhörten Prunk. Man übertraf den Glanz der Kaiserkrönung und der ungarischen Krönung Karls VI., die beide großartig gewesen waren. Inmitten dieses Prunkes einer jubelnden vornehmen Menge kam die Königin den Krönungshügel hinaufgeritten. Sie hatte zu diesem Zweckt sorgfältigen Reitunterricht erhalten und wirkte nun hinreißend in ihrer reichen ungarischen Nationaltracht, die schwere Stephanskrone auf dem blondgelockten Haupt. Auf dem Krönungshügel schwang sie nach alter Sitte das Schwert nach den vier Himmelsrichtungen. Durch soviel Frauenschönheit und soviel Frauenmut wurden die Herzen der trotzigen Magyaren aufs tiefste bewegt. Die Herrscherin bezauberte sie. Groß war der Jubel, als sie nach vielen Stunden mühereicher Zeremonien an der Tafel erschien. Es gewann ihr die Herzen der Anwesenden noch mehr, als sie während des Mahls die Etikette durchbrach und die köstliche, aber für einen Frauenkopf monströse Krone vom Haupte nahm und vor sich auf den Tisch stellte. Es wäre eine Szene für Homer gewesen, wie da die frauliche Schönheit der jungen Königin erst voll in Erscheinung trat und die Anwesenden mitriß.

Aber Glanz und Freude währten wie stets in Maria Theresias Leben nur eine kurze Weile gegenüber den andrängenden Sorgen. Die Verhandlungen wurden unangenehm. Geschlossen standen dieselben Stände, die ihr bei der Krönung zugejauchzt hatten zur Wahrung ungarischer Rechte gegen den bisherigen Brauch der österreichischen Zentralregierung zusammen. Die junge Königin brach in Tränen aus. Ganz allein mußte sie sich hier zur Wehr setzen, denn ihre deutschen Minister konnten ihr sozusagen nur hinter den Kulissen Hilfe gewähren. Aber Maria Theresia offenbarte einen zähen Rechtswillen, der nichts aufgeben wollte, was ihre Vorfahren besessen hatten, und es empörte ihr Herz, das nie aufhörte, dem verstorbenen Vater eine kindliche Pietät zu wahren, wenn die Stände gewissermaßen seine Regierung als ungesetzlich erklärten. Beide Tafeln hatten sich auf folgende Forderungen geeinigt: Entfernung aller Ausländer aus den Ämtern des Königreiches, Unabhängigkeit der ungarischen Hofkammer von der österreichischen, Errichtung eines ungarischen Geheimen Rates, einer eigenen Landeskasse und Einschränkung der Befugnisse der Militärbehörde über Ungarn. Als die Botschaft der Königin keine völlige Bewilligung enthielt, brandete eine stürmische Stimmung auf, die sich vor allem gegen die deutschen Minister Maria Theresias richtete. Ihnen nämlich maß man die Schuld an der festen Haltung der Monarchin bei. Diese selbst vermochten, uneins unter sich, der Herrin keine Wegweiser zu sein. Sie mußte ihre eigene klare Einsicht und Entschlossenheit und ihr eigenstes Geschick in der Behandlung auch der schwierigsten Untertanen in diesen bedrängten Tagen von Preßburg zu Hilfe rufen, so treu ihr auch gegenüber der an sich schon willfährigeren oberen Tafel der Paladin Graf Johann Palffy, ein hochbetagter Mann, gegenüber der unteren Tafel, deren Vorsitzender der Baron Grassalkowitsch zur Seite standen.

Die Abgeordneten der Gentry wußten um die Not der Herrscherin. Sie wollten diese zur Erringung der geforderten Zugeständnisse ausnützen. Maria Theresia aber mußte ihr aufwallendes Monarchengefühl zurückhalten, da sich die Lage für sie inzwischen verzweifelt gestaltet hatte. Die Nachricht vom französich-preußischen Bündnis war eingetroffen. Der salbungsvolle Greis Fleury, der noch am 30. Juni erklärt hatte, er wolle von seinem Herzblute geben, wenn dadurch ein gütlicher Vergleich zwischen München und Wien erzielt werden könne, forderte nun Gerechtigkeit für seine Verbündeten und Freunde. Als Anfang Juli der Ernst der Lage in Preßburg klar geworden war, „da fielen die Minister leichenblaß in ihre Stühle zurück; nur ein Herz blieb standhaft: das der Königin selbst". Der uns dies berichtet und Kronzeuge ist für die nächsten Wochen, war der britische Gesandte Thomas Robinson, der dem Hofe nach Preßburg gefolgt war. Er hatte von seiner Regierung den Auftrag, Maria Theresia für Gebietsabtretungen an Friedrich zu gewinnen, um dessen Vertrag mit Frankreich noch in letzter Stunde zu Fall zu bringen. Robinson gibt uns die Antwort der Königin wieder. Es ist der erste authentische Bericht über ausführlichere staatspolitische Äußerungen Maria Theresias. Wir sehen sie lebhaft vor uns. Der Engländer schildert, wie die Königin, nachdem sie zunächst auf seine Ausführungen tiefes Schweigen bewahrt hatte, in leidenschaftliche Erbitterung ausbrach, „welche ihre Verzweiflung und den Kampf ihrer Seele verrieten". Robinson zitiert aus ihrer Antwort, zu der sie sich endlich fand: „Nicht nur aus politischen Gründen will ich nichts Wesentliches von Schlesien aufgeben, sondern, weil Ehre und Gewissenspflicht es mir verbieten. Ich wäre schon entsetzt, wenn Sie autorisiert würden, Glogau anzubieten, obwohl ich mich vielleicht dazu noch verstehen könnte... Aber kaum ist der eine Feind befriedigt, so taucht ein anderer auf. Alles soll auf meine Kosten gehen. Ich bin überzeugt von Eurem guten Willen und Ihr tut mir leid. Denn Eure Sendung nach Schlesien wird ebenso erfolglos sein wie die des Grafen Gotter nach Wien. Ihr werdet schon sehen!" Robinson beschwor sie bei ihrem, bei ihres Gemahls und ihrer Kinder Interesse. Die junge Frau, die solchen Bedrängungen allein gegenüberstand, antwortete mit Worten des höchsten herrscherlichen Pflichtgefühls: „Was würde ich nicht alles darum geben — nur Schlesien nicht!" Sie war bereit, das österreichische Geldern zu opfern, sie beschwor den Gesandten, es möge doch sein Herr, der englische König, marschieren lassen. Sie erklärte sich zu jedem anderen Opfer bereit, ja sie offenbarte den „wilden Plan", sich unter Opfern mit Bayern und Sachsen, ja unter Preisgabe von Luxemburg und Teilen von Flandern mit Frankreich zu verständigen.

Mit welcher sehnsüchtigen Hoffnung mochte die Königin die Unterredung geführt haben! Gelang es ihr, den König von England ganz zu gewinnen, dann konnte wohl die schwere Bedrohung überstanden werden, denn in Schlesien hielt sich ja Neipperg immer noch mit großer Vorsicht und unverächtlichem Geschick. Als Robinson erneut erschien — seine Regierung hatte ihn angewiesen, den Großherzog aufzusuchen — um diesem, mit dem man leichter fertig zu werden hoffte, die Nymphenburger Abmachungen mitzuteilen und Zugeständnisse für Preußen zu erlangen — „flogen die Türen gleichsam" vor ihm auf. Aber nicht Franz Stephan führte die Audienz. Der Gemahl und Mitregent war von der Wucht der Tatsachen gegenüber seiner Frau längst zur subalternen Gestalt herabgesunken. Maria Theresia führte die Szene, und sie erhob sich in ihr zu wahrem Heldentum. Der Gesandte, der sie endlich zu Zugeständnissen überreden wollte, wies zum Fenster des Preßburger Schlosses, das der Schauplatz dieses Geschehens war, hinaus auf den Hochwasser führenden Strom. Er sprach die hypnotischen Worte: „So wie der Fluß da unten, steigt von Stunde zu Stunde die Flut Eurer Bedrängnis." Sie verharrte in erbittertem Schweigen und kein Wort des Zugeständnisses kam aus ihrem Munde. Und der Großherzog? So fragen wir, so fragte auch sorgenerfüllt gleich nachher der alte Starhemberg den Gesandten. Was hat er gesagt? „So gut wie nichts, ich glaube, er hat sich nicht getraut", entgegnete Robinson. Der unter dem Druck der Bedrängnis mürb gewordene Minister brach darauf in die Worte aus: „Wozu haben wir ihn zum Mitregenten gemacht?" Was half es dem Gesandten, daß Graf Sinzendorf zu jedem Entschluß der Schwäche bereit war? Bartenstein, der, obwohl in der Geheimen Konferenz als ihr Protokollführer nicht stimmberechtigt, auch von Robinson aufgesucht wurde, verwies auf die Bereitschaft der Königin, am Rhein (in den Niederlanden) Zugeständnisse zu machen, nicht aber in Schlesien. Ein letzter Vorstoß von Starhemberg bei der Königin nutzte nichts, und der zweite Ansturm der Briten war abgeschlagen.

Am 28. traf der Engländer, der sich inzwischen in Wien erholt hatte, erneut in Preßburg ein. Er brachte die Mitteilung, daß Friedrich die ganzen Niederlande forderte, wenn man ihm Schlesien nicht geben wolle. Der Großherzog und die Minister hatten schon vorher in die Königin gedrängt, um sie zur schlesischen Abtretung zu bewegen. In dieser Konferenz, die just am Tage der Ankunft des Gesandten stattgefunden, habe sie, so erzählte der böhmische Hofkanzler Graf Kinsky, die Minister „kurz abgeschnappt" und alle die Gründe genannt, die sie bestimmten, nichts von Schlesien herzugeben, darunter auch, was die Minister frappierte, einen, der ganz neu sei und den Bartenstein ihr genannt zu haben auf das bestimmteste leugne. Wir wüßten gerne, welcher das war!

Die Königin hatte die Hoffnung gehegt, Bayern beschwichtigen und damit auch Frankreich zum Stillhalten bringen zu können. Unterhandlungen, durch den Nuntius geführt, ließen sich allerdings nicht besonders aussichtsreich an.

Verzagt war Maria Theresia keineswegs.

Die Königin hatte durch ihren Gesandten von Ostein aus London gute Kunde erhalten. Der König von England schloß am 24. Juni drei Verträge mit ihr ab. Der erste sicherte die Ausbezahlung der durch das Unterhaus bewilligten 300 000 Pfund und die Entsendung von 12 000 Mann Hilfstruppen; im zweiten behielt sich der König als Kurfürst von Hannover zwei Drittel der obigen Summe, wollte aber dafür ein Hilfskorps von 13.000 Mann aufstellen. Noch stärkere Hilfe, auch die Aufbietung der Generalstaaten wurde in Aussicht gestellt. Mit etwa 44 000 Mann wollte der König von England gegen seinen preußischen Neffen ins Feld ziehen.

Jedoch von den letzteren Verträgen, die so glänzend lauteten, nahm der Hannoveraner am 22. Juli wieder Abstand.

Maria Theresia schien wehrlos ihrem Schicksal ausgeliefert zu sein. Militärische Maßnahmen zum Schutze vor Bayern konnten nur ganz unzulänglich, und auch da nur unter Entblößung Ungarns von Truppen geschehen. Ein Lager in Pilsen wurde unter der Führung des Fürsten Lobkowitz gebildet.

Die Königin stand bei alledem allein. Nur Bartenstein blieb ein Helfer, aber alle Minister waren mutlos geworden. Maria Theresia sagt davon später: „Gesamte meine Ministri, anstatt mir Mut zuzusprechen, ließen solchen gänzlich sinken und ließen nicht undeutlich sich verlauten, als ob sie alles für nicht viel weniger als desparat anseheten." Sie aber verharrte unerschütterlich in dem Vertrauen, daß Gott ihren Kampf um ihr Recht segnen werde, sie trug in den Stürmen, die sie umbrausten, ihr „aufgemuntert und heiteres Gemüt". So war sie, die noch vor einem Jahre keine Ahnung von den Regierungsgeschäften hatte, nun allen denen, die ihr Helfer und Führer sein sollten, selbstverständlich auch dem Mitregenten, nun selbst Führerin geworden. Als der obenerwähnte Rückzug des englischen Königs von den wichtigsten der Abmachungen zur Freude des leitenden englischen Ministers Walpole, den schon der ungünstige Stand des Krieges mit Spanien genug quälte, erfolgt war, konnte Robinson dem Preußenkönig, dem er als Unterhändler nahte, doch nur das Angebot von Teilen der Niederlande, Geldern und notfalls Limburg sowie einer Zahlung von 2 Millionen mitbringen, wofür Maria Theresia sich aber seine Stimme für die Kaiserwahl des Gemahls und den Beitritt Friedrichs zu ihrer Koalition mit den Seemächten ausbedingte. Robinson holte sich bei Friedrich mit diesen Vorschlägen eine glatte Ablehnung (7. August). Preußen blieb im Krieg, und das Heer Neippergs, die einzige verfügbare Armee der Königin, war festgehalten, während sich bereits im Süden der bayrisch-französiche Sturm zu entladen begann.

An sich wäre Maria Theresia von Friedrichs Absage nicht zu sehr betroffen gewesen, hatte sie doch, wie aus einem von ihr an Philipp Kinsky gerichteten Brief hervorgeht, die Robinson mündlich angedeutete Bereitschaft, auch Breslau zu opfern, nur zur Täuschung des Engländers und — ihrer eigenen Minister zum Ausdruck gebracht. Schlimmer drückte sie der am 10. August eingetretene endgültige Verlust von Breslau. „Alles ist zu Ende, ich bin ganz niedergeschlagen", schrieb sie damals an Kinsky, fügte aber schon bezeichnenderweise hinzu, „tut aber nichts dergleichen vor meinem Alten."

Inzwischen hatte sich Fleury endgültig den Forderungen Belleisles gefügt. Der bayrische Kurfürst hatte seine Subsidien empfangen, und am 31. Juli waren die bayrischen Truppen in Passau eingezogen, der Vormarsch nach

Oberösterreich konnte beginnen. Die französische Armee, Kerntruppen der Lilienkrone, ging am Himmelfahrtstag als bayrische Hilfstruppe mit blau-weißen Kokarden über den Rhein. Gewiß, der bayrische Vormarsch verlief außerordentlich stockend, aber seine Richtung donauabwärts zielte in das Herz der Monarchie. Die Stunde war unaufschiebbar geworden, wo schwere Opfer gebracht werden mußten, sollte nicht alles verloren sein. Konnten diese aber den geradezu psychopathisch auf der Erfüllung seiner sämtlichen Rechte bestehenden bayrischen Kurfürsten dazu vermögen, das erhobene Schwert wieder zu senken? Karl Albert hatte in Wien eine Helferin. Es war die verwitwete Kaiserin Amalia. Sie waltete der Interessen ihres Schwiegersohnes, an sie mußte sich Maria Theresia wenden, da alle anderen Versuche, einer durch den Nuntius, ein anderer durch den Bankier Wertheimer, letzterer von Sinzendorf eingeleitet, gescheitert waren. Über die Kaiserinwitwe hat Maria Theresia, die auch jetzt nicht Schlesien opfern wollte, ein hohes Angebot an den bayerischen Kurfürsten gelangen lassen. Sie wollte ihm die Niederlande oder das österreichische Italien überlassen, wenn er sich verpflichtete, Österreich vor dem Verlust Schlesiens zu bewahren und ihrem Gemahl die Wahlstimme gab.

Noch harrte die Königin mit Spannung einer Antwort, als Robinson erneut vorstellig wurde. Keinen Mann, weder gegen Preußen, noch gegen Bayern und Frankreich, werde ihr England zu Hilfe senden, wenn der König von Preußen nicht in seinen Forderungen zufriedengestellt würde. So am 17. August. Man versuchte nun, so wie mit dem bayrischen Kurfürsten auch mit Frankreich zu Verhandlungen zu kommen. Luxemburg wollte ihm Maria Theresia opfern, wenn damit die Verhandlungen mit Bayern gefördert würden und Frankreich die Kaiserwahl Franz Stephans bewirken würde. Dies schrieb die Königin noch an Wasner, als bereits alle Minister sie bestürmten, Friedrich nachzugeben. Nun erst, zwei Tage später, fügte sie sich. Aber auch jetzt noch wollte sie nur Niederschlesien ohne Breslau und Liegnitz anbieten, dies, obwohl Robinson ein so begrenztes Zugeständnis für aussichtslos erklärte. „Es war," so berichtet der britische Gesandte, „keine andere Antwort aus ihr herauszubringen." Wieder einen Tag später — es ist der 26. August 1741 — verhandelte die Königin im Salesianerkloster zu Wien, es war dies der Wohnsitz der Witwe Kaiser Josefs, mit Amalia. Diese hatte kein Interesse an den Sorgen ihrer Nichte und des von dieser vertretenen Staates, an dessen Spitze sie einst selbst an der Seite ihres Gemahls stand, sondern sie war die Vertreterin der Rechte ihrer Tochter und damit Karl Alberts, ihres Schwiegersohns. Sie lehnte die beiden Angebote Maria Theresias ab, Italien, weil es einen Konflikt mit Spanien, die Niederlande, weil es einen solchen mit Frankreich zur Folge haben könnte. Maria Theresia wehrte sich, mit Argumenten nicht verlegen. Als Amalia die Möglichkeit aussprach, ihr Schwiegersohn würde sich mit Vorderösterreich und dem Lande ob der Enns begnügen, wenn er zur Würde eines Königs von Franken und Schwaben erhoben würde, erklärte die Nichte, gegen eine solche Königswürde würde sich das Deutsche Reich auflehnen. Für die Niederlande aber oder den italienischen Besitz könnte die Königswürde leicht verliehen werden. Oberösterreich könne sie niemals abtreten. Als die Tante hart blieb, obwohl die Königin zu dem großen niederländischen Angebot das alte habsburgische Nachfolgerecht in Württemberg dazugelegt hatte, entschloß sich die bedrängte junge Frau, auch noch den Breisgau, das österreichische Schwaben und Vorarlberg zu opfern. Selbst dieses mächtiges Anerbieten vermochte keine Wirkung zu tun.

Zurückgekehrt ließ die Königin ihr Angebot Fleury bekanntgeben. Vielleicht übte der Kardinal doch noch einen begütigenden Einfluß aus. Wenn sich aber Maria Theresia und Bartenstein darüber noch Hoffnungen hingegeben hätten, bald traf von Wasner die niederschmetternde Nachricht ein, daß Fleury abgelehnt habe. Ja, wie Hohn klang, was der alte Mann noch hinzusetzte: „Übrigens, seien Sie versichert, unsere Absicht ist nicht, die Königin ganz auszuplündern, sondern nur, ihr eine Feder auszurupfen."

Damit war nun die Lage sehr drohend geworden. Robinson, der seine zweite Reise zu Friedrich angetreten hatte, wurde von diesem gar nicht empfangen. Das Zugeständnis von Niederschlesien ohne Liegnitz und Breslau genügte ihm in Anbetracht der veränderten schlesischen und der Gesamtlage nicht mehr. Mißvergnügt kehrte Robinson nach Preßburg zurück. Die Bayern waren inzwischen, wenn auch gemächlich, in Oberösterreich weiter vorgedrungen, das Heer von Belleisle strebte der Donau zu und ein zweites französisches Heer unter Maillebois, wendete sich nach dem nördlichen Deutschland, um den erwarteten Engländern und Holländern zu begegnen. Wie lange konnte es dauern, bis man den Feind vor den Toren Wiens hatte, ohne ihm etwas anderes als Armeesplitter entgegensetzen zu können?

So standen die Dinge, als Robinson am 7. September zurückgekehrt war und nun im Verein mit den Ministern die Königin bestürmte. Nun zwang die äußerste Not, Niederschlesien mit Breslau und noch ein gutes Teil von Oberschlesien zu opfern, um den unerbittlichen Dränger im Norden los zu werden. Wie mächtig klang die Herzensnot aus den Worten der Königin, mit denen sie dieses Gutachten der Konferenz unterzeichnete: „Placet, weil kein anderes Mittel zu helffen, aber wohl mit mein grösten hertzenleid!" Sogleich wurde der englische Sondergesandte Hyndford verständigt, von Friedrich aber für dieses Erbieten der Beitritt zur Allianz gegen Frankreich und Bayern gefordert.

Schon mußte Maria Theresia ihr Augenmerk der Verteidigung Wiens zuwenden. Sie war in die Stadt gefahren, um an dem altherkömmlichen Umzug aus Anlaß der Türkenbefreiung teilzunehmen, der am 10. September stattfand. In Wien bestellte sie einen der erprobtesten Generäle, der noch aus der eugenischen Zeit übrig war, Ludwig Andreas Graf Khevenhüller mit dem Kommando der Stadt für den Fall einer Belagerung. Sie müßte aber nicht die bezaubernde Frau mit dem feinen Herzen gewesen sein, wenn sie nicht in ihrem Briefe an Khevenhüller die Worte nachgesetzt hätte: „Nur Eines muß erinnern, daß die Wiener Alles tun, wann man ihnen gute Worte gebt und Lieb' zeigt."

Der Kurfürst Karl Albert, der alle Angebote der Königin so kaltsinnig abgetan, war am 7. September zu seinen Truppen aufgebrochen. In seiner Begleitung befand sich Samuel Freiherr von Schmettau. Dieser war einst ein erfolgreicher General Österreichs und noch 1741 von Maria Theresia zum Feldmarschall ernannt worden. Er desertierte jedoch bald nach seiner Beförderung zu Friedrich, um von ihm als preußischer Feldmarschall in die Armee eingereiht zu werden. Zweifellos wollte der Siebenundfünfzigjährige einer Untersuchung entgehen, die gegen ihn schon zum zweiten Male wegen Unterschleife in seinem Regiment erhoben werden sollte. Hochbegabt, aber charakterschwach, war der Undankbare zum leidenschaftlichen Gegner des Hauses Österreich geworden. Von Friedrich zu Karl Albert entsandt, war er es, der unermüdlich — und das war auch seine Mission — zum „Stoß ins Herz der Monarchie" antrieb.

Mit welchen quälenden Sorgen mußte die hochherzige Frau auf den bayrischen Vormarsch blicken. Oberösterreichs Stände hatten es in unglaublichem Egoismus zu verhindern gewußt, daß Truppen ins Land kamen. Das Erscheinen von 1400 Mann zweier Kavallerieregimenter, das sie schließlich noch duldeten, erweckte bei ihnen laute Klage über das „Ungemach und die Unkosten" für das Land. Sie haben die Aufstellung eines Landesaufgebots im richtigen Zeitpunkt als „nutzlos und unausführbar" erklärt. Nun es im letzten Augenblick aufgestellt wurde, war es zu spät, den Einmarsch zu verhindern, so träg sich auch die bayrischen Kolonnen, zu denen im September die ersten beiden französischen Divisionen stießen, vorwärtsbewegten. War am 31. Juli Passau gefallen, just eineinhalb Monate waren verstrichen, ehe der Kurfürst in das tags zuvor besetzte Linz seinen Einzug hielt. Als Erzherzog ließ sich der Wittelsbacher am 2. Oktober huldigen, und die vornehmsten Adelsgeschlechter des Landes, darunter selbst zwei Starhembergs und sämtliche Prälaten mit Ausnahme eines einzigen, der sich als krank entschuldigte, erschienen dazu.

War das eine der Stammländer von Österreich seiner Herrin endgültig entrissen? Die tapfere Frau hat von sich selbst gesagt: „Ich bin nur eine arme Königin, aber ich habe das Herz eines Königs." Sie hatte bereits gehandelt, und sie hatte überraschend und entscheidend gehandelt.

Unter all ihren Besitztümern, die ihr nach der Pragmatischen Sanktion zugehörten, war das Königreich Ungarn das ausgedehnteste. Noch niemals aber konnten seine Kräfte auch nur zum größeren Teile für den Kampf der gemeinsamen Monarchie eingesetzt werden. Oft vielmehr mußten inmitten blutiger Kriege oder lastender Verwicklungen Truppen gegen ein rebellisches, mitunter gar dem Landesfeind verbündetes Ungarn abgesandt werden. Maria Theresia wußte sich noch immer in unangenehmen Auseinandersetzungen mit den beiden Tafeln des ungarischen Reichstages. Dennoch entschloß sie sich zu einem Schritt, der nach den Traditionen der habsburgischen Beziehungen zu Ungarn geradezu als ein revolutionärer, im Auge der eigenen Minister außerordentlich gefährlicher, erscheinen mußte.

Am 7. September berief sie die vornehmsten Ungarn in das königliche Schloß. Sie schilderte ihnen, wie die Erhaltung Ungarns, ja aller ihrer Länder, von der Tapferkeit der Ungarn abhänge. Mit hinreißenden Worten forderte sie zur Bewaffnung für sie auf. Als die Königin, erfüllt von Wehmut und Zorn, geendet hatte, wurde die Aufstellung eines Heeres von 40 000 Ungarn beschlossen. Ehe diesem Ausbruch temperamentvollster Begeisterung die Beschlußfassung des ganzen Reichstages gefolgt war, hatte Maria Theresia jene Fahrt nach Wien unternommen, die der Wehrhaftmachung der Residenzstadt galt. Nun war sie wieder in Preßburg angelangt und entbot schon am 11. September die beiden Tafeln des Reichstages zu sich.

Nicht in dem schimmernden Ornat ihres Festtagsgewandes erschien sie diesmal vor den Ständen. Sie war in Trauer gehüllt, trug aber die Krone auf dem Haupte. Der Hofkanzler verlas die königliche Proposition auf Landesbewaffnung. Dann ergriff die Herrscherin selbst das Wort. Es war eine werbende Rede von hinreißender Kraft. Hören wir, wie sie wahrscheinlich gelautet hat:

„Der traurige und verlassene Zustand unserer Erblande Österreich und die zu beschließende Abwehr unserer Verhältnisse zwingt uns, den hochansehnlichen Ständen eine schriftliche Vorlage über die feindliche Invasion unseres Erblandes Österreich und die zu beschließende Abwehr derselben zu unterbreiten. Es handelt sich um das Heil des Königreiches Ungarn, unserer Person und unserer Kinder. Von allen verlassen, suchen wir Schutz einzig in der Treue der hochansehnlichen Stände bei den Waffen und den alten Tugenden der Ungarn und bitten inständig die hochansehnlichen Stände mögen sie in dieser äußersten Gefahr so schnell wie möglich beraten und zur Ausführung bringen." Als sie von den Kindern gesprochen hatte, brach sie — wer möchte es der Mutter verdenken? — in Tränen aus. Sie hielt einen Augenblick inne, mit dem Taschentuch das Antlitz bedeckend, während mancher der anwesenden Magyaren den Augenblick benützte, um seine eigenen Tränen zu tarnen. Denn, gerührt waren sie alle die leichtbeweglichen Gemüter, als vollends die Königin geendet hatte. Ihre Rührung brach sich nun tumultarisch Bahn. „Vitam nostram et sanguinem consecramus", so durchhallte der laute Ruf den Saal, jubelnd in der Begeisterung, die von der jungen Frau und ihrem Vertrauen ausgegangen war. Inmitten des Zankes um Zugeständnisse und Punktationen hatte die Königin großherzig an die Großmut, die edelste Kraft im Menschen, appelliert. Sie hatte das alte und so oft begründete Mißtrauen ihres Hauses gegen die Ungarn in sich überwunden und sie gab ihnen gegen den Rat der deutschen Minister die Waffen in die Hand, das gemeinsame Vaterland, und darauf kam es hier zum erstenmal an, zu verteidigen.

Die Königin schmiedete das heißgewordene Eisen. Sie wußte am 20. September die Annahme ihres Gemahls zum Prinzregenten durchzusetzen. Freilich war das, nachdem sie so entschieden nunmehr selbst regierte und führte, nur noch ein Zierat. Sie hatte ihren Sohn nach Preßburg kommen lassen und ihn, den kleinen Josef, den versammelten Ungarn — als ihren Schutzbefohlenen gewissermaßen — gezeigt.

Mit Verachtung wurden nun die Ansprüche des bayrischen Kurfürsten von den Ständen zurückgewiesen und die Insurrektion wurde beschlossen. Insgesamt an die 10 000 Mann sollten, so erklärte man sich, von Ungarn, Siebenbürgen, von Kroatien und Slawonien aufgestellt werden. Dies in der Begeisterung der großen Stunde und der ihr folgenden Tage!

Wenn die Königin die Magyaren gekannt hatte, indem sie so beweglich an ihr Gemüt appellierte, nun sollte sie die Taten kennenlernen, und diese wurden je länger, je weniger imponierend. Der Insurrektionsbeschluß von Preßburg war mehr ein moralischer, denn ein realer Erfolg. Auf den momentanen Aufschwung der Begeisterung folgte das nörgelnde Rechnen über Finanzierung und Ausrüstung. Man wollte bald nur noch von 21 622 Mann zu Fuß und 14 407 zu Pferde wissen, und — wann folgte diesem Beschlusse endlich die Ausführung? Es hat über unablässiges Drängen Maria Theresias bis tief in das Jahr 1742 gebraucht, bis ein Fünftel der zuerst so begeistert versprochenen hunderttausend Mann ins Feld abrücken konnte, Truppen, die durch den völligen Mangel an Disziplin, ja durch ihre zügellose Wildheit große Schwierigkeiten bereiteten. Es bedurfte einer richtigen Erziehungsarbeit tüchtiger Führer wie der Obersten Trenck und Menzel, bis wirkliche Kampftruppen aus ihnen geworden waren.

Der Pandurenoberst Trenck war eine imposante Erscheinung. Ein Mann von bärenhafter Stärke war er die verkörperte Verwegenheit und Gewalttätigkeit, bald ein Schrecken der Feinde, aber auch eine Belastung der

Dankespflicht Maria Theresias, bis sich sein ungewöhnliches Schicksal erfüllte.

Wenn auch die Ungarn mit ihrem großherzigen Angebot der Hunderttausend, dem dann ein so geringes tatsächliches Ergebnis folgte, sich selbst und die Königin getäuscht hatten, auch die auswärtigen Fürsten waren — und darin liegt ein Großteil seiner moralischen Bedeutung — von dem Preßburger Beschluß geblendet, beirrt und unsicher gemacht. Der Gefährlichste der Feinde, Friedrich, ließ Berechnungen über die Bedeutung der für seine Gegnerin zu gewärtigenden Waffenhilfe anstellen. Das Gewicht Österreichs verstärkte sich.

Freilich, welches Maß von Geduld und Selbstüberwindung mußte die tapfere Königin bei den langwierigen Verhandlungen, bei den ewigen Verzögerungen aufbringen. Einmal, am 18. Oktober, flossen ihr die, wir möchten sagen wienerisch reschen Worte über die Lippen, die doch den Nagel auf den Kopf treffen: „Ihr redet wohl viel, aber es kommt dabei nichts heraus." Bis in die Einzelheiten griff sie ein, mußte sie eingreifen, da sie allmählich erkannt hatte, daß, wenn sie es nicht tat, es niemand anderer übernahm. Als dauernder Erfolg des Preßburger Reichstages blieb die Errichtung von sechs ungarischen Regimentern. Tatsache war, daß die deutschen Erblande Maria Theresias in ihren Leistungen allein die ungarischen bei weitem überstiegen. Die theresianischen Werbungen bewirkten in diesen Ländern und in den böhmischen zwar keinen so theatralisch rauschenden, aber einen rascheren Erfolg als in Ungarn. Außerdem waren ihre Leistungen ohne einen Kaufpreis erreicht, während die Ungarn nun doch einen wesentlichen Teil der von ihnen gestellten Forderungen, wie z. B. Gleichstellung der ungarischen Hofkammer mit den betreffenden österreichischen Behörden oder die Zusage, in den inneren und äußeren Geschäften des Königreiches nur Eingeborene zu verwenden, erreichten. Zur Errichtung eines eigenen ungarischen Geheimen Rates war es indessen nicht gekommen, ebensowenig wie die Stände die Einverleibung Siebenbürgens in Ungarn durchzusetzen vermochten.

FRIEDENSSCHLUSS MIT PREUSSEN

Das Gewitter aus dem Westen her hatte die Königin nun doch gezwungen, das ihrem Herzen so schwer fallende Opfer in Schlesien zu bringen. Dies war am 10. September 1741 geschehen und nun, unter dem

Eindruck der ungarischen Insurrektion, bequemte sich Friedrich, es anzunehmen.

Die Lage auf dem schlesischen Kriegsschauplatz stand an sich für die Österreicher nicht schlecht. Die Überlegenheit ihrer leichten Reiterei beirrte den König nicht unerheblich. Zu einer befreienden Schlacht war er nicht mehr gelangt und sein Versuch, Neippergs Armee durch einen Überfall gewissermaßen auszuheben, war im tiefen Nebel des Septembers gescheitert.

Friedrich leitete nun selbst Unterhandlungen mit dem Engländer Hyndford, ja auch mit Neipperg ein. Denn schon nahte die Zeit der Winterquartiere und das unbezwungene Neiße war dem König ein Pfahl im Fleische. Er versah sich zudem von seinem französischen Bundesgenossen politisch und militärisch nichts Gutes. Der Plan des mitteleuropäischen Gleichgewichts unter ewiger Schiedsrichterschaft Frankreichs, konnte dem Könige nicht behagen. Militärisch aber sah er nach den ihm durch Schmettau übersandten Informationen für seine Verbündeten nicht rosig. Er hatte ursprünglich Kraft und Tempo ihres Vormarsches überschätzt. Karl Albert wollte den Stoß ins Herz führen, aber er durfte es ja nicht. Schon war bei ihm, die französische Überwachung zu verstärken, Marschall Belleisle, der Befehlshaber des französischen Hilfskorps, eingetroffen. Er überredete den Kurfürsten, den Marsch nach Wien aufzugeben, um sich die böhmische Königskrone zu holen.

Der Preußenkönig forderte zu dem, was ihm Maria Theresia anbot, Neiße und Glatz. Den Beitritt zum Bündnis gegen Frankreich und Bayern lehnte er ab. Wegen der Kaiserwahl gab er nur eine vage Aussicht. Die Königin aber bedurfte der Armee Neippergs. So ging sie darauf ein, das unbezwungene Neiße zu opfern, aber nicht Glatz. Friedrich, der die allgemeine Lage infolge der Niederlage der Schweden gegen die Russen sich für ihn verschlechtern sah, begnügte sich mit Neiße und mit den Winterquartieren in Oberschlesien, das „hohe Gebirge" und das Fürstentum Teschen ausgenommen. Rasch erfolgten nun die Abmachungen, aber nicht für einen Frieden, sondern nur für eine geheime Konvention.

Die Vereinbarung erfolgte auf dem Starhembergischen Schlosse Kleinschnellendorf. Bei der Endunterhaltung war der König selbst zugegen. Der Konvention vom 9. Oktober 1741 sollte der definitive Frieden folgen. Sie sah die Übergabe von Neiße nach einer Scheinbelagerung vor. Der König ließ sich unverbrüchliche Geheimhaltung zusichern, hatte er doch durch das Abkommen seine Bündnispflicht gegenüber Frankreich verletzt.

Eine seltsame Abmachung. Ihr geheimer Charakter nahm ihr zugleich die Sicherheit. Friedrich konnte ja beim ersten und auf die Dauer wohl kaum zu verhindernden Durchsickern der Kunde von ihrem Abschlusse entrüstet zurücktreten. Da die Österreicher für dieses ungesicherte Abkommen aber den teuren Preis von Neiße und ihrer noch keineswegs erschütterten Stellung in Schlesien gezahlt hatten, möchte man das Kleinschnellendorfer Abkommen fast als einen schweren Fehler der österreichischen Staatskunst ansehen. Nach dem Herzen der Königin war es gewiß nicht. Noch am 11. Oktober schrieb sie an Neipperg, der von österreichischer Seite vor allem die Verhandlungen führte: „Ich empfehle Euch also vor allem, Euren Aufbruch und Marsch zu beschleunigen, aber doch so viele Truppen zurückzulassen, um den Feind hinzuhalten, denn seine Absichten sind nichts als Lug und Trug und Verzögerungen, um uns hinzuhalten. Ich möchte sogar, daß Ihr auf eine gute Art aufbrechen könntet, ohne irgend etwas abzuschließen und ihn hinhaltet, ohne es ihn merken zu lassen, im Gegenteil: zeigt Bedauern, daß Ihr es nicht gekonnt habt. Aber ich fürchte, alles wird schon abgemacht sein." Wie sich die Dinge dann tatsächlich gestalteten, erwies sich die Ansicht der Königin als die richtige.

Freilich war nun die Möglichkeit gegeben, die erprobte Armee Neippergs gegen den sich bedrohlichst gestaltenden Vormarsch der Bayern und Franzosen einzusetzen, also zu einer ersten Kraftanstrengung gegen diesen bis dahin völlig ungestört vorrückenden Gegner.

Neipperg, bei dem sich Friedrich schon am 21. Oktober darüber beschwerte, daß die Konvention gebrochen worden sei — das Geheimnis war tatsächlich mehrerenorts ohne Schuld der Königin durchgesickert — rückte Ende Oktober nach Mähren ab, und Neiße kam nach der vereinbarten vierzehntägigen Scheinbelagerung in die Hand Friedrichs. Nun setzten die Besprechungen über den definitiven Frieden ein, wobei neuerdings die brandenburgische Kurstimme für Franz Stephan gefordert wurde.

Schon aber war von Friedrich das Abkommen von Kleinschnellendorf mit dem zweifelhaften Recht des Stärkeren gebrochen worden. Der König teilte am 11. Oktober Neipperg seine nachträgliche Forderung auf Besetzung der Grafschaft Glatz für preußische Winterquartiere mit. Das Verhalten des dupierten Marschalls, der zweifellos kein Geschick zum Unterhändler besaß, war wohl nicht entschieden genug. Zu seiner Entschuldigung konnte allerdings eingeräumt werden, daß eben Kleinschnellendorf ein erhebliches Nachgeben Österreichs darstellte und daß sich weltgeschichtlich eine auf überlegene Kraft gestützte Gewalttätigkeit am erfolgreichsten unmittelbar nach abgeschlossenen Verträgen, in rascher Erweiterung ihrer Bedingungen durch Ausnützung der Erschöpfung des Schwächeren bewegt.

Ein zweiter Vertragsbruch schloß schnell genug an. Preußische Truppen rückten in Böhmen selbst ein und besetzten Skalitz, Königgrätz und Jungbunzlau.

Wie sich der König aber nach dem Abkommen tatsächlich verhalten wollte, seit einmal die ihn durch Monate behinderte Klemme von Neisse hinter ihm lag, offenbart sich am besten darin, daß er am 2. November dem Nymphenburger Teilungsvertrag beitrat und am 4. November einen

Allianzvertrag mit Bayern abschloß. In diesem erkannte er den Kurfürsten als König von Böhmen de facto an und ließ sich von ihm als solchem Glatz zusprechen, wogegen er ihm seine Stimme bei der Kaiserwahl versprach.

Es war nur noch eine Frage der Zeit, wann Friedrich die Stunde für gekommen erachtete, den von ihm innerlich und äußerlich bereits gröblich verletzten Vertrag von Kleinschnellendorf auch öffentlich aufzukündigen.

Schwerfällig zwar, aber nicht aufzuhalten, hatte sich bisher der französisch-bayrische Vormarsch über Österreich ergossen, während die zweite französische Armee rechts des Rheines aufmarschiert war und durch ihr Erscheinen von dem erschreckten König-Kurfürsten Georg am 25. September eine Neutralitätskonvention für das bedrohte Hannover erzwungen hatte. Als Preis für diese Mäßigung der französischen Politik mußte sich Georg dazu verpflichten, auch seine Wahlstimme dem Wittelsbacher zuzusichern. Während also England Maria Theresia nach dem Willen seiner Volksvertretung Unterstützung gewährte, hatte sein König als Kurfürst von Hannover dem Maßlosesten ihrer Gegner die Hilfe zu erheblicher Machterhöhung zugesichert. An dieser Behinderung der englischen Hilfe änderte auch eine Erklärung Georgs nichts, daß die abgeschlossene Konvention die Krone Englands nicht berühre.

Während nun Maillebois immer noch in drohender Nähe Hannovers seine Winterquartiere bezog, versuchte Karl Albert sich vergebens gegen Belleisle durchzusetzen, unermüdlich von dem rachbegierigen Schmettau angetrieben. In St. Pölten, keine 60 Kilometer von Wien entfernt, brach der bayrische Kurfürst den Vormarsch ab und wandte sich mit zwei Heeresteilen nach Böhmen, eiliger, als er gekommen war, nun Niederösterreich wiederum räumend. Ein französisches Korps unter Segur sicherte die Ennslinie und damit die Flanke der verbündeten Armeen.

Zu diesem Entschluß war der Kurfürst auch durch Mitteilungen der Kaiserinwitwe Amalie, die man nach wie vor die Spezialgesandtin des Wittelsbachers in Österreich nennen durfte, gekommen. Diese hatte ihm von dem Geheimvertrag zwischen Friedrich und Maria Theresia Kenntnis gegeben, und der Kurfürst mußte das Auftauchen der Armee Neippergs befürchten. Auch hatte er die Nachricht erhalten, daß seine Gegnerin neun ihrer besten italienischen Regimenter über die Alpen beordert habe.

Welche Maßnahmen aber traf Maria Theresia? Neipperg war beauftragt, seine Truppen nach Böhmen zu führen und sich mit Lobkowitz zu vereinigen. Den Oberbefehl über die Streitkräfte beließ sie dem Marschall nicht, da ihr Vertrauen zu seinen Fähigkeiten, wohl durch Berichte von der Armee, erschüttert war. Sie übertrug ihm, sich nochmals über die Gaben ihres Gemahls einer Täuschung hingebend, Franz Stephan. Dieser nahm seinen Bruder Karl — später einer der unglücklichsten Generale Österreichs — ins Feldlager mit. Der Gemahl war nun, wie ihm Maria Theresia am 15. November schrieb, nach Gott die größte, die einzige Zuversicht der liebevollen Gemahlin.

Diese Zuversicht aber ließ sich, war schon Neipperg höchst gemächlich nach Böhmen gerückt, peinlich lange Zeit, obwohl in dieser Lage alles auf rasche, beherzte Bewegungen angekommen wäre. Für den Betrachter aus unserer Gegenwart, die freilich über alle Maßen angespannt, ja verquält ist, hat es fast etwas Erheiterndes, auf diese Marschbewegungen zu sehen, auf die so zahlreichen nach Schneckentempo immer wieder eingelegten „Rasttage". Sie kennzeichnen das damalige Kriegsystem überhaupt, aber ihre Exzesse, wie man es bei der einzigen Armee der Königin wohl nennen durfte, mußten sich zur äußersten Bedrohung einer Sache gestalten, deren Oberhaupt rasche Entschlußkraft, über die es selbst in so reichem Maße verfügte, auch von seinen militärischen Helfern fordern mußte. Betrachten wir insgesamt die entscheidungsvollen Jahre, so ersehen wir allerorts, wo sich der herrliche, klare Wille der Herrscherin durchsetzte, Erfolge und Taten, während die Kriegführung, die doch über das Schicksal der Monarchie weitgehend genug entscheiden mußte, sich ihrem Einfluß, dem unmittelbaren, an Ort und Stelle geübten, naturgemäß entzog, da sie ja als Frau und Mutter an ihren Hof gebunden war.

Nur, wenn sich Neipperg raschen Schrittes nach Böhmen begeben hätte, um mit Lobkowitz vereint, die über Krems und Freistadtl und nun auch von Amberg her in Böhmen einfallenden französisch-bayrischen Truppen vereinzelt zu schlagen, war das Opfer der Festung Neiße zu rechtfertigen. So aber konnten sich die Gegner untereinander und auch noch mit dem sächsischen Heere vereinigen.

Dem sächsischen Heere?

Mit seinem Vormarsch gegen Böhmen hatte Karl Albert, ohne es zu erkennen, eigentlich schon den Verzicht auf das habsburgische Gesamterbe geleistet, wie dies in den Plänen Frankreichs lag. Die Versailler Diplomatie hatte ja bereits in Sachsen einen neuen Bewerber um österreichische Gebiete aufgebracht, und ihm waren in einem Frankfurter Teilungsvertrage vom 19. September Oberschlesien, doch ohne Neiße, Mähren und das niederösterreichische Viertel unter dem Mannhartsberge zuerkannt worden. Auch die sächsischen Truppen wandten sich also, mit schwerer Artillerie zur Belagerung Prags ausgerüstet, gegen das Königreich.

Noch standen die Österreicher erst in Tabor, als die Gegner bereits auf dem Weißen Berge lagerten. Hilfe, die der Großherzog nach Prag entsandte, kam zu spät. Die Stadt wurde in der Nacht vom 25. auf den 26. November in einem Sturmangriff genommen, zu dem Graf Rutowsky, der sächsische Oberbefehlshaber, die zaudernden Bayern und Franzosen mitgerissen hatte.

Am 7. Dezember geschah es dann, daß der bayrische Kurfürst zum König von Böhmen ausgerufen wurde, wieder wie in Oberösterreich unter Beteiligung der großen Familien des Landes, wobei auch der Erzbischof von Prag, Freiherr von Manderscheid, den Huldigungshandkuß leistete. Wie waren doch die Sterne des Wittelsbachers aufgegangen!

Am 4. November begannen die Wahlhandlungen zu Frankfurt. Die böhmische Stimme wurde als ruhend erklärt, der österreichische Vertreter des Ortes verwiesen. Die bisher Österreich Geneigten waren ebenso wie die noch Schwankenden durch den Einfluß Belleisles und die Wirkung der wachsenden Bedrängnis Maria Theresias für den Bayern gewonnen worden. Friedrich, der dem Wittelsbacher durch seinen Beitritt zum Teilungsvertrage Oberösterreich, Tirol und Vorderösterreich sowie Böhmen zuerkannt hatte, betrieb nun eifrig die Wahl Karl Alberts, seit ihm dieser zu Breslau das preußische Nachfolgerecht in Ostfriesland und in Mecklenburg verbürgte, den König praktisch aus den Reichsverpflichtungen löste und ihm das jus de plane non appellando, also die völlig uneingeschränkte Gerichtsbarkeit, für alle seine deutschen Länder verlieh, sowie sonstige Vorrechte gewährte.

Welche Sorgen stürmten auf Maria Theresia ein! Spanien kündigte sich mit Eröffnung der Feindseligkeiten in Italien als neuer Gegner an. Aber die Gefahr, daß Böhmen verlorenging, war zweifellos die größte und einschneidendste. Alles mußte aufgeboten werden, um den drohenden Verlust zu verhindern. Schon griff die unerschrockene Frau auch in das Einzelgefüge der militärischen Verwaltung ein, dem Schlendrian zu begegnen. Beschwörend aber wandte sie sich an den böhmischen Hofkanzler Kinsky, der in diesen Stürmen ihr Vertrauen erworben hatte. Hören wir die Kraft ihrer herrscherlichen Worte: „So ist denn Prag verloren und die Folgen werden vielleicht noch schlimmer sein, wenn man nicht wenigstens für drei Monate Brot (für die böhmische Armee!) beschaffen kann, denn von Österreich ist nichts zu erhoffen und von Ungarn etwa erst in drei Monaten, und da ist es noch ungewiß. Ja, Kinsky, das ist der Augenblick, wo es gilt, Courage haben, das Vaterland und Eure Königin retten. Sonst wäre ich eine arme Prinzessin. Mein Entschluß ist gefaßt; es heißt alles aufs Spiel setzen, um Böhmen zu retten. Danach richtet Euch und trefft Eure Anstalten. Ich sage nicht, daß ich das Land zugrunde richten will und daß es sich in zwanzig Jahren nicht erholen wird, aber ich will ‚Grund und Boden' (deutsche Worte in dem französich geschriebenen Brief!) und es müßten alle meine Armeen, alle Ungarn totgeschlagen werden, bevor ich irgend etwas abtrete. Noch einmal: Dies ist der kritische Augenblick; schont das Land nicht; wir müssen es behaupten. Helft mit Euren Leuten, was Ihr könnt, damit der Soldat zufrieden ist und es ihm an nichts fehlt. Ihr werdet besser noch als ich wissen, wieviel davon abhängt. Steht auch meinem armen Mann bei, der sich um die Truppen wie um das Land so abhärmt, der selber sagt, daß die Leute tuen, was sie können und daß einem das Herz weh tut, aber wenn man nicht von dem Lande bekommen kann, daß man es nehmen muß. Ihr werdet sagen: ich bin grausam, aber ich weiß auch, daß ich alle die Grausamkeiten, die ich jetzt begehen muß, um das Land zu behaupten, einmal hundertfältig werde gutmachen können, und ich werde sie gutmachen, aber für jetzt verschließe ich mein Herz dem Mitleid. Ich vertraue auf Euch; Ihr wißt, daß ich das tue und wie lieb es mir ist, daß Ihr zu mir haltet, und ich schmeichele mir, daß es nicht vergeblich sein wird und daß, nachdem ich immer unglücklich gewesen bin, Gott zuletzt seinen Segen geben wird... Ich beklage Euch andere, die ich unglücklich mache; dies ist eines meiner größten Kümmernisse, aber dafür werdet Ihr in mir auch immer ein dankbares Herz finden."

Lesen wir diese entschlossenen Worte, die so faszinierend wirken und das geforderte Opfer erträglich machen — es war vor allem ein Opfer der böhmischen Standesherren —, so empfinden wir die Tragik der Geschichte, daß einer solchen Frau ein militärischer Helfer vom Range Eugens versagt blieb. Welche ungeheure Kraft lag in der Brust dieser Königin, die ihres Staates einziger Anwalt geworden war und um die gleiche Zeit zum fünften Male Muttersorgen entgegensah!

Was Maria Theresia immer befürchtet hatte, geschah. Das Opfer von Neiße und Niederschlesien war umsonst gebracht worden. Friedrich erklärte am 16. Dezember dem Lord Hynford, er trete von dem Abkommen zurück, da die Österreicher die ausbedungene Geheimhaltung verletzt hätten. Er ließ 25 Eskadronen zu den Verbündeten stoßen, er erweiterte seine böhmischen Winterquartiere, er ließ den Feldmarschall Schwerin in Mähren einrücken. Diesem fiel am 26. Dezember Olmütz in die Hand.

So war der machiavellistisch abgeschlossene Vertrag ebenso machiavellistisch wieder gebrochen worden. Der vor seinem Abschluß von Maria Theresia gehegte Gedanke, Neiße sowie Glatz durch eine größere Besatzung zu sichern und dann Neipperg abzuziehen, hätte gegen Franzosen und Bayern das gleiche Ergebnis erzielen können und doch aller Voraussicht nach die preußischen Kräfte länger gebunden.

Der Abgrund schien sich vor Maria Theresia aufzutun. Aber die Heldin von Österreich blieb ungebrochen. Von dieser Frau ging ein solcher Sturm von Tatkraft und Gottvertrauen aus, von Entschlossenheit und bezaubernder Macht, daß sich das Schicksal auf die Dauer nicht versagen konnte.

Geraume Zeit schon war ein entscheidender Gegenstoß gegen die Franzosen und Bayern vorbereitet worden. Ludwig Andreas Graf von Khevenhüller war der Schöpfer des Planes, mit den wenigen Regimentern, über die er in Wien verfügte, mit der ungarischen Insurrektion und mit einem Teile der italienischen Armee Österreichs die schwach geschützte Flanke der

Bayern-Franzosen zu überrennen. Diesen Plan reichte er am 28. Oktober und 4. November 1741 ein, und als sich die Minister nicht einig wurden, überließ die Königin Khevenhüller freie Befugnis.

Khevenhüller, geboren am 20. November 1683 und mütterlicherseits ein Enkel des berühmten Montecuccoli, war ein Schüler Eugens, ein schneidiger Reitergeneral, aber auch ein Mann der militärischen Feder. In den beiden letzten Kriegen des verstorbenen Kaisers war er von dem allgemeinen Versagen unberührt geblieben. Besonderen Schneid hatte er im unglücklichen Türkenkriege gezeigt. Am 22. November 1741 zum Oberbefehlshaber der gegen Bayern bestimmten Armee ernannt, bereitete er den Aufmarsch der aus Italien über die Berge heranrückenden Truppen vor. Oberösterreich sollte zurückerobert werden.

Der ausgezeichnete Plan gelang.

In drei Korps gegliedert gingen die zunächst nur 16 000 Mann Khevenhüllers am Silvestertage 1741 über die reißende Enns. Immer wieder von der Königin umsorgt und im Vormarsch aufgemuntert, rückten sie erfolgreich vor. Die nahe Bedrohung, die seit der Einnahme von Olmütz durch die Preußen für Wien bestand, lähmte die Entschlußkraft Maria Theresias nicht. Sie hatte am 30. Dezember an Khevenhüller geschrieben: „Meine Meinung war nie, daß von wegen der preußischen Fürrückung in Mähren ihr Eure Operationen zu verschieben oder gar zu unterlassen hättet. Ich verkenne zwar keineswegs der Sachen mißlichen Stand und bin nichts weniger als von leidentlichen Friedensbedingungen entfernt. Aber just, um hierzu zu gelangen, will erforderlich sein, die Operationen gegen den übermütigen Feind so weit als nur immer möglich zu treiben."

Das französisch-bayrische Korps unter Graf Segur, das die Flanke der in Böhmen operierenden Armeen hätte decken sollen, wurde in Linz eingeschlossen, das Land durch Streifkommandos besetzt. Ja, Generalfeldwachtmeister Bärnklau brach in Bayern ein und besetzte Ried. Der Husarenoberstleutnant Menzel nahm Schärding. Die gehobene Stimmung im Hauptquartier Khevenhüllers zu Wilhering, wo der Mitregent zur formellen Übernahme des Oberbefehls eintraf, wurde durch die Überreichung eines Bildes der Königin und ihres Sohnes und des folgenden eigenhändigen Briefes Maria Theresias noch weiter entflammt. „Lieber und getreuer Khevenhüller! Hier hast Du eine von der ganzen Welt verlassene Königin vor Augen mit ihrem männlichen Erben; was vermeinst Du, will aus diesem Kind werden? Sieh, Deine gnädige Frau entbietet sich Dir als einem treuen Minister; mit diesem auch ihre ganze Macht, Gewalt und alles, was Unser Reich vermag und enthält. Handle, o Held und getreuer Vasall, wie Du es vor Gott und der Welt zu verantworten Dich getrauest. Nimm die Gerechtigkeit als ein Schild; tue, was Du recht zu sein glaubst; sei blind in der Verurteilung der Meineidigen; folge Deinem in Gott ruhenden Lehrmeister in den unsterblichen Eugenischen Taten und sei versichert, daß Du und Deine Familie zu jetzigen und ewigen Zeiten von Unserer Majestät und allen Nachkommen alle Gnaden, Gunst und Dank, von der Welt aber einen Ruhm erlangest. Solches schwören wir Dir bei Unserer Majestät. Lebe und streite wohl! Maria Theresia." Bald durfte der tiefbewegte Marschall einen weithin hallenden Erfolg melden. Die Besatzung von Linz hatte am 23. Januar 1742 nach kurzer Beschießung die Stadt gegen freien Abzug übergeben.

Obwohl unzufrieden, daß man die Belagerung nicht bis zur Erzwingung der Kriegsgefangenschaft fortgesetzt hatte, konnte die Köngin doch tief aufatmen. Es war ihr erster Triumph nach so vielen Schrecken und Enttäuschungen, so vielen vergeblichen Bemühungen. Sie offenbarte Großmut in der Bestrafung der von der Treue Abgewichenen und gewährte schließlich Verzeihung.

Für den Kardinal Fleury aber, der nun seine böhmische Armee abgeschnitten wußte, begannen sorgenvolle Zeiten hereinzubrechen. Hatte er gewähnt, indem er der Königin „einige Federn" ausrupfte, sein Leben mit einem letzten Triumph über das Haus Habsburg abzuschließen, nun sah er sich in einen schweren Krieg verstrickt, denn die Erfolge Maria Theresias konnten nicht ohne Rückwirkung auf England bleiben, wo sich gegen Walpoles allzu vorsichtige Politik ein wahrer Sturm vorbereitete.

War nicht die Kaiserwahl des Wittelsbachers, die am 24. Januar über preußischen Druck und energischestes Eingreifen des eigens von Prag nach Frankfurt abgereisten Belleisle doch noch einstimmig zustande kam, fast schon entwertet, da die Österreicher tags darauf Passau, die Einfallspforte der Verbündeten, in Besitz nahmen? Am 12. Februar zogen dann die Reiterscharen des verwegenen Menzel in München selber ein, nachdem Bärnklau bei Landshut den nochmals angreifenden Törring geschlagen und auf Ingolstadt zurückgeworfen hatte. Das bayrische Land aber wurde — eine schmerzliche Folge des kurfürstlichen Griffes nach dem rechtmäßigen Erbe Maria Theresias — durch die ungarischen Insurrektionstruppen und die wilden Reiterscharen Menzels und des Franz von Trenck furchtbar in Mitleidenschaft gezogen, so sehr sich über Maria Theresias Befehl Khevenhüller dagegen wandte. Die halbbarbarischen Scharen, Nachbarn der noch wilderen Türken, konnten ja nur ganz allmählich zu richtigen Soldaten gemacht werden. Wie Mönche in den Klöstern konnten eben Soldaten nicht gehalten werden, schrieb der Feldmarschall an die Königin, erklärte aber selbst, daß die Liccaner und Panduren schwere Ausschreitungen begingen.

So war der Wittelsbacher in seinem eigenen Lande bitter heimgesucht.

Aber auch sonst begann das Glück der tapferen Maria Theresia zu leuchten. Wohl waren zwei spanische Heeresabteilungen in Italien gelandet. Sardinien jedoch, das beim Tode Karls VI. die junge Königin als erster Staat anerkannt hatte, schloß durch seinen Minister, den Marquese Vincenzo Ferrero d'Ormea am 1. Februar 1742 eine Militärkonvention mit ihr als eine „union provisionelle“ ab und blieb um so mehr trotz Wahrung seiner herkömmlichen Rückversicherung in einer Front mit der Königin, als am 13. Februar 1742 zu London der Sturz Robert Walpoles erfolgte.

Immer wieder hatte sich der alte Praktiker gegen den Ansturm seiner innerpolitischen Gegner zu wehren vermocht. Aber immer schwächer war der Rückhalt für seine Politik der äußersten Behutsamkeit geworden, seit Maria Theresia der Welt das Beispiel männlicher Kraft und Unbeugsamkeit bot, seit die englische Seemacht im spanischen Kriege so wenig ruhmvoll focht, seit die Waffen Frankreichs bis in die böhmischen Berge vordrangen und zudem im Westfälischen behagliche Winterquartiere zur Bedrohung Hannovers und der Generalstaaten bezogen, seit vollends alle Bemühungen des Kabinetts Walpoles, die zagen, in sich uneinigen Holländer zur Rückkehr in die altbewährte Front der Seemächte zu gewinnen, gescheitert waren. Gegen den „schurkischen“ Walpole, wie sie ihn nannte, hatte Maria Theresia ihren Gesandten, den aus Paris nach London berufenen Ignaz von Wasner Sturm laufen lassen, wenn sie ihm auch Vorsicht bei seinen Bemühungen empfahl. Die unbeugsamsten Whigs aus der Zeit von Marlborough, die in der zwanzigjährigen Politik Walpoles nichts anderes als den schmählichen Abfall von der stolzen Tradition der Tage des Spanischen Erbfolgekrieges erblickten, waren über ihn empört, und der Haß, der ihn umbrandete, rief nach dem geheimen Untersuchungsausschuß, dem sein Haupt zum Opfer fallen mußte. Schon begann sich der Zorn gegen die amphibische Dynastie zu richten, die durch eine schmähliche hannoveranische Politik bald des Ehrgeizes und des Truppenschachers, bald des feigen Sich-Duckens vor Franzosen und Preußen, in der Tat genug kompromittiert war. So durch die lauten Beschwerden der unermüdlichen Maria Theresia und den Sturm des Parlaments erschöpft, willigte Georg II. in den Abschied des ihm bequemen Ministers. Nicht der nachfolgende Schatzkanzler wurde der Erbe von Walpoles Macht, Lord Carteret, der Staatssekretär für den Norden, ergriff, getrieben von dem Zwang einer auch für ihn unheimlichen parlamentarischen Lage, das Steuer der auswärtigen Politik, entschlossen, Erfolge zu erzielen und in kühnen Ausgriffen seine Kritiker zum Schweigen zu bringen. Er galt als entschiedener Anhänger der habsburgischen Macht und er suchte die Entscheidung auch in der Auseinandersetzung mit den Bourbonen im europäischen Bereiche.

Carteret ließ 16 000 Engländer nach den österreichischen Niederlanden überschiffen, und schon am 13. April hatte er die Bewilligung einer Subsidienhilfe von 500 000 Pfund, von denen allerdings 200 000 für Sardinien zurückgehalten wurden, dessen Unterstützung unter Österreichs Namen lief, erreicht. Es bedeutete den Höhepunkt englischer Begeisterung, daß in zwei führenden Tageszeitungen private Aufrufe zur Zeichnung von Geldbeträgen zugunsten der Königin erschienen. Allerdings wünschte man in England auch jetzt dringend das Zustandekommen einer Verständigung zwischen der Habsburgerin und Friedrich, womöglich auch mit dem Kaiser als Dritten, um das Reich für Englands Krieg gegen die Bourbonen geschlossen zu sehen.

War die Verständigung mit dem preußischen König möglich?

Dieser hatte schon Mitte Januar, von dem bedrängten Kaiserkandidaten zu Hilfe gerufen, besorgt, das kleinlaut gewordene Frankreich könnte mit der böhmischen Sache auch ihn dem Rachedurst der unerbittlichen Gegnerin überlassen, besorgt aber auch über die diplomatischen Fesseln, die rings um ihn durch die Versailler Staatskunst gelegt wurden, den Weg nach Dresden angetreten, um Sachsen für einen gemeinsamen Feldzug gegen Mähren zu gewinnen. Von den Franzosen war militärisch nicht viel zu hoffen. Seit Belleisles Abgang befehligte hier der zweiundsiebzigjährige Graf Broglie, ein Mann ohne Entschluß. Nur bis Iglau nahm ein französisches Korps an dem gemeinsamen Vormarsch teil. Dieser traf auf keinen Widerstand. Am 17. Februar hatten die Sachsen und Preußen bereits Znaim erreicht, und die Husaren Ziethens streiften durch das wehrlose Niederösterreich bis Oberhollabrunn, ja bis Stockerau, das vor den Toren Wiens liegt. Nur Brünn befand sich noch unerobert, aber kaum zu starkem Widerstand befähigt, im preußischen Rücken. Friedrich wollte seiner Gegnerin ein „Philippi" bereiten, sie bekämpfen „wie die Römer Karthago".

Die tapfere Frau verzagte auch in dieser wohl größten Bedrängnis ihres Herrscherlebens nicht. Sie erlaubte zwar dem weicheren Gemahl, daß er durch seinen Erzieher Baron Pfütschner und dann durch den Olmützer Domherrn Giannini mit Friedrich unterhandle. Sie versprach sich aber nicht viel davon. Wichtiger waren ihr die militärischen Maßnahmen.

Maria Theresia berief von dem tapferen Khevenhüller ein Korps von etwa 10 000 Mann zu den Fahnen ihrer böhmischen Armee ab, so sehr sich der Feldmarschall dagegen sträubte, da er bis zum Rhein vordringen wollte und, so sagte er, „in meinen angefangenen ... operationen unitis viribus fortzufahren gelassen und nicht zertheillet werden möchte". An Stelle des an seinem Glücksstern verzweifelnden und auch von der Armee, die er bei Mollwitz um den Lorbeer gebracht hatte, abgelehnten Neipperg betraute die Königin ihren Schwager, den Herzog Karl von Lothringen mit dem Oberbefehl. Diese Entscheidung war eine unglückliche. Sie war aus dem Herzen einer Königin geboren, die in heißer Liebe ihrem Mann zugetan, auch dessen Bruder eine unerschütterliche Zuneigung entgegenbrachte. Karl war kein unbegabter Stratege, allein es fehlte ihm die Kraft, das Vertrauen seiner Truppen zu erobern, es fehlte ihm das Pflichtbewußtsein, die erforderliche strenge Disziplin zu üben, sein Heer zu schulen und es in der Hand zu halten. Die rasche Entschlossenheit und die unbedingte Sicherheit, die beide auf dem Schlachtfelde allein das Glück zu erzwingen vermögen, waren ihm auch nicht gegeben. Lastend sollten die Jahre seines Feldherrntums auf den Geschicken des österreichischen Heeres liegen. Der Prinz von Lothringen gehört voran in die Reihe der Männer, die der heldischen Frau die erwartete Leistung schuldig blieben, obwohl sie sich kaum jemals darüber aussprach.

Karl ließ lange Zeit mit Unschlüssigkeit verstreichen. Er fragte in Wien nach und hielt Kriegsrat ab, um dann neuerdings nach Befragen des tüchtigeren Browne schwankend zu werden, gegen wen, ob gegen die Franzosen oder gegen die Sachsen oder gegen die Preußen er sich eigentlich wenden solle. Allerdings war es auch ein wunderliches Kriegstheater, das sich in Böhmen und Mähren aufbaute.

Der Feldzug nach Mähren ging für den Preußenkönig verloren, obwohl er mit geschlossener Heeresmacht bis an die Thaya vorgestoßen war. Seine Armee war zu weit vorgeschoben. Sie entbehrte der Versorgung. Schon das Vorhandensein des Lothringers bedrohte ihre Flanke. Die Sachsen hatten ihre Stellung bei Iglau am 7. März vorzeitig verlassen. Schon am selben Tage mußte nun Friedrich zurückgehen, hoffte aber noch durch Brünn seine rückwärtige Verbindung sanieren zu können. Dieser Plan erwies sich als nicht mehr durchführbar. Der König sollte auch durch die von dem erschreckten Fleury über den Rhein entsandte Donauarmee unter dem Herzog von Harcourt keine Entlastung erfahren. Denn ehe diese schwerfälligen Ganges sich mit den Bayern vereinigen konnte, mußte Friedrich bereits Olmütz räumen, von dem aufgerufenen Landvolke auf seinem Rückwege bedrängt. Rückzüge waren für ein nicht in der geschlossenen Kraft auftretendes Söldnerheer stets sehr nachteilig. Die Preußen wandten sich nach Böhmen.

Dringend und mehrmals hatte Maria Theresia von ihrem schwankenden Schwager einen „Hauptstreich" gefordert, „nachdem nichts Schädlicheres für meinen Dienst sein kann als die längere, bisher gedauerte Inaktion". Auf diese letzten Worte vom 10. März hatte sie schließlich sogar den ausdrücklichen Befehl folgen lassen, den Feind in Mähren zum Kampfe zu stellen. So besetzten die Österreicher denn Mähren und folgten dem König nach Böhmen.

Fast schien es, als sollte es nicht mehr zum Schlagen kommen. Sechs Wochen verhandelten die Gegner bereits und Friedrich war es diesmal, dem an einem Abschlusse lag, so unannehmbar seine, auch die Verbündeten berücksichtigenden Forderungen im Anfang gelautet hatten. Schon hatte Lord Hyndford in Breslau Verhandlungen, aber sie scheiterten zunächst noch an der Entschlossenheit Maria Theresias, Glatz und Oberschlesien nicht zu opfern, sowie an der Forderung, daß ihr Friedrich den Besitz ihrer deutschen Länder garantiere und daß er sich ihrer Sache anschließe. So mußte denn noch eine Feldschlacht geschlagen werden. Diese tobte am 18. Mai 1742 zwischen Caslau und Chotusitz, blutiger und wechselvoller als die erste. Die Österreicher, bei denen der greise Königsegg den Oberbefehlshaber beriet, waren die Angreifer. Die beiden Gegner, fast überall alterprobte Soldaten, überboten sich an Tapferkeit. Schon hatte der österreichische rechte Flügel Chotusitz genommen und war in das preußische Lager eingedrungen. Die Truppen aber verloren sich in der Plünderung und wurden von dem sich rasch fassenden Gegner wieder aus dem Lager geworfen. Der linke österreichische Flügel, zuerst durch die preußische Kavallerie bedrängt, warf in einem glänzenden Reiterangriff den Feind zurück und verfolgte ihn bis gegen Kuttenberg. Dieser Sieg indessen wurde dem österreichischen Zentrum zum Verhängnis. Bis dahin im heißen Kampfe unerschüttert, wurde es nun von dem Schlachtenlenker Friedrich in seiner durch den Vorstoß der eigenen Reiterei entblößten linken Flanke gepackt. Karl entschloß sich, die Schlacht abzubrechen. Die preußischen Verluste waren um 1000 Mann höher und die Österreicher hatten dem Feind zwölf Standarten und eine Fahne entrissen, während die Preußen ein Geschütz erbeuteten. War so das Ergebnis fast strittiger als das von Mollwitz, die Schlacht entschied doch den Krieg um Schlesien. Wohl hatte Friedrich das ersehnte „Philippi" nicht erzwingen können, aber auch die Königin nicht den ersehnten Sieg über den Dränger. Unbehelligt wendet sich nun Karl gegen die Franzosen.

Der Streit war zum Frieden reif. Das erkannte Friedrich auch, als bei ihm Belleisle am 2. Juni erschien, nicht mehr der überschäumende „Marschall Phantasie", sondern schon mehr das Sprachrohr des müden Fleury, der auf gemeinsame Wiederherstellung des Friedens sann. Ganz anders war die Aufnahme, die er jetzt erfuhr. Der König wollte den Frieden, er hatte zudem die Nachricht erhalten, daß Khevenhüller die in Bayern eingerückten Franzosen am 28. Mai bei Hilgardsberg geschlagen hatte. Rasch paßte er sich den gewandelten Verhältnissen an. Keine Rede mehr, daß Böhmen an Bayern, Mähren an Sachsen fallen sollte. Ja Friedrich selbst gab nun den Anspruch auf den Königsgrätzer Bezirk auf, gegen den sich die Königin mit einer unerschütterlichen Entschlossenheit gewandt hatte. Sie werde, so hatte sie dem erneut in Wien auf sie eindrängenden Robinson gesagt, den Kreis niemals hergeben, wenn sich auch die Hölle gegen sie öffne und der König von England mitsamt seinem Parlament ihr Verderben drohte.

In Wien riet Bartenstein, nicht nachzugeben. Er war gegen das als äußerste Ermächtigung für Hyndford gedachte Zugeständnis von Glatz und dem Hauptteil von Oberschlesien. Aber er drang nicht mehr durch. Die Königin wollte die Hände frei bekommen.

Daß aber der Friedensschluß tatsächlich um diesen ungünstigsten Preis abgeschlossen wurde, war die Schuld des britischen Unterhändlers, der wenig interessiert an der Sache der Königin, dem preußischen Unterhändler Graf Podewils sehr schnell das Maximum des von Maria Theresia Zugestandenen zubilligte. Wie sehr aber war Friedrich diesem Unterhändler überlegen! Soeben hatte er von dem Rückzug der französischen Truppen Nachricht erhalten, die durch das Zusammenwirken der österreichischen leichten Truppen mit Erhebungen des Landvolks schließlich fluchtartig nach Prag mußten. Der König hatte daraufhin an Podewils den Befehl gegeben, binnen vierundzwanzig Stunden abzuschließen, da er mit Recht hoffte, daß der Engländer noch ohne Kenntnis des Geschehenen sein würde. Seine Forderungen wollte er auf Niederschlesien und Glatz, dazu ein Streifen jenseits der Neiße, einschränken. Weil aber der Engländer die Nachricht nicht erhalten hatte, konnte Podewils seinem Herrn noch den größten Teil von Oberschlesien, ausgenommen nur Teschen, Troppau und das Hohe Gebirge, somit den Stand der Kleinschnellendorfer Vereinbarungen sicherstellen. Nach dem Vertrauensbruch des Engländers, der die geheime Vollmacht zur Unterzeichnung so weitgehender Abtretungen vorgezeigt hatte, erfolgte nun am 11. Juni 1742 die Unterfertigung der Präliminarien.

Von dem ganzen großen Schlesien blieben also Maria Theresia nur noch die Herzogtümer Troppau, Teschen und die Herrschaft Hennersdorf sowie die schlesischen Enklaven in Mähren übrig.

Eilig erteilte der englische König die britische Garantie für Friedrichs Erwerbung. England drängte drohend und verheißend die Königin zur Unterzeichnung. Noch einmal lehnte sich Bartenstein auf. Der Friedensvertrag sei wie der von Belgrad. Die Königin, die von der Hoffnung erfüllt war, mit England und den Generalstaaten zur Abrechnung gegen Frankreich antreten zu können und die das Reich für diesen Kampf geeinigt sehen wollte, die ferner vermeinte, für ihren Gemahl noch bei Lebzeiten des kränkelnden Kaisers die Würde des römischen Königs erlangen zu können, erteilte den Präliminarien ihre Ratifikation. Allerdings für den Abschluß des Definitivfriedens sah sie sich vor. Der österreichische Unterhändler Hofrat Hermann Lorenz von Kannegießer, der dem britischen Lord beigegeben wurde, vermochte in den Verhandlungen von Breslau, dann Berlin, durch seine Festigkeit und Findigkeit noch Jägerndorf für Österreich zu retten. Auch in der Frage der Landesschulden setzte sich der österreichische Standpunkt durch, ebenso wie es Maria Theresia erreichte,

Herzogin von Schlesien, nicht aber in Schlesien zu heißen, wie dies Friedrich wollte.

So wurde der endgültige Friede am 28. Juli 1742 zu Berlin unterzeichnet. Er besiegelte den schwersten Dauerverlust, der jemals der Monarchie widerfuhr. Den schönsten Edelstein ihrer Krone nannte die Königin das verlorene Land. Sie brach in Tränen aus, wenn sie in der unmittelbar dem Frieden folgenden Zeit einen Schlesier sah.

Die ganze Bedeutung des Verlustes von Schlesien wird noch zu würdigen sein. Zunächst mußte sich zeigen, ob die Vorteile, die der Frieden bot, das schwere Opfer gelohnt hatten.

In einer Hinsicht erfüllten sich sogleich die Hoffnungen der Königin. Sachsen erklärte sich noch am Tage der Unterzeichnung des Definitivfriedens zum Beitritt bereit, der am 11. September endgültig erfolgte. Nichts von den schönen Hoffnungen auf Gebietserweiterung hatte sich für den Kurfürsten-König erfüllt. Er empfing nichts als das mündliche Versprechen Maria Theresias, daß sie ihm ohne Belastung des Hauses Österreich zum Besitz des kurmainzischen Erfurt verhelfen werde.

Zwei Feinde, ein gefährlicher und ein harmloser, waren zum Frieden gebracht worden.

JAHRE DER HOFFNUNGEN

Der noch weitergehende Kampf gegen den Kaiser war kein solcher auf Tod und Leben mehr. Hochgemut trug sich die Königin mit bedeutenden Plänen. Sie schrieb schon am 17. Juni 1742 an Wasner: „Und gehet unsere Absicht dahin, daß der übergroße Verlust unseres Erzhauses durch den Zuwachs des Stücks Lands diesseits des Inn, der Grafschaft Cham und der oberen Pfalz in etwas, obschon bei weitem nicht vollständig ersetzet werde. Wogegen wir sodann dem Churhaus Bayern dasjenige gern gönnen würden, was Frankreich ungerechterweise dem Reich entrissen. Die Idee auszuführen ist allerdings möglich, nachdem man, ohne sich zu schmeicheln, rechnen kann, daß bereits zwei zahlreiche französische Armeen durch uns allein ohne mindestem Zutun unserer Bundesgenossen, ja bei noch mehreren auf dem Hals habenden Feinden zugrund gerichtet worden.“ In Italien, so hieß es weiter, hänge es nur von England und Sardinien ab, daß Österreich Neapel und Sizilien wiedergewinnen könnte.

Die Dinge schienen sich für Maria Theresia zu entwickeln. Tief gedemütigt knüpfte der Kardinal, recht kleingemut der in Prag eingeschlossene „Marschall Phantasie“ an. Die Antwort der Königin an Fleury war die Festlegung eines Sündenregisters, das einem alten Heuchler die Maske vom

Antlitz nahm. Vergeblich blieb, wir möchten sagen, leider vergeblich, der Appell des Greises, daß man die Ungewißheit der Zukunft bedenken und die Gebote der Menschlichkeit, der Religion und der Politik, die den Mißbrauch einer augenblicklich vorteilhaften Lage verböten, nicht verschmähen solle. Auf die Anerbietungen Belleisles an Königsegg antwortete sie mit einer Entschiedenheit, die uns verrät, wie tief Frankreich ihr monarchisches Selbstbewußtsein gekränkt hatte. „Ich habe", so sagte sie, „dem französischen Hof zu viel Entgegenkommen gezeigt, habe meine königliche Würde erniedrigt, indem ich dem Kardinal, von der Not der Zeit gezwungen, in Ausdrücken schrieb, die einen Felsen hätten rühren müssen; er verwarf meine Anerbietungen voll Hochmut, man antwortete mir, daß der allerchristlichste König Verpflichtungen habe, die er nicht verletzen könnte."

Nun sollte Frankreich, so wollte es Maria Theresia in lebhaftem Nationalgefühl „gestutzt" werden. Sie selbst wollte Bayern behalten, der Wittelsbacher aber sollte mit französischem Land, einem Elsaß-Lothringen, gebildet aus den avulsa imperii, entschädigt werden. Sie war sogar bereit, das besetzte Bayern zurückzugeben, wenn ihr Gemahl deutscher König würde und Elsaß und Lothringen als „allezeit eines erwählten römischen Kaisers Patrimonium" an das Reich zurückkäme. In diesem nationaldeutschen Hochgefühl verurteilte sie ihre Generale, daß diese, auch der Gemahl, der wieder einmal vor Prag den formalen Oberbefehl führte, sich in Unterhandlungen mit den Franzosen eingelassen hatten. Sie wollte die Kapitulation des Feindes.

Frankreich stand „mit dem jammervollen Geschöpf seines Ehrgeizes, dem Kaiser", allein im Reich. Die Armee Harcourt war gegen Khevenmüller untätig geblieben. Der Marschall hatte sich, bloß acht Tage ausgenommen, im Besitz von München behauptet. England übte durch den alten Lord Stair, einen Veteranen aus der Marlboroughzeit, einen Druck auf Holland aus, endlich den Krieg gegen Frankreich zu beginnen. Dem Kaiser aber riet es, ohne Entschädigung Frieden zu schließen.

Das tief getroffene Frankreich, das sich in einem fast demütigen Schreiben Fleurys an den Feldmarschall Königsegg noch einmal um eine Verständigung mit seiner erbitterten Gegnerin bemüht hatte, ermannte sich zu neuer Kraftanstrengung. Zum Entsatze von Belleisle sollten seine Streitkräfte in Bayern, aber auch die Armee Maillebois, letztere aus ihrem bisherigen Operationsfeld, der Nachbarschaft der Niederlande, nach Böhmen ziehen.

Gewiß, es hatte mit dieser Operation lange Weile, aber die Österreicher nützen sie nicht. Ein Mann nur erkannte das Gesetz der Stunde für diesen Staat, welches hieß, rasch und schneidig zu handeln, um den Gegner niederzuzwingen, ehe er Verstärkungen gewinnen konnte. Dieser Mann mit soldatischem Herzen und Feldherrnblick war in diesem Augenblick wiederum ... die Königin. Selbst Khevenhüller zeigte sich zu bedächtig.

Maria Theresia warf Verstärkungen in die Niederlande, konnte aber Maillebois nicht festhalten, da sie ohne Hilfe durch die Engländer und Holländer blieb. Sie hatte Khevenhüller vergeblich ermahnt, die Armee Harcourt anzugreifen. Als sie es ihm dann anbefahl, war Harcourt bereits nach Böhmen unterwegs. Die großherzoglich geführte Belagerungsarmee von Prag betrieb ihr Werk zu lässig, so recht im Schlendrian des ausgehenden Barocks. Nun vereinigten sich die zur Befreiung anrückenden Franzosen in der Oberpfalz, und der Erfolg in Böhmen wurde nur ein halber. Wohl drängten Franz von Lothringen und Khevenhüller, den die Königin nach Böhmen gerufen hatte, das Entsatzheer zurück, aber man war zu schwach, um gleichzeitig die Belagerung von Prag weiterzuführen. Man hielt die Stadt unter dem Fürsten Lobkowitz nur blockiert und diesen Blockadering vermochte Belleisle mit der Hauptmasse des eingeschlossenen Heeres zu öffnen und sich durchzuschlagen. Freilich, keine zehntausend Franzosen konnten von der einst so stolzen Armee das Land verlassen. Dem zur Besetzung der Stadt zurückgebliebenen Chevert, einem tapferen Offizier, gewährte Lobkowitz, der sich außerstande fühlte, auch nur ihn zu überwältigen, mit 1200 Mann freien Abzug.

Es gehört zu den Zeichen dieser sich bereits zum Niedergang neigenden Epoche, daß so viele Fehler keine Sühne fanden. Die Königin, die in allem das Vernünftige gedacht hatte, unermüdlich im Antreiben ihres Gemahls und der übrigen Führer, fühlte sich, es muß noch einmal gesagt werden, bei aller Aktivität im militärischen Bereich doch nicht zu Hause, um jedesmal von sich aus einzugreifen. Es sollte noch Jahre dauern, bittere verlustreiche Jahre, bis ihr eine Generalität zur Seite stand, der sie getrost das Schicksal des Staates einräumen konnte, und auch dann noch sollte ihr das Temperament und die Schnelligkeit aller mit einer einzigen Ausnahme nicht genügen.

Böhmen war bis auf Eger befreit. Bayern hatte man allerdings nach Khevenhüllers Abgang mit den geringen Kräften, die Bärnklau verblieben waren, nicht zu halten vermocht. Die Österreicher waren bis zum Inn zurückgegangen, während Maillebois in Niederbayern Winterquartiere nahm. Gelegentlich des Vormarsches Khevenhüllers nach Böhmen war es bei der Einnahme von Cham zu jener furchtbaren Gewalttat des Pandurenoberst Trenck gekommen, die nachmals ein Hauptanklagepunkt gegen diesen werden sollte.

Die Franzosen mochten unter dem Eindruck des auf dem Winterrückzug Ausgestandenen nur mit Schaudern an Böhmen zurückdenken. Der Kardinal aber sollte die Demütigung nicht überleben. Am 29. Januar 1743 starb André Hercule de Fleury im neunzigsten Lebensjahre, nachdem er fast siebzehn Jahre lang unter dem höchsten Ansehen die Geschicke Frankreichs gelenkt hatte. Eine Fülle von Ämtern und Ehrentiteln war in seiner Person vereinigt.

Maria Theresia aber rüstete sich, in der befreiten Hauptstadt Böhmens Huldigung und Krönung zu empfangen. Zwei deutsche Bürgermeister Prags, Friedrich, der von der Altstadt, und Schreiber, der von der Kleinseite, begrüßten die Herrscherin gelegentlich ihres Einzugs in deutscher Sprache. Am 11. Mai erfolgte die Huldigung. Obersthofmarschall Graf Johann Joseph Khevenhüller, der seit 1742 sein Amt innehatte, führte die Königin an der Hand. Ungleich dem Kaiser Ferdinand nach der Schlacht am Weißen Berge hatte sie sich mit der bloßen Landesverweisung der kompromittierten Personen begnügt, aber ganz frohen Sinnes nahm sie die nunmehr begeisterte Huldigung nicht hin. Sie sagte selbst, daß sie „grandig" sei, und es mag in den Ohren des böhmischen Hofkanzlers Kinsky nicht zum angenehmsten geklungen sein, wenn ihm Maria Theresia vor der Krönung folgendes Billett schrieb: „Die Kron ist hier, habe selbe aufgehabt, ist schwerer als die von Preßburg, siehet einem Narrenhäubel gleich." Am 12. Mai 1743 fand die feierliche Krönung statt. Graf Kinsky bot der Königin die Hand, die Obersthofmeisterin trug die Schleppe, der Nuntius und der venetianische Gesandte und sodann alle Würdenträger folgten. In feierlichem Zuge ging es über die große Stiege und den Schloßplatz zum St. Veitsdom, wo zuerst ein Tedeum aus Anlaß der eben eingetroffenen Nachricht vom Siege des Prinzen Karl bei Braunau begangen wurde. Nachdem die Königin sodann in der Wenzelskapelle das Königsornat angelegt hatte, erfolgte die feierliche Krönung im Dom. Der Venezianer Capello schrieb nach Hause: „Ich könnte einen von Freude und Glück mehr erfüllten Tag nicht schildern."

Die Königin hatte auch als „Grandige" die Herzen der Untertanen gewonnen, nun eroberte sie auch die der Oberösterreicher, wo sie am 25. Juni den actus homagialis, die Erbhuldigung entgegennahm. „Die Königin ließe sich", schrieb der Obersthofmarschall Khevenhüller in sein Tagebuch, „wegen ihres gesegneten Stands hin und her in dem Gala-Tragsessel tragen ... Der Graf v. Seilern qua österr. Canzler machte die erste Anrede, worauf die Königin selbsten mit ihrer bekanten liebreichen Stimme und hertzigen Contenance zu reden anfing, jedoch beflissentlich nur in denen gewöhnlichen generalibus verblibe und von allen praescendirte, was die bei lezterer Revolution vorbeigegangene Mißhandlungen und Illegaliteten berühren und rappelieren dörffte, zumahlen hiesigen Lands bereits die Inquisition hierüber beschehen und die Abolition erfolget ware."

In Wien angelangt, war die Königin nun wirklich so müde geworden, daß sie vor dem Andrang des hingerissenen Volkes, das beide Seiten der

Donau mit seinen Massen erfüllte, die Worte sprechen mußte: „Ich kann nicht mehr, Kinder, laßt mich heute."

Welche Siegesnachrichten aber waren nicht bereits in diesem Jahre an das Ohr der Herrscherin gedrungen, obwohl sie auch diesmal tauben Generalsohren Eile gepredigt hatte!

Da war zunächst Italien. Hier standen die Österreicher zur Verteidigung Mailands, Parmas und Piacenzas Schulter an Schulter mit den Sardiniern gegen die inzwischen auf dem Land- und, trotz der britischen Mittelmeerflotte, Seewege herangekommenen, an Zahl starken Spanier im Felde. Bei den Österreichern kommandierte der Feldmarschall Graf Otto Ferdinand Traun. Es war ein ergrauter Soldat, Schüler Guido Starhembergs, höchst kenntnisreich und überaus vorsichtig, ein Meister der Defensive. Bei Camposanto schlug er am 8. Februar 1743 die tapferen Spanier zurück, die für den Ehrgeiz ihrer Königin Elisabeth schwer bluten mußten. Der Feind wich auf Bologna zurück, seine beste Stoßkraft war ihm genommen. Maria Theresia wollte nun Neapel und Sizilien wiedererobern.

In Bayern vollends errangen Prinz Karl und Khevenhüller über den Feldmarschall des Kaisers, Minuzzi, bei Simbach einen glänzenden Sieg. Die Franzosen ließen ihren Bundesgenossen im Stich und gingen über die Isar zurück. Neue Waffentaten der Österreicher folgten. Am 17. Mai wurde den Franzosen Dingolfing entrissen und kurz danach Landau besetzt. Am 27. Mai wurde Deggendorf im Sturm genommen, obwohl die Franzosen über die doppelte Übermacht verfügten. Am 9. Juni fiel dann München erneut in österreichische Hand. Der Kaiser, der eben erst in seine Hauptstadt zurückgekehrt war, mußte wiederum sein Stammland verlassen.

In den Niederlanden war endlich die sogenannte Pragmatische Armee gebildet worden: Engländer, Holländer und Österreicher. Nach militärischen Lorbeeren verlangend, übernahm der englische König das Oberkommando, während es in Wirklichkeit Lord Wade und der österreichische Herzog von Arenberg sowie der bei Georg sehr maßgebliche alte Neipperg führten. In schwerfälligem Marsche langte das Heer endlich in der Gegend von Aschaffenburg an. Es gelang den Verbündeten immerhin, am 27. Juni dem Heere des Herzogs von Noailles, begünstigt durch die mangelnde Disziplin der Franzosen, bei Dettingen eine Niederlage beizubringen, wobei die Österreicher unter Neipperg den Ausschlag gaben. König Georg nützte aber den Sieg nicht aus, so günstig die Aussichten für die Verbündeten standen. Denn der Kaiser war am Zusammenbrechen, nachdem ihn der greise Marschall Broglie in Stich gelassen hatte. Im Kloster Niederschönfeld bei Rain am Lech mußte der kaiserliche Feldmarschall Seckendorff ein Abkommen abschließen, demzufolge die Bayern, die noch behaupteten festen Plätze Braunau, Reichenhall und Straubing übergaben, der Rest der kaiserlichen Truppen aber, auf fränkisches Gebiet übergeführt, fortan neutral bleiben sollte. Maria Theresia genehmigte das Abkommen nur via facti. Sie betonte, daß das Anerbieten des Kaisers Karl VII. „in der angemaßten Qualität als des Reiches vermeintliches Oberhaupt" geschehen sei, „wo doch reichs- und weltkundig sei, daß der Krieg von der nichtigen Wahl den Ausgang genommen und mit ihm einzig und allein als Kurfürst geführt wird." In der Tat, Bartenstein, der die amtlichen Schreiben stilisierte, ließ es nicht am „hauteur d'Autriche" fehlen.

Für die Weiterführung des Krieges einigte man sich schließlich auf den gesonderten Vormarsch dreier Armeen gegen Frankreich, Karl von Lothringen im Süden, die Pragmatische Armee in der Mitte, ein holländisches Korps bei Trier. Aber die großen Hoffnungen erfüllten sich nicht. Der zu spät unternommene Rheinübergangsversuch bei Alt-Breisach und bei Rheinweiler anfangs September mißlang. Nach der Ansicht von Khevenhüller lag die Schuld hiebei an einem General, „der Tags zuvor beim Printz Carl soupieret, allwo man zu vill getruncken, mithin, da die Passage die nemmliche Nacht für sich gehen sollen, nicht im Stand gewesen, seine Schuldigkeit zu thun." Die Pragmatische Armee hingegen blieb ziemlich untätig, und die Holländer kamen überhaupt nicht. So war zu den ersten Erfolgen nur der Fall von Ingolstadt und die Kapitulation der Franzosen zu Eger am 7. September 1742 hinzugelangt, ein mageres Ergebnis.

Und in Italien?

Einige Worte zuvor. Die österreichischen Kräfte daselbst waren nach dem Abzug der Regimenter für Khevenhüller nur gering. Graf Traun, Statthalter und Oberbefehlshaber zugleich, war im Lande beliebt, wie ja die österreichische Herrschaft selbst in Neapel noch viele Sympathien besaß. Der verstorbene Kaiser hatte jedoch, bestimmt durch den Rat seiner spanischen Minister, es unterlassen, die Bevölkerung der Lombardei für die Aufgaben einer eventuellen Landesverteidigung heranzuziehen. Nur mit Mühe war es gelungen, Sardinien zur schon erwähnten Konvention zu gewinnen, und dies erst, als es das übergroße Gewicht der Spanier auf der Apenninenhalbinsel zu fürchten begann. Die territorialen Forderungen des Königs Karl Emanuel III. von Sardinien, die das übliche savoyische Kaufgeld bedeuteten, hatten wegen ihrer peinlichen Höhe bisher keine Erledigung gefunden. Für das hauptsächliche Anliegen Maria Theresias auf dem italienischen Kriegsschauplatze, Neapel zurückzuerobern, wobei man dem Sardinier Sizilien überlassen wollte, brachte Karl Emanuel kein Interesse auf. Vergebens bemühte sich der neuernannte außerordentliche Gesandte der Königin Graf Anton Wenzel von Kaunitz und Rietberg, der am 8. August sein Amt in Turin angetreten hatte, den König zur Teilnahme an dem geplanten Unternehmen zu bewegen. Traun wiederum blieb zur Verärgerung Maria Theresias nach Camposanto untätig. Er hatte finanzielle Schwierigkeiten, übte aber auch übergroße Vorsicht. Schließlich wurde er als Befehlshaber in Mähren abberufen und durch den Fürsten Christian Lobkowitz ersetzt. Die Wahl dieses dem höchsten Adel angehörigen Mannes war eine unglückliche. Sie war das Werk Bartensteins, aus Rücksicht für dessen Verwandten, den Grafen Corfiz Anton Ulfeld erfolgt, der seit des alten Sinzendorfs Tode — dieser hatte keine Lücke zurückgelassen — österreichischer Hofkanzler für die äußeren Dinge geworden war. In einer fast überspitzten Weise offenbart sich in diesem Lobkowitz die Schattenseite des Barocks, seine Neigung zur Scheinarchitektur. So großartig Adel und Anspruch, Befehlsgewalt und Aufgabe dieses Mannes waren, so behutsam, ja ängstlich wurde sein militärisches Auftreten. Immer sollte er zögern, immer in Wien, von dem er Hunderte von Kilometern entfernt war, Rückfrage halten. Daß sich einem solchen Mann das leichtgeschürzte Glück versagen mußte, ist klar.

Als Lobkowitz im September das Kommando übernahm, waren die eifrigen Unterhandlungen zwischen Österreich und Sardinien unter Englands Vermittlung zum Abschluß gelangt. Der König Karl Emanuel und Ormea verhandelten unausgesetzt auch mit Frankreich und gaben dadurch ihren hohen Forderungen, die Österreichs Besitz auf der Apenninenhalbinsel völlig entwertet hätten, starken Nachdruck. Nur der Zähigkeit von Kaunitz, der dem Ungestüm des Marquese d'Ormea mit eisiger Ruhe begegnete, und der unbedingten Weigerung Maria Theresias war es zuzuschreiben, daß Sardinien nicht völlig durchdringen konnte.

Es geschah durch Englands rücksichtslosen Druck und die alarmierende Nachricht, daß die Unterhandlungen zwischen Sardinien und Frankreich fast schon zum Abschlusse gediehen seien, daß Österreich im Wormser Vertrage von 1743 (13. September) das Gebiet und die Stadt Vigerano, sodann das rechte Ufer des lago maggiore und des Ticino, das Gebiet von Pavia am linken Ufer des Po, endlich auch Piacenza und die nicht mehr vorhandenen im Vertrag darum auch verschämt als „etwaige“ bezeichneten Rechte Österreichs auf Stadt und Marquisat Finale abgetreten wurden. Konnte sich Österreich für diesen Verlust durch Neapel entschädigen, so sollte der König auch noch Sizilien erhalten. Zudem wurden ihm zweihunderttausend Pfund englischer Subsidien zugesichert. Vergleichen wir damit, wie gering sich alsbald die vertraglich auf fünfundvierzigtausend Mann festgesetzten militärischen Leistungen Sardiniens herausstellten, ferner, daß Maria Theresia für ihren Einsatz in den Niederlanden, am Rhein und in Italien nur dreihunderttausend Pfund Subsidien erhielt (1741 waren tatsächlich 222 000 Pfund ausbezahlt worden, 1742 wahrscheinlich volle 300 000), so sehen wir, daß der Krug des sardinischen Erpressers überschäumend vom Brunnen zurückgekehrt war. Trefflich aber hat Friedrich II. den König von Sardinien in seinem politischen Testament von 1752 einen Krebs benannt, der die Lombardei benage: Es traf auf Karl Emanuel wie auf seinen Vater Victor Amadeus zu. Wie wenig wog bei der bekannten und in der Folge immer geübten Doppelzüngigkeit des Turiner Hofes das Versprechen, dem Bündnisse bis zum Endfrieden treu zu bleiben! Wie gering war der Ersatz für das Maria Theresia zugemutete Opfer, wenn Carteret von einer Schadloshaltung sprach, die ihr für den Verlust von Schlesien gebühre! Es blieb bei Worten. Als Sardinien anregte, der Kaiser solle sein in Maria Theresias Hand befindliches Stammland Bayern ihr überlassen, dafür aber mit Toskana — der englische Gesandte machte daraus aus eigener Verantwortung Neapel — entschädigt werden, rückten England und mit ihm Sardinien schnell von diesem für die Königin sehr annehmbaren Plane ab, da der Wittelsbacher, seinem Lande treuer als der Vater, den Tausch ablehnte, und da seitens des Königs von Preußen schärfster Widerspruch zu befürchten war. Englands Bündnis mit Maria Theresia trug ja von Anfang an das Gepräge des Widerspruchs, da es London stets darum zu tun blieb, Österreichs unerbittlichen Widersacher Preußen keineswegs zu reizen und ihm keine Veranlassung zu geben, nochmals in den Krieg einzugreifen.

War es der Königin zu verdenken, wenn sie, anbetrachts der ihr neuerdings auferlegten Opfer es bereute, daß sie den seinerzeitigen Friedensangeboten Fleurys nicht Gehör geschenkt hatte? Am 25. August 1742 schrieb sie an den Grafen Ulfeld: „Hätte allzeit gern mit Frankreich mehr menagiert und die Thür offengelassen nach dem Beispiel des turinischen Hofes. Wie oft habe ich nicht einen Aufsatz darüber von Bartenstein begehrt! Einmal heißt es, es ist contre la bonne foi; das andere Mal, man würde abusiren, es wäre nicht Zeit, die Umstände hätten sich geändert, es wäre nicht mehr der casus. Jetzt fällt er selbst wieder darauf, aber zu spät, denn ich glaube positiv, daß nichts mehr zu tun und wir den übelsten Frieden bekommen werden. Doch müssen wir ihn auf alle Weise zustande zu bringen suchen, da es sonst noch übler ergehen möchte. Nichtsdestoweniger werde ich arbeiten, mir Mühe geben und souteniere alles, was möglich ist und mir an die Hand gegeben werden kann, ohne mir die positive Meinung abmerken zu lassen."

Trotz bescheidenster britischer Hilfe wurde der Feldzug nach Unteritalien eingeleitet. Die spanischen Truppen mußten vor den, der Zahl nach keineswegs starken Österreichern zurückgehen, im Oktober auf Rimini, im März 1744 bis zur Grenze des Königreiches Neapel. Aber Lobkowitz, obwohl aufbegehrenden Wesens, war kein Mann rascher Entschlüsse. Das Unternehmen wurde zu spät begonnen, die kostbaren Wintermonate blieben ungenützt. Der Oberbefehlshaber wartete auf Verhaltungsbefehle aus Wien, und wenn diese eindeutig gegeben wurden, befragte er den

Kriegsrat und wurde erneut schwankend oder um Befehle aus Wien bittlich. „Zeit verloren, alles verloren", konnte Bartenstein Ende April 1744 an Ulfeld schreiben, aber beide trugen ja die Schuld an der Wahl eines solchen Strategen.

Als sich Lobkowitz endlich zum Handeln entschloß, war der italienische Frühling gerade vorbei. Spoleto wurde besetzt, am 24. April der Einmarsch in Rom vollzogen, dem das Volk jubelnd zustimmte. Es war eine verdiente Demonstration gegen den Papst Benedikt XIV., der für Maria Theresias Recht und Heldenkampf wenig Verständnis genug aufgebracht hatte. Um so mehr mußte der Vormarsch der Österreicher ein zügiger sein. Am Nemisee jedoch stockte er von neuem. Lobkowitz konnte sich nicht zum Angriff auf das nunmehr angesichts der österreichischen Annäherung durch die Neapolitaner verstärkte Heer entschließen. Er blieb untätig, obwohl ihn der beigegebene politische Ratgeber, Graf Thun, Bischof von Gurk und österreichischer Orator beim Papste, zu energischem Vorgehen antrieb. Österreichische Streifkorps, die erfolgreich in den Abruzzen um sich griffen, ließ er ohne Unterstützung. Infolge der Undisziplin der Truppen reifte ein großangelegter Anschlag auf Velletri, der in der Nacht vom 10. auf 11. August unter Führung des energischen Grafen Browne ausgeführt wurde, nicht aus, hatte aber dem Gegner neben der Gefangennahme von zwei Generalen und 85 Offizieren schwere blutige Verluste gebracht. Die sich entspinnende Schlacht blieb unentschieden. Schon drangen Hilferufe des inzwischen im Piemont durch die Spanier bedrängten Karl Emanuel an das Ohr von Lobkowitz, was dessen Untätigkeit bestärkte. Umsonst war er noch am 15. September 1744 von Wien zur Aktivität aufgefordert worden. Am 1. November brach er nach fünfmonatiger Dauer sein Lager am Nemisee ab, um an Rom vorbei bis zum Metauro zurückzugehen. Der Vorschlag Brownes, einen raschen Stoß gegen die nachfolgenden Spanier — die Neapolitaner waren schon auf dem Rückmarsch in ihre Heimat — zu führen, wurde vom Kriegrat abgelehnt. Der große Feldzug war ohne Ehren und mit nicht gutzumachender Versäumnis der besten Zeit zu Ende gekommen. Die Armeen gingen in die Winterquartiere.

In Deutschland mußte der Krieg nach dem Tode des am Ende seines Lebens nicht mehr tatkräftigen Fleury immer mehr ein hartnäckigeres Antlitz gewinnen, zumal der Herzog von Noailles, der ihm im Einflusse folgte, darauf brannte, die Schande Frankreichs auszutilgen, und mit gewaltigen Anstrengungen zunächst den Schutz der französischen Grenzen wirksam zu gestalten. Er war der Ausdruck des gewachsenen Ernstes der Auseinandersetzung, daß Frankreich nunmehr am 15. März 1744 an England, am 26. April an Maria Theresia den Krieg erklärte, während man bisher nur als Hilfsmacht des Kaisers in der verdeckten Art der Fleuryschen Politik gefochten hatte. Um so wichtiger, daß die Verbündeten den

Feldzug von 1744 gegen die erstarkende bourbonische Hauptmacht früh und mit ganzer Kraft begannen. Schon nämlich machte sich im Rücken der Österreicher der König von Preußen mit politischen Schachzügen und publizistischen Kundgebungen gefährlich fühlbar, Koalitionen betreibend und selbst emsig rüstend.

Auf zwei Schauplätzen sollte nördlich der Alpen gerungen werden, in den Niederlanden und am Rhein.

Der Feldzug in den Niederlanden nahm einen kläglichen Verlauf. Die von den Verbündeten aufgebrachten Truppen waren verhältnismäßig schwach. Drei Feldmarschälle, der Österreicher Arenberg, der Holländer Moritz von Nassau und der Engländer Wade teilten sich in den Oberbefehl. Die Österreicher waren sehr schwach an Zahl und die Holländer wenig kampftüchtig. Die Hauptmasse des Heeres stellten die Engländer und die Hannoveraner. Untätig sah diese Streitmacht dem Einfall der Franzosen zu, einer Hauptarmee unter der Führung des Königs Ludwig XV. und eines Korps des tüchtigen Moritz von Sachsen. Die Franzosen wollten in die Barriere eindringen. Bei dem geringen Kampfgeist der niederländischen Besatzungen fielen innerhalb weniger Wochen Menin, Ypern, Knocke und Furnes. Aber schon, es war Mitte Juli, machten sich die Wirkungen des österreichischen Angriffes am Rhein bemerkbar.

Da der Feldmarschall Khevenhüller am 26. Januar 1744 sein tapferes Leben beendet hatte — mit ihm war einer der besten Paladine Maria Theresias hingegangen — wurde dem Prinzen Karl von Lothringen der Feldmarschall Traun als Helfer zugeteilt. Den vorzüglichen Strategen an seiner Seite, vermochte Karl diesmal den Rheinübergang zu bewerkstelligen, obwohl eine französische Armee unter Coigny und dazu das kaiserliche Restheer unter Seckendorff am Strome Wacht hielten. Leider fand der tapfere Menzel dabei auf einer Rekognoszierung den Tod. Am 30. Juni überschritten die leichten Reiter des Pandurenführers Trenck bei Schreck den Strom und warfen die bayrische Kavallerie zurück. Das Hauptheer folgte nach.

Der Eingang in das Elsaß war erstritten. Lauterburg (4. Juli) und Weißenburg (5. Juli) ergaben sich, Hagenau folgte am 29. Juli nach. Jubel erfüllte die Österreicher, insbesondere den Prinzen, der die Wiedereroberung seines Stammlandes Lothringen vor Augen erblickte. Noch konnte Graf Nádasdy, ein ungarischer Reiterführer, Zabern nehmen und die österreichischen Truppen näherten sich Straßburg bis auf eine Wegstunde. Aber nicht nur Coigny hatte seine Streitkräfte gesammelt, um den Eindringlingen die Zähne zu weisen, auch der König selbst führte seine Hauptkraft aus den Niederlanden herbei, und versammelte starke Truppen bei Metz. So war der Vormarsch des Lothringers ins Stocken geraten, und nur eine Feldschlacht konnte ihm den weiteren Weg bahnen. Dennoch war es eine andere Nachricht, die am 23. August den Rückzug der Österreicher erzwang.

Friedrich war in Böhmen eingefallen, der Friede von Breslau durch seinen nunmehr dritten Friedensbruch zerrissen.

DER GROSSE KRIEG UM DAS ERBE

Der König von Preußen sah all die Jahre über mit Unbehagen und Sorge, wie sich die Waagschale im Reiche zugunsten seiner Gegnerin senkte. Sein scharfer Intellekt errechnete sich die nahende Rache für den Raub Schlesiens, sobald der Kaiser, sein und Frankreichs Geschöpf, endgültig unterlegen war, sobald die Banner Frankreichs zu Boden sanken. Er fühlte sich isoliert, der Glanz seiner Erfolge drohte vor den Siegen zu verblassen, die von den Heeren der Königin auf fast allen Kriegsschauplätzen errungen wurden.

So erhob der grollende König seine Stimme für den Kaiser, dessen Wahl Maria Theresia als null und nichtig erklären ließ. Von dem verzweifelten Karl VII. um Hilfe angerufen, hatte Friedrich gegen den Vormarsch der Pragmatischen Armee drohenden Einspruch erhoben und England bestürmt, die Feindseligkeiten nur gegen die Franzosen, nicht aber gegen den Träger der Reichskrone zu üben. Bereitwillig ging er auf die unermüdlichen Vorstellungen des Wittelsbachers ein, daß diesem ein Territorium zufallen müsse, welches einen Ertrag von sechs Millionen Talern einbringe, um davon ein kaiserliches Heer von vierzigtausend Mann zu erhalten. Er schlug vor, daß die Bistümer Augsburg und Eichstätt und das Erzbistum Salzburg säkularisiert, die Städte Ulm, Augsburg und Regensburg mediatisiert würden. Gern griff England auf diese Gedanken zurück, dem der Kaiser unbedenklich zustimmte, um doch noch seine chimärischen Ausdehnungspläne erfüllt zu sehen. Man bot in London auch Maria Theresia einen Anteil an der zu gewärtigenden Beute, das Bistum Passau und die Hälfte des Erzbistums Salzburg an, um auf einem bequemen Wege den störrischen Wittelsbacher zu besänftigen und etwa gar Deutschland gegen Frankreich einigen zu können. Der Gedanke, der eine gefahrlose und dabei — man denke an die damalige Grenzziehung zwischen Oberösterreich und Tirol — unschätzbar günstige Gebietserweiterung für Österreich bedeutet hätte, wurde von der Königin, die sich nicht am Rechte der Anderen vergreifen wollte, mit flammender Entrüstung abgewiesen und half ihr, die geistlichen Kurfürsten und Reichsstände gegen diesen Kaiser, der ihnen ihren Besitz nehmen wollte, in Harnisch zu bringen.

Auch ein weiterer Vorstoß des Preußenkönigs, dem bedrängten Kaiser zum Nachteile Österreichs und zugunsten preußischer Ansehensmehrung zuhilfe zu kommen, mißlang. Es war der Plan einer Union der deutschen Reichsfürsten zur Wahrung der deutschen Freiheit, für die hier Friedrich geradezu nationale Töne erschallen ließ. Eine gemeinsame Armee sollte aufgestellt werden, an ihrer Spitze der König von Preußen als „immerwährender Generalleutnant" stehen. So meisterhaft der Feldherrnkönig Entgleisungen seiner Gegnerin, wie etwa die am 22. September 1743 zur Diktatur gelangte, von Bartenstein sehr scharf redigierte Verwahrung gegen den Entzug der böhmischen Kurwürde und die Kaiserwahl Karls VII. für seine Zwecke benützte, einen „Teufelslärm" zu schlagen und Österreich in Wort und Schrift im Reiche zu kompromittieren, die öffentliche Meinung sah die Heere Maria Theresias gegen Frankreich schlagen, unter dessen über die Maßen verdächtigen Schutz sich der Kaiser begeben mußte, dessen Ausgaben bis hin zur Bestreitung seiner Tafelkosten aus französischen Brosamen bestritten wurden.

Maria Theresia und nicht der preußische König bemeisterten das Reich. Dem Beobachter in Sanssouci wuchsen die Sorgen. Gelang es nicht, das Reich für sich zu gewinnen, und unter dem Zuruf der Nation als Feldherr und Vorkämpfer des Kaisers die Gegnerin aus dem Felde zu schlagen, so suchte er wenigstens auf dem Felde der großen Politik der Königin Minen zu legen, um sich vor einer Koalition der Zukunft zu bewahren. Dies gelang ihm für geraume Zeit sehr gut bei der Zarin Elisabeth von Rußland, die 1741 unter Mitwirkung des französischen Gesandten zum Thron gekommen war. Sie ließ sich in die Überzeugung verstricken, daß der ehemalige österreichische Gesandte Botta d' Adorno eine Verschwörung angezettelt hätte, sie der Regierung wieder zu berauben. Friedrich schürte die Erbitterung der Zarin gegen den Wiener Hof, und es gelang ihm auch, für den russischen Thronerben eine ihm verwandte mitteldeutsche Prinzessin aus kleinen Verhältnissen, Sophie von Anhalt-Zerbst, als Gemahlin unterzubringen, die in der Zeit ihres politischen Aufwachsens dem König als Vertrauensperson ausgezeichnete Dienste leistete. Auch Schwedens konnte sich Friedrich versichern, indem er seine Schwester Ulrike unter froher Zustimmung des Zarenhofes dem König zur Gemahlin gab. Selbst über preußische Umtriebe in Konstantinopel liefen in Wien besorgniserregende Nachrichten ein.

Aber auch Maria Theresia schmiedete den diplomatischen Stahl. Sie hatte sich den Rücken durch das Wormser Abkommen gesichert, sie hatte am 20. Dezember 1743 mit Sachsen einen Defensivtraktat abgeschlossen, betont als ein „zu niemandes mindester Beleidigung angesehener deffensivbundtnus", wie es die Königin nannte, die von sich aus den Frieden mit Preußen, so teuer er ihr gekommen war, nicht brechen wollte. Sah dieses

Bündnis, auf das vor allem Sachsen gedrängt hatte, eine gegenseitige Hilfe von sechstausend Mann vor, so wurde es am 13. Mai 1744 dahin abgeändert, daß Sachsen 20 000, Österreich 30 000 Mann zu stellen hätte, und es war kein Zweifel, daß sich die Abmachungen auf den erwarteten Fall eines preußischen Friedensbruches bezogen.

Preußen und Frankreich jedoch fanden angesichts des bedrohlichen Umsichgreifens der österreichischen Waffen nunmehr rasch über die letzten trennenden Klüfte des Vertrauens und der Interessen hinweg. Friedrich entwickelte dem Vertreter des Kaisers, dem Marschall Seckendorf, den Plan eines Doppelangriffes auf Österreich. Kaiserliche und Franzosen sollten wie einst donauabwärts, er selbst mit 80 000 Mann quer durch Böhmen auf Prag vorstoßen. Hessen und die Pfalz waren als Bundesgenossen zu gewinnen und Frankreich sollte als Garant des Westfälischen Friedens diesem Bunde beitreten. Der König entsandte den Grafen Rothenburg nach Paris, eine bestimmte Haltung Frankreichs als Vorbedingung des preußisch-französischen Bündnisses zu fordern. Der Gesandte fand den Weg zur augenblicklichen Mätresse, der Herzogin von Chateauroux. Es gelang ihm, den Sturz des zögernden französischen Staatssekretärs Amelot herbeizuführen, wodurch sich die Verhandlungen dem Abschlusse näherten. Damals wurde der französische Kriegsplan, wie er 1744 zur Ausführung gelangte, aber durch den österreichischen Rheinübergang bei Germersheim gescheitert war, vereinbart. Man hatte in Paris gehofft, den Prinzen von Lothringen am Neckar festzuhalten, bis der preußische Einbruch in Böhmen stattfinden konnte. Rückte dieses Heer dann ab, um dem preußischen Vormarsch zu steuern, so sollte es von den Franzosen verfolgt werden. Hannover und Freiburg waren dann die nächsten französischen Ziele. Auf Grund eines solchen Versprechens größter militärischer Aktivität der Lilienkrone wurde die französisch-preußische Allianz vom 5. Juni 1744 abgeschlossen. Preußen verpflichtete sich, im August mit 80 000 Mann in Böhmen einzurücken, um dem Kaiser dieses Land zu erobern. Der König bedingte sich für diese Hilfe die Abtretung der böhmischen Kreise Königgrätz, Kolin, Pardubitz und der rechtselbischen Teile der Kreise Bunzlau und Leitmeritz, dazu den noch in Maria Theresias Besitz befindlichen Teil von Oberschlesien aus. Frankreich erhielt Ypern, Tournai und Furnes zugestanden. Schon früher, am 22. Mai 1744, hatte Friedrich mit dem Kaiser sowie mit Kurpfalz und Hessen, die Frankfurter Union geschlossen. Zur Aufrechterhaltung der Reichsverfassung hieß es. Am 24. Juli vollends fanden Kaiser und König in geheimem Vertrage zusammen. Noch aber war für Friedrich der Absprung möglich, zumal er das Inkrafttreten des französischen Bündnisses vom Zustandekommen der nordischen Tripelallianz Preußen-Schweden-Rußland abhängig gemacht hatte.

Dennoch entschloß sich der König, als er die eifrigen diplomatischen und militärischen Rüstungen Frankreichs, seine Anstrengungen in den Niederlanden, dann aber den raschen Vormarsch der Österreicher an und über den Rhein sah, zum Losschlagen. Denn konnten nicht die Österreicher des Prinzen Karl, wenn zu ihnen die zwanzigtausend Mann stießen, die Batthyány in der Oberpfalz bereit hatte, auch der verstärkten kaiserlichen und französischen Armee Herr werden? Würden sich die Verbündeten in Flandern nicht doch zu einem Vorstoß nach Nordfrankreich entschließen, endlich die Generalstaaten zu kriegerischem Eifer mitreißend? Geschah dies alles, wer schützte dann den König vor der Rache der Habsburgerin?

Ehe Friedrich losschlug, erklärte er sich als Verteidiger des Reiches, seiner Freiheit, der Würde des Reichsoberhauptes und der Hoheit der Reichsverfassung, die von der traditionellen Herrschsucht des Hauses Habsburg bedroht sei. Ohne den Breslauer Friedensvertrag im geringsten verletzen zu wollen, habe er beschlossen, dem Kaiser eine Anzahl seiner Truppen als Hilfsvölker zu überlassen. So erklärte der preußische Gesandte Graf Dohna am 8. August in Wien, während König August am 5. August zu Warschau durch den preußischen Vertreter aufgefordert wurde, die Bewilligung zum Durchzug durch Sachsen zu gewähren. Ohne eigenen Vorteil anzustreben, ohne feindliche Absichten wider Maria Theresia zu hegen, ohne den Breslauer Frieden brechen zu wollen, entsende der König seine Hilfsvölker. Ehe noch die abschlägige Antwort Sachsens erteilt worden war, marschierten bereits am 11. August die preußischen Truppen in das Land ein und überschritten drei Tage später die böhmische Grenze.

Noch einmal war Maria Theresia zum Kampfe gezwungen. Der König hatte seine Stunde gut gewählt. Konnte man in Wien seit langem den Krieg fernab der österreichischen Länder führen, nun war erneut die Stunde ernster Gefahr gekommen.

*

Der preußische Friedensbruch von 1744 hat eine langdauernde Kontroverse in der Geschichtswissenschaft hervorgerufen. Erblickte Freiherr von Arneth, der Verfasser der zehnbändigen grundlegenden Biographie Maria Theresias, in Friedrichs Einmarsch den schnöden Vertragsbruch aus Eroberungsgier und den ruhelosen Drang, der habsburgischen Macht zu schaden, so hat kein Geringerer als Ranke den König als einen Walter ehrlicher Bemühungen um den bedrängten Kaiser angesehen und den defensiven Charakter seines Schrittes betont.

Blicken wir auf Grund unseres heutigen Wissens durch die machiavellistische Kostümierung der Zeit, in der übrigens zweifellos Friedrich der Königin aus Neigung und Geschick weit überlegen war, hindurch auf die realen Beweggründe, so ergibt sich folgender Zwang der Lage. Der König hatte der Habsburgerin 1740 eines ihrer wertvollsten Länder — in manchem Belang ein unersetzlicher Besitz! — entrissen. Die habsburgische Monarchie mußte aus eigenem Lebensdrang und erfüllt von dem Willen, die ihr für den Augenblick entglittene Kaiserwürde zurückzuerlangen und in Zukunft festzuhalten, einen hochwertigen deutschen Ersatz für Schlesien anstreben, den sie im stammverwandten Bayern zu finden hoffte. Sie war ungeachtet der fortgesetzt begehrlichen Haltung des Kaisers bereit, ihn durch eigenes Gebiet in Italien oder in den Niederlanden, aber auch auf Kosten des friedensbrüchigen Frankreich, zu entschädigen, was letzteres dem deutschpatriotischen Empfinden Maria Theresias entsprochen hätte. Die Erwerbung von Bayern aber mußte nach der Meinung Friedrichs die Gegnerin so erstarken lassen, daß sie fähig wurde und mit der wachsenden Kraft eines Tages auch gewillt, ihm Schlesien wieder zu entreißen, zumal wenn nach dem Kaiser auch Frankreich ihren siegreichen Waffen unterlag. Dies in der Zukunft zu verhindern, schlug der König los. Er fühlte sein Geschick an das des Kaisers und noch mehr an das Frankreichs gebunden. Der Erbfeind deutscher Nation, wie dieses damals aufgefaßt wurde, und Bedränger Deutschlands am Rhein war sein Schicksalsgenosse geworden.

In seinem politischen Testament von 1752 hat es Friedrich mit der ganzen Klarheit ausgesprochen, die in seinem gewaltigen Geiste lag: „Schlesien und Lothringen sind zwei Schwestern, von denen die ältere Preußen, die jüngere Frankreich geheiratet hat. Dieser Bund zwingt sie zur gleichen Politik. Preußen darf nicht ruhig zusehen, daß Frankreich Elsaß oder Lothringen verliert, und die Diversionen, die Preußen zugunsten Frankreichs unternehmen kann, sind wirksam; denn sie tragen den Krieg sofort ins Herz der österreichischen Erblande. Aus dem gleichen Grunde kann Frankreich nicht dulden, daß Österreich Schlesien zurückgewinnt; denn das wäre eine zu große Schwächung für einen Bundesgenossen Frankreichs, der ihm für die Verhältnisse im Norden und im Reich nützlich ist, und dessen Diversionen, wie gesagt, Elsaß und Lothringen im Fall einer großen, unvermuteten Gefahr sicher retten.“

In diesen Erklärungen ist alles gelegen. Will man sittliche Erwägungen in den Verlauf der reinen Historie tragen, so könnte man es so fassen: Der König hatte Schlesien in einer im ganzen deutschen Geschichtsverlauf kaum dagewesenen Weise ohne ein formales Recht mit dem Schwerte erobert. Er mußte fürchten, es eines Tages durch das Schwert wieder zu verlieren, also hob er dieses von neuem zum Schlagen, ehe es zu spät war. Erscheint uns Maria Theresia als ein beharrlicher Kämpfer für ihr Recht, so Friedrich, als der noch beharrlichere für den Weiterbesitz dessen, was ihm durch Unrecht zuteil geworden war.

*

In ihrer schweren Bedrängnis wandte sich die Königin noch einmal an die Ungarn. Wiederum sah der historische Boden von Preßburg eine begeisterte Kundgebung der ungarischen Großen für die hinreißend wirkende Frau. Es schien einen Augenblick, als sollte ihr eine noch stärkere Insurrektion als 1741 zuteil werden. Weitaus freilich sind dann die Ergebnisse wieder hinter den rasch entflammten Stürmen der Begeisterung zurückgeblieben. Nach Zahl und Qualität blieb das von den Komitaten nach langem Mäkeln aufgestellte Aufgebot nicht befriedigend. Waren auch jetzt noch, im Jahre 1744, die vor drei Jahren aufgerufenen Truppen, vor allem die aus den kroatischen Gebieten, wild und undiszipliniert, über die neuaufgestellten mußte laute Klage erhoben werden. Immerhin machte auch diesmal der Entschluß nach außen hin einen mächtigen Eindruck und strömten Scharen den entblößten Grenzen zu.

Aber die Lage war krisenhaft genug.

Batthyány, der in der Nähe von Böhmen stand, war zu schwach. Es kam alles darauf an, die starke und auserlesene Armee, die im Elsaß kämpfte, unversehrt zurückzuführen, damit sie mit Batthyány vereint dem König entgegentrete. Um dies zu bewerkstelligen, mußte, am 23. August von Maria Theresia zurückbefohlen, die Armee des Prinzen Karl im Angesicht eines zahlenmäßig stärkeren Gegners den Rhein wieder überschreiten. Würde ihr dies der Feind gestatten?

Friedrichs Erfolg hing vom Verhalten der französischen Führung ab, die er durch den Feldmarschall Schmettau zu unverzüglichem Angriff drängen ließ. Indessen im französischen Hauptquartier, wo sich Friedrichs alter Gönner, der Marschall Belleisle unter preußischer Förderung bemühte, mit Hilfe der Herzogin von Chateauroux, die beim König weilte, seinen alten Einfluß wiederzuerlangen und damit die Führung der Armee, verfiel Ludwig XV. in eine fast tödlich erscheinende Krankheit. Der Kranke wurde bewogen, die Mätresse vom Hoflager zu entfernen; die Hoffnungen auf ein Kommando des feurigen Belleisles versanken, während Noailles, in seinem Einfluß wiederhergestellt, aus Sorge um das Schicksal Frankreichs nur halbe und zögernde Maßnahmen traf. Als seine Armee in sechs Tagen dreißig Kilometer zurückgelegt hatte, kam sie gerade zurecht, „um in einer hellen Mondnacht dem österreichischen Rheinübergang zuzusehen". Bei Rastatt ging man in der Nacht vom 24. auf den 25. August über den Strom. Mit untadeliger Umsicht hatte Traun den Rückzug organisiert. Die Franzosen rafften sich zu keiner ernstlichen Verfolgung auf. Nur die Kaiserlichen unter Seckendorff wurden zur Verfolgung nachgeschickt, ohne sich den geharnischt dahinziehenden Österreichern nähern zu können. Die Franzosen selbst aber wandten sich unter lebhaftem Aufflammen des Reichspatriotismus zugunsten Maria Theresias der harmloseren Aufgabe, die Festung Freiburg zu bezwingen, zu. Diese behauptete sich indessen bis zum November. Ungeachtet der stürmischen, von den Verbündeten recht unangenehm empfundenen Mahnungen Schmettaus blieb die Kriegsführung Seckendorffs und der Franzosen im süddeutschen Raume schwächlich. Friedrich, der gewünscht hatte, daß im Augenblick seiner Besitznahme von Budweis die Belagerung von Passau durch die Kaiserlichen begänne, sah sich allein gelassen. In langsamen Vormarsch, erst am 2. Oktober, war Seckendorff links der Donau bis Donauwörth gelangt, während sich die Österreicher Karls am gleichen Tag mit dem Korps von Batthyány auf böhmischem Boden vereinigten.

Was war inzwischen in Böhmen geschehen? Der Einbruch Friedrichs traf das Land fast wehrlos an. Schon am 31. August stand Schwerin vor Prag, das am 16. September kapitulierte. Von Prag wandte sich der König nach dem Süden. Tabor, Budweis, und das feste Schloß Frauenberg bei Budweis fielen in seine Hände. Der Südrand des Königreiches war vom preußischen Heere erreicht, dem allerdings eine lange Nachschublinie erwachsen war. Schon eilten die Österreicher heran.

Die Truppen Karls, deren Feldzug der greise Traun in meisterhafter Weise lenkte, stießen in die rückwärtige Flanke der Preußen. Dem König, der eine Schlacht mit dem Lothringer erwartet hatte, begann sich das militärische Spiel zu verwirren. Er war durch Manöver eines Gegners, der ihn ständig im Rücken bedrohte, ohne sich zur Schlacht zu stellen, zum Rückzug gezwungen, um nicht die Verbindung mit Prag und seinen Magazinen zu verlieren. Die operativen Schwierigkeiten wuchsen, das Land wurde aufsässig, Desertionen minderten Zahl und Geist der preußischen Armee. Der Gegner griff ständig in die rückwärtige Flanke des Königs vor, folgte aber auch mit Heeresteilen den preußischen Nachhuten scharf nach. Frauenberg, Budweis und Tabor fielen den Österreichern wieder zu, und bereits am 21. und 22. Oktober vereinigte sich mit ihnen ein sächsisches Heer, was ein sicheres Zeichen der Wendung in der Gesamtlage war. Obwohl die Verbündeten nunmehr dem Heere des Königs überlegen waren, vermied Traun auch weiterhin die Schlacht. Friedrich sah sich durch Verpflegsschwierigkeiten außerstande, seine starke Stellung um Beneschau zu behaupten. Er konnte den Feind nicht vor die Klinge bekommen, ebensowenig wie am 25. Oktober bei Janowitz, wo er ihm verlockend genug eine Schlacht anbot, ohne dann doch selbst anzugreifen. Die österreichische Führung aber wurde durch die entschiedene Erklärung Trauns, daß infolge der Beschaffenheit des Geländes der angreifende Teil unfehlbar geschlagen werden müßte, von ihrer Angriffslust zurückgehalten. Der König mußte rasch über die Sazawa nach Prag und von hier über die Elbe zurück. Durch den Fluß geschützt, hoffte er, sich über den Winter halten zu können.

Allein, am 19. November erzwangen die Österreicher den Übergang über den Fluß, und die Preußen mußten auch die wichtigen Magazine von

Pardubitz räumen. Die Garnison von Prag vermochte sich unter der Führung des Grafen Einsiedel nur mühsam und mit Verlust des gesamten Geschützes und Gepäcks nach Schlesien durchzuschlagen, wohin Friedrich bereits vor Mitte Dezember vorausgegangen war. Sein Einfall in Böhmen endete so mit einem offenkundigen Mißerfolg, einer strategischen Niederlage, wozu auch das feindliche Verhalten der Bevölkerung beigetragen hatte. Ja die Österreicher vermochten vorübergehend sogar nach Schlesien bis an die Neiße vorzudringen. Obwohl er zahlenmäßig für den nächsten Feldzug den Gegnern nicht unterlegen sein mußte, sah Friedrich doch mit Sorge auf das kommende Jahr. Nach den Worten der glücksgeschwellten Maria Theresia hatte ihn die Strafe des Himmels getroffen. Schon entband sie die Bürger Schlesiens des an Friedrich geleisteten Eides.

Inzwischen war der wittelsbachische Kaiser, schon ein kranker Mann, nachdem ihm endlich die Mittel zur Verfügung gestellt worden waren, die Reise anzutreten, zu seinen Truppen abgegangen. Spät genug konnten diese hinter dem vor der Übermacht zurückweichenden Bärnklau und dann Batthyány am 22. Oktober in München wieder einziehen. Die Österreicher aber behaupteten nach wie vor Passau und Ingolstadt, Braunau und Schärding und hielten die Innlinie vor den kaiserlichen Truppen und ihrem französischen Hilfskorps verschlossen.

So war die Lage Maria Theresias für das kommende Jahr, in welchem sie voll von Sehnsucht, nun endlich Schlesien zurückzugewinnen, die letzte Abrechnung mit dem Gegner erstrebte, trotz des völligen Versagens des Bundesheeres in den Niederlanden keineswegs ungünstig zu nennen.

Der Kaiser aber erschien als moralisch gerichtet. Sein Kaisertum hatte erneut die Franzosen nach Süddeutschland geführt, dies im Bunde mit Friedrich, gegen den sich die deutsche öffentliche Meinung wandte. Zwölf Reichsstände, darunter alle geistlichen Kurfürsten, forderten im November und Dezember, peinlich genug, den „pflichtschuldigen kaiserlichen Schutz“ gegen die Franzosen. Seckendorff aber hatte am 1. Dezember, der Überwachung durch Schmettau müde, das Kommando über die kaiserlichen Truppen niedergelegt.

Schon erschienen auch die Österreicher wieder tiefer in Bayern. Feldzeugmeister von Thüngen belagerte, in die Oberpfalz einmarschierend, Amberg, nachdem er im Verein mit Bärnklau einen Vorstoß Segurs abgewiesen hatte. Der Franzose, außerstande, den neuen Vormarsch aufzuhalten, ging hinter die Altmühl zurück, dann gar auf das rechte Donauufer. Es waren die letzten Schicksalsschläge, die über den Kaiser hereinbrachen.

Vergebens hatte Karl VII. einen Hilferuf nach Paris gerichtet; der hauptsächlichste Förderer seiner Sache, Belleisle, war mit seinem Bruder zu Elbingerode in die Hand der Hannoveraner gefallen und als Gefangener nach England gebracht worden. Der französische Außenminister d'Argenson beantwortete die Bitte des Kaisers mit einer Zurechtweisung durch seinen König. Die Rücksichten auf die große Politik müßten vorangehen. Voreilig sei der Kaiser, von unzeitgemäßer Heimatliebe erfüllt, nach München zurückgekehrt. Der König müsse von ihm Rücksichtnahme auf seine Intentionen erwarten. So lautete der königliche Rüffel an den Verzweifelnden, der schon vom Krankenbette des nahenden Todes aus in bittere Klage über das ihm bevorstehende neue Flüchtenmüssen, bedrückt über den Verlust der französischen Waffenehre und über die Gefahr, daß er durch das Versagen des französischen Königs die Krone, die er ihm verdanke, wiederum verlieren müsse, noch einmal beschwörende Bitte um Hilfe nach Versailles richtete. Schon vermochte er das Schreiben nicht mehr zu unterzeichnen. Er hatte jahrelang an Gicht gelitten, nun starb er an Lungenbrand. Es war am 20. Januar 1745, neun Uhr abends.

Das bedrückendste Kaisertum unserer Geschichte war ausgegangen. In ihm offenbarte sich die ganze Tragik der deutschen Entwicklung seit dem späteren Mittelalter, daß ein Kaiser ohne eine stattliche Hausmacht nicht mehr denkbar war. Karl VII., der über eine ausreichende Hausmacht nicht verfügt hatte, so stattlich sich der Besitz der Wittelsbacher mit ihrem schönen altbayrischen Lande und mit der Oberpfalz auch darstellte, mußte von Anfang her das Geschöpf Frankreichs sein. Dieses Frankreich, das seine Hand über ihm hielt, konnte aber keineswegs die Rolle eines Beschützers deutscher Krone für sich in Anspruch nehmen. Auch Friedrich nicht, der nach Frankreich der vornehmste und fast alleinige Beschirmer Karls war. Seine Zukunft nämlich lag ja in der Erschütterung der kaiserlichen Obermacht, da sein stark gewordener Staat zunächst nach der völligen Lösung aus der Reichsbindung streben mußte. Und Friedrich bekämpfte auch just das Haus, das jahrhundertelang die Kaiserkrone getragen hatte und durch lange Generationen mit dem Reichsgeschick verwachsen war.

Von seinen beiden Helfern doch stets zur Seite gedrängt, hatte sich Karl VII. fast mit der Zähigkeit des Psychopathen an sein Erbrecht auf die österreichischen Länder geklammert, bis zu seinem Tode von der Berechtigung seiner Ansprüche überzeugt. Dann hatte er wieder aus der Würde, die ihm inmitten der europäischen Verwirrung zugefallen war, Kapital zu schlagen versucht, indem er auf die Notwendigkeit verwies, als Kaiser auch die erforderlichen Einnahmen durch eine Landausstattung zu erhalten, und er hatte sein Augenmerk begehrlich auf die schwachen Reichsstände gerichtet, die zu beschützen er doch kraft seiner kaiserlichen Autorität berufen war. So blieb er unter den drückendsten Verhältnissen, die ihn mehrmals seine Kostbarkeiten versetzen ließen, konsequent in seiner Forderung auf Erweiterung, namhafte Erweiterung seines Besitzes, nachdem ihn seine Maßlosigkeit im Sommer 1741 um den gewaltigen Preis gebracht hatte, den ihm die junge Maria Theresia in ihrer verzweifelten Lage durch die Kaiserwitwe Amalie angeboten hatte. Wohl hatte er zum Schlusse noch nach München zurückkehren können, aber in den letzten Wochen, seit Bärnklau den Brückenkopf von Stadt am Hof beherrschte und Batthyány sich vom Inn her der Isar näherte, war sein Aufenthalt in der Stadt der Väter nur noch von Gnaden seiner Gegnerin gewesen, die den Generälen Halt gebot. Noch kurz vor seinem Tode mußte der Kaiser einen wahren Hilferuf an den einflußreichen alten Bischof von Würzburg, den ehemaligen Reichsvizekanzler Friedrich Karl Graf von Schönborn, richten.

War der Kaiser unversöhnt gestorben, sein junger Nachfolger Maximilian Joseph beschritt die Bahn der Verständigung. Bereitwillig wies sie ihm Maria Theresia, die nun die sichere Hoffnung hegte, Schlesien zurückzugewinnen. Die Königin dachte nicht mehr an Bayern. Der Plan, das Kurfürstentum der Monarchie einzuverleiben, versank ebenso, wie mit dem Tode des Kaisers der bayrische Plan auf Erwerbung der österreichischen Länder versunken war. In beiden Fällen handelte es sich um einen Abschied von dem Gedanken, das seit 1156 zerrissene Stammesgebiet der Bajuwaren, das ganze schöne Land an der Donau und in den Alpen, wieder zu vereinigen.

Maria Theresia, nach Gebietsabrundung Österreichs auf preußische Kosten strebend, wollte die volle Demütigung ihres Widersachers Friedrich. Sogar der maßvolle Großherzog hatte diesen ein „Ungeheuer" genannt. Maria Theresia schloß am 8. Januar 1745 zu Warschau eine Quadrupelallianz mit den Seemächten und Sachsen ab. Wohl war am 5. Dezember des Vorjahres Carteret, nunmehr Earl of Granville, durch die übermächtige Opposition im Parlament und Kabinett gestürzt worden. Man hatte ihm vorgeworfen, daß er die Generalstaaten nicht zu stärkeren Kriegsleistungen und zur Kriegserklärung an Frankreich zu bewegen vermochte; daß er die eigensüchtige und unehrliche Politik des Königs als Kurfürst von Hannover nicht abstellen könne; daß er zu sehr mit der Sache Maria Theresia verknüpft sei, während gewichtige Stimmen bereits für ein Zusammengehen mit Preußen plädierten. Indessen auch die Erben seiner Machtstellung, die Pelhams, blieben dem alten Kurs verhaftet und man versicherte den befreundeten Regierungen, daß man den Krieg kraftvoll fortführen wolle. Schon wurde ein Subsidienvertrag mit Rußland, wo günstigere Winde zu wehen begannen, über eifriges Betreiben Maria Theresias abgeschlossen.

Dem jungen Wittelsbacher kam Maria Theresia entgegen. Als er aber wieder schwankte, half harter militärischer Druck ihrem Friedenswillen nach. Batthyány und Browne eroberten das Land bis zum Lech und erhoben die schwere Summe von 2 000 000 Gulden an Kontributionen. So willigte denn der Achtzehnjährige am 22. April 1745 in den Frieden von Füssen. Er entsagte aller Ansprüche auf das Erbe der Königin. Bayern trat nunmehr der Reichsgarantie für die Pragmatische Sanktion bei und erkannte die böhmische Wahlstimme an. Es erklärte sich bereit, einer Reichsassoziation der fünf vorderen Reichskreise beizutreten. In einem Geheimartikel verpflichtete sich der Kurfürst, dem Großherzog seine Stimme für die Kaiserwahl zu geben und auch seine wittelsbachischen Verwandten dafür zu gewinnen.

Zielbewußt arbeitete die Königin auf die Kaiserwahl des geliebten Gemahls hin. Die geistlichen Kurfürsten waren bereit. So konnte die Wahl als gesichert gelten, wenn ein militärisches Eingreifen Frankreichs verhindert wurde und gleichzeitig eine Demütigung des Königs von Preußen erfolgte. Kaiserträume des schwachen Wettiners in Warschau, die von Frankreich genährt wurden, erlagen Wiener Vorstellungen und dem Zwang der großen Lage.

Friedrich, von Frankreich im Stich gelassen, fühlte sich vereinsamt. Seine Hoffnung auf ein Eingreifen des „Großtürken“ hatte ihn betrogen. So mußte er allein dem Ansturm des unerbittlichen Gegners gegenüberstehen. Vergebens hatte er die Zarin zur Vermittlung zu bewegen gesucht, und sein indirektes Angebot an Maria Theresia, ihrem Gemahl gegen den Verzicht auf Schlesien seine Wahlstimme zu geben, war ungehört verhallt. Er aber richtete nun seine verzagenden Minister und wohl auch sich selbst am Beispiel der großen Gegnerin auf: „Denkt an die Königin von Ungarn, diese Frau, die nicht verzweifelte, als ihre Feinde vor Wien standen und ihre blühendsten Provinzen überschwemmten; und Ihr wollt nicht den Mut dieser Frau haben?“

Sorgenvoll genug aber sah er selbst in die Zukunft, obwohl er an Zahl der Truppen der Gegnerin mindestens gewachsen war und vorteilhaft auf der inneren Linie operieren konnte. Er erwog, sich im äußersten Falle auf Stettin oder Magdeburg zurückzuziehen, er bereitete aber alles auf das genaueste vor, um für die Auseinandersetzung gerüstet zu sein.

Geschah seitens der Gegner das gleiche?

Maria Theresia war die Seele der österreichischen Vorbereitungen. Ja, wäre sie ein Mann gewesen! Selbst ihr Urteil in militärischen Dingen war auffallend gut, herzerfrischend ihre Entschlossenheit und Unerschütterlichkeit sowie ihr Betonen der Notwendigkeit geschwinder Resolutionen. Aber sie beging einen entscheidenden Fehler. Der vergangene Feldzug sah die glückliche Entfaltung der Feldherrngaben des ihr so werten Schwagers. Nach dem Tode ihrer Schwester Marianne, seiner Gemahlin, hatte sie ihn noch mehr lieb gewonnen. War nicht der Rückzug aus dem Elsaß ausgezeichnet geleitet worden, wurde nicht durch einen unblutigen Feldzug ersten Ranges Friedrich aus Böhmen herausmanöveriert? Die Königin übersah dabei zu gerne, daß dies insbesondere das Werk des alten Traun gewesen war, dessen Verdienste man überhaupt in Wien nie voll würdigte. Traun war im vergangenen Feldzug Ungezogenheiten des Prinzen Karl und dessen junger Umgebung nicht energisch genug entgegengetreten. Abfällige Bemerkungen des Prinzen Karl über den alten Marschall hatten Maria Theresia veranlaßt, Traun auf einen anderen Kriegsschauplatz zu berufen und den Prinzen zum allgemeinen Befehlshaber der österreichischen Armee in Böhmen zu ernennen. Im falschen Vertrauen auf seine eigenen Gaben sollte Karl auf einen Kriegsschauplatz ziehen, wo ihn ein Gegner erwartete, der im übersteigerten Gefühl furchtbarer Bedrohung alle Kräfte zusammennahm und angesichts der Krise zur Entfaltung seiner überragenden Feldherrngabe aufwuchs.

Vergebens hatten die Seemächte den Prinzen Karl als Oberbefehlshaber in den Niederlanden erbeten. Nun wurde der zweite Sohn des englischen Königs, der Herzog von Cumberland, oberster Führer der Verbündeten. Ihm wurde, keine sehr glückliche Maßnahme, der alte Graf Königsegg an die Seite gestellt.

Die Franzosen handelten. Der Marschall von Sachsen schlug infolge völligen Versagens der unkriegerischen Holländer die etwas schwächeren Verbündeten am 11. Mai 1745 bei Fontenoy und vermochte nun Tournai zu nehmen, am 11. Juli Gent, drei Tage später auch dessen Zitadelle. Noch im August folgten Oudenaarde, Dendermonde, Ostende und Nieuport, zum Schluß das Fort Ath. So war die holländische Barriére, diese eifersüchtig gehütete Hypothek auf den österreichischen Niederlanden, beim ersten Rammstoß der Franzosen niedergebrochen, und die Verbündeten hatten unschlüssig und uneins dem Verhängnis zugesehen.

Inzwischen — haben wir doch den Verlauf des ganzen Sommers vorweggenommen — waren längst auch die großen Erwartungen Maria Theresias auf Erfolge in Schlesien grimmig enttäuscht worden, ja ihr Vertrauen auf das Feldherrntum des Schwagers hatte eine erste Erschütterung erfahren.

Der Beginn des Feldzuges hatte sich durch die Lebendigkeit der ungarischen Insurrektionstruppen gut angelassen, im Mai war gar die schlesische Festung Cosel im Handstreich genommen worden. Aber Friedrich ließ sich durch lokale Mißerfolge nicht verleiten, seine Streitkräfte zu teilen. Er harrte, mit geballter Kraft zum Ansprung bereit, des Gegners, der aus dem Gebirge in den Raum von Schweidnitz abzusteigen im Begriffe stand. Allzu sorglos hatte der Lothringer sein Heer, um dessen innere Festigung sich der hohe Herr wintersüber nicht bemüht hatte, bei Hohenfriedberg nordwestlich Striegau lagern lassen, ohne trotz seiner zahlreichen leichten Streikräfte über den Plan seines Gegners unterrichtet zu sein, der ihn am 4. Juni früh angreifen sollte. Um vier Uhr brachen die Preußen gegen den linken Flügel des verbündeten Heeres, gegen die

Sachsen vor, die, überrascht, trotz aller Tapferkeit geworfen wurden. Der schwerfällige Prinz hatte die Lage nicht erkannt, er hatte nicht rechtzeitig eingegriffen, er wurde nun gleichfalls mit schweren Verlusten geworfen. Um acht Uhr abends waren die geschlagenen Verbündeten auf dem Rückzug ins Gebirge. Die preußische Reiterei hatte sich diesmal besonders bewährt.

Maria Theresia hatte einen sicheren Sieg erwartet. Beim Eintreffen der Unglücksnachricht verzagte sie nicht. Sie verstärkte die Armee in Böhmen, aber sie schickte auch den treuen Khevenhüller — wir kennen diesen Verwandten des verstorbenen Feldmarschalls bereits — zu den Truppen, um sich ein Bild über die wahren Ursachen der Niederlage zu machen. Dessen Bericht lautete nicht günstig für das Ansehen Karls.

Sachsen, dem Khevenhüller neuen Mut einzuflößen hatte, blieb nicht nur der Sache treu, sondern es verbündete sich am 29. August unter dem Einsatz seiner gesamten Kräfte noch enger mit Österreich, obwohl Friedrich den alten Dessauer bei Halle aufmarschieren ließ und in heftigstem Tone dem Lande den Krieg erklärte.

Wieder drängte England zum Frieden. Es sah sich selbst durch eine Landung des ritterlichen Stuart Karl Eduard in Schottland bedrängt, es wollte die Kräfte der Habsburgerin ausschließlich gegen Frankreich, den eigentlichen Feind des Inselreiches, eingesetzt sehen. Am 4. August 1745 erschien Robinson bei der Königin, drängend und zäh. Er rechnete die Höhe der Subsidien vor, die dieses Jahr die Briten bereits koste, er forderte von Maria Theresia den Friedensschluß mit Preußen, den einzigen, den man gleich ohne Opfer haben könne. Er malte der Königin die Folgen einer zweiten etwa gegen Preußen verlorengehenden Schlacht aus. Die Königin hörte ihn ruhig an, dann aber offenbarte sie einen unerschütterlichen Kampfeswillen. „Und wenn ich morgen mit dem König Frieden machen müßte, so würde ich ihm noch heute Abend eine Schlacht liefern", lauteten die kernigen Worte, die der Engländer von dieser Unterredung berichtete.

Schon aber unterhandelte England selbst mit dem König, ohne den österreichischen Gesandten einzuschalten, und am 26. August schloß es mit ihm ab, ohne Österreich überhaupt zu verständigen, es schloß ab über die Bedingungen eines österreichisch-preußischen Friedensschlusses. Der König sollte das ihm im Breslauer Friedensschlusse Zugestandene behalten, dafür aber dem Großherzog seine Wahlstimme geben. Die Königin kümmerte sich nicht um diese Abmachung, als sie sie zur Kenntnis erhielt. Trotz bedenklicher Lage in den Niederlanden und in Italien hoffte sie das Schicksal an der entscheidenden Stelle zu zwingen.

*

Einstweilen aber galt es, die Kaiserwahl durchzusetzen. Zum Kommandanten der Rheinarmee ernannt, schuf Traun die militärischen Voraussetzungen dazu. Er manöverierte die französische Armee des Prinzen Conti über den Rhein zurück. Wieder übte der Großherzog für eine Zeit das nominelle Kommando aus, sehr gegen den Willen Maria Theresias. Der militärische Erfolg blieb nicht ohne Eindruck auf den Gang des Wahlgeschäftes. Dieses begann, von einem lebhaften Für und Wider der Publistik begleitet, Ende Juli mit dem Eintreffen des Mainzer Kurfürsten. Noch bis zum Juni hatte Köln geschwankt, ganz war trotz Füssen Max Josef von Bayern, auch nicht August von Sachsen sicher gewesen. Zu leicht verknüpften sich eigene Hoffnungen mit wohlgemeinten Bedenken über die Gefahren eines Krieges mit Frankreich, die sich aus dieser Paris so unangenehmen Wahl erheben könnten, über den Umstand, daß der Großherzog ein Fremder im Reiche sei, der keinen eigenen Besitz habe. Brandenburg und die französisch beeinflußte Pfalz waren die Hauptverbreiter dieser Bedenken. Sie protestierten gegen die Zulassung der böhmischen Wahlstimme und beriefen schließlich ihre Gesandten ab. Damit aber waren die letzten Hindernisse entfernt.

So erfolgte denn am 13. September 1745 mit sieben von neun Stimmen die Wahl des Lothringers. Sie war durchaus das Werk seiner Gemahlin, die darin wohl die Wiederherstellung der alten Geltung ihres Hauses auf dem Boden des Reiches erblicken durfte. Und nun geschah etwas Merkwürdiges. Maria Theresia unternahm trotz der gewaltigen Kosten einer solchen Reise — der venezianische Botschafter schätzte sie auf drei Millionen — und obwohl sie wieder in gesegneten Umständen war, die mühevolle Fahrt nach Frankfurt, ohne sich jedoch krönen lassen zu wollen. Wenn ihr Gemahl sonst alles über sie vermochte, in dieser Staatssache erkennen wir, wie stark der Wille dieser Frau den seinen überschattete. Was sie dazu sagte, waren Worte, an denen nicht mehr gerüttelt werden konnte. „Lieber gar nicht kommen“ schrieb sie an ihren Gemahl, „obwohl mir dies leid tun würde, als mich in meinem jetzigen Zustand krönen zu lassen.“ Dies aber war gewiß nicht die ausschlaggebende Ursache. Der Hofkanzler Ulfeld schrieb an den Herzog: „Eure Hoheit wissen ja, wie es geht, wenn Ihre Majestät einmal eine Meinung gefaßt hat; ich bekam keine andere Antwort, als daß sie nicht wolle, und wenn sie wüßte, daß man sie in Frankfurt überrumpeln und zwingen wolle, würde sie gar nicht hingehen. Ich habe auch mein Bestes getan, um wenigstens die Gründe herauszubringen, warum Ihre Majestät so dagegen ist, aber es ist mir ebensowenig gelungen; sie hat sich darüber nicht äußern wollen. Ich kann nur — auf die Gefahr mich zu täuschen — raten: vielleicht betrachtet Ihre Majestät diese Krönung unter der Würde der zwei Kronen, die sie bereits trägt — als König von Böhmen und Ungarn. Wenigstens hat sie einmal geäußert, sie wolle bei einer Krönung nicht noch einmal das Geschlecht ändern, und noch heute hat sie mir gesagt, daß ihre Krönung in Frankfurt nur eine Komödie wäre, die sie nicht spielen wolle."

In der altdeutschen behaglichen Wahlstadt herrschte, da die Wahl als ein Sieg über die Franzosen gewertet wurde, ein heller, ausgelassener Jubel. Dieser Jubel flutete nun der Kaiserin auf der schönsten Erfüllungsfahrt ihres Lebens entgegen und machte eine wahre Triumphfahrt daraus. Es war, als jubelte noch einmal das sich zum Ende neigende Barock seine Lebensfreude, sein Prachtgefühl und seinen Stolz in die Welt, die tapfere Frau zu ehren. Überall weglangs wurden ihr Huldigungen zuteil, Triumphpforte auf Triumphpforte. Und überall hallte ihr die Erkenntnis entgegen, daß der Aar des Reiches doch am sichersten im österreichischen Baume horsten würde. Unter den Begrüßenden auf den Wegstationen erschien zum großen Unbehagen Friedrichs auch seine Schwester Wilhelmine von Bayreuth.

Beharrend auf ihrem Entschluß, daß sie sich nicht krönen lassen wolle, nahm die Kaiserin nur als Zuschauerin, bald auf dem Balkon des Hauses Frauenstein, bald in der Kirche, an den feierlichen Zeremonien teil. Die Anhänger des Hauses Habsburg priesen die Huld und die Herzenshöflichkeit der hohen Frau, aber die einstigen Gegner mußten deutlich ihren verhaltenen Groll, das Gedächtnis der erlittenen Kränkung empfinden. Auch die Lauen und Zweideutigen fanden eine stolze, herbe, fast möchte man wienerisch sagen „grantige" Frau. Das Haus Habsburg hatte von seinem althergebrachten Stolze wahrhaftig nichts verlernt.

Von der Erzählung älterer Leute her unterrichtet, berichtet Goethe in „Dichtung und Wahrheit" über den herzgewinnenden Verlauf der Krönung: „. . . als nun ihr Gemahl in der seltsamen Verkleidung aus dem Dome zurückgekommen und sich ihr sozusagen als ein Gespenst Karls des Großen dargestellt, habe er wie zum Scherz beide Hände erhoben und ihr den Reichsapfel, den Szepter und die wundersamen Handschuh gewiesen, worüber sie in ein unendliches Lachen ausgebrochen, welches dem ganzen Volke zur größten Freude und Erbauung gedient, indem sie darin das gute und natürliche Ehegattenverhältnis des allerhöchsten Paares der Christenheit mit Augen zu sehen gewürdigt worden. Als aber die Kaiserin, ihren Gemahl zu begrüßen, das Schnupftuch geschwungen und ihm selbst ein lautes Vivat zugerufen, sei der Enthusiasmus und der Jubel des Volkes aufs Höchste gestiegen, so daß das Freudengeschrei gar kein Ende hatte finden können."

*

So war es am 4. Oktober 1745, dem Namenstag Franz Stephans, geschehen. Hart genug wurde das Erwachen der Kaiserin aus der verdienten

Seligkeit des errungenen Sieges. Schon war Friedrich unter dem Druck der leichten österreichischen Streitkräfte fast ganz aus Böhmen, in das er nach der Schlacht von Hohenfriedberg eingefallen war, gewichen, als sich der Prinz, unablässig von Wien zum Schlagen gedrängt, entschloß, ihn anzugreifen. Die preußische Stellung zwischen Soor und Burkersdorf war nicht günstig gewählt. Ein Überraschungsangriff konnte den vollständigen Sieg herbeiführen, vielleicht sogar, da die leichte österreichische Reiterei weithin das Feld beherrschte, den Untergang des preußischen Heeres. Aber der Prinz wußte seine langsamen Angriffsvorbereitungen nicht zu verschleiern und sein furchtbarer Gegner, der mit genialer Intuition die Gefahr erkannte, brach seinerseits in den frühen Morgenstunden des 30. September über die überraschten Österreicher herein und warf sie in wenigen Stunden erbitterten Kampfes zurück. Die österreichische Kavallerie, seit den Tagen des Prinzen Eugen die beste Waffe der Kaiserlichen, hatte diesmal versagt. Es war ein geringer Trost, daß Nádasdy mit den leichten Streitkräften während des Tobens der Schlacht das preußische Lager einnahm und plünderte und dabei einige hundert Gefangene, darunter die beiden Kabinettsräte Eichel und Müller, sowie das gesamte Gepäck des Königs erbeutete.

War die feste Entschlossenheit der Kaiserin auch nach einem solchen Unfall nicht doch des endlichen Sieges wert? Maria Theresia wollte weiterkämpfen, den Winter hindurch. Am 31. Oktober lehnte sie Robinsons neuen Druck ab. Notfalls wolle sie auf die Subsidien verzichten. Der Krieg koste sie, so sagte sie dem Gesandten, ohnedies schon 22 000 000 Gulden jährlich, sie könne also die zwei britischen Millionen auch noch verschmerzen. Das Juwel des Hauses Österreich — selbst der nüchterne Bartenstein nannte Schlesien so — erschien der Kaiserin und ihrer Umgebung wertvoller als ein Fürstentum in Italien, das man den Franzosen für den spanischen Bourbonen Philipp opfern müßte, um mit ihnen zum Frieden zu gelangen. Seit Ende September schwebten unter sächsischer Vermittlung Verhandlungen mit Frankreich. Nun ging im November der oberste böhmische Kanzler Graf Friedrich Harrach, einer der begabtesten Minister Maria Theresias, dorthin.

Reiften diese Verhandlungen aus, dann konnten alle Kräfte gegen Preußen geworfen werden, zumal es trotz, ja gerade durch Friedrichs Sieg bei Soor gelang, die Zarin für einen Krieg gegen Preußen im Frühjahr zu gewinnen. In Dresden drängte man auf einen Angriff gegen altpreußische Lande, da Sachsen dort vertragsgemäß seinen Siegespreis suchte. Zuerst wurde ein großangelegter Doppelangriff gegen den alten Dessauer, der an der Saale stand, geplant, schließlich ein gemeinsamer Stoß durch die Lausitz. Rasch unterrichtet, zersprengte Friedrich noch vor der Vereinigung der Verbündeten eine sächsische Gruppe bei Groß-Hennersdorf am 23. November und bemächtigte sich der Stadt Görlitz. Karl, der jeder Initiative entbehrt hatte, zog sich nach Böhmen zurück. Dorthin wandte sich auch, rasch entmutigt, König August mit seinem Minister Graf Brühl vor den einrückenden Preußen des alten Dessauers.

Unmutig über diesen Stand der Dinge, beorderte die Kaiserin die Armee des Lothringers nach Sachsen. Auch die ganze Rheinarmee wollte sie gegen Preußen werfen. Ehe sich aber die Verbündeten vereinigen konnten, erlitten die Sachsen durch einen Angriff des alten Fürsten von Anhalt-Dessau bei Kesselsdorf, etwa 25 Kilometer von Dresden entfernt, am 15. Dezember eine völlige Niederlage. Karl, der gar nicht weit vom sächsischen Heere stand, war wiederum zu langsam gewesen. Als die Verbündeten so neuerdings auf böhmischem Boden waren, entschloß sich die Kaiserin, Harrach zu ermächtigen, der Konvention von Hannover beizutreten, also in den längst vorbereiteten Frieden mit Preußen zu willigen. Schlechte Nachrichten aus Italien waren bei ihr eingelaufen, und der französische Unterhändler Vaulgrenant hatte seine Forderungen erhöht.

Der Frieden mit Preußen kam tatsächlich sehr schnell zustande. Bereits am 25. Dezember 1745. Ein Gegenbefehl Maria Theresias, der sich noch einmal das tapfere Herz aufbäumte, kam zu spät.

Der Dresdener Frieden bestätigte den von Breslau, also den Verlust von Schlesien. Aber er brachte der Kaiserin die Anerkennung der Wahl ihres Gemahls durch Friedrich. Dem Könige wieder wurden die kaiserlichen Zugeständnisse bestätigt, die ihm Karl VII. gemacht hatte. Mit Preußen schieden zugleich Kurpfalz und Hessen-Kassel aus dem Kampfe aus. Nur noch mit den Bourbonen in Frankreich und Spanien ging der Kampf weiter.

AUSKLANG UND ENDE DES ERBFOLGEKRIEGES

Mit dem Frieden von Dresden war das eine Kriegstheater geschlossen. Um so erbitterter, ja zunächst auf beiden Schauplätzen krisenhaft, nahm der Krieg mit Frankreich und Spanien seinen Fortgang.

Gröbliche Uneinigkeit der verbündeten Österreicher und Sardinier hatten es den vereinigten Heeren der Gegner ermöglicht, am 3. September 1745 Tortona zu nehmen. Piacenza und Pavia fielen bald darauf. Als sich nun die Österreicher zum Schutze Mailands aus dem Verband mit den piemontesischen Streitkräften lösten, wurden diese bei Bassignina völlig geschlagen. Noch einmal vereint, sahen die Verbündeten untätig zu, wie Alessandria, dann Asti und Casale vom Feinde genommen wurden. Da die Österreicher von Karl Emanuel zum Schutze seines Landes festgehalten waren, konnten die Spanier am 16. Dezember 1745 sogar in Mailand einziehen, womit ihre Erfolge auf dem italienischen Kriegsschauplatze gipfelten. Schon unterhandelte der treulose König von Sardinien mit den Franzosen, bei denen d'Argenson den großen Plan einer völligen Verdrängung der Habsburger aus Italien, einschließlich Toskanas, entwickelte. Die Rechte der deutschen Kaiser auf Italien sollten aufgehoben werden. Für die italienischen Staaten war ein italienischer Bund vorgesehen. Der König von Sardinien, durch die Fortschritte der feindlichen Waffen um seine Hauptstadt besorgt, unterzeichnete am 26. Dezember bereits einen Vertrag mit Frankreich, der die Teilung der Lombardei zwischen Sardinien und Spanien vorsah.

Jedoch der Einspruch der Elisabeth Farnese gegen eine Teilung der lombardischen Beute verhinderten den endgültigen Abschluß, während stärkere Kräfte der Österreicher in Italien eintrafen. Mailand wurde zurückgenommen. Unter dem tüchtigen Oberbefehlshaber Fürst Wenzel Liechtenstein fochten zwei der bewährtesten Generale Maria Theresias, Bärnklau und Graf Browne. Auf rasches Handeln gewiesen, erstürmte Browne Guastalla und nahm die Besatzung des Brückenkopfes gefangen. Bestürzt räumten die Spanier Parma, das Kastell von Gossolengo wurde erstürmt. Die Franzosen kamen unter Maillebois herbei, um die schwer bedrängte spanische Armee zu entlasten. Die vereinigten Spanier und Franzosen aber wurden bei Piacenza am 16. Juni 1746 völlig geschlagen, wobei der linke Flügel der Österreicher unter Browne allein dreitausend Gefangene machte und 20 Fahnen erbeutete.

Der schöne Sieg wurde nicht ausgenützt. Liechtenstein erkrankte und mußte das Kommando abgeben. Dieses fiel aber nicht an den tüchtigeren Browne, sondern nach dem militärischen Mechanismus an den rangälteren Botta d'Adorno. Botta vermochte die Schwierigkeit seiner Aufgabe nicht zu bewältigen. Er hätte unter behutsamem Auftreten gegenüber dem zweifelhaften savoyischen Bundesgenossen rasch handeln müssen, um ihn mitzureißen. Dies aber geschah nicht. Wohl vermochte er am 10. August am Rottofreddo zu siegen, ein Erfolg, der mit dem Heldentod des tapferen Bärnklau sehr teuer bezahlt war. Die Wiedergewinnung der Lombardei blieb zunächst der einzige Gewinn der beiden Siege.

Jedoch der spanische Gegner, zu dem die Friedensfühler nie abgerissen waren, wurde nun einer Verständigung mit Österreich geneigter. Am 9. Juli 1746 starb König Philipp V. und sein Sohn Ferdinand aus erster Ehe, der ihm nachfolgte, war an der Landesausstattung seines Stiefbruders nicht mehr sehr interessiert. Die Verhandlungen mit Österreich wurden eifriger.

In Italien errang — und das bestärkte die Friedensneigungen in Madrid — Browne den glänzendsten Erfolg. Anfang September hatte er die Bocchetta genommen und die Übergabe der Seestadt Genua erzwungen.

Das hochmütige Auftreten des Oberbefehlshabers Botta jedoch, der an den Genuesern persönlichen Groll rächen wollte, rief eine wachsende Gärung in der Stadt hervor

Die Kaiserin wollte nun endlich Neapel erobern. Es war ein Herzenswunsch von ihr. Der englische Verbündete durchkreuzte diese Absicht. Direkt mit seinem Rücktritt vom Kriege drohend, erzwang er die Zustimmung Maria Theresias zu einem Unternehmen gegen Toulon. Unter der Führung Brownes wandte sich ein österreichisches Heer — die Sardinier hielten sich ziemlich zurück — an der Küste der Riviera vorwärts. Ende November wurde der Grenzfluß Var überschritten. Browne schloß Antibes ein und drang bis Cannes vor. Ehe jedoch die bei Botta angeforderte schwere Artillerie zur Bezwingung von Antibes eintreffen konnte, war im Dezember eine Katastrophe eingetreten.

Das erbitterte und geschickt aufgewiegelte Volk von Genua unternahm einen Aufstand, demgegenüber Botta in Kampf und Unterhandlungen versagte. Schließlich mußten sich die Österreicher wieder über die Bocchetta zurückziehen. Botta, der auch mit dem König von Sardinien in einem das Bündnis gefährdenden schlechten Verhältnis gestanden hatte, wurde des Kommandos enthoben.

Inzwischen war Browne bis Le Canet, etwa 5 Meilen von Toulon entfernt, vorgedrungen. Hier jedoch entfaltete sich unter Führung des aus der englischen Kriegsgefangenschaft zurückgekehrten Marschalls Belleisle eine französische Übermacht, die sich frontal durchsetzen konnte, und zugleich in der Lage war, zur Überholung des rechten Flügels der Verbündeten in Richtung auf Var auszugreifen. So entschloß sich der österreichische Heerführer, der bisher an der Siagne ausharren wollte, die Belagerung von Antibes aufzugeben und zurückzugehen. Brownes vorsichtiger Führung gelang es, die Streitkräfte trotz der drohenden Gefahr der Überflügelung und Umzingelung wenig versehrt zurückzubringen.

Waren die großen Triumphe des Jahres 1746 auf dem heiß umstrittenen Boden Oberitaliens einer wesentlich ernüchterten Wirklichkeit gewichen, geradezu verhängnisvoll entwickelte sich der Feldzug in den Niederlanden.

Die Landung des stuartischen Prätendenten veranlaßte die Briten zu Beginn 1746, fast alle ihre Festlandstreitkräfte über den Kanal zu führen. Unternehmend, wie er war, entschloß sich Moritz von Sachsen mitten im Winter Brüssel, das beinahe wehrlose, anzugreifen. Am 30. Januar hatte er die Hauptstadt der österreichischen Niederlande bereits eingeschlossen, am 21. Februar mußte die Besatzung, die vergebens auf Entsatz gehofft hatte, kapitulieren. Graf Kaunitz, seit 1744 bevollmächtigter Minister in den Niederlanden und damals Stellvertreter des noch nicht wieder in sein Amt zurückgekehrten Prinzen Karl von Lothringen, zog sich nach Antwerpen zurück.

Über 100 000 Mann stark drängten die Franzosen gegen Antwerpen, das nicht zu widerstehen vermochte. Am 3. Juni fiel auch die Zitadelle. Das gleiche Schicksal hatten Mons und am 3. August auch Charleroi. Wohl trafen nun, da der Stuart bei Culloden aufs Haupt geschlagen war, in Massen englische Truppen ein, erchienen Hessen und Hannoveraner, und vor allem kampferprobte österreichische Regimenter aus Italien. Jedoch das Kommando über diese Armee wurde einer ungeeigneten, noch dazu durch das erlittene Unglück auf dem Schlachtfelde unsicher gewordenen Hand anvertraut. Wieder sehen wir Karl als Feldherrn, diesmal der Verbündeten überhaupt. Zweimal hatten zur Armee entsandte Diplomaten während des zweiten Schlesischen Krieges über ihn ein durchaus ablehnendes Urteil abgegeben. Der Zweite der Berichterstatter — den Ersten kennen wir bereits — Graf Friedrich Harrach, hatte damals erklärt, Heer und Generalität hätten das Vertrauen zu diesem Führer verloren, dem Prinzen gingen die erforderlichen Eigenschaften ab. Der König von Preußen sei „Ihme mein Seel zu fein". Obwohl selbst durch den Ausgang der Schlacht von Soor stutzig geworden, ließ sich Maria Theresia doch wieder aus falscher Rücksicht auf den Gemahl und aus Zuneigung zu dem doppelten Schwager bewegen, ihm neues Vertrauen zu schenken. Die Ernennung des Prinzen verärgerte zudem den englischen König.

Moritz von Sachsen — sein König war längst wieder nach Versailles zurückgekehrt — manöverierte den Prinzen hinter die Maas zurück und begann die Belagerung von Namur. Der Prinz unternahm nichts zugunsten der Festung. Als sie am 20. September, infolge schmählichen Versagens der Holländer sehr früh, gefallen war, entschloß sich Karl in recht ungünstiger Stellung, die Maas, die man eben überschritten hatte, im Rücken, eine Feldschlacht zu wagen. Der französische Marschall, der Ehrenretter Frankreichs in diesem Kriege, ergriff sofort die erwünschte Gelegenheit. Bei Rocoux, unfern von Lüttich, erfocht er am 11. Oktober 1746 einen glänzenden Sieg, obwohl die Verbündeten, diesmal auch die Holländer, glänzend gefochten hatten. So endete der mit großen Anstrengungen unternommene Feldzug — die Armee hatte zu Beginn 90 000 Mann gezählt — kläglich.

War es verwunderlich, daß die Generalstaaten, die so widerstrebend in den Krieg eingetreten waren und deren Kampfgeist sich nie zu entfalten vermochte, bei so bedrohlicher Lage alles versuchten, mit Frankreich zum Frieden zu gelangen? Unterhandelten sie schon einige Zeit, nun, unter dem Eindruck des gescheiterten Feldzuges in Südfrankreich, entschloß sich die englische Regierung, an den Besprechungen teilzunehmen. Das siegesstolze Frankreich hielt die Stunde für gekommen, um dem verhaßten Haus Habsburg eine schwere Demütigung zuzufügen. Österreich sollte, in Deutschland durch einen deutschen, in Italien durch einen italienischen Bund entmachtet werden. Marquis d'Argenson, der Außenminister, war bereit, Norddeutschland der preußischen Führung zu überlassen, wenn dieses Frankreich für den Süden das gleiche zugestand.

Von der Gesinnung unstillbaren Hasses gegen die Kaiserin erfüllt, die ihn auch die Pforte zum Krieg gegen Österreich hetzen ließ, bestand d'Argenson auf der Nichtzulassung des österreichischen Unterhändlers Graf Ferdinand Harrach, und zuerst die Generalstaaten, dann auch England fügten sich diesem Ansinnen. Inmitten dieser Verhandlungen erfolgte im Jänner 1747 der Sturz d'Argensons. Um die gleiche Zeit ertrotzten sich die bisher gleichfalls den Besprechungen ferngehaltenen Spanier, die Sardinier und die Österreicher den Zutritt nach Breda, wo die Friedensverhandlungen stattfanden. Übergroß waren die Forderungen des siebenundsiebzigjährigen spanischen Gesandten Don Melchior de Macanaz, aber auch Maria Theresia bestand auf Neapel. So kam es zu keiner Einigung zwischen den beiden Staaten, während Spanien und England für ihre überseeischen und Handelsfragen mit den Präliminarien fertig wurden.

Noch aber standen der Unterzeichnung große Schwierigkeiten entgegen, als mit dem Heraufrücken des Frühlings der Krieg erneut emporflammte. In ihrem Übermut hatten die Franzosen die holländische Grenze überschritten und einige befestigte Plätze genommen. Das Erscheinen der Feinde brachte das patriotische Empfinden der Holländer zum Aufflammen. Der Prinz Wilhelm von Oranien wurde als Generalstatthalter, als Generalkapitän und als Oberadmiral an die Spitze des Staates gestellt. Spanien und Frankreich erklärten auf diese kriegerische Ermannung hin, die Konferenz von Breda für abgebrochen, betonten jedoch die Bereitschaft, in einer deutschen Stadt zu Beratungen erneut zusammenzutreten.

So mußten nochmals die Waffen sprechen. Es kam für die Kaiserin, die auch vor harten Steuermaßnahmen, wie einer Kopfsteuer anfangs 1746, nicht zurückgeschreckt war, alles darauf an, daß ihre Generale die letzte Zeitspanne zu nützen verstanden, um bessere Bedingungen, als die in Breda gestellten zu erstreiten. Die Spanier forderten ja einen neuen Bourbonenstaat in Italien auf Kosten Österreichs, wozu noch die Abtretungen an Sardinien kommen sollten. Dabei war die Gefahrenzone für Österreich bereits durchkämpft, Spanien war kriegsmüde, und auch Frankreich des Friedens bedürftig. Es mußte also in Italien und in den Niederlanden 1747 durch erstrittene Erfolge bewirkt werden, die Seemächte von einem Friedensschluß auf Kosten ihrer heldenmütigen Bundesgenossin abzuhalten.

In Italien hatte man Genua nicht zurückgewonnen. Die Genuesen hatten Ende Januar einen Jesuitenpater zu Unterhandlungen nach Wien geschickt, vielleicht, weil sie die Zuneigung Maria Theresias für die Gesellschaft Jesu kannten. Es war ein schwerer Rechenfehler. So fromm die Kaiserin war, sie empfand den Pater als völlig unzuständig für politische Verhandlungen, und schickte ihn binnen vierundzwanzig Stunden aus Wien wieder fort. Allerdings wurde damit eine Gelegenheit versäumt. Die schwankende Stadt entschloß sich zum Ausharren, und zur Belagerung fehlte es am geeigneten Geschütz. Schon durfte man im Juni 1747 auf die Bezwingung der trotzenden Seestadt durch den Grafen von der Schulenburg hoffen, als ein erfolgreicher französisch-spanischer Vorstoß längs der Riviera zuerst vorläufiger, dann endgültiger Aufgabe der Belagerung führte. Der Chevalier de Belleisle, der Bruder des Marschalls, rückte mit starken Kräften über den Mont Genevre, wurde aber bei seinem Angriff auf den Col d'Assiette am 19. Juli 1747 trotz starker Übermacht von vierzehn österreichischen und acht piemontesischen Bataillonen blutig zurückgeworfen und fiel. Die Verbündeten indessen verzettelten nach diesem Siege ihre Kraft. Die ständigen Hilfebitten des Königs für Unternehmungen, die keinen entscheidenden Charakter trugen, schwächten Browne, und so kam es zu der schließlich von Maria Theresia doch einem Angriff auf Neapel vorgezogenen Belagerung von Genua nicht mehr. Die Grafschaft Nizza blieb in französischer Hand.

Viel ungünstiger aber wurde der Verlauf der Dinge in den Niederlanden, obwohl hier Österreich allein 47 000 Mann stellte, und nun die Verbündeten, die der Herzog von Cumberland befehligte, an die 100 000 Mann stark waren. Briten und Österreicher stimmten in ihren Plänen nicht überein. Schließlich ließ man sich, um Maastricht zu decken, vom Marschall Moritz das Gesetz des Handelns auferlegen. Trotz ungünstiger Stellung nahm man am 2. Juli 1747 bei Laveld die Schlacht an. In erbittertem Ringen scheiterten hier die Angriffe der Franzosen auf die feste Stellung der Engländer und ihrer deutschen Soldtruppen, während sie im Zentrum, wo die morschen Holländer standen, durchdrangen. Die Österreicher unter Nádasdy gelangten bei der Weite des Schlachtfeldes unangegriffen nicht zum Schlagen. Nach dieser Niederlage mußten die Verbündeten nach Maastricht zurück. Die Franzosen aber nahmen noch das feste Bergen op Zoom, bevor Ende Oktober die Stunde der Winterquartiere geschlagen hatte.

Für den nächstjährigen Feldzug konnte der Kaiserin ein Bündnis mit Rußland, das am 2. Juni 1746 abgeschlossen worden war und seinem Wesen nach eine starke Defensive gegen Preußen bedeutete, eine gewisse Entlastung bringen. Für den Fall eines preußischen Angriffs sah dieses Bündnis die Wiedereroberung Schlesiens vor, wofür dann Maria Theresia an die Zarin zwei Millionen rheinischer Gulden zu zahlen gehabt hätte. Auch gegenüber der Pforte wurde eine etwaige gemeinsame Verteidigung vorgesehen. Tatsächlich aber zerstreuten sich gerade hier 1747 die angesammelten Wolken durch eine glückliche Vereinbarung. Die Bemühungen jedoch, mit Frankreich zu einer Versöhnung zu gelangen, scheiterten, da Puysieux, der Nachfolger d'Argensons, lieber mit England verhandeln wollte. Denn nur dieses vermochte für die Rückgabe der fast völlig eroberten österreichischen Niederlande einen entsprechenden Preis zu bezahlen, nämlich die Rückstellung des den Franzosen während des Krieges entrissenen Kaps Breton. Einer geheimen englisch-französischen Besprechung in Lüttich folgte der Friedenskongreß von Aachen, zu welchem England im starken Bewußtsein der völlig errungenen Seeherrschaft antreten konnte.

Auch die Kaiserin entschloß sich nach sehr ungünstigen Eindrücken, die sich ihr in einer Sitzung der Geheimen Konferenz Ende November 1747 über den Zustand der niederländischen Armee ergaben, in aufbrausendem Unmut, die Friedenskonferenz zu beschicken. Sie entsandte dorthin ihren besten Staatsmann, den Grafen Kaunitz, der sich zuerst auf dem sehr schwierigen Boden von Turin, sodann in den Niederlanden höchlichst bewährt hatte. Nach dem frühen Tode der Erzherzogin Maria Anna hatte Kaunitz bis zum Eintreffen des Witwers Karl die Regierung selbst geleitet.

Als der österreichische Unterhändler am 10. März 1748 zu Aachen eintraf, fand er die Engländer entschlossen, sich unter Aufopferung des österreichischen Parmas und Piacenzas mit den Spaniern zu verständigen. Neue österreichische Versuche, mit Frankreich sich zu einigen, scheiterten. Das Gewirr der Verhandlungen in und um Aachen zeigte nirgends einen Ausweg für die Kaiserin, um die geforderten Opfer in Italien herumzukommen.

Inzwischen hatten die Franzosen, stark vom Ehrgeiz des Marschalls Moritz von Sachsen bestimmt, der gern seine Feldzüge mit der Eroberung von Maastricht krönen wollte, nochmals den Feldzug eröffnet. Es klingt menschlich erwärmend, wenn angesichts dieser neuen Kampferöffnung der österreichische Hofkanzler Graf Ulfeld an Kaunitz schrieb: „Ich möchte nicht an der Stelle von Puysieux sein und alle die, welche noch bei Maastricht und in Italien getötet werden, auf meinem Gewissen haben, da er doch das Mittel in der Hand hat, den Frieden mit einem Federzug zu machen."

Maastricht mußte nach zäher Verteidigung am 10. Mai 1748 kapitulieren, und auch in Italien hatte die Franzosen im Februar bei Voltri einen Erfolg erzielt, was ihre Stellung in Aachen stärkte.

Der Abschluß der von den Engländern bereits weitgeführten Verhandlungen ließ den in Wien allmählich verhaßt gewordenen Robinson als britischen Vertreter nach Aachen abgehen. Noch am 30. April hatte es zwischen ihm und der erbitterten Kaiserin, der er den Beitritt zu den schon abgeschlossenen Präliminarien abverlangte, eine wahre Szene gegeben. Die Kaiserin begann mit einer leidenschaftlichen Erklärung an den Gesandten selbst. „Ihr, Sire", sagte sie, „der Ihr so viel Schuld trägt an der Opferung Schlesiens, Ihr, der Ihr mehr als irgend jemand dazu beitrugt, daß ich dem König von Sardinien so viele Abtretungen machte — hofft Ihr mich nochmals zu überreden? Nein, ich bin weder ein Kind noch eine Närrin." Sie endete ihre Ansprache mit der empörten Erklärung, die ihre ganze Entrüstung über das ihr durch England Widerfahrene zum Ausdruck brachte: „Gott, Gott, wie bin ich von diesem Hofe behandelt worden."

Am 25. Mai stimmte sie dann doch dem Beitritt Österreichs zu den Präliminarien zu, da Kaunitz keinen Ausweg zu finden vermochte. Frankreichs immer wieder aufscheinende Bereitschaft, mit sich reden zu lassen, lief doch stets nur in das stete Ziel der Versailler Staatskunst hinaus, die alten Bundesgenossen gegeneinander auszuspielen. Triumphierend bemerkte der französische Unterhändler St. Severin am 6. Mai: „Jetzt ist Frankreich fast am Ziel seines großen Planes, das Haus Österreich zu demütigen."

Die Bedingungen des Aachener Friedens waren für die Kaiserin bitter genug: Nicht nur, daß sie keine Entschädigungen für die Abtretungen erhielt, die sie auf Grund des Wormser Abkommens für die so zweifelhafte Hilfe Sardiniens bezahlen mußte, auch die Ausstattung des Bourbonen Philipp mit Parma, Piacenza und Guastalla erfolgte auf ihre Kosten. Für den Fall seines Todes allerdings oder seiner Berufung auf den neapolitanischen Königsthron sollten diese Gebiete an den augenblicklichen Besitzer zurückfallen, der für Piacenza übrigens der König von Sardinien war, von dem sich eine Garnison in der Stadt befand. Österreich erhielt wohl die Niederlande zurück, aber die drückenden Bestimmungen des Barrièretraktats blieben aufrecht, obwohl die holländischen Besatzungen, deren Unterhalt die Provinzen jährlich 500 000 Gulden kostete, im Ernstfall sogleich die Waffen niederlegten. Gewiß wurde jetzt die Kaiserwürde Franz Stephans auch von Frankreich und Spanien anerkannt, und die Pragmatische Sanktion, mit Ausnahme der Gebiete, die schon Karl VI. abgetreten hatte, und derjenigen, die nun in den Besitz von Spanien und Sardinien übergingen, anerkannt. Gleichzeitig aber wurde dem König von Preußen, an dem den Seemächten so viel lag, der Besitz von Schlesien und Glatz gewährleistet. England, das den Franzosen Kap Breton wiedergab, erhielt die im Jahre 1713 ihm gewährten Vorteile beim Negerhandel erneut bestätigt, und der britische Thron des Hauses Hannover wurde gewährleistet.

So die Bestimmungen des Friedens, der am 18. Oktober 1748 zu Aachen unterzeichnet wurde, und dem dann Österreich am 23. beitrat, nachdem sich jede Hoffnung, einzelne Punkte befriedigender zu gestalten, als unbegründet erwiesen hatte. Nicht Glückwünsche, wie sie der neue englische Gesandte in Wien, Keith, vorbringen zu müssen glaubte, sondern Beileidsbezeigungen fand die Kaiserin nach einem solchen Frieden am Platze.

Und doch, wie mächtig, anscheinend unaufhaltsam war der feindliche Ansturm seit 1741 gewesen und wie tapfer war er bestanden worden! Die Einbußen in Italien betrafen Randgebiete, so sehr sie bei der unbezwungenen Kraft der österreichischen Truppen daselbst als unverdient empfunden werden mußten. Der schmerzlichste Verlust blieb Schlesien und die mit ihm verbundene Konstellation einer ständigen Bedrohung durch Preußen.

Maria Theresia durfte sich sagen, daß sie ganz anders abgeschnitten hatte als ihr Vater in seinen beiden letzten Kriegen. Ungebeugt, wie nur je ein Mitglied ihres Hauses, hatte sie in den härtesten Stürmen ausgeharrt. Ihre Armeen hatten schwere Schläge ausgeteilt und das Prestige Frankreichs tief getroffen. Sie hatte für ihren Staat und ihr Haus einen neuen Anfang gesetzt, wo Kardinal Fleury schon erklärt hatte: „Das Haus Österreich hat aufgehört zu existieren."

DIE JUNGE KAISERIN

Betrebt, über seine Gegnerin genau unterrichtet zu sein, hatte Friedrich seinen ersten Wiener Gesandten nach dem Dresdener Friedensschluß, den Grafen Christoph Otto von Podewils, beauftragt, ihm auch Charakterbilder von Maria Theresia, dem Kaiser und den wichtigsten Männern am Hofe zu senden.

Der Gesandte, ein kluger Mann, berichtete, da er nur sehr schwer Fuß fassen konnte, spät, aber eingehend. Ihm haben wir ein genaues Bild der Kaiserin zu danken, das die Gemälde ihrer Porträtisten gut ergänzt, zumal es alsbald zu einer Schilderung des Charakters übergreift.

Podewils schreibt am 18. Jänner 1747, Maria Theresia nähert sich damals dem dreißigsten Lebensjahre: „Ihr Wuchs ist eher über als unter Mittelgröße. Er war vor ihrer Heirat sehr schön, aber die zahlreichen Geburten, die sie durchgemacht hat, dazu ihre Körperfülle, haben sie äußerst schwerfällig werden lassen. Trotzdem hat sie einen ziemlich freien Gang und eine majestätische Haltung. Ihr Aussehen ist vornehm, obgleich sie es verdirbt durch die Art sich zu kleiden, und obgleich sie der kleine, englische Reifrock, den sie trägt, entstellt.

Sie hat ein rundes, volles Gesicht und eine freie Stirn. Die gut gezeichneten Augenbrauen sind, wie auch die Haare, blond, ohne ins Rötliche zu schimmern. Die Augen sind groß, lebhaft und zugleich voll Sanftmut, wozu ihre Farbe, die von einem hellen Blau ist, beiträgt. Die Nase ist klein, weder gebogen noch aufgestülpt, der Mund ein wenig groß, aber ziemlich schön, die Zähne weiß, ihr Lächeln angenehm, Hals und Kehle gut geformt, Arme und Hände wundervoll. Ihr Teint muß es nicht minder gewesen sein, nach dem was man noch sieht, trotz der geringen Sorgfalt, die sie darauf verwendet hat. Sie hat gewöhnlich viel Farbe. Ihr Gesichtsausdruck ist offen und heiter, ihre Anrede freundlich und anmutig. Man kann nicht leugnen, daß sie eine schöne Person ist."

Soweit die Schilderung der äußeren Erscheinung. Drei Jahre später nennt sie der holländische Sondergesandte Graf Bentinck „noch eine schöne Frau".

Der Preuße versucht auch den Charakter zu schildern, wobei ihm freilich Amt und Herkunft die Feder führen. Nach seiner Schilderung habe sich Maria Theresia zuerst bemüht, die Liebe ihrer Untertanen zu erlangen, damit aber ihrem Wesen Zwang angetan. „Die Lobeserhebungen", setzt er jedoch fort, „die alle Welt an sie verschwendet hatte, und viel Eigenliebe ließen sie einen hohen Begriff von ihrer Naturanlage und ihrer Fähigkeit fassen und machten sie herrisch. Sie hörte nur ungern auf Ratschläge, duldete keinen Widerspruch, suchte eher Furcht als Liebe zu erwecken, gab sich nicht weniger stolz als ihre Ahnen, behandelte viele mit Hochmut, zeigte sich rachsüchtig und unversöhnlich, hörte oft mit Ungeduld die Klagen, die man ihr vorbrachte, versuchte in die Vorrechte der Ungarn einzugreifen, bedrängte die Protestanten und half fast keiner ihrer Beschwerden ab, gab einen schlechten Begriff von ihrer Frömmigkeit, indem sie der Religion so wenig Ehrerbietung bezeigte, daß sie eines Tages zu Pferde zur Kirche kam, was bei der Geistlichkeit stärksten Anstoß erregte, und ihr von ihr öffentliche Vermahnungen eintrug."

Freilich widerspricht der Berichterstatter noch im gleichen Schreiben den etwas stark aufgetragenen Aussetzungen, was er geschickt einleitet: „... wenn die Königin auch nicht alle Eigenschaften besitzt, die sie zuerst in einem so hohen Maße zeigte, daß sie ihr die Bewunderung aller Welt erwarben, so verdient sie dennoch nicht weniger Lob. Es scheint sogar, daß sie den Schaden erkannt hat, den sie sich selbst zugefügt hat, und versucht, ihn wiedergutzumachen."

Unmittelbar folgend berichtet er dann von ihrem lebhaften Geist, ihrem guten Gedächtnis und Urteil, ihrer Gabe sich zusammenzunehmen, ja zu verstellen. Ihre Anrede sei fast immer freundlich und anmutig und flöße den Schüchternsten Mut ein. Sie habe ein einnehmendes Benehmen, höre mit Geduld und Güte an und nehme selbst Bittschriften entgegen. Wie schön aber klingt es aus dem Munde des Feindes, wenn es bei Podewils weiter heißt: „... sie hat mehr als einmal gesagt, was sie am heißesten von Gott erbitte, sei, daß er ihr die Augen über die Staatsgeschäfte öffne." Der Gesandte betont ihr großes Interesse für das Militär und ihr Bemühen, „die Charaktere und Fähigkeiten ihrer Generale zu ergründen. Sie selbst hat nach eigener Wahl alle diejenigen ernannt, die in dem letzten italienischen Feldzug gedient haben, und von denen jedermann versichert, sie seien die Auslese ihrer Offiziere." Sie suche den Heeresetat in Ordnung zu bringen, was ihr nach der Meinung des Gesandten schwerlich gelingen würde. Die Minister und Generale stünden jeder Reform im Wege. „Es ist sicher," schreibt er weiter, „daß sie eine Zeit lang ernsthaft beabsichtigt hat, das Kommando über ihre Armeen selbst zu führen."

Mischung von richtiger Beobachtung und leichter Verzerrung, wie sich diese aus seinem Amte herleitet, ist es, wenn Podewils feststellt: „Sie gibt sich überhaupt Mühe, die Schwächen ihres Geschlechts zu verleugnen, und strebt Tugenden an, die am wenigsten zu ihr passen und die Frauen selten besitzen. Es scheint, als sei sie ärgerlich, als Frau geboren zu sein. Sie nimmt keinerlei Rücksicht auf ihre Schönheit, setzt sich ohne Schonung den Unbilden der Witterung aus, ergeht sich mehrere Stunden in glühender Sonne und bei Kälte, die sie viel besser verträgt als Hitze. Sie verwendet nicht viel Sorgfalt auf ihren Putz, und, außer an Galatagen, kleidet sie sich, wie nach ihrem Beispiel der ganze Hof, sehr einfach ... Sie nimmt wenig Arzneimittel und verläßt sich dabei auf ihre gute Konstitution. Wenn sie sich noch so erhitzt hat, setzt sie sich oft mitten im Winter ans Fenster, das sie in dem Zimmer, in dem sie ist, öffnen läßt, was fast jedermann außer ihr belästigt. Ihre Ärzte sagen ihr immer wieder, daß sie es bereuen wird, aber sie lacht nur darüber."

Auf ihren Gemahl, mit dem sie eine „bürgerliche Ehe" führen wolle, sei sie sehr eifersüchtig. Selbst ohne Koketterie, wolle sie diese von ihrem Gemahl fernhalten. „Sie liebt den Kaiser aufrichtig, aber sie verlangt von ihm auch große Anhänglichkeit." Wir zitieren das Folgende mit einigem Vorbehalt, zumal es zweifellos die Auffassung eines französischen Beobachters wiedergibt: „Man behauptet, daß ihre Liebe zu diesem Fürsten zum Teil durch ihr Temperament und die guten Eigenschaften, mit denen er ihm genügen kann, bedingt ist. Man betrachtet unter anderem den geringen Einfluß, den er, trotz ihrer Liebe für ihn, auf ihren Geist hat, als einen Beweis dafür. Es ist mir aus guter Quelle versichert worden, eines Tages während einer Konferenz habe die Kaiserin, die eine Meinung mit großer Wärme gegen die Ansicht ihrer Minister verteidigt hatte, dem Kaiser, als er seine Auffassung bekanntgab, in sehr scharfer Weise Schweigen geboten, in dem sie ihm zu verstehen gab, daß er sich nicht in Angelegenheiten mischen solle, von denen er nichts verstände. Der Kaiser grollte deswegen einige Tage lang, und beklagte sich gegenüber einem seiner Günstlinge, einem lothringischen Obersten, namens Rosiéres. Dieser antwortete: ‚Sire, erlauben Sie mir zu sagen, daß Sie die Kaiserin falsch behandeln. Wenn ich an Ihrer Stelle wäre, würde ich sie wohl zwingen, sich mit mir besser zu stellen, und ich würde sie so schmiegsam wie einen Handschuh bekommen.' ‚Wie denn?', fragte der Kaiser. ‚Ich würde getrennt schlafen', antwortete der Oberst. ‚Glauben Sie mir, daß sie Sie auf diese Art liebt, und daß Sie so alles bei ihr erreichen werden'."

Zweifellos aber war es eine glückliche Ehe, in der die Kaiserin, als Podewils berichtet, schon mehr als zehn Jahre lebte. Gewiß trug der Gemahl schwer an seiner Stellung und wohl auch an dem Gefühl des Abstands seiner Begabung von der ihren. Und gewiß litt er gelegentlich unter der Impulsivität ihres Wesens, ohne daß sie es wahrgenommen hätte, wie denn lebhafte Naturen so oft nicht begreifen wollen, wie sehr sie eine anders geartete Umgebung beirren. Franz Stephan jedoch, dem seit der Kaiserwahl ja auch die höchste Würde der Christenheit zuteil geworden war, blieb doch immer das Haupt der Familie und besaß seinen Umkreis von Tätigkeit, Liebhabereien und Vergnügungen, der ihn beschäftigt hielt. Allerdings ein Kaiser im Sinne reichsgeschichtlicher Vorstellung war er nicht mehr. Insofern war seine Person ein Symbol des Machtabstiegs der einst weltumspannenden Würde.

Solang die alte Kaiserin Elisabeth Christine lebte, war sie Gegenstand zärtlicher Liebe der Tochter, so wenig diese auch der Mutter einen Einfluß auf die Regierungsgeschäfte einräumte. Bei der Lothringer Schwiegermutter wurde ihr die gleiche Verehrung auch von Franz Stephan und Karl entgegengebracht. War man von Wien abwesend, galt ihr bei der Rückkehr der erste Besuch. Um der Kränklichen einen eigenen Landsitz in der Nähe von Schönbrunn zu schaffen, kaufte die Kaiserin 1744 vom Deutschen Ritterorden den Thunhof in Hetzendorf und ließ an seiner Stelle durch Pacassi, der den Schloßbau von Schönbrunn vollendete, ein edelgestaltetes Schlößchen errichten, das in seiner Innenausstattung, von den leuchtenden Fresken Daniel Grans im großen Saale bis zu den Schnitzereien, Stuckarbeiten und chinesischen Lackbildern, ein Schmuckkästchen wurde.

Die Kaiserin nahm ihrerseits an den Geschicken ihrer Tochter lebhaft teil. Als am 31. Jänner 1745 der Erzherzog Karl geboren wurde, ging nach Khevenhüllers Aufzeichnung die schwerbewegliche Frau, „ob sie zwar ihres bekannten Zustands halber zu schwach an Füßen, daß sie kaum stehen kann und sich immer tragen lassen muß, ... aus der nämlichen Emotion von Freuden mit verwunderlicher Geschwindigkeit zum Fenster, um solches zu eröffnen und selbst hinunter zu schreien, daß ein Erzherzog geboren worden sei".

Weit strenger als die Tochter hielt Elisabeth Christine am Zeremoniell fest. Sie erlaubte der jüngeren Tochter Maria Anna lang nicht, an Festtagen mit Personen des Hofstaates an einem Tisch zu speisen, da sie als Kaisertochter allein serviert bekommen müsse. „Sie hängt sehr an den Gebräuchen des alten Hofes und hat sie fast alle bewahrt," sagt Podewils.

Als die seit Jahren an beständiger Rose und an den Füßen leidende Frau, tiefbetrauert 1750 starb, war mit ihren Appartements auch die Türe zum Vaterhaus zugegangen. Stärker machte sich ja auch nun von Jahr zu Jahr das Heranwachsen der eigenen Kinder bemerkbar, von denen das älteste, die Erzherzogin Maria Anna, bereits 12 Jahre alt war.

Wie aber vollzog sich das persönliche und das Leben am Hofe inmitten der acht Jahre, da die Königin und dann Kaiserin mit hochgeschwellten Hoffnungen, oft aber auch von Sorgen gequält, ja einmal gar unsicher, ob ihr überhaupt ein Ort bleiben würde, wo sie das Kind, das sie eben damals trug, zur Welt bringen könnte, im Kampfe gegen eine Übermacht von Feinden stand? Gab es für sie überhaupt ein Privatleben, etwas, das nicht von den Bedrängnissen des Staates angerührt war?

Es ist geradezu überraschend, daß es tatsächlich ein solches gab. Und es war ein helles, ein fröhliches, ein Leben, das, sittlich durchaus einwandfrei, an Heiterkeit und Daseinsfreude jedes andere in Europa überstrahlte, zumal hier der Hof mit dem hohen Adel geradezu eine Familie darstellte. Es war ein Herrscherleben in Pracht und Sicherheit, geborgen in der Hingabe des Volkes, noch so selbstverständlich und unbeschwert, wie dies das Märchen von einem Königsleben annimmt. In Wien thronte der Herrscher nicht in der Unnahbarkeit, hier war er auch nicht der despotische Gestrenge wie Friedrich. Man muß die Tagebücher des echten Barockmenschen Khevenhüller lesen, nicht flüchtig durchstöbern, sondern sich hineinleben, um sich einen Begriff machen zu können, wie in Wien selbst inmitten der schwersten Stürme des Erbfolgekrieges und der Schlesischen Kriege das heitere Leben sich sein Recht wahrte, und wie eine junge Herrscherin mit ihrem Gemahl und den Getreuen ihrer Länder eine Fülle von Festen und Feierlichkeiten, von musischen Veranstaltungen, wie von Spiel und Tanz und frohen Gesellschaftsfahrten erströmen ließ. Die Macht der Sorge wurde hier bei temperamentvollst durchlebter Not doch niemals anerkannt.

Wir staunen über die Lebenskraft dieser jungen Maria Theresia. Da berichtet Khevenhüller über die Fastnacht von 1743, freilich eines sich erfolgreich anlassenden Jahres, wo man Ursache hatte, froh zu sein: „Den 27. als in der Fastnacht speisten I. M. mittags in Gesellschaft einiger dazu geladener Damen und Cavalliers (worunter auch meine Frau und ich zu sein die Ehre gehabt) bei den Printz Carl zu Möllerstorff, einen kleinen, etwas mehr als eine Meill von hier zwischen Laxenburg und Baden nächst Draiss Kirchen von dem seel. Feldmarschall Philippi ganz neu erbauten Schlößl ... Nach dem Essen wurde bis gegen acht Uhr abends gedanzet und sodann nach der Burg zurückgekeret, all wo I. M. en petite compagnie soupieren und mit selber nach dem Soupé sich in Maschera als Ländler Bauern und Bauerinnen auf den Bal in den Balhaus und nachdem sie sich zuvor in einen Domino überkleidet, auf die Meelgruben verfügten alldorten einige Contredances danzten, sodann widerummen in das Ballhaus zurückkerten und den Keraus, welcher erst gegen acht Uhr fru sich geendiget beiwohnten.“ Ohne danach auszuruhen, verbrachte die Königin den angebrochenen Tag, um sich an dessen Ende „nich früher als sonsten zu Bett zu begeben.“

Sorge erhebt sich über diese Verschwendung von Lebenskraft. Es wurde

— wieder Khevenhüller — „verschiedenes glossiret; man erinnerte sich sonderheitlich des traurigen Beispills Kaiser Josephi und ware besorget, die Frau, so noch keine Blattern gehabt, mögte sich das Geblüt zuvill erhitzen und leichtlichen glaiches Uebl sich zuziehen, da doch an ihrer Conversation das Heil so viller Länder gelegen." Überhaupt, und hier spricht der Getreue eine Sorge aus, die sich später erfüllen sollte — „ist nicht genug zu bedauern, daß die Frau so sehr auf ihre Gesundheit stürmet und hierinnfalls gar keinen noch so wohlmeinenden Rat anhören will."

Sie war eine begeisterte Tänzerin, die Theresia. Gern maskierte sie sich, die bayrisch-österreichische Neigung zum Theater war lebendig in ihr. Nie war sie, wie wiederum Khevenhüller zum selben Jahre 1743 bemerkt, so erfreut, „als wenn sie sich so verstellet, daß mann Sie nicht kannte, wie wollen es Ihnen selten gelungen; sonderlich wurden Sie an ihrer hurtigen und freien Demarche gar bald erkannt".

Fröhlich erlebte man und genoß man die Jahreszeiten. Auf munteren Rennschlitten ging es in die Winterlandschaft hinein. Fröhlicher Tafel, zu der man sich gern auch beim hoffähigen Adel einlud, folgten Kinderkomödien und Kinderbälle, auf denen auch die jungen Erzherzöge und Erzherzoginnen auftraten. Opernaufführungen wurden musikverständig aufgenommen, daneben gab es die deutsche und die französische Komödie.

Die Herscherin scheut die Fühlung mit ihren vornehmen Untertanen keinesfalls. Sicher ihres Herrschertums darf sie sich auch einen munteren Spaß erlauben, wie den vom 17. Februar 1744. Da warten in einem nur von einer Kerze erleuchteten, also halbdunklen Raum dreiunddreißig als Harlekine verkleidete Damen auf ihre gleichfalls als Harlekine verkleideten Tänzer, die nach der Nummer aufgerufen, einzeln in das Zimmer gelassen werden, um sich rasch und ohne viel umzuschauen, eine Tänzerin zu holen und sich mit ihr durch eine andere Türe zur Redoute zu verfügen. Dem Grafen Schlick wird bei dieser Wahl im Dunklen die Königin zuteil. Wieder wird erst im Ballhaus, dann auf der Mehlgruben getanzt, und wieder bricht der Wintermorgen an, ehe man auseinandergeht.

Noch blühen die prächtigen Feste des Barock, wenn auch der Glanz und Aufwand früherer Zeiten, etwa gar des Roßballetts Kaiser Leopolds I., nicht mehr erreicht werden. Jedoch das Damenkarussell, ein Rennen der Frauen zu Roß und in Birocci, das in der gedeckten Reitschule abgehalten wurde, muß schon ein großartiges Schauspiel gewesen sein. Die Königin nahm daran teil, obwohl es ihr die Ärzte wegen eingetretener Schwangerschaft nicht gestatten wollten. Tagelang mußte sie ja in der Reitschule proben, ehe die erforderliche Einübung geschehen war. Allerdings ritt die Königin als fast einzige der Frauen und Fräulein „weiberisch". Das Reiten, das Maria Theresia erst aus Anlaß der ungarischen Königskrönung erlernt hatte, wurde seitdem für sie geradezu eine Leidenschaft. Der preußische

Gesandte berichtet, sie reite so schnell, daß es zum Fürchten sei. Es sei eines ihrer größten Vergnügen geworden. Rasch bürgerte sich durch das Beispiel der Königin das Reiten von Frauen in Wien ein, und es wurde ein ärgerlicher Anblick, daß selbst bejahrte Damen dieser Belustigung huldigten.

An der Jagd fand Maria Theresia in echter Weiblichkeit keinen Gefallen. Nur, um ihrem Gemahl eine Freude zu bereiten, nahm sie gelegentlich an einer solchen teil. Sie schoß aber dann nicht, während ihr Gemahl der Jagd unter den vielen Zerstreuungen, die sein einer eigentlichen Ausfüllung entbehrendes Leben bedurfte, leidenschaftlich huldigte.

In einer anderen Passion übertraf die Herrscherin bald ihren Gemahl. Es war das Pharao-Spiel, ein Hazardspiel mit großen Einsätzen. Der übrigen Gesellschaft war es verboten. Der Hof gab kein gutes Beispiel, indem er für sich das Recht der Ausnahme geltend machte. Dieses Spiel mit seinem lebhaften Glückwechsel sagte offenbar dem Temperament Maria Theresias zu. Einmal habe sie dabei, so berichtet Podewils, 100 000 Dukaten verloren. Lange Zeit hindurch finden wir dieses Spiel bei allen behaglichen Gelegenheiten.

Im privaten Umgang bewährte die Herrscherin das gleiche Geschick, das sie in der Öffentlichkeit etwa bei Behandlung der ungarischen Adelsabordnungen bekundete. Ihre „einnehmerische Art" nennt es Khevenhüller, der ja in Waltung seiner Amtspflichten sehr häufig um sie war. Er selbst erlag diesem Zauber zweimal, wo es ihm sauer genug fiel. Das erstemal war es, da sie ihn veranlaßte, zur Kaiserwahl nach Frankfurt abzugehen, obwohl sich der Getreue wie ein Aal wand. Denn es war zu gewärtigen, daß dieses Geschäft eine große Summe Geldes kosten würde. Es lag auch nicht mehr in seinem Wirkungskreise, da er ja die diplomatische Laufbahn quittiert hatte. Außerdem war es, wie der allzeit Rang- und Etikettekundige feststellte, „auf eine gewisse Weise infra meam dignitatem", da er ja „obrister Hofmarschall" und Toisonist (Ritter des goldenen Vlieses) war. Was konnte er aber machen? Seufzend und doch gerührt, vertraute er seinem Tagebuche an: „Die Frau hat die besondere Gab von Gott, deren Leuth Hertz und Willen durch ihre freundliche Art also einzunehmen, daß mann ihr nichts abschlagen kann." Die Leidtragenden dieser Frankfurter Reise sind übrigens wir geworden, da aus diesem Grunde der anscheinend durch seine Mission über die Maßen beschäftigte Chronist vom 3. Juli 1745 bis zum Ende des Jahres keine Aufzeichnungen mehr machte. Auch bei der zweiten Gelegenheit nützte Khevenhüller sein Weh und Ach nichts, nämlich, als ihn die Kaiserin am 2. Juli 1746 aufforderte, etwas für die notleidende Armee in Italien zu geben. Als Beispiel für die Anderen, wie sie es hypnotisch einkleidete. Khevenhüller führte alles ins Treffen, was ein überraschter Hausvater gegen einen solchen Einbruch in seine Kasse aufzubieten vermochte: seine eigenen mißlichen Umstände; daß er sein Vatergut durch die Reise zur Kaiserwahl fast völlig aufgezehrt; daß er über das Vermögen seiner Frau und seiner Kinder nicht wohl verfügen dürfe. Es half ihm nichts. „Allein zuletzt thate ich doch mein äußerstes und versprache ihr 20.000 fl." Was diese Summe bedeutete, vermögen wir am besten zu ermessen, wenn wir uns vor Augen halten, daß Grund und Gebäude des Schlößchens in Hetzendorf, als es Maria Theresia für ihre Mutter erwarb, zwei Jahre vorher 22 000 fl. kosteten.

Große Freude empfand Maria Theresia zeitlebens an der Musik. Ihrer Erziehung gemäß spielten die italienischen Meister für sie allerdings bei weitem die erste Rolle, vor Hasse und Gluck. Auch später, als schon Mozart und Haydn ihre Triumphe errangen, vermochte ihnen die Kaiserin nicht voll gerecht zu werden. Sie selbst sang und spielte Klavier. Der holländische Sondergesandte Graf Bentinck hatte 1750 über Vermittlung des Kaisers Gelegenheit, sie zu hören. Sein Bericht atmet die Ursprünglichkeit, die dieser Frau gegeben war. „Die Kaiserin war sehr befangen und sagte dies auch. ‚Ich muß wohl eine sehr gute Freundin von Ihnen sein', fügte sie hinzu, ‚um das zu tun, was ich jetzt tue.' Endlich setzte sie sich ans Klavier und sang eine Arie, dann noch eine, die schon besser, eine dritte, die noch viel besser war. Nun wollte sie aufhören, aber der Kaiser drang so lange in sie, bis sie noch drei Stücke zugab. Ich war außerordentlich überrascht, ja entzückt über das, was ich hörte, und über die Anmut, mit der sich die Kaiserin betrug, daß ich mich nicht enthalten konnte, ihr zu sagen, sie gemahne mich an jene Märchenprinzessinnen, denen bei ihrer Geburt eine gute Fee alle möglichen köstlichen Gaben in die Wiege lege. Die Kaiserin entgegnete lachend: ‚Aber, es ist immer auch eine böse Fee dabei, die alles wieder verdirbt'."

Wie vollzog sich das tägliche Leben der Herrscherin?

Sie ließ sich durch den Grafen Sylva Tarouca, einen Portugiesen, der seit 1715 im kaiserlichen Heere diente und seit 1740 Rat in der niederländischen Kanzlei, nach Maria Theresiens Regierungsantritt aber deren Präsident und später auch Präsident des obersten italienischen Rates und zudem Hofbaudirektor war, etwa 1741 eine Tageseinteilung entwerfen, wonach sie um acht Uhr früh aufstehen, eine Stunde für Anziehen, Frühstück und Messe, darauf eine halbe Stunde für die Kinder und etwa zweieinhalb Stunden für die Geschäfte verwenden sollte. Eine Erholungspause von einer Viertelstunde leitete zum Mahle über, das, pünktlich um halb ein Uhr genommen, eine Stunde dauern durfte. Es folgte der Kaffee, sodann die erneute Beschäftigung mit den Kindern, unterbrochen durch einen Besuch bei der alten Kaiserin. Daraufhin die Hauptarbeit des Tages, viereinhalb Stunden, bis das Abendessen begann. Die anschließende Zeit bis Mitternacht, wo sie schlafen ging, sollte dem Vergnügen gewidmet sein. Der Ratgeber, dem Maria Theresia bis zu seinem Tode das größte Vertrauen entgegengebracht, ja ihn einen Freund nannte, schärfte ihr, weil er wohl ihre Unachtsamkeit kannte, ausdrücklich ein, den Kaffee immer heiß zu trinken und das Essen nicht kalt werden zu lassen. Podewils gibt uns allerdings eine ganz andere Tageseinteilung wieder. Nach seinem Bericht stand die Kaiserin im Winter um sechs Uhr, im Sommer um vier oder fünf Uhr morgens auf, was uns wahrscheinlicher erscheint. Er berichtet von Spaziergängen, die in den Tagesablauf eingefügt seien.

Wie liebenswert aber klingt es, als sie dem Mahner Tarouca einmal sagt: „Sprechen sie immerhin fort, wenn ich auch ihren Rat nicht gleich befolge, ihre Worte kommen mir später doch zu Sinn!“

Die Kaiserin war eine zärtliche Mutter. Sie ließ sich selbst nachts bei auch nur geringen Kränklichkeiten der Kinder wecken. Ihre Güte wurde aber niemals zur Schwäche. Ihrem Erstgeborenen, der das Glück der jungen Mutter ausmachte, ließ sie einmal die Rute geben und erklärte auf den Einwand, daß Erzherzoge noch nie so gezüchtigt worden seien, entschieden: „Ich glaube es gern, man hat es ihnen aber auch angemerkt.“

Ihr rasches, natürliches Wesen konnte der Etikette nicht hold sein. Das war eine Quelle von Leid für Khevenhüller. Aus Amt und Gesinnung hielt er an dem alten, durch das Herkommen oder die Vorschrift Geheiligten fest. Er suchte die unter der neuen Regierung eingetretenen „Unordnungen und Mißbräuche abzustellen und unserem Hoff widerummen einige Form zu geben“. Der Hof sei zu jung, die frühere Etikette „genirte“ die Herrschaften in vielem, und der Übergang vom kaiserlichen zum königlichen und dann wieder zum kaiserlichen Zeremoniell habe die Unordnung gemehrt. Durch solche Unordnung ergab sich einmal ein Durcheinander in den Kleidern der Damen. Die Einen hatten „Reiche“, die Andern „glatte Hoff Röcke“. Der Chronist grollt: „Allein so gehet es immer, wann keine ordentliche und legale Etiquette ist, wie es leider an unseren Hoff dermahlen zugehet, wo ein jeder schaffen und hoffmeistern will und, nach dem Sprichwort, niemand mehr weis, wer Koch und Kellner seie.“

Es wurmt ihn richtig, daß bei der Niederkunft von 1748, die noch dazu eine unglückliche wurde, „die Frauen deren Hoffämtern“ nicht zugegen waren, abschon es die alte Etikette erforderte, man „mithin der Kaiserin der bloßen Willkuhr der Hebamme und des Prothomedici Van Swieten überlassen habe, wo doch in dergleichen Fählen nicht genugsamme Vorsichtigkeit gebraucht werden kann und das Volck — wann der Frauen was geschehen wäre — über den Kaiser und uns alle bei Hoff (daß wir selbe vernachlässigt hätten) zu schreien und zu klagen Ursach über Ursach gehabt haben wurde“.

Die Kaiserin liebte die vielen Handküsse und die vorgeschriebenen tiefen Verbeugungen gar nicht. Sie haßte Umständlichkeiten. Die Empfänge bei ihr waren gegen früher erheblich erleichtert. Die sogenannten „Zutrittsfrauen" durften sich an bestimmten Tagen ihr ohne Erlaubnis nähern und wurden oft der Mahlzeit zugezogen. Ebenso war es mit den Geheimen Räten und Kammerherrn und höchsten militärischen Rängen. Nur Fürsten und die Gesandten wurden in der „Retirada", dem Wohnraum der Kaiserin, empfangen, sonst geschah es im „Appartement", in Schönbrunn bei schönem Wetter auch im Freien.

War Karls VI. Lieblingsschloß die Favorita gewesen, Schönbrunn wurde es für die Tochter.

Das Schloß, das geradezu Symbol für den theresianischen Herrschaftsstil sein sollte, hatte eine alte Geschichte. Als Katerburg bestand es schon im sechzehnten Jahrhundert. Es hatte die Auflage, aus seiner Brunnenstube — daher der spätere Name Schönbrunn — das Wasser für die Hofburg zu liefern. Das Schloß wurde 1683 von den Türken zerstört. Kaiser Leopold I. aber ließ auf seinem Platze für seinen Sohn Josef, den nachmaligen Kaiser und damaligen römischen König, einen Sommerpalast erbauen. Kein Geringerer als Bernhard Fischer von Erlach schuf den Entwurf. Leider kam es nicht mehr zur Vollendung des Werkes. Es wäre ein zweites Versailles geworden. Karl VI. vernachlässigte nach dem frühen Tod des Bruders den Bau, den nun Maria Theresia durch den Italiener Pacassi als ein Rokokoschloß vollenden ließ. Der äußere Bau war 1748 fast völlig fertiggestellt, nun folgte die Innenausstattung, in der sich der leichtere, liebliche, schwebende Geist des Rokoko voll auszuleben vermochte. Es wurde immer mehr ein kostbares Schmuckkästchen, Symbol einer noch reich blühenden Kultur und einer realen Macht. Bis nahe an den Tod Maria Theresias, die in Schönbrunn lieber war als in der Hofburg, reichten ihre Bemühungen um das Schloß, besser gesagt, nunmehr den Garten und seine Ausschmückung mit Statuen. Kaunitz, der ihre auswärtige Politik zur Höhe führen sollte und seit 1753 ihr Herrscherleben begleitete, wurde in seiner Vielseitigkeit ihr Ratgeber dabei. Es war später allerdings das Bauen einer alten Frau, Vollendung eines Angefangenen, von vielen Zweifeln und Anfechtungen begleitet. Immerhin entstand durch Hetzendorf von Hohenheim auch da noch ein bauliches Juwel, die weithin schauende Gloriette.

Wieviel Freude und Glanz des jungen Herrscherlebens sah das erstehende Schloß! Mitten im Krieg, zum Ärger des englischen Gesandten, war es erbaut worden, als er ausklang, stand es äußerlich fertig. Die Herrscherin aber, die sich des Baues erfreuen wollte, war damals nicht mehr so lebensfroh wie noch wenige Jahre zuvor. Podewils, der am 17. Jänner 1747 schreibt, berichtet: „... ich habe sie eines Tages sagen hören, daß sie um alles in der Welt nicht noch einmal zu leben anfangen möchte."

FRIEDRICH DER GROSSE

Nach einer Büste von Schadow

ÖSTERREICH ODER PREUSSEN?

HERRSCHERIN UND LANDESMUTTER

Acht Jahre, voll der Sorgen, aber auch der Triumphe, die immer wieder neu anstürmende Bedrängnis überwunden zu haben, acht Jahre voll von Enttäuschungen inmitten tapfer durchgefochtener Kämpfe, hatte Maria Theresia bis zum Aachener Frieden erlebt. Wie oft waren die Fahnen Österreichs vor dem letzten Ziel gestanden, und wie oft war man wieder zurückgeworfen worden! Nicht immer, ja meist nicht durch die unüberwindliche Gewalt der Verhältnisse! Mußte sich die Kaiserin nicht sagen, daß sie im Kampf um ihr Erbe sich stets doch nur auf sich selbst verlassen durfte, daß sie Erfolge errang, wo ihr starker Wille und ihr flammendes Herz eingegriffen hatten, daß aber der Erfolg nur zu oft ausblieb, wo es auf ihre Feldherren ankam? Vom militärischen Sektor her kamen die Enttäuschungen, die unerwarteten Schläge. Das Irrationale der Schlachtentscheidung blieb ihr, der Frau, entrückt, so wunderbar gerade sie in ihrem persönlichen Verhalten, besonders den Ungarn gegenüber, eben aus dem Irrationalen her, die Herzen mitgerissen, Vertrauen begründet, Liebe entflammt hatte.

Was aber in der Maschinerie des Staates nicht stimmte, mußte der Scharfblickenden inmitten der langen Kampfjahre klar werden. So begann sie denn noch während des Erbfolgekrieges bereits eine Tätigkeit, die sie zur Kaiserin des Innern, zur Mutter des Staates werden ließ. Vermochte sie auf den Schlachtfeldern nicht gegenwärtig zu sein, um ihren Geist den Feldherren und Truppen einzuflößen, in der inneren Staatswelt blieb ihr nichts unzugänglich, und sie mußte sich sagen, daß sie durch die Erfolge im Aufbau des Staates zugleich die Grundlage für eine reelle Außenpolitik schuf.

Wir nehmen Abschied von der heroischen Maria Theresia, ihrer ersten Zeit, und lernen eine herrscherlich früh gereifte Frau kennen, die bei allem Feuer, das ihr innewohnt, sich der mühsamen Arbeit der inneren Reformen, die ja zum guten Teil auch eine Aktenarbeit wurde, unterzog. Riß die Heldenkönigin Europa hin, die Kaiserin schuf ein staatliches Leben, das ihrer Monarchie die glücklichsten Tage schenkte und bei allen Wandlungen der Zeit bis zum Ende dieses Staates 1918 fortwirkte. Sie sprach es selbst aus, welcher Wandel in ihr vorging: „Bis zu dem Dresdner Frieden habe herzhaft agiret, alles hazadiret und alle Kräfften angespannet, weilen meinen armen Erblanden nichts Unglückseligeres geschehen könnte, als in Preußische Hände zu verfallen: Wie dann soferne nicht alle Zeit gesegneten Leibes gewesen" — Maria Theresia hat zwischen 1740 und 1745, also in den ersten sechs Jahren ihrer Regierung fünf Kindern das Leben geschenkt — „mich gewiß niemand aufgehalten hätte, selbsten diesem so meineidigen Feinde entgegenzusetzen ... wie gesehen, daß die Hände zum Dresdner Frieden reichen mußte, so habe auch auf einmal meine Gedenkungsart geändert und solche allein auf das Innerliche deren Länder gewendet, umb die erforderlichen Maßreguln zu ergreifen, wie die teutschen Erblande von denen so mächtigsten beeden Feinde, Preußen Türken, bei ermangelnden Festungen und baaren Geldes auch geschwächten Armeen noch zu erhalten und zu beschützen wären."

Sie hatte ja viel Gelegenheit gehabt nachzusinnen, welches die Ursachen der ständigen Finanznot ihrer Vorgänger gewesen seien. Sie fand: die einseitige und zu freigebige Begünstigung von Adel und Klerus.

Die Finanzen aber mußten geordnet werden, denn im Hintergrunde drohte das stets feindliche Preußen. Der König, der je länger je mehr alle Lebenswege der jungen Frau feindlich kreuzte, war die Hauptursache der nun von ihr eingeleiteten Staatsreform. „Und" — wir geben der Kaiserin nochmals das Wort — „seit dem Dresdner Frieden ware mein einziges Trachten, mich von der Länder Situation und force zu unterrichten, hiebei die bey denensselben und in denen Dicasteriis eingeschlichenen Abusus, in deren ansehen alles in dem verwirrtesten, üblesten Stande und Confusion befunden, rechtschaffen zu ergründen und zu erkennen: Diejenigen, die mir hievon connaissance geben sollten, waren dessen nicht capable oder wollten es nicht thun."

Ihr einziger Helfer von Bedeutung war in den großen Staatsgeschäften keineswegs ihr Gemahl, sondern der zwar pedantische, aber tapfere und kreuzbrave Bartenstein gewesen. Nun aber wurde ein anderer ihr Ratgeber und Wegbereiter, als es sich um die Neuordnung ihrer Länder handelte. Es war just in dem Augenblick, da die Kaiserin merken mußte, daß niemand so recht an die Aufgabe heranwollte, die sie stellte. Es galt die Mittel ausfindig zu machen, wie man im Frieden eine Armee von 108 000 Mann, ungerechnet die Truppen der Lombardei, der Niederlande und der Militärgrenze, unterhalten könnte, ohne den übrigen Haushalt des Staates zu vernachlässigen.

In dieser Lage machte sie der Kaiser mit dem Grafen Friedrich Wilhelm von Haugwitz bekannt. Maria Theresia sagte später von ihm, er sei ihr „wahrhaftig durch die Providenz zugeschicket worden. Dann just umb durchbrechen zu können, einen solchen Mann haben mußte, der ehrlich, ohne Absicht, ohne Prädilection und ohne Ambition noch Anhang, der das

Gute, weil es gut erkennet wird, souteniret, nebst einem großmütigen Desinteressement und Attachement vor seiner Landesfürstin, ohne Prävention mit großer Capacität und Freud zur Arbeit auch beständiger Application, das Licht nicht scheuend noch den unbilligen Haß deren Interessirten sich zuzuziehen ..."

Der Mann, dem Maria Theresia eine solche Anerkennung zollte, war als Sohn eines sächsischen Generals um den Beginn des Jahrhunderts geboren und in seiner Jugend zum Katholizismus übergetreten. Noch unter Karl VI. hatte er im Breslauer Oberamt, ungewöhnlich arbeitsam und verwendungsfähig, eine führende Stellung zu erlangen vermocht. Nach dem Berliner Frieden Österreich treu geblieben, war er Präsident der Landesverwaltung des österreichischen Restes von Schlesien geworden. Sehr günstige persönliche Besitzverhältnisse, die seinem Geschick und Verwaltungstalent zugeschrieben wurden, verstärkten den ihm vorauseilenden Ruf besonderer Tüchtigkeit. Hatte Haugwitz nun ein kleines Land zu verwalten, in welchem von den alten hochmögenden Ständen Schlesiens nur mehr wenige Adelsherren vertreten waren, so konnte er um so mehr im Sinne durchgreifender Stärkung der landesherrlichen Gewalt eine neue Verwaltung aufbauen, die sich die benachbarte preußische zum Vorbild nahm. Die Steuerleistungen wurden neu berechnet.

Schon seit dem Hochsommer 1742 wurde Haugwitz seiner Monarchin ein unerbittlicher Mahner. Er setze seinen Kopf zum Pfand, so schrieb er ihr, daß Friedrich, wenn man ihm drei oder vier Jahre Zeit lasse, sich auch Böhmens bemächtigen werde. Im Zweiten Schlesischen Kriege betonte er mit Nachdruck, daß die österreichische Staatsmaschinerie schlagkräftiger werden müsse. Man hätte seinerzeit Schlesien verloren, weil sich zu wenig Truppen im Lande befanden, weil die übrigen Streitkräfte aus Ersparungsgründen in den entlegensten Teilen von Ungarn disloziert waren und es monatelanger Märsche bedurfte, um sie zum Schlagen zu bringen; weil die Stände der nächstliegenden Länder in ihrem Eigennutz dem Aufmarsch der Armee die größten Schwierigkeiten bereiteten. Werde nicht eine genügende Truppenmacht aufgestellt, so müßten Böhmen und Mähren in nicht allzulanger Zeit das Schicksal Schlesiens teilen. Für den Aufbau einer ausreichenden Armee müsse aber auch der Grundherr, nicht immer nur der belastete Landmann, zu finanziellen Leistungen herangezogen werden.

Freudig bewegt, einen Gleichgesinnten gefunden zu haben, beauftragte Maria Theresia den Grafen mit der Ausarbeitung des Planes, den ihr keiner bisher geliefert hatte, nämlich der Aufbringung und Erhaltung eines Heeres in der obenerwähnten Stärke. Alle sonstigen Leistungen der böhmisch-österreichischen Länder, die das Militärwesen betrafen, sollten gegen die jährliche Aufbringung einer Summe von 14 000 000 Gulden mit Ausnahme der Einquartierungslasten beseitigt werden.

Haugwitz war bald fertig. Die Stände — dies der Kernpunkt seiner Vorschläge — müßten in einen Vertrag mit der Herrscherin einwilligen, demzufolge sie sich nicht mehr wie bisher alljährlich, sondern auf zehn Jahre zur Zahlung der erforderlichen Geldsumme verpflichteten und nicht mehr wir bisher nur neun, sondern vierzehn Millionen zahlten, wofür alle sogenannten Naturalleistungen, die gewöhnlich die Quelle tatsächlicher Minderleistungen gewesen waren, wegzufallen hätten. Die Zahlungen müßten in monatlichen Raten eingehen. Für die Besteuerung war der Grundsatz der Aufhebung jeglicher Steuerbefreiung vorgesehen, also die Heranziehung auch des Adels und der Kirche. Eine Schätzung des unbeweglichen Gutes und seiner Erträge sollte vorangehen.

Dieser Plan, zu dem sich Kaiser und Kaiserin sogleich freudig bekannten, rief bei den Interessierten und Betroffenen alsbald den mächtigsten Widerspruch hervor. Zwei der maßgebendsten Mitarbeiter, Graf Friedrich Harrach und Graf Philipp Kinsky, in denen beiden sie Freunde erblickt hatten, sprachen sich in aller Bestimmtheit und unversöhnlich dagegen aus. Harrach, schon durch seine Familie höchst einflußreich, in einer Person Kanzler von Böhmen und stellvertretender Landmarschall von Niederösterreich, erbrachte einen Gegenvorschlag. Nicht der Staat, sondern zur Gänze die Stände seien künftig Steuereinnehmer. Diese sollten dafür dem Staat die erforderlichen Mittel zur Verfügung stellen. Die indirekten Steuern sollten fallen. Es ist kein Zweifel, daß bei der Durchführung dieses Planes der Staat zur Gänze von den Ständen abhängig geworden wäre.

Maria Theresia erkannte wohl, wie einseitig Harrachs Vorschlag dem Einfluß und dem Vorteil der großen Adelsfamilien diente, nicht aber dem Nutzen des Staates. Sie lehnte ab und ihre Ablehnung ließ auch die Geheime Konferenz der großen Adelsherren in der Sitzung vom 29. I. 1748 schließlich schweigen.

Haugwitz aber ging ans Werk. Er gewann für den geplanten Steuerrezeß zuerst Mähren und Böhmen. In Niederösterreich aber mußte die Kaiserin Friedrich Harrach seines Postens als Landesmarschallstellvertreter entheben. Als Landesfürstlicher Kommissar eingesetzt, brach Haugwitz den Widerstand. Am zögerndsten fügte sich Innerösterreich, ja in Kärnten mußte die neue Ordnung gar jure regio auferlegt werden.

Noch waren neben den Ländern an der Peripherie auch Ungarn und Siebenbürgen von der Reform noch nicht erfaßt, noch war die proklamierte „gottgefällige Gleichheit“ der Steuerleistungen nicht völlig erzielt, da der Adelige nur ein Hundertstel von dem Nettoertrag, der Bauer aber zwei von dem Bruttoertrag seines Besitzes bezahlen mußte. Aber der Durchbruch einer modernen Auffassung gegenüber dem Privilegienstaat des Mittelalters, in welchem die „Höheren und Potentiores“ einseitig Vorteil gehabt, war erfolgt; die durch Harrachs Antrag gefährdete „landesfürstliche Wesenheit“ war gerettet.

Die Kaiserin setzte jedoch unter das Protokoll der Geheimen Ratssitzung vom 29. Jänner, mit Groll an die Schwierigkeiten zurückdenkend, die Worte: „Placet ... in fünfzig Jahren wirdt man nicht glauben, daß dieses meine Ministri waren, die von mir allein creieret worden.“

Tatsächlich setzte mit dieser Reform, die zweifellos vorhandene Rechte zerbrach, endgültig die Dämmerung des Barocks im politischen Leben Österreichs ein.

Die Auseinandersetzung zwischen staatlicher Gewalt und dem widerstrebenden feudal-partikularen ständischen Element griff auch in das Persönliche ein. Harrach, der sich in das Neue nicht zu finden vermochte, legte seine Stelle als oberster Kanzler von Böhmen nieder. Kinsky schied aus der Geheimen Konferenz. Beide starben dann bald weg, Harrach 1749 an den Blattern, schon vor ihm, erst im neunundvierzigsten Lebensjahre, am 12. Jänner Kinsky.

Hand in Hand mit der Finanzreform ging eine solche der Verwaltung. Die Kaiserin wurde die wahre Baumeisterin der österreichischen Zentralverwaltung. Sie beseitigte die Fülle von Ämtern, die sich selbst, vor allem aber einer zweckdienlichen Verwaltung im Wege standen. Bisher kaum bewegliche Rümpfe, bekamen nun die Zentralämter die erforderlichen Beine, um sich auf dem Boden der Realitäten der Länder bewegen zu können, die Arme um auszugreifen und das Verfügte auch wirklich durchzusetzen. Mittel- und Unterstellen mußten daher neben den erneuerten und zweckmäßig reformierten Zentralbehörden ins Leben gerufen werden. Nur so gewann der Staat Fühlung mit seinen Untertanen.

Schon vor der großen Reform war die Staatskanzlei für die auswärtige Politik von der Hofkanzlei, die früher die vornehmste Behörde war, getrennt worden und erfolgte der Abbau überflüssiger Ämter im Bereich der Finanzpolitik.

Nun aber kam es zu durchgreifenden Neueinrichtungen.

Für die Regierung der österreichischen und der böhmischen Länder bestand bisher je eine Hofkanzlei. Sie hatten, vor allem die böhmische, im unbedingten Respekt mehr vor den obersten Adelsfamilien der Länder als vor dem des Monarchen gelebt. Beide Hofkanzleien wurden nun zu einer einzigen Behörde zusammengefaßt, die „Directorium in publicis et cameralibus“ genannt wurde. Diesem Direktorium waren die Verwaltungs- und Finanzgeschäfte anvertraut. Freilich blieben für einige Zweige der letzteren auch noch die Hofkammer und die Ministerialbankodeputation bestehen. Schon vorher aber hatte man begonnen, und es wurde jetzt vollendet, die Justiz von der Verwaltung zu trennen. Für ihre Pflege entstand in der Obersten Justizstelle ein selbständiges Organ. Diese Änderungen erfolgten am 14. April bzw. 1. Mai 1749.

Um aber die einzelnen Länder erfassen zu können, in denen bisher ausschließlich die Macht der Stände und damit der großen Adelsfamilien vorherrschte, wurden, und dies schon vor der Neuordnung der Zentrale, Landesregierungen für die Finanz- und Wirtschaftsverwaltung geschaffen. Diese waren zuerst provisorische Deputationen, dann ordnungsgemäße „Repräsentationen und Kammern", die allenthalben die ständischen Landesstellen in ihren Befugnissen und Arbeitsinhalten entkernen und nach und nach sinnlos machen sollten. Das Reformwerk wurde gekrönt durch die Patente über die Kreisämter. Durch sie kam man erstmalig unmittelbar an den Untertanen heran und vermochte ihm die staatliche Gewalt nicht nur als seine Obrigkeit, sondern auch als Helferin in seinem Vorwärtsstreben und in seinen Bedrängnissen sichtbar zu machen.

Wir sehen deutlich: Überall tritt der Staat als lebendige Gegenwart vor das früher persönliche und naturgemäß standeseigennützige Regiment des hohen Adels. Freilich mußte sich damit im Laufe der Zeit auch das Wesen und das Erscheinungsbild der kaiserlichen Gewalt ändern. Nicht mehr der Glanz und die Üppigkeit des barocken Hofes, denken wir nur an das über alle Maßen großartige und kostspielige Roßballett des Kaisers Leopold I. als eines der großen Feste dieser Epoche, aber auch nicht mehr der bescheidenere der theresianischen Zeit, sondern der nüchterne Zug der josefinischen Ära sollte der Tendenz der Entwicklung entsprechen. Tüchtige Verwaltungsmänner traten hervor, und dies auch in den Nebenländern; so in Mailand der Kanzler Christiani.

Erwuchs die große Reform dem brennenden Bedürfnis einer bedrohten Monarchie, so ging Hand in Hand damit die Förderung des Handels und der Erzeugung. Ein starker Zollschutz riegelte die heimischen Produktionsstätten ab, Einfuhrverbote richteten Sperren auf, Straßen wurden gebaut. Triest erhielt einen neuen Hafendamm, der die besorgte Bewunderung von Venedig auf sich zog. Bis hinunter zur Grundherrschaft und zu den Stadtverwaltungen machte sich der staatliche Zugriff bemerkbar. Schon wurde auch begonnen, die Lage des Bauernstandes zu erleichtern.

Der Nutzen des Staates wurde auch dort maßgebend, wo der tiefreligiöse Sinn der Kaiserin sich ihm unterordnen mußte. Allzu viele Feiertage unterbrachen zur damaligen Zeit die Arbeit. Das Prinzip des modernen Staates aber, wie es sich nun zu erheben begann, duldete die alte Behäbigkeit nicht mehr. Unterstützt vom Wiener Erzbischof Graf Trautson, der bereitwillig bei Reformen mitging, hob die Kaiserin vierundzwanzig Feiertage auf und erlangte dafür die Genehmigung des Papstes. Die Neuordnung, gegen die sich ein starker Widerstand, weniger der

Geistlichkeit als der Bevölkerung, geltend machte, wurde mit Energie durchgesetzt.

Daß lediglich die Staatsraison die Kaiserin zu diesen Maßnahmen führte, ersehen wir aus dem Umstand, daß in den gleichen Jahren scharfe Maßregeln gegen die in Österreich noch festgestellten Protestanten getroffen wurden. Die oberösterreichischen Protestanten mußten, erst die Männer, dann auch die Frauen, den weiten Weg in das protestantische Siebenbürgen antreten. Hier stellten sie eine wertvolle Unterstützung der Erschließung des reichen Landes durch die Siebenbürger Sachsen dar und hielten bis zuletzt als „Landler" an ihrem heimatlichem Brauchtum in ihren durch Kinderzahl blühenden Dörfern fest.

Gegenüber dem gewaltigen Aufwand ihrer drei Vorgänger, der Kaiser Leopold, Josef und Karl, wußte Maria Theresia gewichtige Ersparungen zu machen, und mancher wunderliche Mißbrauch verschwand mit dabei. Allerdings tätigte sie selbst, lebensfroh, wie sie im Kern ihres Wesens war, besonders in der ersten Zeit ihrer Regierung oft unverhältnismäßig große Ausgaben für Feste und Vergnügungen, und bei dem bedenklichen Pharaospiel, dem Kaiser und Kaiserin zu sehr huldigten, sind gewaltige Beträge zu Einsatz und Verlust gekommen. Jedoch die hohen Ausgabeziffern der früheren Zeit, an denen Mißbrauch und Eigennutz Begünstigter schmarotzerisch mitfraßen, wurden niedriger. Großartige Geschenke, wie etwa eines Hauses im Werte von 100 000 Gulden an Kaunitz, von 300 000 an Chotek, ein Geschenk von 100 000 Gulden an Bartenstein, als dieser aus seinem Amte ausschied, dann mitten im Siebenjährigen Krieg ein solches von 250 000 Gulden an den Feldmarschall Daun, zu gleicher Zeit ein solches von 50 000 an den oft genannten Khevenhüller, belasteten, und das waren nur Hochgipfel aus einer endlosen Kette von Guttaten, neben der Fülle von kostbaren Geschenken an Ringen, Uhren, Tabatieren und sonstigem Schmuck, den Staatssäckel doch erheblich. Trotz solcher Großzügigkeit eines noch im vollen Sonnenglanze atmenden Fürstenbewußtseins, trotz der wachsenden Ausgaben für das im Ausbau befindliche kaiserliche Lustschloß Schönbrunn, durfte Maria Theresia auf weitaus bessere und vor allem geordnetere Finanzen blicken als ihr Vater. Von 20 000 000 Einnahmen, die der venezianische Gesandte Marco Contarini 1745 für Österreich errechnete, kam man 1754 auf etwa 40 000 000.

*

Bedeutend waren die Reformen auf militärischem Gebiete. Hier hatte man noch mehr als in der Verwaltungsreform von Preußen zu lernen, und man tat es mit Entschlossenheit. Die eigentliche Reformarbeit setzte auch hier mit dem Aachener Friedensschluß ein, der für die Kaiserin zu einer Notwendigkeit geworden war. Die ersten Ziele mußten Vereinheitlichung im Reglement, in den Exerziervorschriften und im Verrechnungswesen sein. Es galt vor allem, eine Anpassung der Feuergeschwindigkeit der österreichischen Infanterie an die ihrer preußischen Gegnerin herbeizuführen, die fünfmal in der Minute laden und feuern konnte. Der Reformator der österreichischen Armee wurde Feldzeugmeister Graf Leopold Daun. Dieser war als Sohn des im spanischen Erbfolgekriege unter Eugen verdienten Grafen Wierich Daun 1705 geboren. Ihm als dem Lehrmeister der österreichischen Armee half mit seinen reichen Kenntnissen ein ehrgeiziger Referent aus dem Zivilstande Augustin Thomas von Wöbern, dessen beste Zeit allerdings schon vorüber war. Der eigentlich zuständige Mann, der Hofkriegsratspräsident Graf Josef Harrach, war viel zu alt, um hier noch etwas zu vollbringen, ja eigentlich längst nicht mehr diensttauglich. Harrach repräsentierte nur noch, und man mußte zu ihm in sein Palais kommen, da er es nicht mehr verlassen konnte.

Erst jetzt wurden die österreichischen Truppen zu Feldübungen zusammengefaßt. Die Kaiserin selbst wohnte solchen militärischen Übungen bei, weil sie überzeugt war, daß von ihrer Exaktheit das Schicksal des Staates im Kriege abhinge. Um sich einen einheitlichen Offiziersstand von Grund auf zu erziehen, errichtete sie zwei Schulen, die fortan mit Österreichs Schicksal verbunden blieben. Es war die adelige Militärakademie zu Wiener Neustadt, 1752 gegründet, und die Ingenieurakademie, beide Daun unterstellt. Auch das Geniewesen wurde neu organisiert. Die Artillerie aber wurde der Leitung des Fürsten Wenzel Liechtenstein, des Siegers von Piacenza, übertragen. Es war eine erstklassige Wahl. Was er zustande brachte, würdigte kein Geringerer als Friedrich mit folgenden Worten: „... er brachte ... den Gebrauch der Kanonen ... bis zu dem früher ganz unerhörten Grade, zu welchem er in unseren Tagen gelangt ist." Die Artillerie, einst eine verachtete Truppe, wurde jetzt im merkwürdigen Wandel der Dinge zum Rückgrat der österreichischen Armee, und sie blieb ihre beste Waffe, seit die österreichische Kavallerie ihre alte Überlegenheit an die preußische verlor. Sie blieb es bis 1866, ja bis zu den Isonzoschlachten und den übrigen Schlachten des Weltkrieges, in welchem sie sich aufs höchste bewährte, um das einzige Mal am 15. Juni 1918 bei der letzten unglücklichen Offensive der österreichisch-ungarischen Armee die in sie gesetzten Erwartungen zu enttäuschen.

Wenn nach Delbrücks Berechnungen bei Mollwitz die preußische Artillerie der österreichischen an Zahl mehr als zweieinhalbmal überlegen war, bei Torgau, einer der blutigsten Schlachten des 18. Jahrhunderts, die auch eine große Artillerieschlacht war, verfügten die Österreicher über eine Überlegenheit von 87 Rohren. Auch das Bild der österreichischen Armee änderte sich. Die Infanterie erhielt ein neues leichtes Gewehr, die Truppenkörper wurden einheitlich gekleidet, und auch die Offiziere mußten sich der

Uniform der Truppe anpassen. Die Zeit der Phantasieuniformen, in welchen vor allem die Grenzer und die aus dem Süden Ungarns gekommenen Insurrektionstruppen geprangt hatten, war zugunsten der Ordnung und der Einheitlichkeit vorbei.

So versank das bunte Militärleben, das noch im Landsknechttum und in der Soldateska des Dreißigjährigen Krieges seine Wurzeln hatte, mehr und mehr vor einer nüchterner gewordenen Gegenwart, und der Vater Staat oder hier die Landesmutter Maria Theresia ersetzte es durch Fürsorge für den Soldaten, für Mann und Offizier. Am Hofe begann die Uniform das prunkvolle Adelskleid zu verdrängen.

Exzesse des Militärs aber wurden streng bestraft. Mit der in früheren Zeiten im Kriege entschuldigten „Furi" des Kriegers war es nun vorbei. Die Monarchin trat hier jedem Versuch der Vertuschung als Mutter aller ihrer Untertanen und als eine Frau voll Menschlichkeit entgegen. Das mußte auch der Pandurenoberst Franz von Trenck erfahren. Dieser, 1710 in Reggio geboren, war ein Mann von verwegenem Schneid, aber von ebensolcher Brutalität. Zweifellos um die Monarchin in der Zeit ihrer schweren Bedrängnis sehr verdient, hatte er im österreichischen Erbfolgekrieg und im Schlesischen Kriege schwere Gewalttaten, insbesondere auch an Frauen, begangen. Er hatte die Stadt Cham in Brand setzen lassen, er hatte Landshut, Hirschberg und Schmiedeberg in Schlesien furchtbar heimgesucht. Als die Anklage gegen ihn erhoben wurde, setzte sich vor allem Karl von Lothringen, ja sogar der Kaiser, für den Schwerbeschuldigten ein. Man verwies die Kaiserin auf ihre Dankesschuld, die sie veranlassen müsse, die Augen vor Trencks Verbrechen zu schließen. Aber — und die Monarchin wurde hier von Bartenstein und Ulfeld trefflich beraten — Maria Theresia lehnte eine so aufgefaßte Dankbarkeit ab. Sie handelte, wie es die Gerechtigkeit erforderte. Trenck wurde zum Tode verurteilt, und als die Wiederaufnahme des Prozesses, die wegen Anfechtung der Glaubwürdigkeit von Zeugen in die Wege geleitet wurde, nach zweieinhalbjähriger Dauer zur gleichen Straferkenntnis kam, milderte sie das Urteil nur zu lebenslänglichem Gefängnis auf dem Spielberg bei Brünn ab. Hier erhielt er für seinen Unterhalt täglich einen Dukaten und bekam auch einen Diener zugewiesen. Der hochbegabte, aber von seinem Hang zur Gewalttätigkeit, Habgier und Sinnlichkeit zugrunde gerichtete Mann starb bereits am 4. Oktober 1749, wenig mehr als ein Jahr nach seiner Verurteilung unter merkwürdigen Umständen. Zuletzt wurde er von den Brünnern Kapuzinern betreut, in deren Ordensgewand er sich bestatten ließ.

*

Der Einheitlichkeit staatlicher Organisation in Österreich sollte auch eine „Uniformität" der Geister dienen.

Vor allem waren es die Mittelschulen, die in dieser ersten Epoche der theresianischen Reformen ihre Pflege fanden. Aufnahmeprüfungen in die unterste Gymnasialklasse sollten bewirken, daß nur brauchbare Schüler aufgenommen wurden. Halbjährige Prüfungen ermöglichten eine laufende Kontrolle. Gemäß den Verfügungen Karls VI. vom Jahre 1735 wurde eingeschärft, daß nicht ein nutzloser Gedächtnisstoff aufgezwungen wurde, sondern selbständiges Denken Platz greife. Auch die Errichtung von gewerblichen Lehranstalten nach Art der späteren Realschule und der Unterricht durch weltliche Lehrer fand bereits Befürwortung. Die deutsche Sprache und das Lehrfach Geschichte gelangten zur Aufnahme in die Lehrpläne der mittleren Schulen und bei der Aufnahmeprüfung wurde gefordert, daß das Deutsche fehlerlos und sauber geschrieben würde.

Auch die Universitäten wurden in den Kreis der Reformen gezogen, und reformbedürftig waren sie, insbesondere die Prager, mit der sich schon seit langem eine landesfürstliche Kommission befaßte, aber auch die Wiener und die Innsbrucker. „Nicht viel Nutz und voller Gebrechen" nannte Maria Theresia den Zustand der Wiener Universität. Die Reform setzte an dieser bei der medizinischen Fakultät ein. Gerhard van Swieten, zu Leyden im Jahre 1700 gebürtig, wurde 1749 ihr Hauptträger, zugleich als Professor für Pathologie einer der glanzvollsten Namen der Wiener akademischen Lehrerschaft.

Es ist menschlich ergreifend, wie Maria Theresia zu dem berühmten Manne kam. Die Erzherzogin Maria Anna, ihre geliebte Schwester, war 1744 nach einer Totgeburt schwer erkrankt. Aus Holland an ihr Krankenbett gerufen, hatte sie der große Arzt nicht zu retten vermocht. Allein Maria Theresia hatte gleichwohl zu seinem Können ein solches Vertrauen gefaßt, daß sie ihn als ihren Leibarzt nach Wien berief. Hier wurde er auch Präfekt der Hofbibliothek, sodann Studiendirektor der medizinischen Fakultät in Wien, deren großen Ruf er begründete. Die Kaiserin dankte ihm seine unermüdliche und vielseitige Hingabe mit einer rührenden Fürsorge. Sie schrieb ihm zum Beispiel, als er 1756 seine Wiederherstellung von einer Krankheit meldete: „Gott sei Dank, daß Sie besser sind, aber ich befehle ihnen ernstlich, sich zu schonen und zu Hause zu bleiben und sich zu hätscheln. Ihre Lebenstage sind mir zu kostbar; alle meine Ruhe hängt davon ab und die Erhaltung meiner ganzen Familie sowie des öffentlichen Wohles."

Es wurde eine der entscheidensten Reformen, daß die Ernennung der Professoren nunmehr durch die Kaiserin selbst, nicht wie bisher durch das Konsistorium der Universität erfolgte. Die Landesherrin forderte auch von der Universität die strikte Befolgung ihrer Befehle. Dem aus dem Mittelalter überkommenen Privilegialgedanken wurde Abbruch getan.

Van Swieten wurde auch der eifrige Förderer der juridischen Fakultät. Er gewann ihr die starke Kraft des Südtirolers Karl Anton Martini, der in den entscheidenden Fragen, auch in seiner reformkatholischen Haltung ganz mit dem Niederländer konform ging. Martini wurde 1754 Professor für Naturrecht und römisches Recht an der Wiener Universität, arbeitete in der Zensur- und Studienhofkommission mit van Swieten zusammen, wirkte an der Rechtskodifikation mit und stieg später in der österreichischen Verwaltungshierarchie hoch empor. Er war zugleich der Erzieher aller Söhne der Kaiserin, ganz besonders auch Josefs, den er in der Geschichte und in der Wissenschaft der Staatsverwaltung unterrichtete. Überall ging von ihm der Geist eines aufgeklärten Katholizismus aus.

Eine 1752 von der Kaiserin erlassene Studienordnung für die Wiener Universität, in der allerdings jeder Schritt der Lehre unter staatliche Bevormundung genommen, ja bis zur einzelnen Vorlesungsstunde hinab vorgezeichnet und zeitlich festgelegt wurde, begann mit dem Einfluß der Jesuiten aufzuräumen, deren entschlossener Gegner van Swieten war. Er sagte von ihnen: „Die Universitäten, an denen sie herrschen, verfallen in Nichts." Der Unermüdliche erreichte von Maria Theresia, die an allen diesen Fragen immer wieder persönlichen Anteil nahm, den Ausschluß des Jesuitenkollegs aus dem Wiener akademischen Senat (1757), obwohl die Kaiserin persönlich dem Orden als seine dankbare Schülerin ergeben blieb. Aus der Führung der philosophischen und theologischen Fakultät vermochte er sie unter der Mitwirkung des Wiener Erzbischofs Kardinal Graf Migazzi, der damals noch für die katholische Reformidee ein offenes Ohr besaß, 1759 zu entfernen. Domherr von Stock, der neue Studiendirektor der theologischen Fakultät, wurde ein bis zu seinem Tode 1772 zuverlässiger Bundesgenosse van Swietens, eines der namhaftesten Josefiner vor dem Eingreifen Josefs selbst.

Heiße Kämpfe führte van Swieten mit den gleichen Jesuiten auch auf dem Gebiete der Buchzensur. 1749 übertrug ihm die Kaiserin die Zensur der philosophischen Bücher mit den schönen knappen Worten: „Kann nicht in bessere Hände kommen." Noch saßen allerdings die Jesuiten in der Revisionskommission, wo beide Parteien hart aneinanderstießen. Erst 1764 gelang es van Swieten, den letzten Jesuiten aus dieser Kommission auszubooten, freilich, um nun mit dem inzwischen gewandelten Geiste des Kardinals Migazzi immer schwerere Reibungen zu erleben. Aber es glückte dem Unermüdlichen ein aufsehenerregender Erfolg, als er 1763 die Zulassung des berühmten, jedoch von Rom energisch befehdeten Buches von Febronius Hontheim „De statu ecclesiae" erwirkte, in welchem der Trierer Suffraganbischof den Nachweis erbrachte, daß die bischöfliche Gewalt unmittelbar von Gott, nicht allein durch Vermittlung des Papstes herstamme.

Längst besaß das theresianische Österreich damals bereits ein Unterrichtsministerium, die sogenannte Studienhofkommission, die von der großen Zentralbehörde, dem Direktorium, als selbständige Behörde abgezweigt worden war.

Noch allerdings standen alle im Unterrichtsbereiche durchgeführten Reformen im Zeichen des staatlichen Nutzens, nicht dem der Freude an Geist und Wissenschaft an sich. Die wirksame Förderung der Kaiserin, die alsbald auch die übrigen Universitäten, am spätesten die sich zäh gegen das Neue wehrende Freiburger, erfaßte, zielte auf die Erziehung von tüchtigen Ärzten, Juristen und Beamten, wobei freilich der Kreis um van Swieten in seinem jansenistischen Katholizismus dem Gedanken eines lebendigen Katholizismus dienen wollte, wie es nachher Josef energisch und nun ohne Rücksicht auf das Überkommene zu seiner Zielsetzung machte.

Der Nutzen des Staates war es auch, der 1749 zur Gründung des Haus-, Hof- und Staatsarchivs führte, das sich zu einem Institut ersten Ranges entwickelte und dessen Direktor 1753 der höchst sachkundige Bartenstein wurde. Freilich bei Dem, der die erste Sammlung österreichischer Staatsakten begründet hatte, bei Maximilian I., hatte das wissenschaftliche Interesse eine größere Rolle gespielt, wie sich denn dieser von der Notdurft der Tage immer bedrängte Kaiser stets zu einer Idee des Allgemeinen und Höheren zu erheben .vermochte.

Leider, und das war ein nicht gutzumachendes Versäumnis, unterließ es Maria Theresia, eine Akademie der Wissenschaften in Wien zu begründen. Das innere Anliegen dazu war bei der Kaiserin nicht vorhanden und die Männer, an die sie die Angelegenheit verwies, der biedere Khevenhüller, und auch der in allen Fragen der Finanzierung allgewaltige Haugwitz, fanden keine Mittel, um den ihnen von dem Freiherrn von Petrasch vorgelegten Plan zur Durchführung zu bringen. So scheiterte dieser bedeutungsvolle Gedanke, ebenso wie eine Zeit danach die von demselben Petrasch gegründete Gesellschaft der Unbekannten, die 1745 entstanden war und schon 1752 wieder einging, da sie der Mißgunst der Jesuiten und der noch vorwaltenden Kraft des barocken Katholizismus nicht gewachsen war.

Den Gedanken der Akademie der Wissenschaften hatte vor der Kaiserin persönlich der einst allmächtige Literaturpapst Deutschlands, Johann Christoph Gottsched, entworfen. Dieser war Maria Theresia durch sein Drama „Der sterbende Cato" bekannt. Gottsched besaß warme Förderer in Wien, insbesondere den Verfasser des begeisterten Alexandrinerepos „Theresiade", den aus Tengen in Schwaben stammenden Franz Christoph von Scheyb. So erschien der immer noch eine große Autorität darstellende Mann mit seiner Frau, deren Dichtungen Maria Theresia zweifellos kannte, im Herbst 1749 in Österreich. Beide wurden am 28. September in Schönbrunn gelegentlich einer allgemeinen Audienz von der Kaiserin empfangen. Wie natürlich und fraulich war dabei das Verhalten Maria Theresias!

Zuerst eine liebenswürdige Entschuldigung: „Ich sollte mich scheuen, mit dem Meister der deutschen Sprache deutsch zu reden, wir Österreicher haben eine sehr schlechte Sprache." Darauf schmeichelte der „Meister". Er habe vor vierzehn Tagen Gelegenheit gehabt, das reine und vollkommene Deutsch bewundern zu können, mit dem die Kaiserin „gleich der Göttin der Beredsamkeit" bei der Landtagseröffnung zu den Ständen gesprochen habe. Maria Theresia lachte: „So, haben Sie mich belauscht!" Und gleich darauf sagte sie die entzückenden Worte: „Es ist gut, daß ich das nicht gewußt hab', sonst wär ich stecken geblieben." So sprach die Frau, die seit neun Jahren vor den Augen Europas stand. Gottsched ging hochbegeistert von dieser Audienz, in der er auch dem Kaiser und den Kindern des Kaiserpaares vorgestellt wurde, nach Hause. Er schilderte seine Reise, pries Wien als das deutsche Paris und London, als die Hauptstadt der Deutschen. Er besang die Kaiserin an ihrem Namenstage, noch einmal in der Erinnerung schwelgend, und sprach dabei die Worte:

„Wohlan, ich will den Blick nur auf das Schönste drehen,
Ich hab in Wien, die Frau, die Kaiserin gesehen."

Es ist sehr bedauernswert, daß man sich der immer noch stark werbenden Kraft und des unermüdlichen Arbeitseifers dieses Mannes, der später noch ein Gedicht an den Kaiser und fünf Oden an das Kaiserpaar richtete, nicht bedient.

Es war wiederum der Staatsdienst, dem zwei bedeutende Institute das Leben verdankten. Um von Anfang an Beamte aus dem Adelsstande zielbewußt heranbilden zu können, gründete die Kaiserin das Theresianum, eine Schule, die auch den juristischen Fächern sowie der Pflege fremder Sprachen gewidmet war. Für die Bedürfnisse dieser Anstalt trug Maria Theresia persönlich Sorge, obwohl sie mit ihrer Aufsicht den zuverlässigen Khevenhüller beauftragte. Die jungen Söhne verdienter Väter, die hier herangebildet wurden, erhielten das Recht, sich der Kaiserin gelegentlich nahen zu dürfen. Neben ihrer Schulausbildung bekamen sie Unterricht im Fechten, im Reiten und im Tanzen. Maria Theresia widmete für diese Anstalt das Gebäude, in welchem sie ihre Jugend verbracht hatte. Es war die Favorita, das Lieblingsschloß ihres Vaters.

Im Jahr 1754 wurde auch die sogenannte Akademie der morgenländischen Sprachen begründet, die später den Namen Orientalische Akademie erhielt. Es war eine spezifisch österreichische Anstalt, mußte doch die Habsburger-Monarchie als unmittelbare Nachbarin der Pforte bemüht sein, sich von den unzuverlässigen Dolmetschkünsten der Konstantinopolitaner Phanarioten unabhängig zu machen. Das bisher in Konstantinopel bestehende sogenannte „Sprachknaben-Institut", das unter der Leitung des kaiserlichen Internunzius stand, hatte sich nicht bewährt. In der

Orientalischen Akademie wurden zugleich neben dem Türkischen auch die wichtigsten Sprachen des Morgenlandes gelehrt. Es wurde aber auch besonderer Wert auf die Erarbeitung gründlicher kommerzieller Kenntnisse gelegt, da die Beziehungen zum Orient für die Monarchie schon aus Gründen des Handels höchst bedeutungsvoll waren. Kein Geringerer als der spätere Staatsminister Freiherr von Thugut, der beharrliche Kämpfer gegen die französische Revolution, ist aus ihr hervorgegangen.

*

So griff die Hand der Monarchin längst über die äußeren Schicksale des Staates hinweg in dessen inneres Leben hinein als „eine wahre Mutter", wie sie sich selbst in einer Denkschrift genannt hat. Ihr ganzes Leben sollte fortan mit dieser Aufgabe beschäftigt sein. Sie wurde der Inhalt ihres Herrscheramtes, als sich ihrer in der auswärtigen Politik längst die Resignation bemächtigt hatte, als ihr dort die Zügel aus der Hand geglitten waren, da ein härterer Wille sie ergriffen hatte. Als die Heldenkönigin von ehedem, die Europa zur Bewunderung zwang, als die unermüdliche Drängerin zu Tat und Sieg in den großen Kriegen von 1740 bis 1763, herrisch in ihrem Willen, unüberwindlich in ihrer Gewalt über die Herzen der Menschen wird die letzte Habsburgerin niemals dem Wissenden aus der Vorstellung entschwinden. Das allgemeine Bild von der Kaiserin aber knüpfte sich fester an sie als die Gründerin staatlicher Ordnung, die allen zugute kam, als Haupt der Staatsverwaltung und Staatsführung im Sinne der herrscherlichen Gerechtigkeit und der erkennbaren Güte.

Es löschte mit stiller Hand die siebzehn Kriegsjahre aus der Vorstellung von der Kaiserin und erblickte in ihr die Spenderin von Leben und Frieden, nicht mehr aber die Bereiterin des Todesloses für Tausende und Abertausende von Soldaten.

Ist diese Vorstellung von der Empfindung gefärbt, die ja allein den geschichtlichen Gestalten die roten Wangen des Lebens zu schenken vermag, ist sie damit der geschichtlichen Wahrheit zu einem bestimmten Teile entrückt, die Empfindung selbst erwuchs aus dem inneren Bilde dieser Monarchin, für dessen Erfassung und letzte Prägung das Volk sicherere und feinere Organe besitzt, als die rückschauende Geschichte sie die ihren nennt.

Wir werden der Reformtätigkeit der Kaiserin, ihrer Arbeit im Innern noch einmal begegnen, denn sie füllt schließlich dieses Leben aus und gibt ihm den Abschluß. Zunächst aber ergriff nochmals in mächtigen Hoffnungen und gebieterischem Drange die große Politik von ihr Besitz.

GRAF KAUNITZ UND SEINE POLITIK

Einkehr und Wandel, Reform, fast Revolution von oben, so war von Besinnung zur Tat die innere Politik Maria Theresias noch in den letzten Jahren des Weltkrieges gegangen, der sich um ihr väterliches Erbe entzündet hatte. Zu Prüfung und Besinnung aber forderte gebieterisch auch die äußere Politik auf, sobald mit dem Abschluß des Friedens das nicht sehr erfreuliche Fazit gezogen werden konnte.

Oft im Verlauf des wechselvollen Krieges sah sich die Kaiserin vor die Frage gestellt, ob das alte Bündnis mit den Seemächten wirklich für sie die Vorteile besaß, die ihm seine unentwegten Verfechter nachrühmten. War es nicht England, das sie zweimal geradezu gezwungen hatte, den Verzicht auf Schlesien auszusprechen, England, das so schnell bereit war, mit der neuen Größe in Europa, ihrem furchtbaren preußischen Gegner, zu paktieren? Hatte die Kaiserin nicht selbst bereut, daß sie damals, als die französischen Kerntruppen in Prag eingeschlossen waren, die Friedenswünsche Frankreichs von sich gewiesen hatten, jenes Frankreich, das man seitdem nie mehr zu fassen vermochte, so sehr die Diplomaten Österreichs, durch die Umstände gezwungen, danach strebten?

Im März 1749 erteilte Maria Theresia den Mitgliedern der Geheimen Konferenz den Auftrag, sich schriftlich zu der Frage zu äußern, ob man bei dem bisherigen politischen System, dem Bündnis mit den Seemächten, bleiben solle oder nicht.

Die Geheime Konferenz hatte längst ihr Antlitz gegenüber der Zeit des Regierungsbeginnes Maria Theresias geändert. Sinzendorf war 1742, der wackere Starhemberg 1745 hinweggestorben, Kinsky war zu Beginn 1748 grollend ausgeschieden und bald danach gestorben. So waren von der alten Zeit her nur noch der hochbetagte Josef Harrach, der ebenfalls hoch in den Jahren stehende Königsegg und der Kaiser selbst übrig. Als neue Mitglieder hatten sich in der Zwischenzeit Graf Ulfeld als Leiter der auswärtigen Politik, Graf Friedrich Harrach, der den Dresdener Frieden abgeschlossen, Graf Johann Josef Khevenhüller als Oberstkämmerer, Graf Rudolf Colloredo, als Reichsvizekanzler der Mann des Kaisers, endlich als ihr jüngstes Mitglied Graf Kaunitz eingefunden.

Zuerst der Kaiser. Die Seemächte, so führte er aus, seien die wahren Freunde Österreichs, seine natürlichen Bundesgenossen gegen das ewig auf die Schwächung Habsburgs sinnende Frankreich. Gegen die beiden anderen Feinde Österreichs, die Pforte und Preußen, diene das russische Bündnis. Zunächst aber hätte man nur von Preußen Böses zu befahren. Doch möge man auch gegen den König gute Nachbarschaft halten, „daß er uns nicht allezeit als eine Hydra ansieht, welche er von allen Seiten accabliren müsse". Verteidigung und Friedenserhaltung, darin erblickte der Kaiser die Aufgabe der österreichischen Politik. Graf Harrach sah gleichfalls in England den mächtigen und verläßlichen Bundesgenossen, während ihm Rußland, wo alles auf persönlichen Beziehungen beruhe, unsicher, Holland aber als verfallen erschien. England dürfe man nicht, wie bisher geschehen — und dies war ein Ausfall gegen den Verfasser der österreichischen Noten Bartenstein — durch den verletzenden Ton der österreichischen diplomatischen Schriftstücke reizen. Man müsse vielmehr die alten englischen Sympathien für Österreich wieder wachrufen.

Die Äußerungen der übrigen Konferenzmitglieder waren belanglos, bis auf eine, die völlig von der den Seemächten freundlichen Auffassung der anderen abwich. Das jüngste Konferenzmitglied, das aus den Niederlanden und zum Schlusse von Aachen her, also gewissermaßen von der diplomatischen Front Europas gekommen war, ließ die Meinung aller Anderen durch die Eindringlichkeit und die Überzeugungskraft seiner Darlegungen verblassen.

Seine Denkschrift — sie ist vom 24. März datiert — forderte einen Umschwung in der Politik Österreichs. Sie war hundertsechsundzwanzig Folioblätter stark, man lebte ja noch im Zeitalter weitschweifiger Darlegung. Aber ihr Inhalt war auch gewichtig genug.

Österreich, so führte Kaunitz aus, habe natürliche Freunde und natürliche Feinde. Erstere seien England, Holland, Rußland und Sachsen, letztere Frankreich, Preußen und die Pforte. Über Preußen sagte er: „So viel nun den König in Preußen betrifft, so verdient er sonder Zweifel in der Classe der natürlichen Feinde obenan und noch vor der ottomanischen Pforte gesetzt, mithin als der ärgste und gefährlichste Nachbar des durchlauchtigsten Erzhauses angesehen zu werden." Mit Schlesien, dessen Verlust unverschmerzbar sei, wäre dem österreichischen Staatskörper nicht ein nebensächliches Glied, sondern ein Hauptteil abgerissen worden. Der König habe Geld und eine vorzügliche Armee, um in das Herz der Erbländer eindringen und der Monarchie „den letzten tödlichen Streich" versetzen zu können. Da Preußen wisse, daß Österreich den Verlust Schlesiens nicht verschmerzen könne, müsse es dieses immer wieder zu schwächen trachten, somit also beide Höfe in Zukunft „in der größten Eifersucht und unversöhnlichen Feindschaft fortleben". Man müsse die beständige Sorgfalt darauf richten, sich vor Friedrichs feindlichen Unternehmungen zu bewahren, ihn zu schwächen und darauf bedacht zu sein, daß „das Verlorene wieder beigebracht werden könne". Durch die Schwächung Österreichs infolge des langdauernden Krieges sei das Machtverhältnis für die Monarchie ungünstig. Ohne Bündnisse könne man keine Kriege gegen Preußen führen. Bei seinen natürlichen Bundesgenossen habe Österreich keine Hilfe zu finden, einzig allein durch Frankreich sei eine solche möglich.

Diese Macht aber könne vielleicht trotz der alteingewurzelten Gegnerschaft gewonnen werden, wenn man ihr ein Angebot mache, das ihre Interessen mit denen von Österreich verknüpfe. Ein solches sei die Sacrifizierung eines Stückchen Landes für Don Philipp, den Schwiegersohn des französischen Königs, ob dieses nun Savoyen, für dessen Abtretung durch Sardinien Österreich Mailand cofern müßte, oder aber Luxemburg sei. Es gelte, wäre einmal das Bündnis zustandegekommen, dann bei Rußland den letzten Anstoß zum Angriff auf Preußen zu geben und die auf Landerwerb begierigen Nachbarn Friedrichs, Sachsen und die Kurpfalz, endlich Hannover und Andere zum Kampf zu locken. Entscheidend aber sei die indirekte Mithilfe Frankreichs, bei welcher „nach menschlichem Vermuthen an einem glücklichen Ausgang des Unternehmens nicht wohl zu zweifeln wäre". Das Unternehmen dürfe nicht hinausgeschoben werden. Rußland, „der veränderliche Hof", sei gegenwärtig von der besten Gesinnung beseelt und gegen Preußen erzürnt, Frankreich aber, das für unsägliche Opfer keinen Gewinn eingebracht habe, wäre gewiß für einen risikolosen Landerwerb zu gewinnen, zumal man dem König Friedrich seine dreimalige Treulosigkeit nicht vergessen habe und der Marquis de Puysieux nicht so feindselig gegen Österreich gesinnt sei wie sein Vorgänger. Schließlich dürfe man auch Preußen nicht die Zeit lassen, sich in dem neueroberten Schlesien festzusetzen.

Dieses Programm sollte die Einleitung eines außenpolitischen Umsturzes in Europa bedeuten. Es riet zum Krieg in naher Zukunft, aber es war Wort für Wort ohne Leidenschaft gesprochen. Es war geboren aus der kalten Überlegung des Notwendigen und war Zug um Zug durchdacht bis in die letzte Klarheit eines günstigen Ausganges.

Die Kaiserin ließ durch Bartenstein ein Fazit aus dem vorgelegten Gutachten abfassen und veranlaßte die Konferenzmitglieder zur Stellungnahme dazu. Ulfeld und Khevenhüller, ja, was entscheidend wurde, auch Harrach stimmten nun dem Gedankengang von Kaunitz bei. Die Majorität war gewonnen und Kaunitz wußte sehr geschickt die Autorität des Grafen Harrach für die Durchsetzung seines Planes einzuschalten. Die Kaiserin entschied: „Falle denen Majoribus bei, wonach sich künftig zu halten; sowohl in denen Beratschlagungen, als Expeditionen darnach sich alle Zeit als ein Grund zu halten." Über die Stellungnahme des Kaisers ist nichts bekannt. Sie hatte keinen entscheidenden Einfluß. Nach dem Tode des Grafen Friedrich Harrach im Sommer 1749 stimmte sein Nachfolger in der Konferenz Feldmarschall Graf Batthyány gleichfalls der neuen Richtlinie zu.

Noch aber war Maria Theresia nicht ernstlich zu einem Bruche mit Preußen bereit. Sie bedurfte des Friedens, obwohl sie dem holländischen Gesandten Grafen Bentinck gegenüber betonte, wie viel Bitteres sie von

Frankreich, von den Reichsfürsten und von Preußen ertragen müsse. Sie werde aber wegen Schlesien keinen Krieg anfangen. Sie fürchte einen solchen. Mit Frankreich wolle sie sich nicht einlassen, es sei denn, daß Türken und Preußen in ihr Land einfielen. Die Kaiserin machte dem Gesandten sehr deutlich, wie notwendig es sei, daß England Rußland durch Subsidien zur Bereitstellung eines ansehnlichen Korps gewänne.

Die Beziehungen zu den Seemächten wollte also die Kaiserin nicht vernachlässigt sehen. Der neue österreichische Vertreter in London, Graf Richecourt — der treue Wasner war auf eigenes Betreiben aus Gesundheitsrücksichten in den Ruhestand getreten — wurde angewiesen, Englands Beitritt zum österreichisch-russischen Bündnis des Jahres 1746 zu erwirken. Der Beitritt erfolgte tatsächlich im Oktober 1750, begriff aber nicht die Geheimartikel dieses Vertrages in sich, die gegen Preußen gerichtet waren. Ein Antrag Englands, jetzt bereits die Wahl des jungen Erzherzog Josef zum römischen König vorzunehmen, den vor allem König Georg als seinen Lieblingsplan verfocht, mutete Österreich für die Gewinnung widerspenstiger Wahlstimmen neue Gebiets- und finanzielle Opfer zu, Ansprüche, die von Friedrich genährt, von England aber mit den alten Mitteln stürmischer Einflußnahme in Wien vorgetragen wurden. Das Auftreten des englischen Sondergesandten Sir Charles Hanbury Williams konnte dabei nur außerordentlich peinlich empfunden werden. Maria Theresia war für die Wahl, zu der sie im damaligen Zeitpunkte keine Notwendigkeit erblickte, zu keinem Opfer bereit; nicht einmal das Schloß Schönbrunn würde sie dafür geben, sagte sie zu Bentinck, der gleichfalls diese Angelegenheit betrieb.

Konnte die Kaiserin des alten Allianzverhältnisses zu den Seemächten nicht mehr recht froh werden, so ließen sich doch die Bemühungen um Frankreich nicht günstig an. Kein Geringerer als Kaunitz selbst war im Oktober 1750 als Gesandter nach Paris geschickt worden. Aber nur zögernd öffnete sich der Weg eines ordentlichen diplomatischen Verkehres zwischen Habsburg und Frankreich. Kaunitz fand einen wahrhaft steinigen Boden vor. Wohl gewann er das Vertrauen des Königs, der sich darüber erfreut zeigte, daß der Österreicher die Marquise von Pompadour mit Aufmerksamkeit behandelte. Aber, obwohl Kaunitz auch mit den Ministern gut umzugehen wußte, vermochte er doch für seinen Plan keinen Boden zu gewinnen. Nur ganz vorsichtig dürfe er zu Werke gehen, schrieb er nach Wien. Der König von Preußen dürfe kaum erwähnt werden. Zudem erkrankte der Gesandte bereits zwei Monate nach seiner Ankunft in Paris, und es dauerte ein Vierteljahr, ehe er seinen Geschäften wieder nachgehen konnte. Anfangs Mai 1751 entschloß er sich — Probierstein oder Ausdruck einer gewandelten Anschauung? —, in zwei Denkschriften der Kaiserin die Frage vorzulegen, ob es bei dem Vorhandensein dreier Gegner,

Frankreich, Preußen und der Pforte, noch bei dem in Wien beschlossenen Staatssystem verbleiben solle, oder ob man den Verlust Schlesiens gänzlich zu vergessen und den König von Preußen völlig zu beruhigen und zu einem Bündnis mit Österreich und den Seemächten zu gewinnen habe.

Die Kaiserin beauftragte erst im November auf Erinnerung ihres die Korrespondenz mit Kaunitz führenden Kabinettssekretärs Ignaz von Koch, diesen: „Schreiben Sie dem Grafen Kaunitz, daß er ja besser als irgendjemand meine Absichten kennt, daß ich gewiß keine Vorliebe für Frankreich habe, aber daß mir nichts mehr kosten würde, als mich mit dem König von Preußen zu verbinden, wie er es mir am Schluß seines Berichtes nahgelegt hat, und damit auf immer auf die Hoffnung zu verzichten, eines Tages Schlesien wieder zu haben, was ich gewiß nicht aus Ehrgeiz oder aus Vergrößerungssucht wünsche, sondern weil ich immer mehr und mehr überzeugt davon werde, daß das Wohl meines Hauses davon abhängt, und daß dieser Verlust die Quelle aller Verlegenheiten ist, die wir sowohl im Reich, wie im Norden haben; daß ich mir aber nicht schmeichle, Schlesien bei meinen Lebzeiten wiederzugewinnen und die Fortdauer des Friedens mehr als irgend jemand wünsche, aber daß ich durch die Annahme dieses Systems meinen Nachfolgern den Weg dazu nicht versperren möchte." So hielt die Kaiserin nun selbst an dem System fest, das Kaunitz seinerzeit aufgestellt hatte.

Kaunitz fügte sich sogleich. Seine Ausführungen seien nur als Argumente für die Verhandlung mit Frankreich gedacht gewesen, es habe ihm nichts ferner gelegen als einer Verbindung mit Preußen das Wort zu reden.

War die Mission des Grafen also vergebens gewesen, die Kaiserin entzog ihm keineswegs ihre Gunst. Im Gegenteil, seit dem Dezember 1751 der greise Königsegg gestorben war, bot sich ihr die Möglichkeit, Ulfeld auf den Posten eines Obersthofmeisters abzuschieben und Kaunitz als Staatskanzler nach Wien zurückzuberufen. Freilich gelang das nicht so ohne weiteres, und Ulfeld nahm sich vor der Kaiserin kein Blatt vor den Mund. Khevenhüller schreibt zum 2. Oktober 1752: „Anheut vertraute die Kaiserin mir ferners, daß sie gegen Graff von Ulfeld würklich das Eiß gebrochen, diser aber anstatt des ihr haben sollenden Dancks (dies betraf die Höhe der neuen Bezüge) den Antrag mit sehr drocken und groben Worten verworffen und ihr seithero zugeschriben hätte, daß — wann sie ihme das in disen zehen Jahren her seines verwaltenden Kanzler-Amts verzehrte, theils vätterliche, teils von seinem Brudern geerbte Vermögen so er auf 400 000 fl. steigen machen wolte ersetzen mögte — er weiter nichts wünschte, als seine übrigen Lebensjahre von allen Geschäfften entfernet in der Ruhe zuzubringen." Schließlich fügte er sich aber doch und erhielt die schon erwähnte Entschädigung.

*

Am ersten Januar 1753 verließ der neuernannte Staatskanzler Paris, um fortan zum engsten Mitarbeiter Maria Theresias zu werden, der Mann, von dem die Kaiserin, die dankbar war wie selten vielleicht jemals ein Herrscher, viele Jahre später sagte: „Der Name Kaunitz bringt mir nichts als Glück und Ehre."

Welches war die Herkunft, wie waren Wesen und Werdegang des Mannes, der fortan, unter der Kaiserin und Dreien ihrer Nachfolger dienend, fast vierzig Jahre lang das oberste Staatsschiff der Monarchie verwaltete?

Anton Wenzel von Kaunitz und Rietberg war der zweite Sohn unter siebzehn Kindern, die der Ehe seines Vaters Maximilian Ulrich mit der westfälischen Gräfin ostfriesischen Geblüts (Zirksena) Maria von Rietberg entsprangen. Die Familie Kaunitz war ursprünglich tschechischer Abstammung, aus Mähren erwachsen und hier in Austerlitz und Jarmeritz reich begütert. Schon der Großvater des Staatskanzler Dominik Andreas hatte als Reichsvizekanzler am Hofe Leopolds I. eines der bedeutendsten Ämter eingenommen. Der Vater war Landeshauptmann von Mähren gewesen. Die Familie war längst eingedeutscht, einer der Gewinne für das deutsche Volkstum, der sich aus dem Ausgang der Schlacht am Weißen Berge herleitete. Als das Begehren des Grafen Maximilian Ulrich, für seinen Sohn Anton Wenzel eine Domherrenstelle zu Münster zu erlangen, abgelehnt wurde, weil er kein Deutscher sei, nannte der Vater den Einwand „schikanös".

Der Staatskanzler war am 2. Februar 1711 geboren. Er hatte in Leipzig die Rechte studiert und sollte erst Geistlicher werden. Dann aber trat er, auf die ihm schließlich doch zugefallenene Münsterer Domherrnstelle verzichtend, in den Dienst des Reichshofrats. Nachdem er zunächst als Sondergesandter aus Anlaß der Geburt des Kronprinzen fungiert hatte, war er am 8. August 1742 nach Turin geschickt worden, der hohen Schule für die an Intriguen und Geheimabmachungen so reiche Politik der damaligen Zeit. Er bewährte sich im diplomatischen Umgang mit einem so gewandten zum Meister gereiften Politiker, wie es der Marquis d'Ormea war. Von Turin kam er als Minister nach Brüssel und konnte hier den zweiten österreichischen Außenposten, die reichen durch Gewerbefleiß und Handel blühenden, aber in der Entfaltung ihrer besten Kräfte durch die Fesseln des Utrechter Friedens gehinderten Niederlande, studieren. In Aachen vollends war er an den Seemächten irre geworden, und als ein längst Fertiger ging er nach Paris. Von hier kehrte Kaunitz bereichert mit wichtigen Verbindungen, nachdem er immerhin das Vertrauen des Königs und der Marquise von Pompadour gewonnen hatte, nach Wien zurück.

Sollten in Zukunft Kanzler und Kaiserin einen gemeinsamen Weg gehen, inmitten von Bedrängnissen und heimgesucht von Enttäuschungen und Wirnissen doch im Grunde eines Sinnes, Beide immer mehr im gemeinsamen Dienste an der Monarchie untrennbar verwachsen, so waren sie doch im Wesen ganz anders geartet. Er war der Mann der Aufklärung mit starken musischen und wissenschaftlichen Interessen, sie vorweg die Frau von tiefer Frömmigkeit und zugleich ein Weltkind fernab der Theorie; sie war abgehärtet und nahm auf die eigene Gesundheit niemals Rücksicht, er ein Hypochonder, ständig um seine Gesundheit besorgt, in der Luft der Kanzlei immer empfindlicher werdend; war sie lebhaft und fröhlich, er kühl, von Gedanken gelenkt, gemessen, fast unnahbar, mit wachsenden Jahren geradezu einsam. Die Geselligkeiten des Hofes waren öffentliche, Kaunitz aber durch den Tod seiner Gemahlin, einer Gräfin Starhemberg früh verwitwet, hatte seine verschwiegenen, frivolen Abenteuer. Schon seine erste Forderung, daß Bartenstein aus seinem Amt als Staatsreferendarius scheiden müsse, weil nicht gut „zwei Pfeifer in einem Wirtshaus taugeten", bereiteten dem dankbaren Gemüt der Herrscherin bitteren Kummer. Wir werden später von seinen Rücktrittsgesuchen hören, durch die er, genau wie Bismarck seinen Herrn, Maria Theresia quälte.

Trat Kaunitz in das Zimmer der Kaiserin — und er ließ oft auf sich warten —, so war sein erstes, daß er die für seinen Begriff unvernünftig geöffneten Fenster sorgfältig wieder zuschloß, und ... die Kaiserin duldete es. Machte sie ihm wegen seines Privatlebens Vorwürfe, so konnte sie die Antwort hören, daß er da sei, sich um ihre Angelegenheiten zu kümmern, sie aber nicht um die seinen. Die ganze Selbstherrlichkeit des Grafen offenbarte sich in seinem Verhältnis zu seinem langjährigen Mitarbeiter, den er 1746 mit fünfzehnhundert Gulden Gehalt und reichen Naturalbezügen als seinen Kanzler angestellt hatte und nunmehr als Staatsreferendar und wirklichen Hofrat in das neue Amt einbrachte. Als Kaunitz 1766 ein Demissionsgesuch einbrachte, erklärte er gleichzeitig auch Binders Gesundheit erschüttert und wollte ihn mit nach Austerlitz nehmen, ein Herrenstandpunkt der Monarchin gegenüber, wie ihn nicht einmal Bismarck in der gleichen Weise bekundete.

War aber Kaunitz ein Diener, der viel Geduld seines Herren benötigte, so kam er dafür auch selbst seiner Herrscherin entgegen. Er vertrat Lieblingswünsche ihrer Politik mit zäher Ausdauer. Er unterwarf sich auch in seinem persönlichen Leben, wo sie es begehrte; besuchte er auch die Kirche von sich aus wenig, er überreichte doch der Kaiserin den österlichen Beichtzettel, und gab ihr damit den Trost, daß er bei all seinem Gefallen an den Schriften der Aufklärer und besonders Voltaires, doch der christlichen Gemeinschaft als ein gehorsamer Sohn zugehörte. So unterwürfig indessen die Formulierungen in Kaunitzens Denkschriften dort, wo er sich an die Monarchin unmittelbar wandte, auch sein mochten, niemals war er ein Höfling, immer ein Herr. Es kann nicht geleugnet werden, daß in ihm ein tiefes Gefühl der Verpflichtung und der untrennbaren

Treue zur Kaiserin lebte, daß sich dieses Verhältnis aus der Atmosphäre des Dienstes zu jenem Bunde zweier Menschen erhob, den man so gern im Geistesleben und in der Geschichte begegnet.

Kaunitz war ein rationaler Kopf, aber ein solcher voll von Einfällen und lebhafter Einbildungskraft, dabei ein Freund des umständlichen, systematischen Verfahrens, wie er sich denn eine Staatskunst ohne ein gefaßtes und genau befolgtes System nicht denken konnte. Dieser Staatsmann ist ein Verfasser ausführlicher Denkschriften. Aber die gewiß nicht lesefreudige Monarchin verlor einmal Kopfweh und Fieber, nachdem sie einen Tag an einer seiner Denkschriften gelesen, vor der „Genugtuung", wie sie an Koch schrieb, einen „solchen Mann und an ihm die einzige Hilfe für mein Ministerium zu besitzen". „Je mehr ich ihn schätze," fuhr sie fort, „desto mehr zittere ich für ihn und seine Erhaltung." Ein andermal sagte sie von der Kränklichkeit des Grafen: „Sein schwindliger Kopf ist mir lieber und kostbarer, als die unsrigen in ihrer Stärke und Vollkommenheit."

Kaunitz war der größte Diplomat seines Jahrhunderts. War er nur das? Es wird so oft, auch noch von Kretschmayr in seiner feinsinnigen „Maria Theresia" behauptet. Die Größe seiner Entwürfe, ihre Kühnheit, die klare Einsicht in den Auftrag des Schicksals und die zähe Härte, mit der er seine Grundgedanken verfolgte, die ganze Konsequenz seines Ministerlebens sprechen gegen eine solche Einschränkung.

Wir hörten schon, daß der Graf, der nicht mit beiden Händen bei der Berufung zugriff, die Entfernung des damals dreiundsechzigjährigen Bartenstein forderte. Dieser, der durch ein Vierteljahrhundert der maßgebende Geist in den auswärtigen Geschäften Österreichs gewesen war, zeigte sich in seinen Lebensformen und dem Ungestüm seines Temperaments nicht immer als ein umgänglicher Mann. Es hatte zwischen ihm und Maria Theresia gelegentlich Auseinandersetzungen gegeben, die so laut waren, daß man es bis in die rückwärtigste Retirade hören konnte. Bartenstein, der Straßburger Professorssohn, hatte etwas Professorales auch als österreichischer Staatssekretär und Freiherr. Er war pedantisch und bürgerlich, nicht immer frei von Irrtümern, nicht immer glücklich in der Formulierung seiner Noten, obwohl er als „in alle seine Aufsätz verliebt" genannt wurde. Er wurde darum Urheber mancher sorgenvoller Stunden des trefflichen Wasner im österreichischen Erbfolgekrieg. Immer aber war er tapfer und unbeugsam, treu und rechtschaffen. In unerschütterlicher Dankbarkeit, die sie nicht nur ihm, sondern allen seinen Nachkommen zuwenden wollte, machte Maria Theresia ihn zum Vizepräsidenten im Direktorium, nachdem er ihren Vorschlag, ihn zum Konferenzminister zu ernennen, abgewiesen hatte. Bartenstein und Kaunitz hatten die gleiche Politik im Auge, der alte Diener stürzte nicht über den Kurswechsel, den Kaunitz 1749 durchgesetzt hatte; aber der neue Mann hielt für sein Amt die unbedingte Geschlossenheit und

Autorität der Führung für notwendig, und auf die Dauer hätte sich der gern rechthaberische, gern, wir hörten es ja, sogar gegenüber der Kaiserin aufbrausende Bartenstein kaum gefügt.

Der neue Staatskanzler richtete sich ein Ministerium ein, auf das er durchaus bauen konnte. Bald wußte das Ausland — und trotz der absprechenden und nichtigen Schilderung, die der preußische Gesandte Christoph Heinrich von Ammon seinerzeit aus Paris seinem König von ihm gegeben, auch Friedrich — daß man es mit einer bedeutenden Persönlichkeit zu tun habe. Das erforderliche Fluidum von Vertrauen begann von ihm auszustahlen. Er wußte aber auch, Turin war gewiß eine gute Schule, zu täuschen. Der Engländer Williams hielt ihn von seiner Franzosenfreundschaft für geheilt, Frankreich aber bekundete sein altes Mißtrauen, daß Österreich den König von Preußen zu überfallen gedenke. Der neuernannte österreichische Gesandte für Paris erhielt denn auch eine Instruktion mit auf den Weg, die mit aller Deutlichkeit die Sorgen ausmalte, mit denen man in Wien die fortgesetzte und an allen Schnittpunkten unfreundliche Politik Frankreichs verfolgte. Das Auftreten des Grafen Georg Adam Starhemberg, so hieß der neue Gesandte, müsse behutsam sein, und er dürfe nur wenig und dann mit höchster Vorsicht von Friedrich sprechen. Die Lenker der französischen Außenpolitik zeigten sich Österreich nicht geneigt, wenn auch Rouillé friedlich gesinnt war. So blieb Kaunitz in allem behutsam, ja er pflegte sorgfältig die Beziehungen zu den Seemächten. Wohl hatte Österreich das Bündnis mit Rußland bereit, und die Zarin Elisabeth wollte so gern gemeinsam mit Österreich über Preußen herfallen. Der Kanzler dämpfte diesen Eifer, der im Augenblick höchst gefährlich werden konnte. Rußland hatte ja durch die geographische Lage den Rücken frei, und für diesen von der Natur begünstigten Staat war kein Krieg ein Wagnis, Österreich hingegen konnte ohne diplomatische Rückendeckung, die noch nirgends in Sicht war, nichts Gefahrvolles unternehmen. Vor allem suchte Kaunitz auch ein russisches Drängen auf einen Türkenkrieg zu dämpfen, da er einen solchen in diesem Zeitpunkte für das schädlichste und größte Übel ansah, das dem Erbhause widerfahren könne. Er wirkte auf England ein, um gemeinsam in Petersburg Vorstellungen zu erheben, ja er war notfalls bereit, das russische Bündnis in einem solchen Falle zu opfern. Zurückhaltung, so lautete die Parole, für das durch den preußischen Nachbarn so schwer bedrohte Österreich.

DAS BÜNDNIS VON VERSAILLES

In dieses behutsame und sorgenvolle Lavieren hinein fiel die Nachricht von einem Neuaufflammen des zähen Ringens der beiden Weltmächte

England und Frankreich in Nordamerika. Englische Kolonialmilizen aus Virginia und französisches Militär stießen im Frühjahr 1754 auf den „Großen Wiesen“ am Ohio zusammen. Eine erbitterte diplomatische Auseinandersetzung zwischen den beiden Mächten kündigte neues Unheil für die Welt an.

England bedurfte für diesen Kriegsfall der Bundeshilfe Österreichs in Europa. Diesem aber lag nur an einem engeren, durch Subventionen ausgebauten Bund zwischen England und Rußland, der es ihm ermöglichen konnte, das Risiko eines Krieges mit Preußen zu wagen. An einem Kriege mit Frankreich lag Österreich nichts. Man mahnte in London zur Nachgiebigkeit gegenüber den hochgespannten russischen Forderungen. Schon aber forderte das Inselreich den österreichischen Bundesgenossen am 26. März 1755 auf, sich zum Kriege gegen Frankreich bereit zu halten, das gewiß wieder die Niederlande und vielleicht auch Westfalen angreifen werde. Die Geheime Konferenz beriet darüber fünf Tage später. Das Ergebnis war die Überzeugung, daß der Landkrieg dem Seekriege folgen werde. Österreich müsse sich in diesem Falle rasch und mit ganzer Kraft gegen Preußen wenden, das zweifellos diesem Ringen nicht fernbleiben werde. Gleich in den ersten Feldzügen müßten entscheidende Erfolge erzielt werden, damit weitere Feinde über Preußen herfielen. Kaunitz schloß seinen Bericht mit den Worten: „Nachdem auch E. M. ganz zuverlässig bekannt seie, daß der besagte König nichts weniger als sich mit der ansehnlichen Acquisition von Schlesien begnüge, noch die eingegangenen Friedensbedingungen zu erfüllen gedenke, sondern nur auf eine vorteilhafte Gelegenheit warte, um die Erblande neuerdingen friedbrüchig zu überfallen und zu Grund zu richten, so müßte der gegenwärtige Status violentus und das zwischen zweien angraenzenden Mächten glimmende Feuer ohne dem über kurz oder lang in hellen Flammen ausbrechen, wobei sonder Zweifel vor das Fatalste und Gefährlichste zu halten wäre, daß ein solcher Erfolg just zur Unzeit vorzusehen und zu erwarten stünde.“ An sich aber wollte man Verwicklungen vermeiden, zumal ein Thronwechsel in der Türkei eine kriegerische Stimmung der Pforte befürchten ließ, wo Friedrich schon im Januar um ein Bündnis gegen Österreich und Rußland geworben hatte. Keinesfalls wollte man seine Streitkräfte für die Privatabsichten Englands einsetzen.

Im Juni teilte man England mit, daß man bereit sei, etwa zehn- bis zwölftausend Mann in die Niederlande zu entsenden. Man erhöhte dann das Angebot, aber Holland und England müßten ein Gleiches tun. Zudem müßten Hannöversche Kontingente aufgestellt werden, und müßten Rußland und Sardinien durch britische Subsidien auf die Beine gebracht werden. Man wies zugleich die verletzende Art der englischen „Zudringungen“ zurück und verwies darauf, daß England bei seinen verschiedenen Hilfeleistungen für die Sache Österreichs jedesmal seine eigene Größe und seine Reichtümer vermehrt habe, während dieses mit dem Blute und dem Ruin seiner Untertanen die seemächtliche Hilfe habe bezahlen müssen. Man habe Österreich die vollen Hoheitsrechte über die Niederlande bestritten, weil die Seemächte ja die Pflicht hätten, sie zu verteidigen, man habe darauf gestützt die Barriere gebildet und Holland hätte allein eine Million Gulden aus dem Handel der Niederländer an sich gezogen. Vierzig Jahre lang habe man den Seemächten unter Verstummen der Stimme des Rechtes die Wohlfahrt der niederländischen Untertanen aufgeopfert, England aber, das selbst nichts zur gemeinsamen Verteidigung der Provinzen biete, fordere die Absendung von fünfundzwanzig bis dreißigtausend Österreichern. Die Kaiserin aber müsse die Hauptmasse ihrer Truppen gegen Preußen bereithalten. Gingen darüber die Niederlande verloren, so wäre man gewiß schmerzlichst berührt, aber es sei das geringere Übel, als wenn die Preußen Österreich überschwemmten.

Mit dieser entschlossenen und unzweideutigen Sprache wollte Kaunitz die britische Regierung auf die Probe stellen, ob das Bündnis mit den Seemächten noch tragfähig sei. Scheiterte der Schritt, so müsse man es noch einmal mit Paris versuchen.

In London drängte man, noch ehe die österreichische Note vom 15. Juni eingegangen war, höchst unzufrieden auf strikte Erklärungen. Wien verwies auf die abgegangene Note. England, das im Juli mit Frankreich gebrochen hatte, wollte nicht Geld für den Schutz der Niederlande und Hannovers ausgeben. Es lehnte daher das österreichische Begehren auf Entsendung stärkerer Kräfte ab. Man deutete an, daß es möglich sein werde, den König von Preußen zur Neutralität zu bestimmen. Dies war für Österreich, wie die Geheime Konferenz vom 16. August 1755 erklärte, der Fingerzeig dafür, auch neutral zu bleiben, völlig still zu sitzen, und die Niederlande ihrem Schicksal zu überlassen.

Erneut wurde, obwohl die Berichte Starhembergs keineswegs enthusiastisch lauteten, die Systemänderung erwogen. Am 19. August fand eine historische Sitzung des Geheimen Rates statt. Die „epinoes- und delikateste Materie" der französischen Allianz war auf der Tagesordnung. Khevenhüller trug in sein Tagebuch ein: „Ich muß dem Grafen Kaunitz die Gerechtigkeit widerfahren lassen, daß er noch bei keiner Gelegenheit seinen Genie superieur also gezeiget habe." Unter Hinweis auf bevorstehende Anfragen Frankreichs, unter Hinweis auf die unverkennbare englische Annäherung an Preußen forderte Kaunitz „ein rasches, gewaltsames, aber notwendiges Heilmittel," einen „Staatsstreich". Es war das erneute Bemühen um die Allianz mit Frankreich. Das Projekt des Kanzlers wurde angenommen und zugleich beschlossen, nichts in der Angelegenheit zirkulieren zu lassen.

Schon zwei Tage später versammelte sich die Konferenz aufs neue. Kaunitz hielt geradezu historische Ausführungen. Er erklärte zur Begründung seines Antrages: „Richtig ist, daß Preußen muß über den Haufen geworfen werden, wenn das durchlauchigste Erzhaus aufrecht stehen soll. Wir sind sonst uns und unseren Alliierten unnütz, die beständige Gefahr ist da. Wir haben weniger Einfluß und Ansehen in allen europäischen Fragen. Im Reich setzt sich Preußen öffentlich der kaiserlichen Autorität entgegen, und wir wissen sicher, daß es nur auf unseren Untergang lauert und solchen menschlichem Ansehen nach bewirken würde, wenn wir ihm nicht bevorkommen." Zu diesem Zwecke aber müsse Frankreich dafür gewonnen werden, daß es dulde und finanziell dazu beitrage, dem Könige von Preußen Schlesien wieder entrissen und er so geschwächt werde, daß ihm die Gelegenheit zur Rache genommen würde. Dafür habe Österreich der Lilienkrone eine Ausstattung des Infanten Don Philipp mit einem Stück der Niederlande, dem größten sogar, anzubieten. Dieser müsse dafür allerdings dann auf Parma, Piacenza und Guastalla wieder verzichten. Man wolle dem französischen Prinzen Conti, dem Liebling des Königs Ludwig, zur polnischen Krone verhelfen. Frankreich selbst aber würde ermächtigt sein, die beiden niederländischen Häfen Ostende und Nieuport auf Kriegsdauer als Faustpfänder in Besitz zu nehmen. Die französischen Bundesgenossen Schweden, Sachsen und Kurpfalz sollten auf preußische Kosten Landbeute erhalten, und zwar die Schweden Stettin, die Sachsen Magdeburg, die Kurpfälzer Cleve und Mark, die Hannoveraner — auch die waren nicht vergessen — Halberstadt. Rußland hingegen solle durch Bestechung von fünf bis sechs der einflußreichsten Personen am Hofe dazu veranlaßt werden, im nächsten Frühjahr zur gleichen Zeit mit Österreich dem König mit einer Armee von 80 000 Mann „auf den Leib zu fallen". Über diesen Plan müßte strengstes Geheimnis walten, „der Ausbruch des Vorschlag soll gählings und auf einmal wie ein Donnerschlag erfolgen".

Nichts hatte der kalte Rechner außer acht gelassen, sogar die Ländergier des Königs von Hannover hatte er in seine Berechnung gezogen. Welch eine Wendung, wenn der Schützling der englischen Krone seit 1741 nun etwa gar von dem Staatsoberhaupte des britischen Freundstaates um Gebietsopfer angegangen werden würde.

So klar wie der Plan war auch der vorgezeigte Weg zur Durchführung. Starhemberg habe sich Conti oder der Marquise von Pompadour anzuvertrauen, um eine geheime Unterredung mit dem König oder einem von diesem selbst Bevollmächtigten zu erwirken. Erst nach erfolgter Verabredung mit Frankreich wäre Rußland zu gewinnen.

In tiefstem Geheimnis war die Sitzung erfolgt — in „des Kaisers innerster Retirata" — im tiefsten Geheimnis erging die Benachrichtigung an

Starhemberg. Noch am Abend des 21. August 1755 eilten zwei Kuriere mit der Sendung nach Paris.

So hatte sich gegen den König von Preußen in dem mährischen Grafen ein furchtbarer Gegner erhoben, entschlossen, mit allen Mitteln der Staatskunst dem Bedränger Österreichs einen Krieg zu bereiten, dem er nach menschlichem Ermessen nicht gewachsen sein würde. Ja, dieser Kanzler bereitete über den Krieg, den er, klappten die politischen Manöver, bereits als gewonnen ansah, hinaus die Verstümmelung Preußens vor. Ist nicht aus der rational gedämpften Sprache des achtzehnten Jahrhunderts, die Kaunitz redet, der leidenschaftliche Haß gegen den einstigen Friedensbrecher herauszuhören? Das Haus Habsburg hatte in diesem Kanzler einen Diener gefunden, dem die unversöhnliche und unbeugsame Richtung des Lebens, in exakter Überlegung, wie aus einem Axiom heraus, die Abrechnung mit Preußen geworden war.

In Paris ging Starhemberg, ein kongenialer Helfer seines Staatskanzlers, initiativ und energisch, dabei doch mit behutsamster Diplomatie vor. Tatsächlich erreichte er über die Marquise die Verhandlung mit einem vom König benannten Vertrauensmann, dem Abbé de Bernis. Noch klang das Echo schwach: Man könne an einen Treubruch Friedrichs nicht glauben. Nicht bereit, diesen fallen zu lassen, wünschte man Österreichs Mithilfe im Kriege gegen England. Der französischen höflichen Kühle begegnete behutsamste Gelassenheit Wiens. Aber von keiner Seite wurde der gesponnene Faden wieder abgerissen. Die österreichische Politik mußte in unangenehmer Lage kaltes Blut bewahren. „Ungewißheit der peinlichsten Art“, nannte es Kaunitz rückschauend. Allerdings durfte die österreichische Furcht vor einem französischen Angriff auf die Niederlande allmählich fallen gelassen werden. Obwohl von Paris erst eine ziemlich farblose Freundschaft angeboten wurde, entschloß sich die Kaiserin, unter Orientierung des französischen Königs über die mit England vorausgegangenen Verhandlungen Ende Januar 1756 einzuwilligen. Sie beharrte jedoch darauf, die Waffen nicht gegen England zu erheben, sich also nicht in einen europäischen Krieg verwickeln zu lassen, der nicht zugleich einer gegen Preußen war.

So war der Stand der Dinge, als ein Ereignis der europäischen Politik die Absichten von Kaunitz zu raschem Erfolg führte. Dem österreichischen Unterhändler wurde der Abschluß des Neutralitätsvertrages von Westminster, der zwischen Friedrich und England abgeschlossen worden war, und demzufolge die beiden Vertragschließenden ihre Verbündeten gegeneinander nichts Feindseliges unternehmen lassen und die Ruhe Deutschlands bewahren sollten, bekannt.

Dieses Abkommen vom 16. Januar 1756 rief, ganz gegen die Erwartung der Vertragschließenden, einen wahren Umschwung herbei. Frankreich war auf das tiefste entrüstet. Was man in Versailles nie geglaubt hatte, war eingetroffen. Österreich hatte mit seiner Mitteilung über geheime Verhandlungen Friedrichs in London recht behalten. Eifrig schürte Starhemberg das Feuer, aber die französische Erbitterung bedurfte keiner solchen Anstachelung mehr. Die Initiative zum Abschluß der Verhandlungen ging offenkundig auf die französische Regierung über, die nun bereit war, dem von Starhemberg zuerst vorgetragenen Plan zuzustimmen. In Wien fühlte man sich durch das englische Vorgehen moralisch entlastet und erkannte, wie stark man auf Paris durch das Gespenst einer Vereinigung fast des gesamten Kontinents unter britischer Führung einzuwirken vermochte. „Ein entscheidendes Ereignis zu Österreichs Heil", nannte Kaunitz das Westminsterabkommen.

Schon überreichte de Bernis dem österreichischen Gesandten einen französischen Entwurf, der auf den Augustvorschlägen von Kaunitz fußte. Man verlangte aber, abgesehen von dem Markten um einzelne Punktationen, daß Österreich sich zu England genau so wie das erbitterte Frankreich zu Preußen verhalte. Wie sehr also hatten sich die Dinge bereits zugunsten der Kaiserin verschoben, war doch Frankreich früher im festen Besitz der preußischen Freundschaft entschlossen, Österreich die Bedingungen seines Wohlwollens vorzuschreiben.

Noch sträubte man sich in Paris gegen die auch nur mittelbare Beteiligung an der Niederwerfung Preußens, seiner „destruction total". Der Gesandte berichtete: „... man will die Macht des Königs von Preußen beschränken, aber ihn nicht völlig vernichten. Man ist zufrieden, wenn wir uns Schlesiens wieder bemächtigen, aber man will uns nicht in eine ganz gesicherte Lage versetzen, welche Frankreich Grund zu Besorgnissen einflößen könnte."

Kaunitz willigte in die von Paris geforderte Gegenseitigkeit, machte aber selbst zur Bedingung, daß alle österreichischen Zugeständnisse, wie die Zuwendung der niederländischen Gebietsteile an Don Philipp, erst Gültigkeit erlangten, sobald Österreich im Besitz von Glatz und Schlesien sei. Unabweisbar sei die Mitwirkung anderer Staaten außer Rußland. Da dies aber noch einige Zeit in Anspruch nehmen würde, könne erst der Frühling 1757 den Zeitpunkt zum Losschlagen darstellen. Inzwischen müsse sobald als möglich ein Defensivvertrag abgeschlossen werden, den man bekanntgeben könne, und der die Grundlage für die folgenden Verhandlungen bilden solle. Der österreichische Staatskanzler forderte von Frankreich einen Vorschuß von zwölf Millionen Gulden, wofür Österreich bereit war, diesem das Herzogtum Luxemburg zu verschreiben.

Inmitten solcher gewandter Ruderstöße, um endlich das Schiff der österreichisch-französischen Freundschaft auf offene See zu bringen, erhielt Kaunitz als „die vergnüglichsten und alle Hoffnungen übertreffenden Nachrichten" Kunde aus St. Petersburg, daß sich Rußland auf das Abkommen über Westminster hin von England abwende und bereit sei, den Krieg gegen Preußen zu beginnen sowie dem mit Frankreich bevorstehenden Neutralitäts- und Defensivvertrag beizutreten.

Aufatmend fühlte der Staatskanzler sicheren Boden unter den Füßen. Als ihm der englische Gesandte Keith von dem Abschluß des Vertrages mit Preußen amtliche Mitteilung machte, erwiderte er kühl, daß man diese Nachricht schon längere Zeit erwartet habe und hoffe, daß dieser Traktat England zum Vorteil gereichen werde. Zu spät suchte nun England seine Beziehungen zu Österreich zu verbessern und ließ seine europäischen Satelliten, Holland und Sardinien in vorderster Linie, in diesem Sinne auf Wien wirken.

Am 19. April 1756 entschied sich Versailles zugunsten des Abschlusses mit Österreich. Nun arbeiteten de Bernis und Starhemberg rasch. Am 1. Mai unterzeichneten die beiden und der französische Minister des Auswärtigen Rouillé die zwei vorgesehenen Verträge zu Gouy, einem Schlosse des Ministers. Der erste war eine Neutralitätsakte: Die Kaiserin verpflichtete sich, während der ganzen Dauer der englisch-französischen Streitigkeiten Neutralität zu wahren, Frankreich hingegen unter keinem Vorwand die österreichischen Niederlande oder ein anderes Besitztum der Kaiserin angreifen zu wollen. Der zweite war dann der Defensivvertrag. In diesem versprachen sich die beiden Staatsoberhäupter die gegenseitige Verteidigung ihrer in Europa gelegenen Staaten, entschlossen, dem angegriffenen Partner mit einem Hilfskorps von 24 000 Mann beizustehen. Eine dritte Urkunde enthielt fünf geheime Artikel, in denen das Band der Freundschaft noch enger geknüpft wurde.

Frankreich war es, das alsbald weitertrieb. Sein Appetit auf die Abtretung eines Stücks der österreichischen Niederlande war geweckt und Österreich, innerlich auch zu diesem Opfer längst entschlossen, konnte nun unter Hinweis auf die Größe und Tragweite eines solchen Entschlusses den Kaufpreis emporschnellen lassen. Ein neues Feld für die reife Staatskunst des Grafen Kaunitz.

Schon aber hatte England um Auskunft über die angeblichen österreichischen Verhandlungen mit Frankreich gebeten. Kaunitz hatte erklärt, daß sich zwischen Österreich und Frankreich eine Annäherung vollzogen habe. Am 13. Mai erschien der britische Gesandte Keith vor der Kaiserin selbst. England müsse aus der ausweichenden Antwort der österreichischen Regierung ersehen, daß die früheren freundschaftlichen Beziehungen zu England aufgegeben worden seien. Die Kaiserin, der bereits der Defensivvertrag zur Unterschrift vorlag, antwortete dem Engländer lebhaft, fast möchte man sagen, von einem Alpdruck befreit: „Nicht ich habe das alte System verlassen, sondern Großbritannien verließ mich und zugleich das System, indem es den Bund mit Preußen einging. Bei der ersten Nachricht hievon war ich wie vom Schlage gerührt ... ich und der König von Preußen sind ganz unvereinbar, und keine Rücksicht der Welt kann mich je bewegen, in ein Vertragsverhältnis einzutreten, an welchem er teil hat. „Friedrich sei der tödliche und beständige Feind ihrer Person." Als der Gesandte auf die Verhandlungen mit Frankreich einging und von der Kaiserin ermächtigt, als Privatmann zu sprechen, erklärte, daß er es nicht glauben könne, daß sie sich mit ihrem Erbfeind in eine Allianz eingelassen habe, sprach sie mit Entschiedenheit: „Ich bin weit von französischer Gesinnung entfernt und ich leugne nicht, daß der Hof von Versailles mein erbitterster Feind war. Aber ich kann mir nicht verhehlen, daß die Abtretungen, zu denen mich England bei den Friedensschlüssen zu Dresden und Aachen gezwungen hat, mich tief betroffen haben. Ich habe wenig von Frankreich zu fürchten; ich bin ganz außerstande, mit Nachdruck zu handeln und habe daher keine andere Möglichkeit, als Abreden zu treffen, durch welche mir der Rest gesichert wird, den ich noch besitze." Der Gesandte wurde dringend: „Wollt Ihr, die Kaiserin und Erzherzogin von Österreich, Euch soweit erniedrigen, Euch in die Arme Frankreichs zu werfen?" Die Kaiserin entgegnete voll Stolz: „Ich werfe mich nicht in die Arme Frankreichs, ich stelle mich ihm zur Seite. Ich habe bis jetzt mit Frankreich noch nichts unterzeichnet, doch weiß ich nicht, was noch geschehen wird. Was immer aber geschieht, ich gebe Euch mein Ehrenwort, nichts zu unterzeichnen, was den Interessen Eures königlichen Herren entgegen ist, für den ich die aufrichtigste Freundschaft und Rücksicht hege." Sie habe nur zwei Feinde, die Pforte und Preußen. Im Bunde mit Rußland fürchte sie diese nicht. Für den Schutz entfernterer Teile ihrer Besitzungen allerdings könne sie nicht mehr so große Anstrengungen machen wie früher.

Der schwere Zorn des englischen Gesandten entlud sich in seiner Berichterstattung gegen die Person von Kaunitz, der an dieser Wendung die Schuld trage. Der Groll der Briten aber belastete alsbald die einst so begeistert verehrte Kaiserin.

Maria Theresia zauderte nicht, sondern unterzeichnete nun am 19. Mai 1756 den Vertrag, „mit ungemeinem Vergnügen", wie Khevenhüller notierte. Er fügte hinzu, daß die Kaiserin „sich hiebei der Expression bedienet, daß gegenwärtiger der erste Tractat wäre, welchen sie in der Zeit ihrer Regierung gern und de bon coeur unterzeichnet hätte". Noch in der gleichen Nacht mußte auf ihr Geheiß der Kurier das Aktenstück nach Paris zurückbringen.

Der Vertrag von Versailles war die völlige Abkehr Österreichs von seiner bisherigen, so beharrlich festgehaltenen Politik. Das Versailler Bündnis war aber nicht ein Optieren Österreichs zugunsten der so lang bekämpften französischen Politik, er war vielmehr die durch Geschick und

Zähigkeit sondergleichen errungene Unterwerfung der französischen Staatsführung unter den Willen Wiens, um diesem zur Wiedererkämpfung seiner verlorenen unschätzbar wertvollen Provinz zu verhelfen. Das Zustandekommen des Vertrages war ein triumphaler Erfolg. Frankreich, der Schirmherr der berühmten deutschen Libertät, war aus dem Lager ihres mächtigsten und gefährlichsten Repräsentanten in das des traditionellen Verfechters der Reichsgewalt hinübergezogen worden. Wenn dem Staatskanzler seine große Unternehmung glückte, dann hatte Versailles gegen sein ureigenstes Interesse gehandelt, als es grollend die Partei Friedrichs aufgab und diejenige Österreichs ergriff, denn dann hatte es entscheidend mitgeholfen, den deutschen Dualismus zu zerschlagen und das Haus Österreich in eine nicht mehr zu erschütternde Führerstellung im Reiche zu erheben. Daß ein von Österreich wiedergewonnenes Schlesien, nachdem sich um dieses Land dreimal der Krieg zwischen Habsburg und Hohenzollern entzündet hatte, noch viel mehr bedeuten mußte als das Schlesien von 1740, ist ohne weiteres klar. Welch eine Kraftquelle mußte es zudem, da es die harte und kräftigende Schule preußischer Verwaltung durchgemacht hatte, für das im Geiste Maria Theresias und des Grafen Haugwitz wiedergeborenen Österreich werden!

Kein Zweifel, daß sich über den Versailler Vertrag ein neuer deutscher Bruderkrieg, der größte und blutigste nach dem Dreißigjährigen Kriege entzünden mußte. Aber war nach dem einmal aufgegangenen Lose einer Feindschaft der Herrscher und der Staaten, ja einer durch die Natur der Dinge gegebenen Unvereinbarkeit der Existenz zweier Großmächte innerhalb des Reiches dieses bittere Blutvergießen überhaupt vermeidbar? Stand nicht über seiner Bitterkeit als Siegespreis das Glück einer neuen deutschen Einigkeit? Also eines dauernden inneren Friedens, gestützt auf die Kraft seines stärksten Staates?

In Frankreich wurde unter eifrigster Mitwirkung der Marquise von Pompadour, wie seinerzeit auf Friedrichs Seite der Herzogin von Chateauroux, der Bündnisfaden weiter verwoben. Noch aber sträubte man sich in Versailles, selbst an einem Angriffskrieg gegen Friedrich mitzuwirken. Anders, erklärte man, wäre es, wenn der König Österreich überfiele. Subsidien zu leisten aber sei Frankreich bereit. In den eifrigen Verhandlungen zwischen dem französischen Abbé und dem österreichischen Grafen erwies sich der letztere als der Gewandtere, Zähere, Kältere. Wien bot jetzt für Don Philipp die ganzen Niederlande, einen Teil ausgenommen, der an Frankreich fallen sollte. Er forderte aber dafür zwölf Millionen Subsidien, ein französisches Hilfskorps und eine so kraftvolle Kriegführung gegen England, daß dieses weder Hilfstruppen an Friedrich zu senden, noch Diversionen zu seinen Gunsten zu unternehmen in der Lage wäre.

Was aber tat all die Zeit über der Mann, der im Mittelpunkt aller der geheimen Bemühungen des Wiener Hofes stand und dem das sorgsam gewirkte Netz der Kaunitzschen Politik über das Haupt geworfen werden sollte?

*

Friedrich war durch alle Jahre seit Dresden nicht müßig gewesen. Wir wissen bereits, wie scharf er den Wiener Hof und dessen Politik durch seinen sehr tüchtigen Gesandten, Otto Christoph von Podewils (1746 bis 1751) hatte beobachten lassen. Insbesondere über die Reformen des Grafen Haugwitz ließ sich der König genauen Bericht erstatten. Überall trat er der österreichischen Politik entgegen. Er war es, der Frankreich gegen die römische Königswahl Josefs aufgebracht hatte und sie letztlich vereitelte. Wir haben seine Versuche bei der Pforte gesehen. Er war nicht in Sicherheit zu wiegen, sondern stand mit einem Heere, dessen Stärke er immer wieder vermehrt hatte, noch dazu mit einem sehr schnell mobilisierbaren Heere und gestützt auf die seit Dresden ausgebauten schlesischen Festungen, Neiße voran, stark, ja man darf sagen sprungbereit da. Er war der großen Wiener Anstrengungen durchaus wert!

Über die österreichische Haltung machte er sich, wie sein politisches Testament von 1752, dieses Meisterstück politischer Denkarbeit, beweist, keine Illusionen. „Nie", schreibt er, „wird es den Verlust Schlesiens verschmerzen, nie vergessen, daß es sein Ansehen in Deutschland mit uns teilen muß. Seine jetzige Politik geht darauf aus, sein Heer zu reorganisieren, seine Finanzen zu verbessern und so lange Frieden zu halten, bis diese Maßnahmen vollendet sind." Wir sehen, er blickt seinem Gegner ins Herz. „Es hat mit Spanien und dem König von Sardinien einen Neutralitätsvertrag über Italien geschlossen" — dies am 14. Juli 1752 zu Aranjuez — „und zwar in Gestalt eines Garantievertrages über die gegenseitigen Besitzungen. Dadurch behält das Haus Österreich freie Hand in der Lombardei und verrät damit deutlich seine Absicht, seine Kräfte anderswo einzusetzen." Friedrich fürchtete, und er spricht auch davon in seinem Testament, daß Österreich die Wahl von Karl von Lothringen zum König von Polen werde durchsetzen können — er hat sie alsbald im Bunde mit Frankreich auf dem Reichstage zu Grodno vereitelt. Die Königin von Ungarn (er nennt sie nicht Kaiserin) sei an Geschicklichkeit und Klugheit den nichtpreußischen Mächten überlegen. Sie benütze „die Leidenschaften der andern zur Förderung der eigenen Pläne. Sie verbirgt ihren Ehrgeiz, sogar ihren Haß, und will nur bei guter Gelegenheit die Maske lüften." Das Bündnis mit Frankreich war ihm 1752 noch der Inbegriff preußicher Staatsnotwendigkeit. Zu seinen Nachfolgern, also im tiefsten Geheimnis des Hauses sagt er: „Wie ihr aus meinem eigenen Munde hörtet, habe ich der Königin von Ungarn gegenüber kein reines Gewissen." Er gesteht zu, daß er ihr auch Böhmen entreißen möchte. (Wie richtig sah Haugwitz diese Gefahr!) Und darum geht es wie ein roter Faden durch dieses Universallexikon der Staatskunst: „Vor dem Haß der Österreicher müssen wir uns hüten und ihnen Widerstand leisten. Der Haß aller übrigen Mächte ist nur Zugabe und bleibt am besten unbeachtet." Es klingt wie ein verhaltenes Kommando, wenn er am Schluß des Abschnittes über das Verhalten gegenüber den Mächten Europas sagt: „Ist die Zeit reif zum offenen Bruch, so empfiehlt sich ein festes und stolzes Auftreten. Aber man soll das Gewitter nicht grollen lassen, ohne daß zugleich der Blitz einschlägt. Hat man viele Feinde, so muß man sie trennen, den unversöhnlichsten heraussuchen und sich auf ihn stürzen, mit den andern aber verhandeln, sie einschläfern und selbst unter Verlusten Sonderfrieden mit ihnen schließen. Ist erst der Hauptfeind niedergeworfen, ist es Zeit, auf die anderen zurückzukommen und über sie herzufallen, unter dem Vorwand, daß sie ihren Verpflichtungen nicht nachgekommen seien."

Machiavelli Friedrich und Cäsar Friedrich, beide sind bereit. Schon hatte die Zarin zu rüsten begonnen. Ihr Kampfeseifer war so groß geworden, daß ihn Kaunitz dämpfen mußte. Erst im Frühjahr 1757 könne man, so wird am 21. Mai nach Petersburg zu schreiben beschlossen, zum Kriege fertig sein.

*

Im Mai und Juni begann man in Wien damit, Armee und Festungen in das Maß von Kriegsbereitschaft zu setzen, das in Preußen schon im Frieden bestand. Der König hinwieder stellte, vor allem in Besorgnis vor einem russischen Angriff, seine Truppen für den Kriegsfall bereit. Er rechnete damit, etwa in sechs bis acht Wochen nach Kriegsbeginn auch mit den Österreichern zu tun zu bekommen. Die Nachricht wirkte in Wien keineswegs mehr bestürzend. Die Dinge hatten sich gewandelt. Kaunitz nannte die Rüstungen Friedrichs den zweiten guten Dienst, den dieser Österreich erweise. Der erste war der Abschluß des Westminsterabkommens gewesen. Nun ging man auch in Wien rascher vor. Am 6. Juli 1756 wurde ein Rüstungsausschuß eingesetzt und Kriegsvorbereitungen, nicht etwa schon eine Mobilisierung, setzte ein. Friedrich, der auf beruhigende Nachrichten aus Petersburg hin seine Vorkehrungen gestoppt hatte, entschloß sich zu einer Anfrage in Wien.

So erschien der preußische Gesandte Joachim Wilhelm von Klinggräff am 26. Juli vor der Kaiserin, um anzufragen, welchen Zweck die österreichischen Vorbereitungen in Böhmen und Mähren verfolgten. Die Kaiserin las die ihr von Kaunitz vorbereitete Antwort von einem Zettel ab. Sie lautete: „Die bedenklichen Umstände der allgemeinen Angelegenheiten haben mich die Maßregeln für notwendig ansehen lassen, die ich zu meiner

Sicherheit und zur Verteidigung ergreife und welche überdies nicht bezwecken irgend jemand zum Schaden zu gereichen." Es war keine aufrichtige Antwort. Khevenhüller aber notierte zu diesem Tage: „Die Kaiserin hatte die Gnad mir den ganzen Hergang gleich nach der Audienz selbsten zu erzehlen und kunte sonderlich die embarrassierte Contenance des Kinggräff nicht genugsam beschreiben."

Der Preußenkönig aber war, noch ehe er von seinem Gesandten den Bescheid erhalten konnte, entschlossen, seinen Feinden zuvorzukommen. Die letzte Augustwoche nannte er der englischen Regierung als den Zeitpunkt, da er losschlagen wolle. Noch einmal erschien, es war am 18. August 1756, der preußische Gesandte beim Staatskanzler und seine Anfrage trug nun, da der König über den Haag von dem gemeinsamen österreichisch-russischen Angriffsplan sowie seiner Verschiebung auf das Frühjahr erfahren hatte, einen drohenden Charakter, zumal von ihm auf die erste Wiener Antwort hin bereits die tatsächliche Mobilisierung befohlen worden war.

Österreich und Rußland hätten, so führte Klinggräffs Note vor dem Staatskanzler aus, den Angriffskrieg gegen Preußen beschlossen, den Beginn aber wegen der Unfertigkeit des russischen Heeres auf das nächste Jahr verschoben. Der König forderte eine förmliche und unzweideutige Erklärung der Kaiserin, daß sie nicht die Absicht hege, ihn in diesem oder im nächsten Jahre anzugreifen. Kaunitz forderte darüber eine schriftliche Mitteilung, der Gesandte überreichte sie. Drei Tage später erteilte der Kanzler die Antwort. Sie war kühl und abweisend. Die Kaiserin rüste, so hieß es, weil der König damit begonnen habe; sie enthalte sich, um die Grenze der Mäßigung nicht zu überschreiten, des Eingehens in die Einzelheiten der Denkschrift. Sie erkläre aber neuerdings, daß sie kein Angriffsbündnis mit Rußland geschlossen hätte.

Eine formal richtige Erklärung. Noch war das Angriffsbündnis nicht reif, da man hiezu zuerst des völligen Einverständnisses mit Versailles bedurfte. Im Wesen jedoch hatte der König die Gefahr erkannt, die sich über ihm zusammenballte. Ein Kanzlist der sächsischen Staatskanzlei, Menzel, hatte, seit 1752 von Friedrich mit etwa dreitausend Talern bestochen, wichtige sächsische Gesandtschaftsberichte aus St. Petersburg, Wien und London dem König in die Hände gespielt. Vertrauensbrüche des russischen Kanzlers Bestuschew hatten das Bild gerundet.

Preußen handelte. Am Tage nachdem Maria Theresias Antwort auf die zweite Anfrage in seinen Händen war, am 26. August, erteilte der König seinen Truppen den Marschbefehl. Am 29. August überschritten die ersten preußischen Truppen die Grenze, aber nicht wie man in Wien erwartet hatte, die böhmische, sondern die sächsische.

Die Kaiserin, die mit ihrem Gemahl auf dessen Gut Hollitsch weilte, erhielt die böse Nachricht am 2. September. Schon wurde sie vom preußischen Einmarsch in Dresden unterrichtet. Der Kaiserin ging, so zeichnete der Kronzeuge Khevenhüller auf, „dises traurige Spektacle in Sachsen also zu Hertzen, daß sie uns die dißfahls erhaltene Nachrichten mit weinenden Augen erzehlte, auch sofort dem König und der Königin (von Polen!) eigenhändig zuschribe und ihnen nicht allein Geld zuschickte, sondern auch all übrige von ihr immer zu erwartende Hülffe anbotte." Sie war nach der zweiten Anfrage des preußischen Gesandten auf den Ausbruch der Feindseligkeiten gefaßt gewesen, hatte ihn allerdings nicht so bald erwartet. Nun scheute sie nicht vor der Selbstverteidigung zurück, wenn sie auch nicht völlig fertig war. Es käme nur, so meinte sie am 22. September Starhemberg gegenüber, „auf Gewinnung der Zeit bis zum Winter" an, man müßte etwa eine Niederlage, ja den Verlust eines Teiles von Böhmen zunächst in Kauf nehmen, das Ende aber würde „menschlichen Ansehen nach" bei „glücklichem Ausschlag die Wiedereroberung Schlesiens, die Schwächung unseres gefährlichsten Feindes und die Befestigung des Ruhestandes und der Wohlfahrt unseres Erzhauses" sein. Maria Theresias Herz war ganz erfüllt von Haß gegen den König, der ihr so unsäglich viel angetan hatte. Sie sah sich ungeachtet der von ihr selbst eingeleiteten und unter eifrigster Teilnahme durchgeführten Verhandlungen mit Rußland als wiederum, nunmehr schon zum vierten Male, von Friedrich über fallen an. Besonders der Einfall in Sachsen, mit dem noch nichts abgeschlossen war, erbitterte sie und auch Kaunitz.

DER SIEBENJÄHRIGE KRIEG

Die Frage, ob Friedrich in letzter Stunde zur Selbstverteidigung das Schwert erhob, oder ob er, gegen welchen Vorwurf sich Ranke wandte, nach neuen Eroberungen ausgreifen wollte, ist gegenüber der Wucht des Geschehens nicht bedeutungsvoll. Der König handelte, um die durch sein Unternehmen von 1740 errungene Stellung seiner Monarchie zu behaupten; seine Lage war bedroht, schon weil ihm auf beiden Feldern seiner eifrigen diplomatischen Umwerbung ein schwerer Mißerfolg zuteil geworden war. In Frankreich geschah dies durch Fehler, die er gemacht hatte, in Rußland aber durch die nach einer anderen Richtung hin ausschlagende Wirkung jenes persönlichen Momentes, das auch er so oft angerufen hatte. Eigene Eroberungspläne hatte der König wohl gehegt, aber unter den ungünstigen Zeichen der politischen Lage zurückstellen müssen. Formal war er der Angreifer. Ein nationales Moment lag in seinem Handeln nicht, wenn auch in dem nun folgenden Kriege, da die französischen Heere als Bundesgenossen Maria Theresias auf deutschem Felde erschienen, seine Siege über die Truppen der Lilienkrone nationalen Widerhall fanden. Unmittelbarer als bei den deutschen Widersachern Österreichs mochte das nationale Moment im Lager seiner Gegnerin gewirkt haben. Diese nämlich hätte ja bei einem Siege über Friedrich nicht nur die große deutsche Sendung der Monarchie auf den fruchtbaren Gefilden Ungarns und des europäischen Südostens zu verstärken vermocht, sondern das Deutschtum im gesamten Bereiche Österreichs hätte neue Quellströme der Belebung auf sich gezogen und die mit dem Hause Österreich damals immer noch verbundene Autorität der Kaiserkrone wäre zu neuer Geltung gelangt.

Ein neuester Darsteller der Regierung Maria Theresias, Kurt Pfister, bemerkt zum Kriegsausbruch: „Die Problematik geschichtlicher Analogien wird offenkundig, wenn man erfährt, daß Kaunitz das Vorgehen seines Gegners mit der Felonie Heinrichs des Löwen, Friedrich wiederum die Haltung Österreichs mit den Proskriptionen der römischen Triumviren vergleich." Allerdings zeigt schon der Bereich, aus dem die Vergleiche geholt wurden, wie Friedrich die Dinge von jedem Bezug auf das Reich gelöst und persönlich, Kaunitz hingegen in reichsgeschichtlicher und reichsrechtlicher Blickrichtung ansah.

Beide Gegner hatten die Friedensjahre gut genützt. In noch stärkerem Maße war dies bei dem König der Fall, der drei Jahre der Ruhe vor Maria Theresia voraus hatte, ganz abgesehen von dem mächtigen Vorsprung des preußischen Kriegswesens schon 1740. Friedrich, ein Meister der Staatsverwaltung, der Mehrung der Hilfsquellen und der greifbaren Macht, war an den Erfahrungen der ersten Schlesischen Kriege nicht vorübergegangen. Noch bei Mollwitz und Chotusitz von der österreichischen über den Haufen gerannt, hatte seine Kavallerie im Zweiten Schlesischen Kriege bereits ebenbürtig gefochten. Im Siebenjährigen Krieg wurde sie eine furchtbare Waffe des preußischen Heeres, die ihren Ruf bis in die napoleonische Zeit hinein behielt. Preußen verfügte bei Kriegsbeginn über 126 000 Mann Feldtruppen.

In Österreich war es die Infanterie gewesen, die in der Friedenszeit eine gründliche Neuausbildung erfahren hatte. Sie war der preußischen nun nicht mehr unterlegen. Sie zählte bei Kriegsbeginn 54 Regimenter, davon 39 deutsche, 9 ungarische, 4 niederländische und 2 welsche. Dazu kamen ein Drittel der Grenzer, der Truppen des Karlstädter Generalats, der Banalisten, der Warasdiner und „Slavonier" — ferner 18 Kürassierregimenter und 12 Dragonerregimenter (letztere bis auf ein niederländisches alle deutsch), 10 Husarenregimenter (alle ungarisch), dazu nahezu über 3000 Artilleristen (deutsch und niederländisch) und etwa 500 Mineure und Pontoniere, zusammen etwa 177 000 Mann, jedoch mit starken Fehlbeträgen in den Ständen. Die Artillerie war nun zum erstenmal militärisch ausgebildet.

Maria Theresia konnte dem Kriegsverlauf schon darum ruhig entgegensehen, weil just am 28. August vom unermüdlichen Starhemberg die Meldung eingegangen war, daß Frankreich zum Abschluß des Angriffsbündnisses bereit sei.

Sachsen freilich war zu keinem Widerstand gegen die einrückenden preußischen Truppen fähig. Der Kurfürst-König war zuerst entschlossen, sich mit seinen Truppen nach Böhmen zurückzuziehen, ließ sich aber dann verleiten, seine Streitkräfte in einem für unangreifbar gehaltenen Lager bei Pirna zusammenzuziehen.

*

Maria Theresia war am 4. September früh nach Wien zurückgereist. Ihre Hauptmacht in Böhmen unterstellte sie dem in zahlreichen Feldzügen bewährten Feldmarschall Graf Browne, der aus irischer Familie stammte. Ein Korps unter Piccolomini sollte Mähren decken. Man war aber noch weit in der Mobilisierung zurück. Die materielle Ausstattung der Armeen, aber auch die Fürsorge für die zurückgebliebenen Frauen der Offiziere, war insbesondere Gegenstand der Überlegungen Maria Theresias, die auch jetzt wieder den Palatin von Ungarn energisch zur Hilfeleistung aufrief. Ihr Gemahl nahm sich um die Belieferung der Armee an. Den Sachsen zur Hilfe zu kommen, die in Pirna eingeschlossen worden waren, eilte Browne nach dem Norden Böhmens. Er vereinbarte mit der sächsischen Führung, daß er mit einem auserwählten Korps bis Schandau vorrücken werde, wohin die sächsische Armee durchzubrechen hätte.

Bei Lobositz kommt es am 1. Oktober 1756 zur ersten Schlacht des Krieges. Die Preußen stehen unter der Führung des Königs. In erbittertem Kampfe, der um sieben Uhr früh beginnt, werden die Österreicher schließlich zurückgedrängt und räumen am Nachmittag den brennenden Ort. Die Preußen haben das Schlachtfeld behauptet, hatten aber etwas größere Verluste.

Ein kennzeichnender Auftakt! Nicht mehr die Überlegenheit der preußischen Soldaten, sondern allein die Überlegenheit der Feldherrenbegabung entschied. Friedrich wird sich den Beinamen der Große im wesentlichen durch seine einzigartigen Leistungen auf dem Schlachtfelde erringen, unerreicht in der unbeugsamen Zähigkeit sowie in der Gabe inmitten unglücklichster Umstände geistesgegenwärtig den Gefahren zu begegnen, die ihm immer wieder die feindliche Übermacht oft aber auch sein eigener Ungestüm oder die hochmütige Unterschätzung der Gegner bereitet.

Browne ist nicht geschlagen. Man sah in Wien die Schlacht fast als einen Sieg an. Der tapfere Feldmarschall zeigte, daß er Herr seiner Entschlüsse geblieben war. Mit 8000 Mann überschritt er die Elbe und stand am 11. Oktober, wie vereinbart, in Schandau. Aber die Österreicher warteten vergebens. Die Sachsen wagten den Durchbruch zu dem nur mehr zwanzig Kilometer von ihnen entfernten Helfer nicht. Im stürmischen Herbstwetter, in Zelten kampierend, wartete Browne drei Tage. Auf die Nachricht, daß die Sachsen Kapitulationsverhandlungen eingeleitet hatten, trat er den Rückzug an. 18 000 Sachsen streckten am 18. Oktober die Waffen. Friedrich war Herr des reichen Landes.

Der Feldzug von 1756 klang aus. Der König räumte die von ihm besetzten Gebiete Böhmens. Sein Plan, Österreich zu überrennen, war durch Lobositz gescheitert. Die Österreicher hatten die erforderliche Zeit gewonnen.

Auf Preußen lag das Odium des Friedensbruches. Kaunitz konnte trotz des Bedauerns über das Los Sachsens mit dem Ablauf der Dinge zufrieden sein. Frankreich mußte, weil ja der König von Preußen Österreich den Gefallen gemacht hatte, der Angreifer zu sein, schon gemäß den Bestimmungen des Defensivvertrages Hilfe leisten. Starhemberg meldete aber die Bereitschaft zum weiteren Ausbau des Bündnisses. Rußland trat 1757 in den Kampf. Französisches Geld und die Hoffnung auf Landgewinn mußten auch die Schweden in Marsch setzen, und trotz des gesunkenen Ansehens des nordischen Königreiches war das Erscheinen ihrer Truppen im Norden von Berlin eine bedeutsame Bedrohung des preußischen Rückens. Friedrich selbst hatte dazu beigetragen, den großen Plan von Kaunitz zu verwirklichen. Die Machtmittel, die sich nun gegen ihn zusammenballten, waren so gewaltig, daß der König nach menschlichem Ermessen nicht zu widerstehen vermochte. Der Plan des österreichischen Kanzlers war durchdacht und errechnet, wie nur das achtzehnte Jahrhundert, das gläubig der Macht des Verstandes hingegeben war, zu errechnen und — an das Errechnete zu glauben vermochte.

Kaunitz hatte mit Hilfe einer anpassungsfähigen und sprungbereiten Diplomatie das ersonnene System in Wirksamkeit gebracht. Nun stand die von ihm gelenkte Monarchie nicht mehr im Banne mächtigerer Bundesgenossen, abhängig von ihrer Wohlmeinung und gebunden an ihre Kraft; nun war Österreich der Mittelpunkt einer Koalition, und der Geist seines Staatsmannes war im Bunde maßgebend. Frankreich mit seinen reichen Mitteln war an seinen Willen gebunden und die Niederlande, die so lang das Sorgenkind des Habsburger Reiches waren, wirkten jetzt als der Magnet, durch dessen Anziehungskraft Frankreich gefügig gehalten und zu den stärksten Opfern gewonnen wurde. Die Finanzhilfe von Frankreich hielt Schweden im Bann und ermöglichte es für Österreich, seinerseits Rußland zu subventionieren. Nur ein schwacher Punkt war in dem kunstvollen System. Die so unberechenbar wertvolle russische Hilfe beruhte auf dem persönlichen Momente des Hasses der Zarin Elisabeth gegen Friedrich. Aber die Gesundheit dieser wenig würdigen Regentin war unsicher, ihr

Thronerbe hegte eine andere Gesinnung als sie, und mit ihrem Tode konnte eine sofortige Änderung eintreten. Der Zufall stand also bereit, seine tückischen Schläge gegen den kunstvollen Bündnisbau des österreichischen Staatskanzlers zu führen, der Zufall, das Unberechenbare, das Irrationale. Irrational aber war auch die Kraft des Genies, das sich in der Gestalt des Königs auf dem Schlachtfelde der ihm drohenden Vernichtung entgegensetzte. Hoffte der Kanzler auf vernichtende Schläge, die in raschem Ablauf den Gegner zu Boden zwingen würden, er mußte, wie sich bald offenbarte, einem längeren Kriege entgegensehen, und je länger dieser Krieg dauerte, um so größer mußte das Spielfeld für den alle menschliche Planung gefährdenden Zufall werden. Der Krieg wurde somit ein Kampf reifer Staatskunst und kühler Rechenmeisterschaft gegen ein militärisches Genie ersten Ranges.

Der Staatskanzler war gleich bei Kriegausbruch in fröhlicher Tätigkeit. Er schrieb am 23. September 1756 an den österreichischen Gesandten in Petersburg, Graf Nikolaus Esterházy: „Mit Gottes Hilfe werden wir dem hochmütigen König in Preußen so viele Feinde auf den Hals ziehen, daß er darunter erliegen muß, und es ihme wie vormahlen dem in der Historie berühmten Henrico Leoni ergehe."

Dem noch ausständigen Vertragsabschluß mit Rußland machte nur der Großkanzler Graf Bestuschew-Rumin, verschuldet, und darum englischen Gelde ergeben, Schwierigkeiten. Esterházy schrieb am 27. Dezember 1756 darüber an Kaunitz: „Ew. Exz. vermag ich wegen enge der Zeit nicht genugsam auszudrucken, was erwehnter Großkanzler für ein Erzbösewicht seye und wie er sich dem neuen Systemati möglichermaßen zu widersetzen suche." Die Zarin war bereit, sofort marschieren zu lassen. „Wan Gott der Russischen Kayserin Majestät erhaltet," schrieb Kaunitz hochbefriedigt an Esterházy, „so hoff ich alles Gute, und Exzellenz belieben alles Mögliche anzuwenden, daß die russischen Truppen bald in Bewegung kommen. Der bloße Ruff eines solchen Schrittes kann uns viel nutzen, und wan bei dieser Gelegenheit der König in Preußen nicht ecrasiret wird, so dörffte keine andere wiederkommen."

Rußland aber hatte Wünsche auf polnische Gebiete und wollte dieses mit Ostpreußen entschädigen. Schon dachte man in Wien daran, in diesem Falle die Einsetzung eines Erzherzogs in Ostpreußen zu betreiben, als Esterházy Rußland von seinem Begehren abbrachte. Am 11. Dezember trat Rußland dem Defensivvertrag bei, am 2. Februar 1757 verpflichtete es sich zu gemeinsamer Kriegführung mit Österreich, bis Schlesien und Glatz in der Hand der Kaiserin seien, Österreich hinwieder zu einer Zahlung von jährlich zwei Millionen Gulden, wofür Rußland 80 000 Mann ins Feld stellt.

Vergebens hatte Friedrich dem russischen Großkanzler 100 000 Taler zukommen lassen, die Wiener Politik war überlegen geblieben.

Rasch war man mit Frankreich einig. Der König rüttelte nicht an seinen Vertragspflichten, stellte aber kein Hilfskorps, sondern eine selbständig operierende Armee. Am 1. Mai 1757 konnte der zweite Vertrag von Versailles, auf den Frankreich hindrängte, abgeschlossen werden. In ihm verpflichtete sich die Lilienkrone zum Einsatz einer Armee von 105 000 Mann und einem deutschen Soldkorps von 10 000, das Österreich unterstellt wurde, ferner zur Zahlung von jährlich 12 Millionen Gulden, bis Schlesien und Glatz durch Friedensvertrag im unbestrittenen Besitz der Kaiserin seien und diese auch das Fürstentum Krossen und eine angemessene, mit ihren Erbstaaten zusammenhängende Vergrößerung, die direkt oder indirekt auf Kosten Preußens erfolgen sollte, erlangt habe. Als Minimum der weiteren Gebietsamputationen auf Preußens Kosten waren das Herzogtum Magdeburg, das einst schwedische Pommern, das Fürstentum Halberstadt, und das Gebiet von Halle vorgesehen, ja selbst Cleve und das Quartier von Geldern. Erst beim Zustandekommen des erwähnten Friedens hatte Maria Theresia die Souveränität über die von Frankreich begehrten Teile der Niederlande, darunter Ypern, Ostende, Nieuport und Mons, diesem zu übergeben. Nach dem Absterben des Don Philipp und seiner legitimen Nachkommen sollten die südlichen Niederlande, die diesem wie früher zugestanden waren, wieder an Österreich zurückfallen. Mit dem gleichen Friedensschlusse sollten Parma, Piacenza und Guastalla wieder österreichisch werden, dazu sollte der König von Neapel, da das Nachfolgerecht des Don Philipp auf dessen Gebiet erloschen sei, den stato degli presidie an den Kaiser als Großherzog von Toskana abtreten.

Im gleichen Vertrage willigte Frankreich auch in den von Österreich 1753 mit dem Herzog Franz III. von Modena abgeschlossenen Vertrag, wonach der dritte Sohn der Kaiserin, der Erzherzog Leopold als künftiger Gemahl der Tochter des Erbprinzen dereinst die Nachfolge im Herzogtum erlangen solle. Im Besitz der in Aussicht gestellten Erwerbungen versprach Österreich seine Unterstützung, daß Frankreich Minorca erlange, und Dünkirchen ausbauen dürfe. Als ein Zeichen der besonderen Freundschaft für die Kaiserin erklärte sich der König von Frankreich auch dazu bereit, auf die Wahl Josefs zum römischen König hinzuwirken.

Es war unter solchen Umständen keine Übertreibung, wenn Kaunitz an Starhemberg schrieb: „Euer Hochgeboren haben ein Meisterstück von einer geschickten Negociation abgelegt und in verschiedenen Stücken mehr ausgewirkt, als zu hoffen gestanden.“

Zweifellos, dieser zweite Versailler Vertrag war das günstigste Übereinkommen, das je in freundschaftlichen diplomatischen Verhandlungen durch deutsche Diplomaten Frankreich abgerungen wurde. Reiften diese Abmachungen zu völliger Realisierung, dann war die Habsburger Macht, ihres einzigen gefährlichen Rivalen, Preußens ledig, stärker als irgendwann.

Ihre zentralisierenden Kräfte auch gegenüber Ungarn mußten sich mit der Wiedererwerbung Schlesien stärken, und der Südosten wurde fester an die europäische Mitte gebunden. War dies alles Frankreichs wahrer Vorteil? Die Erwerbung der Niederlande hiefür ein Äquivalent? Frankreich, eben im Kampfe um Nordamerika und Ostindien, blickte damals über die Ozeane, wohin es der gewaltige Aufschwung seines Handels seit den Tagen von Fleury wies. Österreich aber wurde durch den Austausch der Niederlande endgültig aus den Ketten der seemächtlichen Politik befreit und des ständigen Ärgers über Barriere und seemächtliche Handelsschikanen überhoben. Es hatte vollends aus den spanischen Träumen Karls VI. in die Wirklichkeit zurückgefunden, in den erfaßbaren Umkreis seiner eigentlichen Interessen, die ja auch in Italien nunmehr begrenzt und abgerundet werden sollten.

Der Wiener Meisterdiplomat hatte inzwischen (21. März) auch Schweden zur Mitwirkung gewonnen. Die preußenfreundliche Partei der Königin war unterlegen. Er hatte ferner bewirkt, daß schon am 29. Jänner 1757 durch Mehrheitsbeschluß des Regensburger Reichstags, selbst unter Beteiligung gewichtiger protestantischer Reichsstände, darunter des hohenzollerischen Ansbach, der Reichskrieg gegen Preußen beschlossen wurde. Fast konnte man sagen, daß die Wiener Federn bereits den Krieg gewonnen hatten. Noch aber mußte die Tat auf den Schlachtfeldern gesetzt werden, und diese entzog sich dem Können und dem Arbeitsbereich des Staatskanzlers.

*

Stand der König Friedrich mit seinem Genie wirklich so allein, als nun seine österreichische Gegnerin mit einem wahren Unwetter von Feinden gegen ihn ins Feld zog?

Keinesweg. Jenseits des Kanals stand ihm ein Bundesgenosse zur Seite, der weit mehr bedeutete, als seinerzeit ein Walpole oder Carteret für Maria Theresia, ein Mann, der seine Autorität in der Regierung, und in der öffentlichen Meinung diktatorisch durchzusetzen vermochte. Hatte der ältere Pitt, als er noch in grollender Opposition seine gewaltige Stimme im Unterhaus erschallen ließ, sich gegen jede englische Vermengung mit den Angelegenheiten des Kontinents, einzig Holland ausgenommen, ausgesprochen, war er ein Feind der Subsidienpolitik gewesen, nun, seit er selbst am 15. November 1756 und noch wirksamer am 29. Juni 1757 das Ruder des britischen Staatsschiffes ergriffen hatte, trat er für den preußischen Bundesgenossen ein, wie nie vor- oder nachher ein englischer Staatsmann für einen Deutschen.

William Pitt ließ seinen König in der Thronrede vom 17. Februar von dem höchst ungerechten und rachsüchtigen Angriff sprechen, den Frankreich und seine Alliierten gegen Europa überhaupt und gegen Hannover und dessen „guten Verbündeten“, den König von Preußen, unternähmen. Er forderte die Mittel für die Aufstellung eines Observationsheeres von 60 000 Hannoveranern, Hessen und Preußen, und er schickte sich an, dem Könige mächtige Subsidien zu gewähren. Eines der größten Genies der britischen Geschichte stellte sich neben das größte Genie Preußens, den „protestantischen Helden“ Friedrich. Erstaunen wir nicht über diesen uns im achtzehnten Jahrhundert so seltsam anmutenden Ton des Konfessionellen. Auch in den Unterhandlungen zwischen der Kaiserin und Ludwig XV. ist der Gedanke wirksam, daß die beiden größten katholischen Mächte zum Segen für den Glauben sich verbündeten, so sorgfältig man auch in Wien bedacht war, doch ja dem Krieg gegen den Preußenkönig nicht den Stempel eines Glaubenskrieges aufprägen zu lassen, und so froh man der Gewinnung protestantischer Reichsstände und der protestantischen Schweden war. Für den leidenschaftlichen Willen Pitts, Frankreich niederzuringen, war der Preußenkönig mit seiner besten Armee der Welt ein kostbarer, an ihn gebundener Helfer, der Degen Englands auf dem Kontinent, während umgekehrt Frankreich der Degen Österreichs für dessen Machterweiterung und die österreichische Reichsidee geworden war. Pitt kämpfte mit der Hilfe Friedrichs für die Verwirklichung seiner Zielsetzung, „die Länder aller unserer indischen Verbündeten und unsere eigenen in Amerika von der letzten französischen Garnison, dem letzten französischen Posten frei“ zu machen.

So war das große innere deutsche Ringen in einen Kampf um den Besitz einer Welt eingefügt, eines Siegerpreises, dessen Größe und Zukunftsbedeutung wohl keiner so wie Pitt erfaßt hatte. Frankreich und England stritten um die ungeheuren Weiten und Möglichkeiten von Amerika und Indien, während Deutschland im dualistischen Fieber rang. Glückte der Plan von Kaunitz nicht, dann blieb der österreichisch-preußische Gegensatz bestehen, und die Welt war zudem der deutschen Nation verschlossen. Im Osten aber war dann der russische Koloß, dem man selbst kaum auf den Leib zu rücken vermochte, berufen, künftig und mit einer sich mehrenden Autorität der umworbene Schiedsrichter im deutschen Streit zu werden. Welche tragischen Aspekte!

*

Noch aber standen beide Gegner erst zu Beginn ihrer Hoffnungen und Entwürfe. Friedrich, dem sein Feldzugsplan 1756 nur zum Teil geglückt war, wollte nun durch einen schnellen Stoß nach Böhmen noch einmal Österreich treffen. In vier Kolonnen brachen seine Truppen im April über die schlecht behütete böhmische Grenze vor, eine böse Überraschung für Wien.

In allen bisherigen Feldzügen hatte sich der Feldmarschall Graf Browne aus das höchste bewährt. Mustergültig hatte er im Herbst geführt, er war ein tapferer, entschlossener und umsichtiger Mann. Dennoch entschloß sich die Kaiserin, den Oberbefehl über ihre sich in Böhmen sammelnden Streitkräfte ihrem Schwager Karl von Lothringen anzuvertrauen. Browne unterstellte sich bereitwillig, die von Wien geplante Beiordnung im Oberkommando für schädlich erklärend.

Infolge eines Fußleidens trifft der Lothringer erst am 30. April bei der Armee ein. Den Winter über hatten die österreichischen leichten Truppen unter Führern wie Fürst Löwenstein, Graf Lacy und Oberstleutnant Freiherr von Laudon eine Reihe glücklicher Unternehmungen durchgeführt. Browne hatte in Wien mit Bestimmtheit verneinen zu dürfen geglaubt, daß Friedrich den Feldzug eröffnen werde. Nun, da er so falsch gerechnet, mußte zu seinem Schmerz der Rückzug nach Prag angetreten werden. Sein Rat bestimmt den Prinzen, hier die Schlacht anzunehmen.

Am 6. Juli beginnt mit dem preußischen Angriff eine der blutigsten Schlachten des Krieges. Dem linken preußischen Flügel, den Schwerin führt, leistet Browne — verweilen wir einen Augenblick bei seinem letzten Heldentum — todesverachtenden Widerstand. Als er seine Truppen zum Gegenangriff mit dem Bajonett vorführt, zerschmettert ihm eine Kanonenkugel das Bein. Des Führers beraubt, kämpft die Infanterie noch geraume Zeit weiter, muß aber schließlich vor dem König selbst — Schwerin ist gefallen — zurückgehen. Zentrum und Mitte der Österreicher, wo die Führung, aber auch die Kavallerie versagt hat, fluten hinter die rettenden Mauern von Prag. 13 000 Mann hat die bittere Niederlage gekostet, während die vortrefflich geführten Preußen bei gleich großer Anzahl der Opfer vorwiegend blutige Verluste erlitten haben.

Die Hauptmasse der Besiegten ist eingeschlossen und seit dem 28. Mai unter schwerer Beschießung. Von seinem tödlichen Krankenbett aus mahnt der tapfere, unter dem in diesem Jahre erlittenen Unglück schwerer denn an seiner Wunde leidende Browne unermüdlich zur Standhaftigkeit. Aber die Lage ist schwierig, die Verpflegung reicht nicht mehr lange.

Schon vor der Prager Schlacht war Kaunitz, begleitet von seinen beiden höchsten Beamten, zur Armee abgereist. Er traf bei den Streitkräften des Feldmarschalls Daun ein, die sich in Ostböhmen versammelten. Hier erlebten der Kanzler und der General die Hiobsbotschaft. Nachdem der Staatsmann den General aufgemuntert hatte, eilte er nach Wien, wo er ohne Beschönigung, aber voll Zuversicht die auswärtigen Regierungen unterrichtete und sofortige Verstärkung für Daun erwirkte. Der König von Frankreich richtete an die Kaiserin ein Schreiben, das Bundestreue atmete. Ein ansehnliches französisches Armeekorps werde Österreich entlasten. Auch Bernis, von der Marquise angefeuert, zeigte sich zuversichtlich.

Daun ist beauftragt, zur Rettung der eingeschlossenen Armee eine Schlacht zu wagen. Prinz Karl aber wird von der Kaiserin unter Appell an die Ehre des deutschen Namens zum Ausharren gemahnt und aufgefordert, bei der Verteidigung der Stadt die gleiche Standhaftigkeit zu zeigen wie seinerzeit die dort belagerten Franzosen.

Daun setzt sich in Bewegung. Das ihn beobachtende Korps Bevern drückt er hinter Kuttenberg zurück. Schon eilt der König mit einem Teil der Armee heran. Er unterschätzt die Zahl der Österreicher und greift, mit Bevern 40 000 Mann stark, die 54 000 von Daun an. Die Schlacht bei Kolin am 18. Juni bringt dem König die erste schwere Niederlage. An der festen Haltung der Österreicher brach sich der Angriff, sächsische und österreichische Kavallerie führte die Entscheidung herbei. Auf 14 000 belaufen sich die preußischen Verluste.

Damit ist der Feldzug in Böhmen verloren. Am 20. Juni erstürmten die in Prag eingeschlossenen Österreicher die preußischen Stellungen auf dem Weißen Berge. Ihre leichten Truppen führten unter Laudon dem weichenden Feinde schwere Verluste zu. König Friedrich übergab das Kommando zunächst seinem Bruder Heinrich, der damals hämisch an die Bayreuther Schwester schrieb: „Phaeton ist gefallen." Ein neuer militärischer Unfall folgte. Der älteste Bruder des Königs, August Wilhelm, versagte als Führer der Armeegruppe, der die Deckung der Lausitzer Grenze anvertraut war. Er mußte zum Schlusse fluchtartig zurück und die Österreicher brachen über Zittau in das Land ein. Der König, der sich wieder gefunden hatte, stieß den Bruder aus dem militärischen Kommando. Mußte er selbst nunmehr seine Stellung an der Elbe räumen, er gebot den Österreichern bei Zittau Halt.

Noch einmal — und diesmal gegen den Widerspruch der maßgebendsten Männer, ja selbst des Gesandten von Frankreich — sah sich Maria Theresia durch ihre Rücksicht auf Karl und den Wunsch des sonst so bescheidenen Kaisers bewogen, dem Geschlagenen von Hohenfriedberg, Soor und Prag das Oberkommando über die vereinigten Armeen zu übertragen. War Daun, nunmehr des Prinzen oberster Berater, von Natur aus vorsichtig und langsam, der Lothringer, in seinem leichten Temperament an sich eher zum Schlagen bereit, brachte mit ewigem Befragen des Kriegsrats Unsicherheit in die Operationen. Der Prinz war nicht unbegabt, aber er hatte keine Geistesgegenwart, kein Selbstvertrauen und keine Entschlossenheit. Ihm fehlte die Autorität bei Truppe und Führung. All diese Eigenschaften hatte Browne besessen. Er war am 26. Juni 1757, verzweifelt über sein Mißgeschick zu Beginn des Feldzugs, in Prag gestorben.

Obwohl nun die Österreicher in der Lausitz kostbarste Zeit versäumten, war es doch für Friedrich eine gefährliche Zeit. Er mußte sich nach Thüringen wenden, wo sich unter dem Prinzen Josef von Sachsen-Hildburghausen eine in ihrem Kampfwert vorerst recht minderwertige Reichsarmee mit dem von Frankreich unter Soubise entsendeten Hilfskorps vereinigt hatte. Die Österreicher in der Lausitz aber schlugen das Korps des genialen Winterfeld am 7. September bei Moys. Der General fiel.

Die französische Hauptarmee, die im Westen erschienen war, schlug den Prinzen von Cumberland, der Hannover decken sollte, bei Hastenbeck und zwang ihn zur Waffenstreckung. Schon drohte ihre Vereinigung mit den gleichfalls in den Krieg eingetretenen und nun durch das unbeschützte Pommern vorrückenden Schweden. Die Bedrohung von Magdeburg war in Reichweite. Die Russen aber hatten Memel genommen und das schwache preußische Deckungsheer bei Großjägersdorf zurückgeworfen. Friedensbemühungen Friedrichs fanden kein Gehör.

Vergebens bemühte sich der König, Franzosen und Reichsarmee vor die Klinge zu bekommen. Soubise übte, von Furcht getrieben, die richtige Taktik gegenüber dem überragenden Genie, nämlich vor dem Angreifenden zurückzuweichen, wie 1813, freilich nicht aus Furcht, sondern planmäßig, die verbündeten Einzelheere vor Napoleon. Während aber damals gleichzeitig die Marschälle des Kaisers zusammengeschlagen wurden, verharrten die verbündeten Armeen, die keinen Friedrich vor sich hatten, in unbegreiflichem Zaudern. Die französische Angriffsbewegung im Westen schlief ein, die Schweden versäumten ihr Glück, die Russen, deren Heerführer bestochen waren, gingen, angeblich aus Verpflegssorgen, auf Memel zurück. Die Österreicher aber blieben gegenüber dem viel schwächeren Bevern zaudernd vor Breslau stehen, und schon begannen die Anfragen beim Hofkriegsrat in Wien, die nur auf Mutlosigkeit der Führung hindeuteten. Vergebens mahnte und mahnte die Kaiserin, die kostbare Zeit zu nutzen.

Nicht Karl, der König nutzte sie. Am 5. November lockte er die Franzosen und die Reichsarmee zur Schlacht und schlug sie bei Roßbach aufs Haupt. Schon nach kurzem Kampf wichen die Verbündeten, bei denen nur die wenigen österreichischen Reiter schneidig fochten, vor der preußischen Kavallerie, die Seydlitz führte. 5000 Gefangene und vier Fahnen waren der Siegespreis. Hildburghausen bekannte sich nach Wien als „totaliter" geschlagen.

Noch lastete auf dem König schwere Sorge. Die Österreicher! Gewiß, der schneidige Vorstoß des Generals Andreas von Hadik nach Berlin, der die Stadt unter erheblicher Brandschatzung für zwei Tage in die Hand der Kaiserin brachte, war bitter, demütigend und durch das Mißlingen der Verfolgung noch niederdrückender. Aber, es griff nicht an das Leben. In Schlesien indes hatten die Österreicher nun doch, am 22. November, Bevern in seiner festen Stellung an der Lohe angegriffen und mit einem Verlust von 9000 Mann nach Breslau geworfen. Zwei Tage später wurde vollends der Prinz auf einem Erkundungsritt gefangengenommen, und am selben Tage erfolgte unter wahren Auflösungserscheinungen im preußischen Heere die Übergabe von Breslau. Schon am 12. November hatte sich Schweidnitz ergeben. Schlesien war, von einigen Festungen abgesehen, in der Hand der Österreicher. Es galt nun nur noch zu halten.

Schon aber eilte der König heran. Karl von Lothringen machte den Fehler, die feste Stellung von Breslau zu verlassen und ihm bis Leuthen entgegenzugehen. Friedrich wußte, daß er trotz Roßbach verloren war, wenn er nicht in letzter Stunde vor dem endgültigen Wintereinbruch Schlesien zurückeroberte, waren doch durch den Einnahmeausfall dieses Jahres seine Kräfte im Schwinden. Vor Roßbach bereits hatten ihm die geliebte Schwester, der Prinz Heinrich und auch Voltaire zum Nachgeben geraten, und damals war Breslau noch in preußischer Hand.

Der König überrennt, die schiefe Schlachtordnung, auf die sein Heer einmanöveriert war, meisterhaft anwendend, die Stellungen der Österreicher. Diese, die ihre Übermacht gar nicht zur Geltung zu bringen vermochten, müssen in der Dämmerung des 5. Dezember 1757, der das Unglück gebracht, mit schweren Gefangenenverlusten hinter die Lohe zurückgehen und mit der Hauptmacht nach Böhmen weichen. Der unverzeihliche Fehler Karls, in Breslau eine sehr starke Garnison zurückzulassen — wer sollte sie denn im Winter nach Leuthen noch entsetzen? — schwächt, weil diese unter dem FLM. von Sprecher bereits am 21. Dezember 1757 mit zwölf der tüchtigsten Generale kapitulierte, die Gesamtkraft Österreichs. Schweidnitz wurde wieder von den Preußen umschlossen. Österreich hatte die schwerste Niederlage dieses Krieges erlitten, alle errungenen Vorteile eingebüßt, seine Armee fast verloren. Wir können den Schmerz der Kaiserin verstehen. „Die Kaiserin thate nichts als weinen und ware fast nicht zu trösten, verfügte sich dennoch gleich in die Capellen, wo sie unter beständigen Thränen ihr Gebett verrichtet und die übrige Zeit ungehindert der großen Betrübnis mit denen Ministres deren verschiedenen Départemens ohne Beruffung einer förmlichen Conferenz gearbeitet hat." So lautete die Aufzeichnung Khevenhüllers zum 9. Dezember, da die Unglücksnachricht in Wien einging.

Das Jahr 1757 ging schlecht zu Ende. Die Armee mußte völlig neu ausgerüstet werden, zum Teil gar neu aufgestellt. Die Franzosen hatten trotz des besten Willens ihres Königs bei Roßbach völlig versagt. In Rußland rief ein epileptischer Anfall der Zarin sogleich die Sorge um den Thronwechsel hervor, lähmte die Tätigkeit der Bundestreuen und erwachte eifrige Werbung um die Gunst des Thronfolgers, des preußisch gesinnten Großfürsten Peter.

*

Vor allem mußte der tiefen Entmutigung des französischen Bundesgenossen, wo Bernis kriegsmüde geworden war, gesteuert werden. Es fehle an geeigneten Generalen, sagte er, man müsse auf einen ehrenvollen Friedensschluß hinarbeiten. Kaunitz bewahrte die Ruhe. Er wußte den französischen Bundesgenossen zu behandeln. Maria Theresia ihrerseits forderte den Gesandten auf, mit ihr weiterzukämpfen, es gehe nicht um Schlesien, sondern darum, die Macht des Ungeheuers zu verringern, das die Ruhe Europas bedrohe. Ihre starke Natur lehnte sich gegen eine Kapitulation auf, und unermüdlich stärkte ihr Kaunitz das Vertrauen auf den glücklichen Ausgang. Schon offenbarten sich die Wirkungen dieser Festigkeit. Der König von Frankreich versprach die Absendung des von Österreich geforderten Hilfskorps. Er enthob den Herzog von Richelieu, der sich zweideutig gezeigt hatte, vom Kommando der französischen Hauptarmee. In Rußland entfernte die wiederhergestellte Zarin den Großkanzler Bestuschew und den General Apraxin aus ihren Ämtern. Der neue Befehlshaber Fermor nahm mitten im Winter am 22. Januar 1758 Königsberg. Elisabeth stimmte nun auch der von Österreich erbetenen Entsendung eines Hilfskorps zu.

Indessen erhob sich eine neue Krise. Vergebens hatte sich Kaunitz bei Kriegsbeginn in Paris bemüht, die Neutralität von Hannover anzuerkennen, zu einer Zeit, wo der König-Kurfürst gern zu einem Abkommen geneigt gewesen wäre. Nun war er im Banne des feurigen Willens von Pitt selbst kriegsentschlossen. England bewilligte Friedrich die enormen Subsidien von 670000 Pfund (11. April 1758), während der preußische General Prinz Ferdinand von Braunschweig bereits mit Hannoveranern und Preußen und deutschen Soldtruppen der Engländer die Franzosen unter ihrem neuen Befehlshaber Graf Clermont noch in der Winterruhe überraschte und zum Rückzug nötigte; nicht nur über die Weser, schließlich über den Rhein. Das war zu Beginn des April bereits abgeschlossen. Vergebens bemühte sich der alte Belleisle, den gesunkenen Kampfgeist der Franzosen wieder zum Entflammen zu bringen.

Der Schöngeist de Bernis stand den ungünstigen Ereignissen schwankend und sorgenvoll gegenüber. „Das Militär hat alles verdorben", so läßt er sich in einem Briefe an den Wiener Gesandten Graf Stainville aus, „weil sowohl von der einen wie von der andern Seite niemand den Krieg zu führen verstand als der König von Preußen, wider den man ihn führte." Selbst der König war nun für den Frieden. So erschien am 16. April Stainville vor der Kaiserin. Man könne ja den Krieg eines Tages wiederum erneuern, meinte er. Maria Theresia erwiderte, daß sie schon vor siebzehn Jahren das Kriegführen beginnen mußte und keinen Gefallen mehr daran finde. Schließe sie einmal Frieden, dann wolle sie keine Abmachung mehr über einen neuen Krieg. Sie wolle dann ihre Augen in Frieden schließen. Jetzt aber sei nicht der Zeitpunkt, an Frieden zu denken. Die Kaiserin war ja über den Rückzug der französischen Truppen noch vor dem neuerlichen Friedensbegehren Ludwigs XV. so erbittert, daß sie an Kaunitz geschrieben: „Ich bin der Meinung, wir müssen operieren, als ob es gar keine Franzosen mehr gäbe, und uns nicht um ihretwillen unsere Angelegenheiten verderben lassen. Daun muß Vollmacht erhalten zu tun, was er für das Beste hält, und deshalb benachrichtigt werden, daß er von jenen Herren nichts zu erwarten und demgemäß seine Maßregeln zu treffen habe." Kaunitz hatte sich sogar gezwungen gesehen, seiner Herrin die Gefahr erneuter Abhängigkeit von England bei einem Systemwechsel vor Augen zu halten. „Waren wir nicht," so schrieb er ihr, „England gegenüber immer die Betrogenen und Aufgeopferten? Es verfügte während des Krieges mit uns wie mit Soldtruppen, von denen es sich einbildete, daß sie nur für seine Interessen zu kämpfen hatten. Wenn es sich jedoch um den Frieden handelte, betrog es uns, indem es ihn gewöhnlich ohne uns und auf unsre Kosten abschloß. Von seiten Frankreichs haben wir noch nichts Ähnliches erfahren. Von allen Feldzugsplänen, die es vorschlug, haben wir noch keinen einzigen ausgeführt. Hätten wir uns die gleiche Freiheit mit England herausnehmen können? Hat es uns nicht jedes Mal, selbst in der unanständigsten Weise gezwungen, die sonderbarsten und törichsten Unternehmungen einzig und allein darum auszuführen, weil es sie seinen Absichten und Interessen entsprechend glaubte, welche dem Wohle seiner Alliierten jederzeit fremd blieben? Wenn hingegen die Franzosen noch dasjenige besitzen, was man ehrenhafte Grundsätze in der Politik nennt, so zeigen sie es dadurch, daß sie ihre Verbündeten unterstützen. Sie haben davon im letzten Kriege ganz Europa die schlagendsten Beweise gegeben."

Kaunitz riet seiner Herrscherin, das französische Begehren auf verminderte Zahlungen anzunehmen. Sie müsse unter Bekundung des unerschütterlichen Vertrauens in das geheiligte Wort Frankreichs den aufrichtigen Wunsch offenbaren, die Allianz mit dem Hofe von Versailles zu erhalten, ja bis zur Unauflöslichkeit zu verfestigen. So wurde im Geiste des Vertrauens und der Zuversicht das französische Begehren beantwortet.

Tatsächlich gaben die Ereignisse dem Kanzler recht. Der Abschluß des englisch-preußischen Subsidienvertrags ließ Frankreich zu neuer Entschlossenheit aufflammen.

Inzwischen hatte sich die Kaiserin endlich zu einem längst notwendigen Schritt entschlossen. Das Volk war auf das äußerste gegen den unglückseligen Karl von Lothringen aufgebracht. Er mußte aus Vorsichtsgründen ohne besonderen Empfang in Wien eintreffen. Khevenhüller aber fand den zuerst Gedrückten bald wieder „eben so lustig und aufgeraumet, als wann er ganz siegreich und mit Lorbeer gecrönet aus der Campagne zurück gekommen wäre". Von sich selbst kam er nicht auf den Gedanken, zurückzutreten. Frankreich und Rußland, aber auch die Minister der Kaiserin, drängten darauf. Schwer bekümmert fügte sich der Kaiser, ohne dessen Zustimmung man in militärischen Dingen nicht gern etwas unternahm. Es bedurfte aber, da die wiederholten Vorstellungen des Bruders ergebnislos blieben, eines Handschreibens der Kaiserin, das Kaunitz, der Unentbehrliche, entworfen hatte. Dies geschah am ersten Jänner 1757 und Khevenhüller verzeichnet in seinem Tagebuche, daß ihm die Kaiserin, als sie bei dem „sans souci naturel" des Prinzen seinerseits einer völligen „Indifferenz" begegnete, „nach der Hand selbsten mit einigem Dépit gemeldet, daß sie über eine gar so große Gelassenheit fast choquiret seie und um so weniger das Geschehene bereuete, als sie nun mehr und mehr erkennen mußte, daß alles, was man ihr von dessen schwachen Charakter so offt und villmahlen vorgestellet, nur gar zu wahr seie".

Zum Nachfolger Karls wurde nach einigem Schwanken Feldmarschall Graf Daun ernannt. Ihm wurde nach französischem Muster ein Generalstab an die Seite gestellt, an dessen Spitze FML. Graf Lacy kam. Mit allen Anstrengungen war die Armee über den Winter wieder neu ausgerüstet worden.

Schon offenbarte sich ein Gegensatz zwischen dem vorsichtigen, oft allzu vorsichtigen Oberfeldherrn und seinem tüchtigsten Untergebenen, dem Generalmajor Ernst Gideon von Laudon. Dieser, 1717, am gleichen Tage wie Kaunitz, zu Tootzen in Livland geboren, war aus russischen in österreichische Dienste getreten, nachdem der König Friedrich sein Dienstangebot wegen seines unansehnlichen Äußeren abgelehnt hatte. Zuerst bei den Trenckschen Panduren eingeteilt, wäre er von dem unseligen Trenck um ein Haar in dessen Prozeß verstrickt worden. Er wurde dann den Grenzern zugeteilt. Im Wesen ernst und gediegen, vor dem Feinde kühn, ja verwegen, war er seelisch empfindlich, fast schwermütig. Doch wohl charakteristisch für seine nach innen gerichtete Art ist seine spätere freundschaftliche Verbindung mit Gellert. Die Soldaten liebten Laudon geradezu. Als Major in den Krieg getreten, war er Ende 1757 bereits Generalfeldwachtmeister (Generalmajor). Am 8. August 1757 hatte er bei Gottleuben über den preußischen General von Itzenplitz einen glänzenden Sieg davongetragen. Unermüdlich regte sich sein Unternehmungsgeist. Nun forderte er als Führer der vorgeschobenen österreichischen Gruppe vergebens von Daun Verstärkungen, um die Belagerungsarbeiten vor Schweidnitz zu stören. Die Festung mußte sich am 16. April ergeben, da sie keine Hilfe erhielt.

Friedrich aber stieß nochmals gegen Österreich vor. Er wollte, ehe er sich gegen die Russen wenden mußte, Olmütz nehmen und damit Mähren beherrschen. Bald stand er zum vierten Male seit 1740 vor der Festung, die allerdings mit 9000 Mann unter einem vortrefflichen, als sehr tapfer bekannten Kommandanten, Freiherrn von Marschall, gerüstet der Belagerung entgegensah.

In Wien herrschte, auch bei den fremden Gesandten, die größte Besorgnis. Man dachte an Flucht, die Kaiserin wies den Gedanken energisch von sich. Wieder zeigte sie sich unerschütterlich. Noch einmal flammte die alte Jugendkraft empor. Sie werde sich, sagte sie zu dem französischen Gesandten, von Stadt zu Stadt, von Dorf zu Dorf verteidigen. Und wenn sie zum Äußersten getrieben würde? „Ich würde dem König von Preußen eine Herausforderung schicken, er möge mich in einem Postwagen mit Pistolen, Pulver und Blei aufsuchen, wo wir unseren Streit entscheiden wollen.“ Mit „Hacken und Pfählen“ wolle sie Männer und Frauen bewaffnen, schrieb sie ähnlich der Kronprinzessin von Sachsen.

Daun, der den König von Böhmen erwartet hatte, rückte langsam, unermüdlich seine Truppen schulend, an die mährische Grenze. Er beobachtete Friedrich. Von Wien kam der Auftrag, Olmütz zu entsetzen. Es gelang dem Marschall, Verstärkungen in die Festung zu werfen, die tapfere Ausfälle unternahm. Aber nicht die Feldschlacht, zu der man schweren Herzens von Wien aus den Feldmarschall antrieb, sollte nottun.

Die Preußen hatten eine lange, schwierige Versorgungslinie. Ein großer preußischer Wagenkordon, der in fünftausend Fuhrwerken der Armee den erforderlichen Nachschub an Verpflegung und Pulver bringen sollte und von Ziethen mit 8000 Mann beschützt war, wurde durch Laudon am 30. Juni bei Domstadtl angegriffen und nach heißestem Kampfe mit schweren Verlusten für den Feind zersprengt. Über 3000 Wagen wurden von den Österreichern erbeutet oder gesprengt.

Der König brach daraufhin sofort die Belagerung ab. Durch Böhmen zurückgehend, konnte er trotz der scharfen Verfolgung durch die leichten Truppen der Kaiserin, Laudon wieder an der Spitze, seine Streitkräfte ohne besondere Verluste aus den Grenzgebirgen nach der Lausitz zurückbringen, da Daun zu langsam nachfolgte und in der Folge wie der König eine Schlacht vermied.

Friedrich löste sich vom Feinde. In Gewaltmärschen, darin sein unbeugsamer Feldhernnwille einzig war, eilte er nach der Neumark, wo er am 25. August die Russen bei Zorndorf stellte und sie nach schwerem Kampfe mit ihrer nervenlosen Zähigkeit zurückdrängte. Der Russe, der auch jetzt wieder keinen besonderen Kriegswillen an den Tag legte, stellte darauf seinen Vormarsch ein, und der König aber wandte sich rasch nach Sachsen, um Daun anzufallen.

Obwohl von der Kaiserin wiederholt zur Aktivität angespornt, hatte Daun die Abwesenheit des furchtbaren Gegners nicht benützt, um in Sachsen mit Hilfe der Reichsarmee klare Verhältnisse zu schaffen. Denn schon war Friedrich in seinen „sehr eilfertigen und übertriebenen Märschen", wie Daun etwas naiv bemerkte, herangekommen, und es war zu spät, jetzt noch den Prinzen Heinrich anzugreifen. Wollte aber Friedrich seinerseits, wie er seinem Bruder schrieb, „die dicke Exzellenz von Kolin" vertreiben, so hielt ihn dieser Meister der Stellungen und der behutsamen Märsche wochenlang hin. Als der Österreicher endlich nach Westen abmarschierte, folgte ihm der König, um eine Schlacht zu erzwingen. Bei Hochkirch bezog er trotz Warnungen seiner Generale ein unvorsichtig gewähltes Lager. Daun entschloß sich, dem Rate seiner Untergebenen folgend, zum Angriff, den er meisterlich vorbereitete.

Am 14. Oktober um fünf Uhr früh brechen die Österreicher gegen Hochkirch und die Höhen dahinter vor; trotz verzweifelter Gegenwehr des schnell gefaßten Königs werden die Preußen mit einem Verlust von 9000 Mann, darunter Feldmarschall Keith und Prinz Franz von Braunschweig, und hundert Geschützen geworfen. Prinz Moritz von Anhalt-Dessau wird schwerverletzt gefangen.

Aber Daun, der Zögerer, nützt zur bitteren Enttäuschung der Kaiserin den Sieg nicht. Friedrich kann sich ungestört nach Schlesien wenden und dort die Belagerer von Neiße zum Abzug zwingen, eine weitere bittere Enttäuschung, da man sicher mit dem Fall dieses Schlüsselpunktes und Halts für österreichische Winterquartiere gerechnet hatte. Schlesien und Sachsen sind in der Hand des Königs, Daun aber ist wieder nach Böhmen zurückgegangen.

Auch der Verbündete Österreichs, der kriegerische Erfolge am meisten nötig hätte, Frankreich, hat wenig erreicht. Zuerst gar links des Rheins bei Krefeld geschlagen, hatte das Hauptheer erst durch eine Diversion eines Korps unter Soubise Luft bekommen, aber der tapfere Braunschweiger behauptete sich in Westfalen gegen die schließlich wieder untätigen Franzosen. In Versailles hatte man es dankbar begrüßt, daß die Kaiserin bei der schwierigen Lage des Bundesgenossen auf die Entsendung des versprochenen Hilfskorps verzichtet hatte. Die Schweden aber waren auch diesmal ohne Erfolge nach Pommern zurückgekehrt.

Frankreich, dessen inneres Wesen, wie Starhemberg berichtet, tief verfallen ist, hat 1758 auch gegen die Briten unglücklich gefochten. Pitts ungeheure Anstrengungen beginnen sich fühlbar zu machen. Forts Louis auf Kap Breton ist gefallen. Die französische Herrschaft in Kanada beginnt in ihren Grundfesten zu erbeben. Alle französischen Faktoreien in Westafrika sind in britischer Hand. Bernis, mit freundlicher Förderung Maria Theresias Kardinal geworden, holt sich, erneut friedensbedürftig, bei Friedrich eine spöttische Abweisung. Nun enthebt ihn der bundestreue Ludwig XV. und überträgt die Leitung der auswärtigen Geschäfte an den soeben zum Herzog von Choiseul erhobenen französischen Gesandten in Wien. Dieser, vierzig Jahre alt, schäumt von Zuversicht und Kraft; voll von Entwürfen ist er ein echter Franzose, ja Gallier. Er wird der zuverlässige Sekundant des österreichischen Staatskanzlers und zugleich der Gegenspieler Pitts im Kampfe um die Welt. Nach tiefer Demütigung nochmals ein stolzes, zum letzten Opfer bereites Frankreich.

Am 28. November in Paris eingetroffen, räumt der Herzog mit der Friedensstimmung auf, angespornt auch durch die Entschlossenheit der Zarin, den Krieg bis zur völligen Niederlage Friedrichs fortzuführen. Choiseul wünscht allerdings einen neuen Vertrag mit Österreich. Starhemberg merkt den Unterschied: nicht mehr der weiche, geschmeidige Bernis, sondern ein gebieterischer Wille. Das neue Abkommen wird erleichtert durch die Ehevereinbarung zwischen Josef, dem ältesten Sohn der Kaiserin, und Isabella, der Enkelin Ludwigs.

Die günstige Stimmung wird noch erhöht, da eben damals ein kostbares Geschenk der Kaiserin für die im Dienste des Bündnisses unermüdliche Marquise von Pompadour, verbunden mit einem schmeichelhaften Schreiben des Staatskanzlers — nicht der Kaiserin! — eingetroffen ist.

Ein ostensibler und ein geheimer Vertrag werden geschlossen. Frankreich verzichtet auf die österreichischen Niederlande, auch für den Infanten von Parma, der dafür fortan die italienischen Herzogtümer auch für seine legitimen männlichen Nachkommen behält; mangelt es an diesen, so fallen sie an Österreich zurück. Der Defensivvertrag von 1756 wird bestätigt, doch willigt die Kaiserin in eine Geldhilfe an Stelle des Hilfskorps; diese beläuft sich auf monatlich 288 000 Gulden. Die Subsidien an Schweden sowie die Unterhaltung des sächsischen Korps bestreitet Frankreich allein, obwohl die Sachsen im Kampf für ihre Heimat Maria Theresia zur Verfügung stehen. Frankreich kämpft mit mindestens 100 000 Mann gegen Friedrich. Länder, die es ihm entreißt, werden im Namen der Kaiserin in Besitz genommen. Der König wird keinen Vertrag mit dem König von England eingehen, ohne ihn zur Mitwirkung zu binden, daß Preußen der Kaiserin gerechte und ehrenvolle Bedingungen zugesteht; zumindest muß sich England verpflichten, Friedrich keine wie immer geartete Hilfe zu gewähren. Zu gleichem verpflichtet sich die Kaiserin hinsichtlich Englands, wenn sie mit Preußen Frieden schließt. Gemeinsamer Frieden und Waffenstillstand werden vereinbart. Allerdings ist nun die französische Verpflichtung bezüglich Schlesien und Glatz dahin abgeschwächt, daß der König jetzt nur mehr verspricht, bei den Friedensverhandlungen alles aufbieten zu wollen, daß diese Gebiete wieder österreichisch werden. Die früheren Bestimmungen über Modena und die Königswahl Josefs bleiben aufrecht.

Der Geheimvertrag vom 31. Dezember 1758, der den von 1757 aufhebt, verpflichtet den König zur Zahlung der von früher her bestehenden Subsidienrückstände von siebeneinhalb Millionen Gulden. Österreichische Gebietserwerbungen auf Kosten Preußens sollen Zugeständnisse an Frankreich zur Folge haben, über die noch zu reden offen bleibt. Das Nachfolgerecht der parmenser Dynastie wird hier auch auf die weibliche Deszendenz ausgedehnt.

In beiden Verträgen wiegt, um ein Wort von Kaunitz zu gebrauchen, der „österreichische Vorteil merklich" vor. Noch einmal hat sich Frankreich in neu befestigtem Bündnis in den Dienst der deutschen Politik Österreichs gestellt.

Das sanguinische Wesen Choiseuls atmet Tatkraft. „Bis zum letzten Goldstück und zum letzten Soldaten" will er den Krieg mit England durchfechten, so ungünstig es auch steht. Unermüdlich als Diplomat, England Schwierigkeiten zu bereiten, findet er sich mit Kaunitz in dem Willen, Friedrich zu demütigen. Die französischen Waffen werden sich fortan kühner erheben, ja der Minister setzt selbst unter Vernachlässigung der überseeischen Auseinandersetzung alles daran, den kühnen Plan einer Landung in England, wie im vorigen Krieg die des Stuart gelungen war, mit starkem Heere und starker, die Überfahrt sichernder Flotte durchzusetzen.

Für einen gemeinsamen Operationsplan kann er nicht gewonnen werden. Auch mit Rußland, wo man sich ständig auf fauligem Grunde bewegt, ist schwer zu unterhandeln. Die unfähigen Generale zeigen keine Kampfeslust, die träge Zarin wird mit sinkender Lebenskraft immer schwerfälliger und energieloser. Immerhin, man wird sich mit den Russen an der Oder zu gemeinsamem Vorgehen treffen, freilich brechen die Russen erst am 25. Juni, spät für das ungeduldige Wien, aus ihren Winterquartieren in Polen auf. Die Franzosen, die allein operieren, sind an der durch Österreicher verstärkten Reichsarmee nicht mehr beteiligt.

Unruhig genug rückt mit Schlägen und Gegenschlägen kleinerer Kräfte der Frühling von 1759 herauf. Daun macht noch keine Miene aufzubrechen. Unermüdlich schult er seine Truppen und festigt ihren inneren Zusammenhalt. Aber auch der große Gegner beginnt das blutige Würfelspiel nicht. Er kann nicht mehr angreifen, denn das letzte Jahr ist bei aller Bemeisterung der Krisen zu kostspielig gewesen. Durch den Tod erst seiner Mutter (1757), dann seiner Lieblingsschwester Wilhelmine (1758) ist der König seelisch völlig vereinsamt. Die Sorgen lassen ihn gegen das blutige Soldatenhandwerk Abscheu empfinden. „Ich bin dieses Leben satt, der ewige Jude war nicht so lebensmüde, wie ich es bin."

Der kühne Angreifer von einst sah sich zur Defensive verurteilt, die immer an den militärisch-materiellen wie an den seelischen Kräften zehrt.

Endlich hat Maria Theresia den Zauderer Daun zum Einmarsch in Schlesien veranlaßt. Bei Marklissa steht er, sich unangreifbar verschanzend, Friedrich gegenüber. Ein Korps unter Hadik entsendet er zur Reichsarmee, die Prinz Heinrich gegenübersteht, ein zweites unter Laudon zu den

Russen, die Frankfurt an der Oder besetzen. Der König ruft den Bruder zu sich. Er selbst wendet sich zur Oder, drängt den nach Schlesien zurückberufenen Hadik ab, kann aber Laudon nicht verhindern, mit seinen Zwanzigtausend die Vereinigung mit den Russen zu vollziehen. Soltikow — Nachfolger des abberufenen unfähigen Fermor — zeigt keine Aktivität, aber auch Daun nähert sich der Oder nicht. Drohend allerdings ist nun der Krieg an Berlin herangekommen, etwa auf die Entfernung München-Augsburg oder Wien-Wiener Neustadt. Aber der bedrängte Friedrich besitzt zwei Helfer: Dauns angeborene Langsamkeit und übergroße Vorsicht, dazu die Unlust und Unfähigkeit der Russen.

Der König selbst ist es, der die Entscheidung gegen das russisch-österreichische Heer sucht, obwohl es der Zahl nach weit überlegen ist. Am Morgen des 12. August 1759 greift er bei Kunersdorf an. Die Russen und Laudons Grenadiere leisten zähen Widerstand. Dem von Osten her angreifenden König gelingt es, den Mühlberg zu nehmen. Am Spitzberg, der sich hinter diesem aufbaut, bricht sich der Angriff der ermüdeten Preußen, besonders durch das zähe Ausharren der Österreicher. Ein Flankenstoß Laudons mit 14 Schwadronen führt um fünf Uhr nachmittags den Zusammenbruch des preußischen Heeres herbei. Vergebens trachtet der König unter Einsatz seines Lebens das Unglück abzuwenden. Er wird Zeuge der wilden Flucht seiner Truppen über die Oderbrücke, einer allgemeinen Auflösung des Heeres. Fast die gesamte Artillerie, 200 Geschütze, ist verloren, auf 20 000 Mann beläuft sich sein Gesamtverlust.

Einen Augenblick lang bricht auch der Gewaltige nieder. Seinem kalten Intellekt zeigt sich keine Rettung mehr, und es gibt auch keine, wenn die Sieger an den Trümmern des Heeres ihr Vernichtungswerk vollenden. Der König schreibt: „Ich habe keine Hilfsmittel mehr, und um die Wahrheit zu sagen, ich glaube alles verloren." Er will die Armee auf den Thronfolger Friedrich Wilhelm schwören lassen, ihr Kommando dem Bruder Heinrich übertragen. Im Augenblicke hat er dem General Finck die Führung übergeben.

Indessen dem Niederbruch folgt ein neuer Auftrieb seiner unerschöpflichen Lebenskraft. Seine Gegner haben den Sieg nicht genützt, wie denn überhaupt die großen Schlachten dieser Zeit, von Leuthen abgesehen sogar die friderizianischen, eine geringe Auswirkung zeitigen. Laudon kann den Russen nicht zur energischen Verfolgung bewegen. Ja, Soltikow hindert als Oberbefehlshaber Laudon am selbständigen Vorgehen, der größten Chance seines Lebens. Wie aber hat Daun die Gunst der Stunde verpaßt! Die Zeit zum rücksichtslosen Handeln ist gekommen, und Handeln fällt ihm schwer. Der Krieg stand einen Atemzug vor der Entscheidung, aber Daun und die Russen merkten es nicht.

Ihr Gegner wußte um die ungeheure Gefahr. Er, dem sie Zeit gelassen, fügte mit unvergleichlicher Energie die aufgelösten Trümmer wieder zusammen und ballt, nun wirklich Friedrich der Große, eine Kampfgruppe, dann eine kleine, entschlossene Armee, zu neuem Kampfe bereit. Insbesondere im Kriege gilt ja das geheime Gesetz des Lebens, daß eine Gunst des Augenblicks, die ungenützt bleibt, auf Nimmerwiederkehr entschwindet. Den Augenblick zu ergreifen, der ihrer war, hatten die Gegner versäumt. Der Krieg glitt von der Schwelle naher Entscheidung wieder zurück, und vor den Augen des beglückten Königs stiegen neue Chancen auf. „Das Mirakel des Hauses Brandenburg," nennt der harte, kalte, an kein höheres Sein des Menschen glaubende Mann, was ihm hier in der größten Bedrängnis zuteil wurde.

Für die Verbündeten, die das Glück vertan, beginnt der harte Alltag des Krieges von neuen. Prinz Heinrich vermochte, ein hochwertiger Sekundant des Bruders, keine Sonne, aber ein zuverlässiger Mond, Schlesien zu behaupten. Die einzigen Früchte der furchtbaren Schwächung des Gegners reifen in Sachsen. Hier übergibt Schmettau am 4. September 1759 Dresden an die Österreicher, die den zum Entsatz heraneilenden General Wünsch zurückwerfen und darauf Leipzig, Torgau, ja selbst Wittenberg besetzen. Daun aber hat sich in seinen Bewegungen wie im Kreis gedreht, ohne Entscheidendes zu bewirken, obwohl unermüdlich von Wien — Kaiserin und Kaunitz! — zum Handeln angetrieben.

Die Initiative gleitet aus den Händen der Verbündeten. Seit Kunersdorf völlig untätig, aber immer noch Laudons Korps festhaltend, gehen die Russen über die Weichsel zurück. Friedrich, der Bedrohung so nahe dem Herzen seines Staates ledig geworden, wendet sich gegen Dresden. Erobert er es zurück, so muß Daun, längst wieder in rückläufiger Bewegung, nach Böhmen weichen. Der König beordert den Generalleutnant Finck mit einem Armeekorps in Dauns Rücken, nach Maxen. Der Vorsichtige, hofft er, würde zurückweichen. Dieser aber verharrt in seiner festen Stellung am Plauener Grund, durch die er Dresden deckt. Aber er bietet überlegene Kräfte auf, um die preußische Einkreisungsgruppe selbst einzukreisen. Umsichtig, jeden Umstand bedenkend, führt er seine Truppen persönlich gegen den Feind, den er bereits am Abend des 20. November an die Elbe zurückgedrängt hat. Am frühen Morgen erfolgt vor dem drohenden Vernichtungsschlage der Österreicher die Kapitulation von fast 13 000 Preußen. Friedrichs Prestige ist sehr getroffen. In Wien äußert der bedächtige Kaiser: „Das sind nicht mehr die Preußen von früher."

Wie sollen nach dieser neuen Niederlage die Verbände wieder aufgefüllt werden? Tatsächlich hat die Qualität der Truppen gelitten. Bald danach wird eine preußische Heeresabteilung in raschem Überfall an die Eis führende Elbe herangedrückt und muß zum Großteil kapitulieren. Das Verhältnis des Königs zu seinen Truppen ist nicht mehr das alte. Versagt die

Mannschaft, so wird er gegen die „Kujone“, die „Kanaillen“, mißtrauisch und befiehlt die verstärkte Anwendung von Stockprügeln, Spießrutenlaufen u. dgl. Auch im Offizierskorps merkt er die sinkende Anhänglichkeit und nicht mehr die alte Kriegslust. Nein, das „infame Ereignis von Maxen“ war kein gewöhnliches militärisches Unglück.

Gehen nun Österreicher und Preußen spät zur Winterruhe, wo sie alsbald in nahen Kantonierungen einander gegenüberliegen, die Franzosen haben nach kurzem Vordringen zu Beginn des Feldzuges längst wieder nach Hessen ausweichen müssen und die Winterquartiere ruhmlos bezogen. Wichtiger aber: die Landung in England, der große Plan Choiseuls, ist gescheitert, weil die Flotte geschlagen wurde. Die Engländer erzwingen in diesem „annus mirabilis“, wo die Glockenstränge Englands nach einem Worte von Horace Walpole vom vielen Siegesläuten dünn wurden, die Entscheidung jenseits der Meere. Zu sehr hatte sich Frankreich um der Landung willen hier von Truppen entblößt. Gorée in Westafrika, Guadelupe und Marie Galante in Westindien und — vor allem schmerzlich! — Quebec in Kanada fallen. Die französische Stellung in Amerika beginnt zusamenzubrechen.

Schon sucht Choiseul durch spanische Vermittlung den Frieden. Pitt versagt sich, er will, anders als einst der Herzog von Newcastle gegenüber Maria Theresia, Friedrich nicht preisgeben. England und Preußen schlagen einen Friedenskongreß vor. Frankreich stimmt zu, Kaunitz weiß ohne direkte Ablehnung den Plan zum Scheitern zu bringen. Allerdings muß er jetzt, da der österreichische Gesandte Graf Esterhazy vorschnell gehandelt hat, den Russen das von ihnen georderte Ostpreußen zugestehen, da sie sonst abfallen. Gern hätte man in Wien statt dessen Geldopfer gebracht. Kaiserin und Kanzler täuschen sich nicht über die drohende Machtsteigerung Rußlands auf dem Reichsgebiete, zumal der russische Thronfolger Herr von Holstein ist. Maria Theresia schreibt: „Die ganze Balance vom Norden würde über den Haufen geworfen, und die russische Macht ist allzu förchterlich, als daß wir und andere Höfe deren Nachbarschaft gerne sehen möchten.“

Das erschöpfte Frankreich will nun auch unter Choiseul aus dem Kriege mit Preußen ausscheiden. Kaunitz lehnt nicht ab, um den Bundesgenossen nicht zu reizen. Der Meisterdiplomat, der die Lage des Freundes keineswegs verkennt, will nur verhüten, daß dieser mit Friedrich Frieden schließt, der Preuße aber weiter von England unterstützt würde. Kaunitz stärkt Choiseuls Selbstbewußtsein durch ein Schreiben, das mit den Worten schließt: „Ich setze mein Vertrauen auf die Dienste, welche sich der König von Frankreich und dessen Verbündete von Ihrer Einsicht und Ihrem Eifer in diesem Momente des Krieges und während der Dauer des Krieges zu versprechen berechtigt sind. Sie sind ein redlicher Mann und weise; auf so große Eigenschaften gründe ich meine Hoffnungen und schmeichle mir, daß der König von Preußen und Herr Pitt nicht geschickter sein werden als wir."

Tatsächlich blieb das fast zusammenbrechende Frankreich nochmals bei der Stange.

DIE ENTSCHEIDUNG

Für die österreichischen Operationen im neuen Feldzugsjahr bestand keine Einmütigkeit. Zuerst erhob Kaunitz seine Stimme. Wie in der Politik war er auch in militärischen Dingen entschlossen: Vernichtung der feindlichen Streitkräfte müsse das Ziel sein. Auch Laudon wollte den Angriff. Der Feldzug dürfe nicht wieder fruchtlos bleiben wie der vergangene. Rasche Eröffnung und mutige Operationen: Er betonte sein Vertrauen zu den Truppen und schlug vor, mit 100 000 Mann in Sachsen, mit 40 000 in Schlesien anzugreifen. Die schlesische Armee und die durch Österreicher zu verstärkende Reichsarmee hätten den Kampf zu eröffnen. Habe sich der König durch Detachierungen geschwächt, solle ihm die Hauptarmee auf den Leib rücken. Die Russen sollten ein Hilfskorps nach Schlesien entsenden, mit der Hauptmacht aber auf Berlin rücken, wohin auch die Schweden streben müßten. Rücke der König ab, um die Hauptstadt zu decken, so sollte ihm die österreichische Hauptarmee folgen, um ihn unter zwei Feuer zu bringen.

Lacy, dem sich Daun anschloß, beantragte Defensive in Sachsen bis zum Eintreffen der Russen. Das Feldzugsziel sei die Eroberung von Breslau und die schlesischen Winterquartiere.

Haben die Beiden ein begrenztes Ziel im Auge, Kaunitz und Laudon die Entscheidung. Die Gesamtlage drängte auf letztere, sollte nicht die Wiedereroberung von Schlesien das werden, was sie Choiseul schon seit einiger Zeit nannte, eine Chimäre.

Die Kaiserin entscheidet für Laudons Plan, will aber den russischen Angriff auf Breslau, statt auf Berlin. Die Russen lehnen die Stellung des Hilfskorps ab. Laudon wird Befehlshaber der schlesischen Armee, Daun, so laut sich nach Kunersdorf und vor Maxen gegen ihn Tadel erhoben hatte, Oberbefehlshaber und Kommandant der Hauptarmee.

„Falls nicht ein Wunder geschieht," sagte Friedrich, könne er sich nur noch einige Monate halten. Die Österreicher sind mit 150 000 Mann eineinhalbmal stärker als er.

Vor dem in die Grafschaft Glatz eindringenden Laudon weicht General Fouqué zurück, wird aber von Friedrich zur Wiedergewinnung der Stellung von Landeshut befohlen. Sein scharfes Angreifen ermöglicht einen sorgsam vorbereiteten österreichischen Gegenangriff, der am 23. Juni 1760, zwei Uhr früh erfolgt. Bereits um neun Uhr ist nach blutigstem Kampf der Widerstand der Preußen zusammengebrochen, ihre Waffenstreckung erfolgt. Achttausend Mann, darunter der schwerverwundete General, sind gefangen. Nun setzt sich auch Daun in Bewegung, um noch vor dem König, der im Anmarsch ist, Schlesien zu erreichen. Die Kaiserin aber erteilt dem Sieger von Landeshut die volle Selbständigkeit seiner Armee. Am 26. Juli erzwingt Laudon auch den Fall von Glatz. Sein Rücken ist nun gedeckt.

Die entschiedene Art des Generals ist dem entschlossenen Wesen des Kanzlers gemäß. Die Offensivstrategie Laudons entspricht seiner Politik der Offensive. Er teilt die an ihn ergangene kurze Meldung des Generals der Kaiserin in einem Briefe mit, der uns bei dem kühlen Wesen von Kaunitz wie ein Jubelruf ertönen will, Ausdruck dafür, daß der mährische Graf doch auch der starken seelischen Bewegung und der Gemütsbewegung fähig war, die man ihm bei dem rationalen Charakter seiner Politik allzugern abspricht. Er schreibt: „Eure Majestät werden ohne Zweifel entzückt sein, die wenigen Details zu erfahren, welche der hier beigeschlossene Brief enthält, den ich soeben empfange. Ich beeile mich, ihn Eurer Majestät mit der Bitte zu Füßen zu legen, ihn mir nach Ihrer Bequemlichkeit zurückzusenden, um das Vergnügen zu haben, ihn neuerdings lesen zu können. Gott erhalte Ihnen Ihren Josua." Er beglückwünscht Laudon zu seinen „vernünftigen, geschwinden und herzhaften Entschließungen".

Inzwischen hat sich Friedrich zweimal gegen eine dritte österreichische Heeresabteilung unter Lacy gewandt. Vergeblich. Geschickt entzog sich der Bedrohte der ihm zugedachten Vernichtung. Raschen Schrittes eilt der König nun zurück gegen Dresden, es zu bezwingen, ehe Daun heran ist. Die Reichsarmee hat ihn nicht gehindert. Die unglückliche Stadt wird furchtbar beschossen. Am 18. Juli ist Daun eingetroffen und stellt durch einen glücklichen Teilangriff die Verbindung mit der bedrohten Stadt her. Der König, eines Angriffs gewärtig, schreibt an Heinrich: „Entweder Daun schlägt mich aufs Haupt, oder ich nehme ihm Dresden vor der Nase weg." Vier Tage später muß Friedrich die Belagerung abbrechen, ohne daß ihn der Österreicher angegriffen hat, obwohl seine Stellung nicht günstig war, die seines Gegners hingegen, des Meisters der Taktik, stark und beherrschend. Beruhigt schreibt Friedrich nochmals an den Bruder: „Du kennst Daun, er liebt es nicht, von heute auf morgen Schlachten zu liefern; im Gegenteile muß man sich, um ihn dazu zu bringen, der verschiedensten Umwege und Hilfsmittel bedienen."

Es litt den König nicht vor Dresden, als er den Fall von Glatz gemeldet erhielt. Daun aber hatte die Hoffnungen der Kaiserin auf einen Sieg wieder bitter enttäuscht.

Der Abmarsch Friedrichs führt zu einer wahren Ballung der Kräfte in Schlesien. Laudon hatte sich nach dem Falle von Glatz unter freudiger Zustimmung von Kaunitz, der nun doch noch auf eine „brillante Campagne" hoffte, gegen Breslau gewandt. In Wien und im Felde erhofft man die rasche Bezwingung der Stadt, zumal sich Heinrich, der in Schlesien kommandiert, gegen die Russen wenden muß. Diese jedoch sind wieder zu langsam. Heinrich findet Zeit, Laudon zum Zurückweichen von der tapfer verteidigten Stadt zu zwingen. Hinter Friedrich, der eilig Schlesien zustrebt, folgt Daun, bemüht, dem König den Vorsprung abzugewinnen, während Lacy im Rücken der Preußen marschiert. Der Feldzug spitzt sich im August zu einer großen Entscheidung zu. Kann Friedrich, dem sein Bruder keine Hilfe zu leisten vermag, einem Angriff der sich vereinigenden drei österreichischen Heere standhalten? Die Kaiserin, die voll Spannung dem Geschehen folgt, erklärt, um ihrem Feldmarschall den Angriff zu erleichtern, daß sie jede Verantwortung für den möglichen Ausgang der Schlacht übernehme, die zu suchen selbst bei nur gleichem Stande der Siegesaussichten sie ihm den gemessenen Befehl erteilt. Die Österreicher sind zum Handeln entschlossen. Aber Friedrich ist schneller als Daun. Er weiß sich durch ein glänzendes Manöver dem drohenden Vernichtungsschlage zu entziehen. Als ihn dann die drei Armeeführer am 15. August 1760 mit ihren 80 000 Mann — er selbst hat nur noch 40 000 — anfallen wollen, glückt es ihm, seine Stellung so schnell und so täuschend zu ändern, daß am Morgen dieses Tages der tapfere Laudon unversehens auf die preußische Gesamtmacht stößt und nach kurzem blutigen Ringen auf den Höhen von Pfaffenhofen bei Liegnitz mit schwerem Verlust geschlagen wird. Daun hat zur höchsten Erbitterung des verzweifelten Generals nicht eingegriffen, was auch in Wien einen Sturm der Entrüstung hervorruft, zumal sich Laudon durch die beiden anderen Feldherrn „hintergangen" fühlt. Die Kaiserin und Kaunitz sind gleichermaßen bemüht, den tief Getroffenen zu beruhigen und ihm „den Verdacht aus dem Herzen" zu nehmen, der ja doch nicht berechtigt war. Die Russen aber gehen unter dem Eindruck von Liegnitz über die Oder zurück.

Der menschliche Gegensatz zwischen Daun, dem Schilde Österreichs, und Laudon, dessen Schwerte, hat sich nun zu dem sachlichen ihrer Naturen gesellt. Man kann Daun nicht von dem Vorwurf einer gewissen Eifersucht gegen den so schnell emporgekommenen Jüngeren freisprechen und zweifellos hat Lacy, ein sonst hochverdienter Offizier irischer Abstammung, durch seinen großen Einfluß auf Daun dieses Mißverhältnis zwischen den Beiden genährt.

Noch hofft man in Wien auf die schlesischen Winterquartiere. Mit den Russen gemeinsam, die ein Hilfskorps stellen, soll Laudon Glogau belagern. Auf jeden Fall aber sollte Schweidnitz genommen werden. Launs Unschlüssigkeit läßt den Plan scheitern, da er wieder einer Schlacht ausweicht. Wie sehr das Anstürmen der Kaiserin den Feldherrn, der ihm seinem ganzen Wesen nach nicht nachzukommen vermochte, bedrücken mußte, erkennen wir aus einem Briefe, den dieser am 7. September an seine Monarchin richtete. Nachdem er dargetan, daß es ihm widerstrebe, etwas gegen den in starker Stellung befindlichen Gegner zu hazardieren, erklärt er in bitterster Bedrückung: „Mein einziges Verlangen besteht darin, den Interessen Eurer Majestät und Ihres Hauses nicht noch ferner zu schaden. Wenn es sich nur um das ‚Drauf los' handelt, dann hoffe ich nicht der Letzte zu sein. Das ist alles, was ich, das Herz von ehrlichstem Schmerz ergriffen, in meiner traurigen Lage zu sagen vermag."

So offentbart sich im Kampfe mit einem der größten Generale der Weltgeschichte, daß alle Vollbringung im Felde, auch die eines sehr tüchtigen Heerführers, wie es Daun unbedingt war, an die Beschaffenheit der Menschenseele gebunden erscheint, für die ein Entschluß vor dem Feinde angesichts der ungeheuren Tragweite natürlich unendlich schwerer fällt, als jedes Handeln in der Unbedrohtheit des zivilen Lebens.

Der König hat sich dem schließlich für den 17. September geplanten Angriff, auf dessen günstiges Gelingen sowohl Lacy wie Laudon Hoffnung setzten, durch scharfen Marsch zu noch besserer Stellung entzogen. Einem russischen Vorschlag gemäß wird nun Lacy mit einem kleinen Korps gegen Berlin entsandt, wohin gleichzeitig starke russische Kräfte strebten. Tatsächlich gelingt es, die preußische Hauptstadt von Osten und Westen her am 9. Oktober zu besetzen. Aber Berlin und Potsdam, wo Lacy die Gewehrfabrik zerstören läßt, müssen wieder geräumt werden, da der König rasch herannaht und sich die von dem österreichischen General angerufenen Schweden einer entschlossenen Mitwirkung versagen.

Friedrich, der Daun aus Schlesien nicht herausmanöverieren konnte, ist mit dem Feldzug nicht zufrieden. Trotz aller Mühe und Sorgfalt könne er, wie er an Heinrich schreibt, keine Schritte vorwärts tun. „Wenn wir unterliegen," sagt er, „datieren wir unsern Untergang von dem infamen Ereignis bei Maxen ..."

Als er den Abmarsch der Verbündeten aus Berlin erfährt, wendet sich der König gegen Sachsen, wohin ihm nun auch Daun folgt. Die Reichsarmee weicht aus dem Raume von Wittenberg vor ihm zurück. Daun, zu dem Lacy wieder gestoßen ist, empfängt aus Wien die Weisung, die Städte Torgau, Eilenburg und Leipzig unbedingt zu halten, notfalls müsse selbst unter zweifelhaften Bedingungen eine Schlacht angenommen werden. Nicht die unsicheren Reichstruppen, nur Österreicher dürften in den Kampf eingesetzt werden.

Auch Friedrich ist zum Schlagen entschlossen. Er will Daun, der vor ihm auf die Höhen von Süptitz über Torgau zurückgegangen ist, von vorne und rückwärts angreifen, um ihn in die Elbe zu werfen. Der König am linken und Ziethen am rechten Flügel, sollen am 3. November 1760 gleichzeitig in den Kampf eingreifen.

Es ist ein stürmischer Tag mit Regen und Schnee. Friedrich, der Ziethen vorzeitig in den Kampf geraten wähnt, eröffnet um zwei Uhr nachmittags die eigentliche Schlacht. Diese wird zur blutigsten des ganzen Krieges. Unter der mächtigen Wirkung der vortrefflich aufgestellten österreichischen Artillerie bricht der Ansturm der preußischen Infanterie zusammen. Aus dem österreichischen Gegenstoß entwickeln sich erbitterte Fußvolk- und Reiterkämpfe, die zur Zurückwerfung der Truppen des Gegners führen. Dunkelheit hat sich über das Schlachtfeld gebreitet, es ist halb Sieben geworden. Daun, durch eine Gewehrkugel am Fuß verletzt, hatte unermüdlich bis zum Ausklingen der Schlacht mit dem König seine Kommandos erteilt. Nun übergab er den Oberbefehl an den Grafen O'Donnell und ließ sich nach Torgau bringen, von wo er, des Vollbrachten froh, die 24 reitenden Trompeter mit der Siegesmeldung nach Wien schickte. Auf dem Schlachtfelde aber tritt ein völlig unerwarteter Umschwung ein. Nicht mehr die Truppen des Königs, die sind abgekämpft und ausgeblutet, sondern Ziethen, der noch nicht zum Schlagen gekommen war, führt die Entscheidung herbei. Verräterisch zeigen ihm die Wachtfeuer die Stellung der Österreicher. Er bricht im Rücken ihrer Aufstellung vor und kann von der Dunkelheit und der Überraschung der einen neuerlichen Angriff nicht gewärtigenden Truppen begünstigt, die Süptitzer Höhen nehmen. Ein Gegenstoß Lacys scheitert. Da sich die Österreicher in der blutigen Schlacht auch verschossen haben, nimmt Daun, tief bekümmert, seine Truppen nach Torgau auf das rechte Elbeufer zurück. 8 Geschütze, 43 Fahnen sowie 3500 Gefangene, darunter die Generale von Finckenstein und Budow, führen sie, die im letzten Moment um den Siegespreis gebracht worden waren, mit sich. Ungefähr ebensoviel haben sie eingebüßt, wie auch die beiderseitigen blutigen Verluste etwa gleich groß sind.

Tief ist die Enttäuschung in Wien, als hinter den umjubelten Postillonen am anderen Tage die Unglücksboten eintrafen. Die Kaiserin läßt an Daun einige bittere Fragen richten. Es ist ein richtiger Fragebogen. Daun rät, von einer Untersuchung abzusehen, die man in Wien offenkundig plant. Er schließt seinen Bericht mit den wehmütigen Worten: „Gott hat es absolute so haben wollen, sonsten wäre es nicht möglich, daß es so unglücklich hätte endigen können. Gott ist gerecht." „Ein unglückseliges Tier" nennt sich der Marschall in einem anderen Schreiben an die Regentin.

Mühsam genug erreicht man noch vor den Preußen Dresden, kann man die Winterquartiere hinter dem sicheren Riegel des Plauener Grundes behaupten. In Schlesien mußte Laudon die Belagerung von Cosel abbrechen. Immerhin aber behauptete man die Winterquartiere in der Grafschaft Glatz und zum Teil in Oberschlesien.

Und die Verbündeten? Die Franzosen sind gegen den Braunschweiger wiederum sieglos geblieben und sie vermögen sich nur in Kassel und Göttingen zu behaupten. Bei den Russen wird Soltikow endlich abberufen, aber sein Nachfolger Butturlin gehört der gleichen unfähigen und unwilligen Garnitur an. Die Russen gehen wieder über die Weichsel, die Schweden, die in der Uckermark eingedrungen waren, nach Anklam zurück.

Im großen englisch-französischen Weltkampf aber ist am 7. September 1760 Montreal, das letzte französische Bollwerk in Kanada, gefallen. Die Franzosen legen die Waffen nieder. In Indien ist mit der Eroberung von Pondicherry und Mahé das letzte Stück französischer Herrschaft zu Fall gebracht.

Die Nerven des Stimmungsmenschen Choiseul sind am Zerreissen. Sein Ton gegenüber Wien wird gereizt. Nach Liegnitz forderte er die Abberufung des Feldmarschalls Daun. In einer Denkschrift vom 20. September 1760 erklärt er die Unmöglichkeit, daß Frankreich weiterkämpfe. Die Kaiserin möge sich nach Prüfung der Lage vertrauensvoll äußern, wie sie sich das Weitere denke. Während Maria Theresia aufbraust, bleibt Kaunitz besonnen und gerecht, so tief ihn als den Urheber des großen Planes gegen Friedrich der durch dieses Versagen drohende Mißerfolg trifft. Wohl selten ist in einem Koalitionskrieg ein Bundesgenosse klüger behandelt worden als durch ihn. Der Kanzler hat nichts von seiner Meisterschaft eingebüßt. Man müsse sich ernsthaft mit dem Frieden beschäftigen. Die von Choiseul betonte Zerrüttung Frankreichs sei Tatsache. Fünf Möglichkeiten für einen Friedensschluß stellt Kaunitz fest: eine beste, eine gute, eine mittelmäßige, eine schlechte, eine schlechteste. Die beste sei, wenn die Kaiserin Schlesien und Glatz erhalte, die Bundesgenossen entschädigt und die Macht Preußens auf das engste eingeschränkt werde, Frankreich aber kein Äquivalent bekomme. Gut sei der Frieden noch, wenn man Frankreich ein solches gewähren müsse, mittelmäßig, wenn man nur einen Teil von Schlesien erhalte und auch die Bundesgenossen nur eine teilweise Entschädigung bekämen. Ein Frieden mit keiner namhafteren oder gar keiner Gebietsvergrößerung für die Kaiserin und nur geringer Entschädigung für die Bundesgenossen müsse schlecht genannt werden, am schlechtesten aber ein Friede, wo der alte Besitzstand bliebe, die Bundesgenossen aber leer ausgingen. Auf einen besten und guten Frieden könne man nach Ausgang dieses Feldzuges nicht mehr hoffen. Man müsse Frankreich, das mit Ehren und ohne Untreue zu begehen, aus seiner üblen Lage kommen wolle, mit Mäßigung und Rücksicht begegnen, sonst laufe man Gefahr, daß es einen Sonderfrieden abschließe und Österreich dann in einen schlechten oder schlechtesten Frieden einwilligen müßte. Wien ist also, entscheidet die

Kaiserin, zu einem Frieden, aber nicht zu einem nachteiligen und schimpflichen bereit.

Kaunitz grübelt weiter. Er hat Sorge vor dem möglichen Thronwechsel in Rußland. Österreich müsse den allgemeinen Frieden suchen. Überaus gefahrvoll sei, wenn Ostpreußen in den Besitz Rußlands gelangte. Behielte Rußland Preußen und der spätere Zar Holstein, so wäre dies ein „großes Unglück". Holstein müsse von Peter abgegeben werden. Auf einem Friedenskongreß, den der Kanzler wünscht, müsse Österreich zumindest Glatz zurückerhalten und zudem zwei geheime Pläne verwirklichen oder ihrer Verwirklichung zustreben. Der eine: bei Heimfall von Ansbach und Bayreuth, die ja hohenzollerisch sind, müßte eine hohenzollerische Sekundogenitur errichtet werden, um Preußens Macht Schranken anzulegen. Der zweite Plan aber befaßt sich mit der nahe gerückten Möglichkeit eines Aussterbens des kurbayrischen Hauses, in welchem Falle sich Österreich der dadurch freiwerdenden Länder, zumindest aber der böhmischen Lehen in der Pfalz als Entschädigung bedienen müsse.

So umkreist der Unermüdliche alle Möglichkeiten und Aussichten des Kommenden. Eine französische Vermittlung, die Choiseul anregt, wünscht er nicht. Ein Friedenskongreß und vorher ein sechsmonatiger Waffenstillstand sind seine Ziele. Er bleibt fest, auch als Choiseul in der Form unbeherrscht und heftig wird. Er gewinnt Schweden und Sachsen für seine Ansicht. Die Gegenseite stimmt dem Vorschlag nunmehr zu, der Kongreß soll für die Zeit vom 1. bis 15. Juli 1761 nach Augsburg einberufen werden.

*

Schon aber rückt der neue Feldzug — 1761 — herauf. Zuerst erwog man in Wien die Enthebung Dauns, wobei sich dieser, keineswegs an seinem Amte klebend, gern zum Rücktritt bereit zeigte. Der Gedanke, Laudon zu bestellen, fand Gegner, und der unheilverkündende Einfall, Karl von Lothringen unter Beigabe Laudons ins Oberkommando wieder einzusetzen, begegnete lautem Widerspruch. So verblieb es bei dem doch mannigfaltig bewährten Daun.

Der Kriegsplan wird bei vorwaltender Defensivabsicht durch den russischen Wunsch geändert, daß sich Laudon mit ihrer Hauptmacht in Schlesien vereinigen möge. Friedrich, durch Bestechungen unterrichtet, rückt selbst nach Schlesien ab, während Prinz Heinrich die Österreicher Dauns und die Reichsarmee binden soll.

Daun, höchst ungünstig durch die übertriebene Vorsicht seines Ratgebers Lacy beeinflußt, bleibt trotz Drängens seiner Generale mit seinen überlegenen Kräften nur beobachtend. So wird Schlesien zum Hauptkriegsschauplatz.

Mühsam kann Laudon die Vereinigung mit den Russen, die wieder spät aufgebrochen sind, gegen die Manöver des Königs durchsetzen. Friedrich geht in ein befestigtes Lager bei Bunzelwitz zurück, wo er mit mächtiger Artillerie des Angriffes seiner vereinigten Gegner harrt, nachdem Laudon die erste Festsetzung der Preußen geduldet hat. Nun gelingt es dem österreichischen Feldherrn weder Butturlin zum gemeinsamen Angriff zu bewegen, noch die Teilnahme Tschernitscheffs mit einem russischen Korps zu erreichen. Man liegt sich im August nahe gegenüber, der kranke König jede Nacht in sorgenvollster Spannung.

Es wird September, der September vergeht. Schon treten die Russen den Abmarsch an, schon erheben sich in Wien, wo ja Laudon von vornherein alle rangälteren Generale gegen sich hatte, dem Lacy ein übelwollender Kritiker und auch Daun nicht hold war, schwere Vorwürfe. Da überrascht der Kühne noch einmal die Welt. Friedrich hat sein Lager abgebrochen. Fr demonstriert gegen Mähren zu. Laudon, der über direkte Weisung der Kaiserin schon Verstärkungen an Daun hatte abgeben müssen, trifft kaltblütig die erforderlichen Verteidigungsmaßnahmen, unternimmt aber selbst mit 15 000 Mann einen Handstreich gegen die Festung Schweidnitz, deren Besatzung er schwach, deren Befestigung er mangelhaft weiß. In den ersten Morgenstunden des 1. Oktobers 1761 brechen die Österreicher unter harten Kämpfen in die Festung ein. 300 Geschütze werden erbeutet, 4500 Gefangene gemacht. Die Winterquartiere in Schlesien sind zum ersten Male gesichert. Auch Tschernitscheff überwintert auf schlesischem Boden. In Sachsen hatte Daun sich im großen nur beobachtend verhalten; er hatte wiederum keine Schlacht geschlagen, aber Freiberg befreit und die Winterquartiere im Kurfürstentum sichergestellt.

Der Feldzug war somit, da Kolberg am 16. November in die Hand der Russen fiel, doch zu einer erheblichen Schwächung der preußischen Kräfte ausgeschlagen. Der König vergleicht sich mit einem Wassersüchtigen, wie er Tag für Tag die Fortschritte seiner Krankheit feststellt, die Kälte als Todesboten schon in den Gliedern spürt und den Augenblick vorausberechnet, da auch das Herz absterben wird. Und dies, obwohl die Schweden wieder völlig versagt hatten und zwei französische Armeen, eine in Hessen und am Main, die andere am Rhein, den einen Herzog von Braunschweig nicht hatten bezwingen können.

Auch die Kräfte der Kaiserin sind dem Erliegen nahe. Daun mußte während des letzten Feldzugs einmal den Proviant mit Gewalt aus Böhmen holen lassen. Noch während der Operationen hatte man sogar eine Herabsetzung der Stärke der Armee vornehmen müssen, weil sich der Verwaltungsapparat des Grafen Haugwitz als außerstande erwies, weiterhin die schweren Kosten zu tragen.

Dennoch, welche Hoffnungen konnte Friedrich noch auf einen günstigen

Ausgang setzen? Eng ist bereits der Bereich seiner Macht geworden. Seine Armee muß er auf fast abenteuerliche Weise ergänzen. „Junge Studenten und halbwüchsige Kadetten" erscheinen in seinem Offizierskorps. Schon lang verhandelt der Verzweifelnde mit Türken und — Tataren. Ihr Angriff in den Rücken der Verbündeten soll ihm die Entlastung bringen. Ist es nicht gewagteste Hoffnung, schon abenteuerliche? Inmitten seiner Sorgen und schwachen Hoffnungen trifft ihn die Mitteilung, daß William Pitt gestürzt ist. Am 24. Oktober 1760 war, fast 77jährig, Georg II. gestorben und sein Enkel Georg III., erst 22 Jahre alt, besaß keinen Kontakt mit dem großen Minister. Er drängt vielmehr, mühsam von diesem gebremst, nach dem Frieden. Noch einmal hatte sich Choiseul, da die Unterhandlungen mit England wegen der Neufundlandfischerei gescheitert waren, zum Kampfe gestellt. Er hat ein Geheimbündnis mit der spanischen Krone zustande gebracht (15. August 1761), die allein noch über eine Flotte verfügt. Als es Pitt nicht gelingt, seinen jungen König und das Kabinett zum Präventivkrieg gegen Spanien mitzureißen, tritt er am 5. Oktober 1761 zurück.

Gegen die Meinung von Kaunitz, der mit Unbehagen, doch kluger Geduld, die französischen Verhandlungen mit England beobachtet, will Choiseul nun auch von dem Kongreß nichts mehr wissen. Der Staatskanzler schreibt am 31. Oktober voll Sorge an Starhemberg: „Die innerlichen Kräfte wollen nicht mehr zureichen, die ungeheuer großen Kriegserfordernisse länger zu bestreiten. Die bisherigen militärischen Operationen sind mit der wahrscheinlichen Hoffnung nicht übereingekommen, bei der russischen Armee äußern sich Gebrechen, wegen deren Verbesserung gar kein Anschein vorhanden ist, und auf die fortwährende Friedfertigkeit der Pforte kann man sich nicht gänzlich verlassen. Am meisten aber muß uns der schwächliche Gesundheitszustand der russischen Kaiserin erschrecken, und sollte noch während des Krieges dieser Todesfall erfolgen, so können sich die außerordentlichsten Veränderungen ergeben."

Kurz nach Pitts Rücktritt vollzieht sich auch der des Herzogs von Choiseul, der aber noch weiter Kriegsminister bleibt, immer noch den französischen Kriegswillen verkörpernd.

*

Friedrich, auf dem der Druck des unentrinnbaren Krieges furchtbar lastet, setzt sich selbst einen Termin: Ist Ende Februar ein Eingreifen der Türken als letzte Rettungsmöglichkeit nicht abzusehen, will er wie Cato seinem Leben ein Ende machen. Er will keinen Frieden ertragen, der ihm mit Gebietsabtretungen Schande zumutet.

Rascher, als der zähe Kämpfer gedacht, kommt der Umschwung. Die Zarin von Rußland, seine unversöhnliche Gegnerin, stirbt am 5. Januar

1762. Was Kaunitz gefürchtet hat, ist da. Peter III., stets ein Gegner Österreichs, grollt diesem noch besonders wegen des ihm zugemuteten Tausches von Holstein mit Oldenburg und Delmenhorst, ein Gedanke des Staatskanzlers, der so Rußlands furchtbares Gewicht mindern und zugleich Dänemark für den Krieg gegen Friedrich gewinnen wollte. Peter ist von einer geradezu kindischen Zuneigung für den Preußenkönig erfüllt und dieser vermag sie durch Übersendung eines Ordens und die Ernennung zum preußischen Generalleutnant noch anzustacheln. Der Zar ist nämlich ein Fanatiker des Soldatenwesens, hier besser Soldatenspielens. Dem Exerzieren zuzusehen ist sein höchstes Glück und der König von Preußen ist ihm als Herr der bestgedrillten Soldaten ein Abgott. Nach einer ersten Vorsprache des österreichischen Gesandten Graf Mercy werden diesem die Person des Zaren und auch dessen oberste Beamten entrückt. Friedrich braucht von Rußland nichts mehr zu fürchten, ja der Zar verkündet am 23. Februar seine Bereitschaft, alle Eroberungen zurückzugeben. Er fordert die übrigen Regierungen auf, ein Gleiches zu tun. Schon muß man in Wien besorgt auf das Korps Tschernitscheff blicken und den Gedanken seiner Entwaffnung als feindliche Macht erwägen. Österreichs Botschafter bittet — welch eine Wendung — um Abberufung des russischen Hilfskorps.

Bereits am 5. Mai 1762 erfolgt unter Rückgabe der russischen Eroberungen der Friede mit Preußen, ja der Zar garantiert dem König den Besitz von Schlesien, dieser ihm den von Holstein. Am 22. Mai macht nun auch Schweden unter Herstellung des früheren Besitzstandes mit seiner matten Kriegführung Schluß.

Die Wendung in Rußland ist für Österreich um so schmerzlicher, als kurz nach dem Tode Elisabeths England an die Habsburgermacht herangetreten war, um das alte Bündnisverhältnis zu erneuern. Obwohl es den Triumph der Politik des Staatskanzlers bedeutet, daß sich das stolze Inselreich um den einstigen Bundesgenossen bemühte, bewahrt man in Wien eine kühle und vornehme Zurückhaltung. Für Friedrich aber ist die Wandlung in der britischen Politik von der Bundestreue eines Pitt zu der herkömmlichen britischen Selbstsucht eines Lord Bute — jetzt der maßgebende englische Minister — sehr unangenehm! Allerdings läßt Rußlands Ausscheiden aus dem Krieg den König das englische Verhalten leichter ertragen.

Maria Theresia aber, die so oft enttäuscht worden war, ist schmerzlichst betroffen. Sie muß nun einsehen, daß die Wiedereroberung von Schlesien wirklich eine Chimäre geworden ist. Man sucht in Wien wenigstens Glatz und Schweidnitz zu behalten. Ob das gelingt, hängt von dem neuen Feldzug, dem des Jahres 1762 ab, zu dem sich Freund wie Feind nur noch mühsam aufraffen können.

*

Das Schicksal dieses Feldzuges ist eigentlich bereits besiegelt, als man sich in Wien entschließt, Dauns Vorschlag zur Defensive in Schlesien und Sachsen anzunehmen, während Laudon, bis zuletzt Vertreter des mutigen Entschlusses, dem Angriff das Wort redete. Mit der Entscheidung der Kaiserin wird die Initiative und somit die Möglichkeit eines Glückwechsels dem unerschöpflichen Geiste und der einzigartigen Lebendigkeit des Königs überlassen. Laudon, der zu seinem Schaden sehr empfindlich ist, lehnt, als die Kaiserin sich für die Defensive entschlossen hat, es ab, das Oberkommando über die in Schlesien stehende Armee zu führen, vielmehr stellt er sich als Korpsführer unter Daun, der gleichzeitig Präsident des Hofkriegsrates geworden ist.

In Sachsen drängt Prinz Heinrich schrittweise die Reichsarmee zurück. Die Österreicher unter Serbelloni — warum nicht Lacy oder Laudon? — raffen sich zu keinem entscheidenden Schlage auf. Daun steht, sich verschanzend, in der Ebene von Schweidnitz. Anders als zu Beginn des Krieges liegt die Aktivität der Streifkorps auf preußischer Seite. Als vollends Peter mit Friedrich ein Allianz abschließt, stoßen die Russen unter Tschernitscheff zum Könige, der nun, es ist der Beginn des Juli, daran geht, Daun aus seiner Stellung bei Schweidnitz zu vertreiben. Denn in Angriff und Verteidigung entzündet sich um diese Festung das Schicksal des Krieges. Daun, im Rücken bedroht, bezieht auf den Höhen von Dittmannsdorf bis Burkersdorf eine befestigte Stellung. Haben die Österreicher bei Adelsbach gegen den preußischen General von Wied erfolgreich gefochten, am 21. Juli gelingt es Friedrich, ihnen die Höhen von Burkersdorf zu entreißen, was dadurch ungemein erleichtert wird, daß Daun, in seiner Besorgnis vor dem Eingreifen Tschernitscheffs gegen diesen Kräfte bereithalten muß. Er weiß ja nicht, als die Schlacht entbrennt, was dem König schon bekannt ist, aber der russische General diesem versprochen hatte zurückzuhalten, daß nämlich in Petersburg Peter III. gestürzt wurde, seine Nachfolgerin und Mörderin Katharina aber sogleich das Bündnis mit Preußen aufgekündigt und das Hilfskorps abberufen hatte. Daun ist nun von Schweidnitz abgedrängt und Friedrich kann die Belagerung beginnen.

Ein Entsatzversuch Dauns scheitert am 16. August im Treffen von Reichenbach und ein letzter Versuch, Mitte September, muß infolge schwerer Regengüsse aufgegeben werden. Nach einer heldenmütigen Verteidigung unter dem Grafen Guasco muß sich die Festung am 9. Oktober 1762 ergeben. Das österreichische Hauptfaustpfand ist verloren, die Kaiserin hat nun bei den unvermeidlich gewordenen Friedensverhandlungen nur mehr wenig zu hoffen, zumal noch zum Schluß ein Sieg Heinrichs über das Reichsheer bei Freiburg die Lage Friedrichs weiter verbesserte. Dieser fühlt sich entlastet, und schon greifen preußische Streifkorps gar nach Süddeutschland aus.

Daun, der ewig Sorgenvolle, kündigte seiner Monarchin seine Befürchtung an, die Armee, in der vom Offizier bis zum gemeinen Mann die Stimmung gedrückt sei, werde den Winter über nicht bestehen können. Die Verpflegungslage im besonderen sei schwierig. Gewiß waren solche Erklärungen aus dem Munde eines Übervorsichtigen nicht ganz so schwer zu nehmen. Aber sie verstärken die Gewichte, die zum Frieden zogen. Frankreich hat noch vor Winterbeginn, am 3. November 1762, seinen Präliminarfrieden mit England geschlossen.

So unbeständig von Höhe zu Tiefe seiner Stimmungen auch der Herzog von Choiseul war, nie hatte er die Bundestreue gebrochen. Besonders der König, eine schöne Seite in diesem so unrühmlichen Leben, hatte darüber gewacht, daß sich die Kaiserin nicht zu beklagen hätte. Er hielt auch den neuen Außenminister Graf von Choiseul, nunmehr Herzog von Praslin, zur Treue an. Andrerseits hatte der Meister der Staatskunst in Wien die Fäden des Bundes so geschickt durch seine Hände laufen lassen, daß sie trotz der schweren Spannungen infolge der Kriegsläufte niemals abzureißen vermochten. Kaunitz war erstaunlich elastisch.

Frankreich und Spanien standen am Ende ihrer Kräfte. Die Engländer hatten 1762 Martinique, Granada, St. Vincent, Havanna und Manila erobert. Bis zum Boden wollte Pitt Frankreich niedergerungen sehen, sein Raubtiersinn wollte auch Spanien die überseeischen Besitzungen entreißen. Lord Bute aber strebte danach, endlich die Ernte einzubringen. Schon hatte er an Friedrich die Mitteilung ergehen lassen, er müsse die Höhe der Subsidien „mit den Hilfsquellen des britischen Königsreiches und der allgemeinen Lage" in Einklang bringen, er könne nur noch eine Jahresrate als Abschlagszahlung geben. Friedrich, damals noch vor Schweidnitz, hatte zähneknirschend bemerkt: „Es scheint mir, als wenn die englischen Minister augenblicklich mit erhobenem Stock mit uns verhandeln, eine Verhandlungsart, die mir nicht gefällt, aber ich muß das Mißfallen darüber verbergen ... Ich verstehe gut, daß ich bei der jetzigen Neigung des englischen Ministeriums kaum auf seine Festigkeit rechnen kann und daß sie mich sogar in einem Sonderfrieden mit Frankreich aufopfern würden, wenn sie dazu gelangen könnten." Hatte nicht Bute sogar das „alte System" des Bundes mit Österreich unter für die Kaiserin keineswegs wertlosen Anerbietungen wiederherstellen wollen? Bute aber ließ nun in Berlin sagen, daß auch die größten Mächte gezwungen gewesen seien, Opfer zu bringen.

Ja England war inzwischen noch weiter gegangen. Peter III. hatte dem preußischen Gesandten im März 1762 einen Bericht seines Londoner Vertreters zur Kenntnis gebracht, darin es hieß: „Man fühle hier lebhaft, daß dieser Fürst (Friedrich!) angesichts der zerrütteten Lage seiner Affären sich keine Hoffnungen machen könne, den Frieden ohne beträchtliche Abtretungen von seinen Staaten zu erlangen und ohne ihn sozusagen auf seine Kosten zu erkaufen... Er (Lord Bute!) könne sich nicht vorstellen, daß Ew. Kaiserliche Majestät (der Zar!) den König von Preußen jemals ihren natürlichen Bundesgenossen und seine Wohlfahrt der des Wiener Hofes vorziehen könnte. Der hiesige Hof könne indessen nicht wünschen, daß Eure Majestät Ihre Truppen zurückziehen, die gegen den König von Preußen angesetzt seien und deren sich dieser Fürst entledigen zu können hoffe. Die Truppen Ew. Majestät zurückziehen hieße nicht, den Frieden zu beschleunigen, sondern den Krieg in die Länge ziehen, denn der König von Preußen würde ohne die Hilfe Ew. Majestät für den Wiener Hof lange imstande bleiben, den Krieg gegen die Kaiserin-Königin fortzusetzen, was der hiesige Hof auf keinen Fall wünscht. Er wolle vielmehr den König von Preußen vor dem totalen Ruin retten, aber ihn gleichzeitig zwingen, vernünftige Opfer auf seinem Gebiete zu bringen." Als dann Peter zum Bündnis mit Preußen geschritten war, hatte Bute die Einstellung der Subsidien erzwungen.

Welch ein Bild der schicksalbestimmenden Kräfte! Vermochte Kaunitz auf dem fauligen Grunde der persönlichen Empfindungen der Zarin Elisabeth den Bau eines Bündnisses gegen Preußen durch fast acht Kriegsjahre festgefügt zu erhalten, nun rettete ein wohl Geisteskranker, der Nachfolger eben dieser Zarin, mit seiner Schwärmerei für Friedrich dem König Thron und Schlesien. Wie nahe war doch die Allianz des Wiener Kanzlers an das gesteckte Ziel herangekommen, wenn das stolze England drauf und dran war, den Bundesgenossen derart preiszugeben. Unausdenkbar, was bei solcher Lage selbst ein kleiner Schlachterfolg Dauns bewirkt hätte!

So aber war nach dem Ende des Feldzuges nur noch Glatz als kümmerliches Faustpfand in der Hand Österreichs geblieben.

Frankreich hatte im Versailler Präliminarfrieden das Todesurteil für seine koloniale Machtstellung empfangen, wenn ihm auch in Indien bescheidene Bruchstücke des früheren Besitzes und in Afrika Gorée, in Westindien Martinique und einige andere Plätze zurückgegeben wurden, wenn es auch das Fischereirecht in Neufundland mit den beiden Inseln Pierre und Miquelon behielt. Kanada hatte es zur Gänze verloren, auch sein Bundesgenosse Spanien hatte Florida eingebüßt.

*

Österreich muß selbst trachten, daß es zum Frieden kommt. Mit einer englisch-französischen Vermittlung wird es nichts, eine von Katharina in verdächtiger Eile angebotene wird durch Kaunitz abgelehnt. Eine Kriegführung 1763 wäre mißlich, obwohl trotz nunmehriger auch russischer Hetze der Sultan friedlich bleibt und der gleichfalls umworbene Tatarenchan Kerim Giray den preußischen Vertreter in der brüskesten Weise von seinem Hofe entfernen ließ. Aber der Scharfsinn des Kanzlers sieht keine Möglichkeit, anständigerweise zu einem Frieden zu gelangen. In dieser Verlegenheit ist es das Friedensbedürfnis Sachsens, dessen sich Kaunitz meisterlich zu bedienen weiß. Der sächsische Geheimrat Saul erscheint in Wien mit der Bitte, mit Preußen Frieden zu schließen. Kaunitz erwidert, den Faden geschickt aufnehmend, daß Österreich eben mit aller Macht für einen kraftvollen Feldzug im Frühjahr 1763 rüste, daß der sächsische Schritt ungelegen komme, jedoch aus Hinneigung und Rücksicht für den bedrängten sächsischen Bundesgenossen gutgeheißen würde. Wendet sich Sachsen nunmehr an Friedrich, so ist Österreich der Bedrückung enthoben, etwa selbst diesen Schritt tun zu müssen. Drängt aber Sachsen seinerseits, dann ist die Kaiserin moralisch entlastet, wenn es nicht gelingt, die für den Bundesgenossen erstrebte Entschädigung auszuhandeln.

Von seiner Wiener Reise zurückgekehrt, findet Saul seinen König rasch bereit, die Initiative zu ergreifen. Man kommt überein, den Geheimrat von Fritsch unter einem Vorwand zu Friedrich zu senden und den König bei dieser Gelegenheit von dem sächsischen Wunsche und der Wiener Friedensbereitschaft in Kenntnis zu setzen.

Als der Sachse während der Unterredung zur Erledigung seines eigentlichen Auftrages kan, ergab sich eine für die Hinneigung Friedrichs zur französischen Sprache bezeichnende Episode. Er sagt, als er die in deutscher Sprache abgefaßte Denkschrift des Wiener und Dresdner Hofes erblickte, er sei kein Verehrer dieser weitläufigen Schreibart. Fritsch dürfe nur das Notwendigste und auch dies nur langsam vorlesen, weil ihm das Deutsche nicht so geläufig sei wie das Französische.

Der König erklärt sich zum Frieden bereit. Er sei es noch aufrichtiger als der Wiener Hof, dem er Hochmut und Unanständigkeit vorwirft. Trotz dieser von dem Sachsen als beleidigend empfundenen Wendung spinnt sich der Faden im Dezember weiter. Von Wien wird der Hofrat Gabriel von Collenbach abgeordnet. Was Kaunitz erhofft, kann nicht mehr viel sein. Er schreibt darüber seiner Monarchin: „Mein vorzüglichstes Augenmerk ist dahin gerichtet, daß nicht nur alles zum baldigen Schlusse gelangen könne, sondern auch bei der gänzlich verlorenen Hoffnung auf große Vorteile wenigstens die Absicht erreicht werde, Ihrer Majestät Allerhöchstes Ansehen, Treue und Glauben, wie auch die vorzügliche Rücksicht auf Kursachsen und andere Reichsstände in die Augen fallen zu machen."

Kaunitz bietet für Glatz die Übernahme eines entsprechenden Teiles der schlesischen Landesschuld und den Verzicht der Kaiserin auf den Titel Herzogin von Schlesien an, da in diesem Falle die schlesischen Gebietsteile Österreichs mit Mähren vereinigt würden. Der Kaiser würde außerdem Toskana zur österreichischen Sekundogenitur erklären, falls Friedrich dasselbe im Falle von Ansbach und Bayreuth täte. Friedrichs Mitwirkung bei Josefs Königswahl und Hilfe in der Modenenser Angelegenheit werden gewünscht. Für den Notfall aber ist Collenbach berechtigt, auch Glatz selbst mit den Festungswerken zu opfern. Sachsen aber und die übrigen besetzten Reichslande müßten von Friedrich geräumt werden.

Es ist für Österreichs Stellung bei den Verhandlungen mißlich, daß man sich zu spät dazu entschlossen hat, die von Frankreich besetzten niederrheinischen Besitzungen Friedrichs durch Truppen der Armee Dauns zu besetzen, wozu Frankreich zunächst seine Zustimmung gab. Die Verzögerung erlaubte es Preußen, diese Faustpfänder wieder in seinen Besitz zu bringen.

Da sich Maria Theresia weigert, die Verhandlungen in dem von Friedrich besetzten Leipzig zu führen, werden sie in dem sächsischen Lustschloß Hubertusburg abgehalten, das freilich infolge der barbarischen Verheerungen durch ein preußisches Freikorps des Majors Quintus Icilius furchtbar verwahrlost ist. Friedrich, fest entschlossen, weder Glatz zu opfern, noch Sachsen zu entschädigen, beauftragt den Geheimen Legationsrat Ewald Friedrich von Hertzberg mit seiner Vertretung.

Die Hubertusburger Verhandlungen, die am 30. Dezember 1762 eröffnet werden, führen in der Glatzer Frage zu keinem Erfolge Österreichs. Kaunitz schreibt einsichtsvoll an Collenbach: „Könnte man eine andere Sprache führen und die rechten Mittel gebrauchen, um den König zu überzeugen, daß man es allenfalls auf die Fortsetzung des Krieges ankommen lassen wolle, so wäre nichts weniger als unmöglich, mit allen unseren Conditionen auszureichen. Allein, wenn man auf allen Seiten bedrängt wird, so lassen sich die wahren Umstände nicht genugsam verbergen. Gleichwohl muß man noch einen Versuch wagen, und zwar auf solche Art, daß dadurch der Frieden nicht verzögert, sondern die Unterzeichnung der Präliminarien gefördert werde."

Da mit Ausnahme der Frage der Königswahl Josefs und der österreichischen Nachfolge in Modena alle Wiener Hauptforderungen abgelehnt sind, spitzt sich die Unterhandlung in der Frage der Handelsbestimmungen zu, in welcher Österreich schließlich Nachgiebigkeit erreichte. So kann denn, ohne daß für das ohnmächtige und während der Verhandlungen von Friedrich noch wahrhaft gepeinigte Sachsen eine Entschädigung erreicht worden wäre, am 15. Februar 1763 die Unterzeichnung erfolgen, und zwar bereits des endgültigen Friedens, was der König, dem im Grunde außerordentlich viel an seinem Zustandekommen lag, ganz zum Schluß angeregt hatte.

Vier Tage vorher haben unter dem Druck der Plünderungseinfälle Kleists alle drei Stände des Reichstags die Neutralität des Reiches beschlossen.

Der Krieg der sieben Jahre war zu Ende.

*

Gestützt auf eine ungewöhnlich starke, allerdings von ungleichem Kampfwillen und ungleicher Kampfkraft erfüllte Koalition war die Habsburgermacht in den Krieg gezogen, entschlossen, den Streit mit Preußen für alle Zeiten auszufechten. Es gelang ihr, die überwiegenden Teile des Reiches mit in den Kampf zu führen, wenn auch hier jede Kriegsbegeisterung fehlte, und selbst bei den Soldtruppen ein erheblicher Kampfwert nicht verzeichnet werden konnte, obwohl sie aus Heimatstaaten alter militärischer Tüchtigkeit kamen. Die Monarchie hatte den Krieg nicht gewonnen, aber, militärisch gesehen, auch nicht verloren. Nicht österreichisches Gebiet war am Ende zu räumen, sondern von Österreichern besetztes preußisches. Aber auch keines der gestellten großen Ziele war erreicht worden. Preußen bestand in seiner furchterregenden Stärke weiter, es hatte militärisch und materiell eine ungeheure Leistungsfähigkeit bewiesen. Österreich befand sich in diesem Krieg, so viel Schlachtenlorbeer seine Truppen auch zu pflücken vermocht hatten, in der merkwürdigen Lage, daß seiner kühn auf eine Vernichtung ausgreifende Staatspolitik eine vorweg defensive Strategie diente und der Krieg schließlich auf eine Zermürbung hinauslief, die bei der zu langen Dauer des Ringens schließlich die große Koalition zerfallen ließ. Es ist natürlich falsch, die Einwohnerzahlen aller verbündeten Länder zusammenzuzählen und ihnen die wenigen Millonen Preußens gegenüberzustellen, um daran die ungeheure Leistung Friedrichs, einer solchen Überzahl standgehalten zu haben, zu messen. Friedrichs Leistung bleibt auch ohne dies unsterblich. Es ist falsch, weil schon, wie die Sonderstellung Ungarns besagt, nicht einmal die gesamten Kräfte der Habsburgermacht in den Streit geführt werden konnten, weil Sachsen in seinen Kräften im wesentlichen mit dem Moment des Überfalls ausgetilgt war, weil Schweden sich kaum regte, weil Rußland mit unzulänglichem Einsatz und ohne jeden Kampfeswillen in den Krieg trat, weil selbst das an Hilfsquellen so reiche Frankreich, das über 20 bis 21 Millionen Einwohner verfügte, sich im Zustand eines tief eingefressenen Verfalles befand, und zudem neben der deutschen Front ja den gewaltigen Weltkampf mit England zu bestehen hatte, und dies auf mehreren Meeren und an mehreren Fronten über der See; alles dies, während Preußen zwar nur ein kleines, aber best durchorganisiertes Land war, dessen Bevölkerung wie nirgends sonst bis zum letzten für die Bedürfnisse des Staates herangezogen werden konnte, und dem ja gleich zu Kriegsbeginn eines der reichsten deutschen Länder, Sachsen, zu schrankenloser Ausbeutung in die Hände fiel.

Friedrich war auch diesmal wieder, wie in den beiden ersten Schlesischen Kriegen, seiner entschlossenen Gegnerin dadurch unbedingt überlegen gewesen, daß er mit seinen Feldherrnentschlüssen zugleich die ganze Staatsmaschinerie bewegte, während Maria Theresia für die Durchführung eines jeden der Feldzugspläne auf die Bewährung ihrer Generale angewiesen war, die sich fernab von jeder Möglichkeit für sie, persönlich einzugreifen, vollziehen mußte. An sich konnte Österreich mit seinen Daun und Laudon und Lacy voll zufrieden sein. Aber gegen die Sonne Friedrich vermochte ihre Kraft nicht auszureichen, und schließlich erwies sich dessen Bruder Heinrich als ein unverächtlicher Mond, wenn sich diese Sonne einmal einer anderen Front zugewandt hatte. Noch einmal muß betont werden, daß der Mann der Offensive, Laudon, mit seinem Wagemut und Vertrauen trotz glänzendsten Aufstieges während des Kriegs zu spät und nur vorübergehend zu völliger Selbständigkeit des Kommandos kam und auch nie in dem gleichen Maße die Gunst Maria Theresias genoß wie der Feldmarschall.

War so die kunstvolle Unternehmung des Grafen Kaunitz gescheitert, blieb Schlesien trotz so vieler Opfer preußisch, so könnte der Ausgang leicht dazu verleiten, die Stimme des Vorwurfs oder der Anzweifelung wider den Staatsmann zu erheben, dessen Werk diese große und eigenartige Koalition gewesen war. Er habe, räumt Kretschmayr ein, „in seinem mechanistischen Realismus die Gewalt der hohen Willens- und Einbildungskräfte seines königlichen Gegners unterschätzt oder gar nicht erfaßt". Geht dieses Urteil nicht an dem Kern der Dinge vorbei? In welchem weitergehenden Maße hätte der Staatskanzler dem Genie seines Gegners noch Rechnung tragen sollen, nachdem er ihm die gewaltigste Koalition entgegengestellt, und diese sieben Jahre lang bei schwersten Kriegsenttäuschungen aufrechterhalten hatte? War nicht in seinem Bereiche alles Menschenmögliche vorgekehrt worden, um den Sieg mit einer wahren Zwangsläufigkeit vorzubereiten? Unternahm er nicht während des Krieges alles, um den Erfolg doch noch zu erringen? Kaunitz war nicht an den Versäumnissen nach Kolin schuld und nach allem, was für die österreichische Armee geschehen war, konnte niemand ein Leuthen, die folgenschwerste Niederlage während des Krieges, voraussehen. Niemand darf sie auf das Konto des Kanzlers buchen. Selbst für ihn bestand ja die Unmöglichkeit, Maria Theresias Willen umzustimmen, der vor dieser Katastrophe auf dem Kommando des Schwagers bestand. Mit allem Einfluß hat sich Kaunitz, nicht ohne sich gegenüber der gesamten Generalität zu exponieren, für den Aufstieg Laudons als des „Josua" der Kaiserin eingesetzt. Ja selbst in das von der Monarchin als ihr Eigenstes gehütete Bereich der inneren Verwaltung, in das Gebiet des Grafen Haugwitz, griff sein alle Möglichkeiten erwägender Geist im späteren Verlauf des Krieges ein.

Wir werden Kaunitz erst gerecht, wenn wir uns vorstellen, wie viele Mißerfolge, ja wahre Schicksalsschläge sein Werk auszuhalten hatte und auszuhalten vermochte, während, um nur ein Beispiel zu wählen, das Werk Bismarcks, ja was bismarckisch und nicht allein preußisch war, durch einen negativen Ausgang der einzigen Schlacht bei Königgrätz über den Haufen geworfen worden wäre. Vergleiche bleiben immer unzulänglich. Aber muß der Meisterdiplomat und unerschütterliche Staatsmann Maria Theresias den Vergleich mit dem Baumeister kleindeutscher Einheit zu sehr scheuen? Stellen wir den ganzen Wandel aller Dinge seit der deutschen Geisteserhebung der Siebzigerjahre des achtzehnten Jahrhunderts und dem Ausbruch der französischen Revolution in Rechnung, diese durchgreifende Änderung im Antlitz der europäischen Welt, wir können uns nicht davon überzeugen lassen, den Staatsmann der Kaiserin, der mit dem Genie eines Friedrich ringen mußte, und dazu im Feindeslager noch einen William Pitt gegenüber hatte, so tief unter Bismarck zu stellen, der als Gegenspieler schwache österreichische Staatsmänner und einen Napoleon III. als seinen Gegner sah, zur Seite aber einen Moltke als Helfer hatte, dessen Name schwerer wiegt, als der von Daun oder Laudon.

Es ist vielleicht der stärkste Ausdruck der großen Bedeutung von Kaunitz, daß sein Ansehen ungeschmälert aus dem doch nicht gewonnenen Krieg hervorging, daß ferner trotz der Reibungen und Ernüchterungen, die sich während des Kriegs zwischen Wien und Paris ergaben, das von ihm geschaffene Bündnis aufrecht blieb, daß der Staatskanzler endlich noch ein Menschenalter nach Hubertusburg der angesehenste Staatsmann Europas gewesen ist.

Maria Theresia hatte volle dreiundzwanzig Jahre ihres Lebens um das kostbare Schlesien gekämpft, denn auch der Neubau ihrer Monarchie war im Grunde ein Kampf um Schlesien gewesen. Es war die schönste, die stärkste, die reichste Zeit ihres Lebens. Mit dem Ausgang des Krieges trat sie in den Herbst des Daseins ein. Tiefe Schatten der Enttäuschung warf dieses Ende auf ihre einst so fröhliche Lebensbahn. Mit all ihrer Kampffreude, ihrer echt habsburgischen Zähigkeit, ihrem sicheren Empfinden auch für das militärisch Notwendige hatte sie nicht durchzudringen vermocht. Trotz einer Entschluß- und Verantwortungsfreude sondergleichen. Das reiche Land zu beiden Seiten der Oder, das im Bereich der böhmischen Krone wie im Gesamtgefüge der österreichischen Länder dem deutschen Wesen, dem gerade diese Kaiserin so ganz zugehörte, das stärkere Gewicht verlieh, und dank seiner Entwicklungsmöglichkeit für immer gewährleistete, Schlesien mit seiner lange Grenze gegen Polen unentbehrlich für die Wahrung des alten österreichischen Einflusses in der zerütteten Adelsrepublik, die mit dem Aufkommen der russischen Übermacht aufhörte, ein ungefährlicher Nachbar zu sein; Schlesien, dessen Besitz für die Monarchie Symbol und Realität der Führung im Reiche war und damit der Hebel zum Einsatz der unerschöpflichen Kräfte deutscher Nation für das große Werk deutscher Pioniertat im Südosten, Schlesien, zu dessen Gewinnung der Organismus der österreichischen Monarchie in einer bisher noch nie gekannten Weise gestrafft worden war: Schlesien blieb der Kaiserin entrissen.

Noch ein Wort zum Schlusse. Österreich habe sich, sagte Ranke „im Siebenjährigen Kriege ... des deutschen Kaisertums in seiner Idee entäußert". Diese Erklärung des Meisters einer ebenso hochgesinnten wie gerecht wertenden Geschichtsforschung begründet sich auf das französische Bündnis Österreichs, das nun dem Reiche, vor dessen Grenzen früher die österreichischen Heere die Schilde gehalten, das bedrückende Bild fremden Übermuts und fremder Soldateska bereitete, die der Kaiser als Gemahl der Habsburgerin selbst gerufen hatte. Zweifellos kostete das Erscheinen dieser Franzosenheere der Kaiserin viele der ihr in der ersten Zeit so begeistert zugefallenen Sympathien. Aber hatte nicht vor ihr der wittelsbachische Kaiser die französische Hilfe gerufen, in seiner Kaiserwürde gleichsam ein Geschöpf Frankreichs? Friedrich ist durch das gleiche Bündnis groß geworden und er hat unermüdlich nach dessen Erneuerung gerufen.

Gerade das habsburgische Kaisertum ist auf das stärkste als frankreichfeindliche Macht aufgetreten, geistig-kulturell wie politisch-militärisch. In seinem Kampfe für den bedrängten deutschen Westen, den ihm die Sicherheit der eigenen Hausmacht am Oberrhein wie im Burgundischen, ebenso aber auch die Kaiserpflicht des Reichsschutzes auferlegte, war es von den werdenden deutschen Staatswesen so unzureichend unterstützt worden, daß es fremder Hilfe nicht mehr entraten konnte. Die deutschen Fürsten wußten ihre Stellung inmitten der großen Krisen um die Jahrhundertwende so auszubauen, daß ihr Beitrag für das Reichsganze noch geringer und noch kostspieliger wurde als früher, die Reichsgewalt aber noch mehr verkümmerte. Als die Krone nach dem wittelsbachischen Intermezzo an Habsburg zurückkam, sah sie sich der inzwischen fast bis zur vollen Souveränität emporgewachsenen preußischen Macht gegenüber, die sich jeder Rückkräftigung der Krongewalt entgegenstellte. War durch sie gleichzeitig der Kern des habsburgischen Staatswesens und seiner weltgeschichtlichen Mission bedroht, so mußte das habsburgische Kaisertum zum Gegenschlag ausholen. Konnte es diesen ohne fremde Hilfe nicht führen, dann waren Gelegenheit und Nutzen für die Wahl des Bundesgenossen entscheidend. Daß es Frankreich wurde, war schmerzlich, besonders als Kaunitz mit seinem Gedanken der Neutralisierung von Hannover nicht durchdrang, der diesen Einsatz auf die Stellung eines Hilfskorps und reiche finanzielle Beiträge beschränkt, also für das erregbare Nationalgefühl weniger störend gemacht hätte. Entscheidend blieb auch hier der Erfolg. Siegte Österreich, dann vermochte es, dank der klaren Entschiedenheit und des Geschicks seines Kanzlers eine Ernte einzubringen, die mit der habsburgischen Machtstellung doch zugleich dem Reichsganzen wirksam zugute gekommen wäre und dies nicht gestört durch die französische Begehrlichkeit, die ja vertragsmäßig auf die Niederlande abgedrängt war.

Trotz alledem, die Tragik dieses Krieges bleibt und seine Auswirkungen wurden verhängnisvoll.

INNERE WANDLUNGEN

Es konnte nicht fehlen, daß der so lang dauernde Krieg auch die inneren Verhältnisse in Österreich beeinflußte. Als sich der Staatskanzler in der Gefahr sah, daß sein Plan der Niederwerfung Preußens an der Finanznot Österreichs scheitern konnte, trat er, der Mann der Außenpolitik, selbst mit Reformvorschlägen für das Innere auf.

Er fand, daß bei dem von Haugwitz geschaffenen System „die rechte Verbindung aller Teile mit dem Ganzen“ mangle, daß man neben dem Direktorium abgesonderte, der Kaiserin unmittelbar unterstellte Hofstellen geschaffen habe, wodurch nun jeder Chef ohne Rücksicht auf die anderen nur für sein eigenes Departement sorge, während die Last für das Ganze allein auf den Schultern der Monarchin ruhe. Es müsse daher, so erklärte er in einer Denkschrift vom August 1758, eine Konferenz in inneren Angelegenheiten errichtet werden, in der kein Chef einer Oberbehörde, sondern von der Monarchin auserwählte Persönlichkeiten, etwa drei oder vier, dazu der Präsident des Hofkriegsrats und der Staatskanzler, Sitz und Stimme hätten. Die neue Institution müsse ein Rechtskollegium sein, ohne selbst Entscheidungen zu treffen oder eine Befehlsgewalt auszuüben.

Im November 1760 ließ sich der Kanzler, nunmehr von der Kaiserin selbst veranlaßt, neuerdings im gleichen Sinne vernehmen, denn es gelte, den Staatsbankrott zu verhüten. Der Zustand des blinden Ressortegoismus habe ein unerträgliches Maß erreicht. Die Kaiserin sei ein Bauherr, Staatsschatz und Monarchie ein dem Einsturz nahes Gebäude. Der neue Staatsrat wäre nun der Baudirektor, die Oberbehörden die Handwerksmeister, die Räte ihre Gesellen, die übrigen Beamten die Handlanger, die verschiedenen Quellen der Staatseinkünfte aber die Baumaterialien. In weiterer Ausmalung des entworfenen Bildes wies Kaunitz nach, wie ohne einen Baudirektor jeder einheitliche Plan, jede ordnungsgemäße Verwendung und Verwaltung der Materialien fehlen und das Ganze Stückwerk sein würde, das Haus aber schließlich einstürzen müsse.

Kaunitz gelang es, für seinen Plan auch den Kaiser zu gewinnen, dem sich dadurch, wie er ausführte, die Möglichkeit eröffne, als Mitregent nach Belieben anwesend zu sein und so in die inneren Geschäfte leicht eindringen zu können.

Eine Stelle, wo jeder ohne Vorliebe für dieses oder jenes der österreichischen Länder, ohne Parteilichkeit für den Zivil- oder Militärstand urteile und die sich nur auf die österreichischen und die böhmischen Länder zu erstrecken habe, sollte dieser Staatsrat sein. Ihm sollten drei Mitglieder des Herren- und drei des Ritterstandes angehören, dazu der Kanzler.

Unter maßgeblicher Beteiligung von Kaunitz erfolgte bei Schaffung der Stelle die Ernennung der Mitglieder. Die Kaiserin sah der neuen Einrichtung mit den größten Hoffnungen entgegen. Vom Herrenstande wurde der Feldmarschall Daun, dessen Verwendung auf dem Kriegsschauplatze im Augenblick der Einrichtung des Staatsrates nicht mehr vorgesehen war, dann Graf Haugwitz, der damit aus seinem Amte als Präsident des Direktoriums ausschied und endlich Heinrich Cajetan Graf Blümegen, als Chef der mährischen Landesverwaltung einer der vornehmsten Helfer von Haugwitz, aus dem Ritterstand aber der Freiherr von Borié, dann Anton Stuppan von Ehrenstein und endlich als Referendar Anton König von Kronburg ernannt.

Die erste Sitzung der neugeschaffenen Einrichtung, die sich in Österreich lang behaupten sollte, fand in Gegenwart des Kaiserpaares und des Prinzen Karl von Lothringen am 26. Januar 1761 statt. War Kaunitz der mit einer sehr eingehenden Darstellung der Beweggründe die Sitzung eröffnete, infolge seiner Arbeitsüberlastung als Kanzler und als Lenker der niederländischen und mailändischen Angelegenheiten, ermächtigt, den Sitzungen nur nach seinen Belieben beizuwohnen, so fiel das Schwergewicht in diesem Rat, für dessen Zusammensetzung er selbst in beachtlicher Großzügigkeit in der überwiegenden Mehrzahl Männer des engsten Vertrauens von Haugwitz vorgeschlagen hatte, bald an diesen. Es gereichte den Arbeiten der obersten beratenden Behörde gewiß zum Segen, daß gerade der Spezialist der inneren Dinge hier so stark zu Einfluß gelangte.

Aus der Arbeit des Staatsrates erwuchs bald eine Umgestaltung der Zentralbehörden, indem vom Direktorium in publicis et cameralibus die Finanzen getrennt wurden. Das war zweifellos ein Rückschlag für Haugwitz, der der stärksten Zentralisierung das Wort geredet hatte. Die Angelegenheiten der Verwaltung wurden nun durch die Vereinigte Böhmisch-Österreichische Hofkanzlei besorgt. Der Name Direktorium verschwand. Für die Finanzen gab es nun drei Zentralbehörden, die Hofkammer für die Oberaufsicht sowie die Leitung und Verbesserung sämtlicher Cameral- und Kontributionsgefälle, die Kreditdeputation für die Betreuung der Wiener Stadtbank und des gesamten Schulden- und Kreditwesens des Staates, die Hofrechnungskammer als die von Kaunitz insbesondere geforderte Kontrollstelle für die Einnahmen und Ausgaben des Staates und für das gesamte Rechnungswesen. Als Präsident der Hofkammer wurde Graf Johann Seifried Herberstein, als der für die Kreditdeputation Graf Karl Friedrich von Hatzfeld, als der für die Hofrechnungskammer Graf Ludwig Zinzendorf ernannt. An die Spitze der Vereinigten Böhmisch-Österreichischen Hofkanzlei aber wurde Graf Rudolf Chotek gestellt, dem als Vizepräsident der nunmehr bereits zweiundsiebzigjährige Bartenstein, zugleich Präsident des unmittelbaren Hofkommerzienrats zur Seite stand. Der Hofkriegsrat aber, dessen so wenig tauglicher, aber langlebiger Präsident Graf Joseph Harrach, endlich, an die vierundachtzig Jahre zählend, von seiner Stelle enthoben wurde, erhielt in Daun 1762 ein allgemein anerkanntes Haupt und zugleich eine durchgreifende Reform im militärischen Sinne.

Die Behörden in den einzelnen Ländern wurden nunmehr so formiert, daß sie überall einem Chef unterstellt wurden.

Neuerdings erhob sich jetzt der Widerstand der Stände, wurde doch damit die Übergewalt der Zentralregierung und des Landesfürsten noch stärker ausgeprägt. Als die Stände bei dieser Gelegenheit versuchten — und das geschah vor allem in Böhmen —, die Ordnung von 1749 umzustoßen und die Leitung des Landes wieder selbst in die Hände zu nehmen, setzte sich Kaunitz dem entschieden entgegen. Er riet seiner Herrin zum Entgegenkommen in Formsachen, keineswegs aber in den entscheidenden Fragen. „Ich bin selbst ein Böhme", so schrieb er ihr am 1. Mai 1763, „und in Mähren begütert. Wenn ich also gleichfalls nur meinen Nutzen zu Rat zöge, so hätte ich alle Ursache, der Meinung derjenigen beizustimmen, welche nur daran denken, den Adel und die Stände mehr als sie es gegenwärtig sind, in die Höhe zu bringen und ihnen die Verwaltung der obersten Gewalt in die Hände zu spielen. Allein, wenn man Eid und Pflichten vor Augen hat, so denkt man zuerst an seinen Souverän und an die allgemeine Wohlfahrt. Ich kann daher nicht begreifen, wie sich die eigenen Diener Eurer Majestät soweit vergessen können, gegen die bereits erfolgte Entscheidung mit so viel Nachdruck Einrichtungen in Vorschlag zu bringen, welche ganz offenbar gegen alle Regeln einer vernünftigen Regierungsform und gegen das wesentlichste Interesse des Landesherrn sind."

Die Kaiserin entschied zugunsten der zentralistischen Auffassung von Kaunitz und Haugwitz.

*

Auch Ungarn fühlte ungeachtet der dankbaren Vorliebe der Kaiserin für die Magyaren die stärker auf die Einheitlichkeit hinwirkende Hand. Die Kaiserin hatte seit dem Jahre 1751, wo es ihr trotz eifrigster Bemühung nicht geglückt war, eine wenn auch nur teilweise Anpassung der finanziellen Leistungen Ungarns an die ihrer Erbländer zu erreichen, sondern nur eine Erhöhung der Kontribution um ein angesichts des ungarischen Wohlstandes Unwesentliches zu erzielen vermocht hatte, den Reichstag nicht mehr einberufen. Nun wurde er zum 17. Juni 1764 nach Preßburg beschieden, um die unabweisbar gewordene Erhöhung der Kontribution herbeizuführen.

In wochenlangen Verhandlungen, deren Geist der Einsichtslosigkeit die Monarchin tief erbitterte, nörgelten die beiden Tafeln, besonders wiederum die der Stände, an der Höhe des Betrages herum, nachdem sie zuerst erklärt hatten, das Land vermöge überhaupt nichts zu bezahlen. Über scharfen Druck Maria Theresias wurde endlich die Summe der Kontribution um eine halbe Million Gulden erhöht. Die hauptsächliche Schwierigkeit für alle Versuche, die Steuerleistung des Landes stärker anzuziehen, lag darin, daß Adel und Kirche trotz ihres stellenweise märchenhaften Reichtums nicht an ihrem Privileg der Steuerfreiheit rütteln lassen wollten, sondern alle Lasten des Königreichs auf den einfachen Landmann abwälzten, über dessen Erschöpfung sie dann natürlich laute Klage erhoben und das Königreich als unfähig zu weiteren Leistungen hinstellten.

Ein Vorfall gelegentlich der Tagung des Reichstages warf auf diese Verhältnisse ein bezeichnendes Licht. Der Custos der Wiener Hofbibliothek, Adam Franz Kollár, der in der Slowakei geboren war, hatte 1764 zu Wien ein knappes Buch, betitelt „Von den Anfängen und dem immerwährenden Gebrauche der gesetzgebenden Gewalt in geistlichen Dingen seitens der apostolischen Könige Ungarns", veröffentlicht. In ihm führte er den Nachweis für das seit den Tagen Stephans des Heiligen geübte Recht der ungarischen Könige, in kirchlichen Dingen, die nichts mit dem göttlichen Gesetz zu tun hatten, Vorschriften zu erlassen. Der berühmte ungarische Gesetzeslehrer und Verfasser der für die spätere Zeit maßgeblich gewordenen Sammlung des Opus tripartitum, Stephan Werböczy, habe die Mehrzahl der Dekrete der früheren ungarischen Könige in sein Gesetzbuch nicht aufgenommen. Sein Werk dürfe kein Kompendium aller zu seiner Zeit in Ungarn rechtsgültigen Gesetze genannt werden, denn es verschweige Wichtiges, das sich auf das öffentliche Recht in Ungarn beziehe. Nur als Entgelt für die persönliche Dienstleistung im Felde sowie

Bestreitung der Kosten der Ausrüstung und des Kriegführens sei die Steuerfreiheit bewilligt worden. Habe man aber bereits 1662 die persönliche Insurrektion in eine stellvertretende umwandeln können, so müsse man jetzt andere, zweckmäßigere militärische Einrichtungen schaffen. Es entfalle aber nicht die Leistungspflicht für die, auf denen sie bereits seinerzeit ruhte, auch wenn sie sich wirklich und durch falsche Auslegung der Gesetze dieser Pflicht entzogen. Insbesondere die Geistlichkeit aber solle, so führte Kollár weiter aus, ihrer Pflicht gegen Krone und Vaterland eifrig nachkommen.

Das Kollársche Buch rief auf dem Landtage einen wahren Sturm der Erbitterung hervor. Der schon früher hervorgetretene erz-ungarische und erz-reaktionäre Abgeordnete Johann Okolicsanyi meinte, man sollte Kollár samt seinem Machwerke verbrennen. Die schimpfliche Unterdrückung des Buches aber forderte der gesamte Landtag, der zum Zeichen seines Protestes gegen Kollár durch drei Wochen keine Sitzung abhielt.

Das Buch Kollárs war dem eigenen Antrieb des Verfassers entsprungen, aber der Staatsrat Freiherr von Borié hatte ihn ermuntert und veranlaßt, daß es vor seiner Veröffentlichung unter anderem durch den Freiherrn von Bruckenthal, dem berühmten, von Maria Theresia hochgeschätzten Siebenbürger Sachsen, der damals Hofrat bei der Hofkammer war, begutachtet wurde. Da dieser es sehr gut beurteilte und auch die Kaiserin dafür erwärmte, war es mit ihrer Erlaubnis zum Druck gelangt.

Als nun der Sturm der Ungarn gegen Kollár persönlich und gegen sein Buch einsetzte, war es Kaunitz, der seiner Monarchin mit dem Rate beisprang, Festigkeit zu zeigen und den Verfasser nicht fallen zu lassen, zumal sich Kollár mit Erlaubnis der Herrscherin gegen die durch den Fürsterzbischof von Wien und Administrator des Bistums Waitzen, Graf Migazzi, erfolgte „Widerlegung“ mit zündendem Beweismaterial erfolgreich wandte.

Die Kaiserin ordnete schließlich, überdrüssig der endlosen Verhandlungen, das Ende des ungarischen Landtages am 19. März 1765 an. Zwei Tage später fand dessen letzte Sitzung statt. Maria Theresia berief keinen ungarischen Landtag mehr ein. Es war gegenüber den ständigen Schwierigkeiten mit Ungarn eine Konsequenz, daß die Herrscherin am 2. November 1765 über den Rat Bruckenthals Siebenbürgen zu einem Großfürstentum erhob und damit seine Selbständigkeit betonte.

So endeten die Bemühungen um eine gerechte Heranziehung Ungarns zu den Staatslasten in Enttäuschung. Der Sonderwille und Egoismus im Königreiche war stärker als die mitreißende Kraft selbst dieser Frau.

KÖNIGSWAHL JOSEPHS — TOD DES GEMAHLS

Josef, der erstgeborene Sohn der Kaiserin, war am Ende des Siebenjährigen Kieges zweiundzwanzig Jahre alt. Dem nicht leicht zu behandelnden Thronerben und Anwärter auf die römische Königswürde hatte die Mutter eine sorgfältige Erziehung und Ausbildung zuteil werden lassen, deren geschichtliche und staatsrechtliche Grundlagen von Bartenstein, nach dessen Gewohnheit gründlich und umständlich zugleich, ausgearbeitet worden waren. Die häufig angesetzten Prüfungen, die gelegentlich unter Teilnahme der Kaiserin, immer aber unter Beiziehung eines Mitgliedes der Konferenz erfolgten, zeigten den Erzherzog als einen gewissenhaften und erfolgreichen Schüler. In der juristischen Ausbildung, die das Naturrecht und das Völkerrecht in sich schloß, war Martini der Leiter. Nach solcher gediegenen Vorbereitung erfolgte Josefs Zuziehung zu den Sitzungen des Staatsrats, der lebendigen Lehre. Er war also für die dereinstige Regierung ganz anders vorbereitet worden als seine Mutter.

Noch nicht zwanzigjährig, wurde der Kaisersohn mit Isabella von Parma, mütterlicherseits eine Enkelin Ludwigs XV., vermählt. Es war ein Werk der Staatskunst, um die Verbindung mit dem Bourbonenhause auch verwandtschaftlich auszubauen. Es war aber ebenso eine Wahl der Liebe, die Josef selbst traf, während ihm zugleich die Tochter des spanischen Königs zur Braut angeboten war.

Die Ehe Josefs wurde für ihn eine überaus glückliche, aber grausam kurze. Eine Tochter, Maria Theresia genannt, wurde geboren, aber die geliebte junge Frau erkrankte, als sie erneut ein Kind erwartete, im November 1763 an den Blattern und starb kurz nach einer lebensunfähigen Frühgeburt an der schrecklichen Krankheit. Die Erzherzogin offenbarte schon geraume Zeit vor ihrer Erkrankung eine ihrem Gemahl verborgen gebliebene merkwürdige Todessehnsucht.

Der Zusammenbruch seines jungen Familienglückes hatte Josefs Wesensart, die frühzeitig ein herbes Gepräge aufwies, noch stärker geformt. Er lebte noch ganz in der Erinnerung an die schöne, verstorbene Gemahlin, als seine Wahl zum römischen König erfolgte.

*

Kaum einen Monat nach dem Abschluß des Friedens von Hubertusburg hatte sich Kaunitz gerüstet, die von Friedrich zugestandene brandenburgische Stimme für die Königswahl Josefs wirksam werden zu lassen. Graf Pergen wurde abgesandt, die geistlichen Fürsten zu gewinnen, und es gelang ohne Schwierigkeiten. Die weltlichen — Sachsen, Hannover und Bayern — gaben zu keiner Besorgnis Anlaß. Friedrich äußerte sich am

13. Juli 1763 gegenüber dem österreichischen Sonderbeauftragten Graf Dietrichstein, daß er sein Wort verpfändet habe und sein Versprechen rückhaltlos erfüllen werde. Ja, er sei bereit, seine Dienste zur Verfügung zu stellen, wenn die Kaiserin seine mittel- oder unmittelbare Einwirkung benötige. Nur Kurpfalz, schon bei dem seinerzeitigen englisch-hannoveranischen Projekt der Königswahl Josefs sehr begehrlich, machte Schwierigkeiten. Aber selbst Friedrich mahnte den Kurfürsten Karl Theodor am 4. Oktober 1763 von seinen Forderungen ab, „Indem", wie er schreibt, „des Erzherzogs Joseph Liebden die Volljährigkeit erreichet und sie anjetzo der würdigste, wo nicht der einzige Kandidat sind, so zu dieser hohen Dignität in Vorschlag kommen kann, überdem auch solche Wahl mir eine derjenigen Maßreguln zu sein scheinet, welche zu Befestigung des in dein teutschen Reich nur kürzlich wiederhergestellten Ruhestandes am meisten beitragen kann." Sogar Kaunitz hielt mit seiner Befriedigung über das Schreiben des Königs nicht zurück. Die sichere Haltung, die von den österreichischen Vertretern bei den Verhandlungen des Frankfurter Kurfürstentages eingenommen wurde, machte alle Versuche auch preußischerseits, die Wahl mit neuen Einschränkungen der kaiserlichen Befugnisse zu verbinden, scheitern. Die Wahlkapitulation lautete nicht anders als die von Franz I. Auch der Pfälzer mußte sich fügen, freilich wurde seiner Begehrlichkeit durch die Überlassung der Herrschaft Peilstein doch noch ein Opfer zuteil.

So konnte die Königskrönung des jungen, eben erst dreiundzwanzigjährigen Josef zu Frankfurt am Main erfolgen.

Am 27. März war er einstimmig gewählt worden, am 3. April 1764 fand die Krönung statt. Der Kaiser war mit seinem Sohne und dem jüngeren Leopold, begleitet von prunkvollstem Gefolge, von Wien abgereist, noch ehe die Wahl stattgefunden hatte. Drei Millionen Gulden kostete die Reise, vierhundertfünfzig Pferde waren auf jeder Poststation nötig. Vor der Stadt Frankfurt fand, als sollte sich noch einmal wie ein Symbol größerer Vergangenheit die Treue von Fürst zu Kaiser offenbaren, sich der nie wankelmütig gewordenen Helfer Österreichs in allen Reichsdingen und in den großen kriegerischen Erschütterungen des letzten Menschenalters, der Landgraf Georg von Hessen-Darmstadt ein, um dem Kaiser mit Fußfall und Kuß der Kleider eine patriarchalische Referenz zu machen. Von den weltlichen Fürsten des Reiches war sonst nur noch der Fürst von Anhalt-Zerbst anwesend, um wie er sagte, den Fürsten zu zeigen, was ihre Pflicht sei.

Den Ablauf der Krönungsfeierlichkeiten schildert wiederum kein Geringerer als Goethe. Diesmal aus dem Selbsterleben des damals noch nicht Fünfzehnjährigen! Nicht ohne Ergriffenheit über die allmählich eingetretene Aushöhlung des kaiserlichen Ansehens und der ihrem Aufstreben zur

Souveränität entsprechenden Loslösung der weltlichen Fürsten von den Reichspflichten, auch den repräsentativen, lesen wir die Schilderung über das Krönungsmahl, die uns Goethe gibt, dem es möglich wurde, sich als Speisenträger in den Saal einzuschmuggeln: „Am anderen Ende des Saales, unmittelbar an den Fenstern, saßen auf Thronstufen erhöht unter Baldachinen Kaiser und König in ihren Ornaten; Krone und Szepter aber lagen auf goldenen Kissen rückwärts in einiger Entfernung. Die drei geistlichen Kurfürsten hatten, ihre Bufette hinter sich, auf einzelnen Estraden Platz genommen: Kur-Mainz den Majestäten gegenüber, Kur-Trier zur Rechten und Kur-Köln zur Linken. Dieser obere Teil des Saales war würdig und erfreulich anzusehen und erregte die Bemerkung, daß die Geistlichkeit sich solange als möglich mit dem Herrscher halten mag. Dagegen ließen die zwar prächtig aufgeputzten, aber herrenlosen Bufette der sämtlichen weltlichen Kurfürsten an das Mißverhältnis denken, welches zwischen ihnen und dem Reichsoberhaupt durch Jahrhunderte allmählich entstanden war. Die Gesandten derselben hatten sich schon entfernt, um in einem Seitenzimmer zu speisen, und wenn dadurch der größte Teil des Saales ein gespensterhaftes Ansehen bekam, daß viele unsichtbare Gäste auf das prächtigste bedient wurden, so war eine große unbesetzte Tafel in der Mitte noch betrübter anzusehen: denn hier standen auch so viele Kuverte leer, weil alle die, welche allenfalls das Recht hatten, sich daran zu setzen, anstandshalber, um an dem größten Ehrentage ihrer Ehre nichts zu vergeben, ausblieben, wenn sie sich auch dermalen in der Stadt befanden."

Es war nur eine verdiente Ehrung, wenn neben einigen Rangerhöhungen, die aus höfischen Gründen erfolgten, auch Graf Kaunitz in den Reichsfürstenstand erhoben wurde. Schon im Vorjahre war der wackere, aber dem Staatskanzler keineswegs vergleichbare Johann Josef Khevenhüller Fürst geworden.

*

Mit der Königskrönung Josefs war ohne bedeutendere Opfer einer Notwendigkeit für das Herrscherhaus Genüge geschehen. Dieses begann sich gerade damals durch das Band von Eheschließungen in der von Kaunitz begründeten Politik der Freundschaft zum Bourbonenhause noch stärker einzuwurzeln. Die Söhne der ehrgeizigen Elisabeth Farnese Don Carlos und Don Philipp hatten der habsburgischen Dynastie erst Neapel und Sizilien, dann die Herzogtümer Parma, Piacenza und Guastalla gekostet. Nun ging die Staatkunst der Kaiserin daran, die habsburgische Stellung in Italien durch das angenehme Mittel der Heirat zu befestigen und auszubauen. Auf die Vermählung Josefs mit der Enkelin Ludwigs XV. folgte die von Leopold, dem zweiten noch lebenden Sohn, mit der Prinzessin Louise, der Tochter des spanischen Königs.

Zur Feier der Hochzeit, auf deren rasche Abhaltung man trotz des jugendlichen Alters des Erzherzogs — er zählte erst achtzehn Jahre — in Madrid drang, reiste das Herrscherhaus nach Innsbruck. Es war die längste Reise, die der kaiserliche Hof bisher unternommen. Der König von Spanien hatte den Wunsch geäußert, daß seine Tochter nicht „in dem großen Getümmel eines so zahlreichen Hofes" erscheinen müsse. Gegen diese Reise nach Tirol war der Kaiser mit den Ministern gewesen, zumal man ja alles Erforderliche in die kleine Stadt schaffen mußte. Die Kaiserin aber hatte entschieden.

Der Aufbruch von Wien erfolgte am 4. Juli 1765. Es ging über Mürzzuschlag nach Schloß Eggenberg bei Graz, woran sich ein viertägiger Besuch der Landeshauptstadt anschloß. Von hier reiste man über Leoben und Judenburg nach Klagenfurt, der Kärntner Hauptstadt. Der Aufenthalt war kürzer als der zu Graz, hatte aber einen besonderen Reiz, indem der Kaiserin von den Ständen jenes Denkmal in Bronze errichtet wurde, das heute noch den Klagenfurter Hauptplatz neben dem Lindwurmbrunnen ziert. Eine Triumphpforte war darüber erbaut. Es gab eine Festbeleuchtung, während derer die Kärntner Bergknappen, wie schon vorher die von Leoben, einen „alt-vätterischen Danz en rondau" vorführten. Die nächste Nachtstation war in Lienz, also bereits auf Tiroler Boden. Dann rastete man in Brixen, wo der Bischof und Fürst die Kaiserin und den Hof noch sehr spät abends festlich empfing. Am 15. nachmittags traf man in Innsbruck ein.

Die alte Innsbrucker Hofburg sah nun seit langem wieder einen habsburgischen Hof in ihren Mauern. Reich war das Gefolge, das mit dem Kaiserpaare, dem sich neben Leopold auch Josef und zwei Erzherzoginnen angeschlossen hatten, erschienen war. Da waren die beiden Lothringer Geschwister des Kaisers, der unglückliche Feldherr Karl und die Prinzessin Charlotte, die mit einer eigenen „Division" reisten, da waren, Kaunitz natürlich einbeschlossen, die obersten Würdenträger des Staates und Hofes, ja sogar Kardinal Migazzi, von dem Khevenhüller allerdings meinte, er sei mitgekommen, weil es ihn „freuete, einen guten Prätext zu haben, in seinem Vaterland mit dem Purper und bei Hof besitzenden villem Credit zu brilliren". Auch aus Italien hatten sich Große eingefunden.

Das Mittagsmahl fand im Riesensaal statt, wobei jeder die Erlaubnis zum Zusehen, der erwünschten Freude alter Zeit, hatte. Der Andrang der braven Tiroler aber wurde so stark, daß man an den äußeren Zugängen die Wachen verdoppeln mußte. Eigens zur Unterhaltung der Gäste war eine italienische Schauspielertruppe nach Innsbruck gerufen worden.

Während sich der Hof in seiner Weise vergnügte, der Kaiser zweimal die Sammlungen des Schlosses Ambras besuchte, die Tage aber auch mit Empfang neu angekommener Gäste ausgefüllt waren, langte die Braut am 18. Juli in Genua an, wo sie vom deutschen Hofstaat übernommen wurde. Josef hatte sich für die Zeit bis zu ihrem Eintreffen nach Südtirol begeben, um das Land bis zur venezianischen Grenze zu besichtigen. Leopold reiste seiner Braut entgegen, der Kaiser folgte ihm bis Bozen nach. In Wilten fand die erste Begrüßung der jungen Prinzessin durch den Hof statt. Angenehm überrascht kehrten die Würdenträger nach Innsbruck zurück, weil man ihnen die Spanierin als häßlich, rothaarig und schlecht erzogen beschrieben hatte. Tatsächlich war sie sehr blond und von lichtem Teint, sonst aber und im Benehmen der verstorbenen ersten Gemahlin Josefs ähnlich, die in Wien auch durch die zweite Ehe des römischen Königs nicht vergessen worden war.

Noch dauerte es dem höfischen Brauche entsprechend bis zum 5. August, ehe die Hochzeit stattfand. Ein Übelbefinden des Bräutigams trübte die Festlichkeiten.

Fröhlich vergingen die folgenden Tage. Die Stände hatten zur Ehrung der Kaiserin die steinerne Triumphpforte errichtet, die heute noch ein seltsam in den Bergen anmutendes Wahrzeichen dieser Tage ist. Theateraufführungen aller Art folgten einander. Auch die Jesuiten kamen mit ihrer Bühnenkunst zu Wort.

Eine Verschlimmerung im Befinden des Neuvermählten hielt Kaiser und Kaiserin einige Tage in Besorgnis. Kaum war die Aufregung durch glückliche Besserung abgeklungen, als die Kaiserin am 18. August ein fürchterlicher Schlag traf.

Kaiser Franz klagte in der Nacht vom 17. auf den 18. über „Oppression der Brust und Wallungen", unterließ es aber trotz des Bestürmens der Gemahlin, sich zur Ader zu lassen. Es war ein Sonntag. Der Kaiser verbrachte den Tag, ohne eine besondere Ermüdung zu zeigen, mittags unterhielt er sich bei Tisch besonders gut mit einem Tiroler Kaufmann. Abends wohnte er dem Theater bei und nahm während der Aufführung die Tropfen, die ihm van Swieten nach Innsbruck mitgegeben hatte. Vor dem Souper wollte der Lothringer noch die Gemahlin aufsuchen. Er verabschiedete sich von seiner Begleitung und ging in der Burg eine enge Passage weiter, die einige Stufen herab- und dann hinaufführte. Oben angekommen lehnte er sich mit dem Kopfe an die am Korridor befindliche Tür jenes alten Zimmers, in dem sein seliger Vater geboren war. Josef, der zu seiner Wohnung den gleichen Weg nehmen mußte, folgte dem Kaiser in einiger Entfernung, um ihn nicht zu genieren. Da er nun sah, daß sich sein Vater an die Tür lehnte, meinte er, ihm sei nicht wohl und riet ihm, sich lieber niederzusetzen, er wolle sogleich jemanden rufen. Der Kaiser jedoch antwortete, es habe nichts zu bedeuten, es wären bloß seine gewöhnlichen „Spasmi", ein braver Kerl müßte nichts achten, der König möge nur seinen Weg fortsetzen. Josef tat, als ginge er in das anstoßende Genach. Er sah, wie der Vater mit wankenden Schritten die Passage hinunterstieg, und als er zur Tür der Anticamera kam, die halb aufstand, sich an ihr gleich jemand, der mit aller Gewalt Hilfe sucht, hielt. Josef stürzte herbei und fing den Kaiser, da er eben zu sinken begann, mit seinen Armen auf, bis Graf Salm herbeikam und sie Beide ihn mit Hilfe rasch herbeigekommener Hofleute in die Anticamera trugen. Sie betteten ihn hier auf das Rollbett eines Lakaien. Beichtvater, Ärzte und Chirurgen waren gleich gerufen aber der Kaiser, dem man noch eine Ader öffnete, war bereits tot.

*

Ein gütig denkender, wenn auch keineswegs bedeutender Monarch war hingegangen. Der Rückblick betrifft einen Menschen, kaum einen Staatsmann, so nahe das Schicksal den Lothringer an die größten Entscheidungen herangetragen hatte.

Obwohl nach dem Tode Karls VI. zum Mitregenten ernannt, war der Kaiser sehr bald in den Geschäften nur noch Statist. Die weitaus stärkere Energie der Gemahlin und ihr immer kraftvoller hervortretender herrscherlicher Wille drängten ihn in eine Art Schattendasein, zumal er auf dem Gebiete des Militärwesens und der Heerführung, das ihm zunächst vorbehalten blieb, weder eine namhaftere Begabung noch eine sonderliche Arbeitskraft offenbarte. Schließlich trat Franz, keineswegs unempfindlich für die eingetretene Minderung seines Ansehens, gegenüber den maßgebenden Helfern der Kaiserin, insbesondere dem Kanzler, zurück. Sein Kaisertum zeigte keine Zeichen selbständiger Initiative, und es offenbarte sich hier, wo in seiner Person Hausstaat und Reichskrone nicht mehr zusammenfielen, die bedrückende Ohnmacht, in die letztere geraten war. Dem Kaiser, der am Hofe einem geselligen und sammlerischen Müßiggange lebte, hatte sich erst ganz zuletzt ein Tätigkeitsfeld eröffnet. Er war ein vortrefflicher Verwalter des eigenen Vermögens, und nun betreute er beratend die österreichischen Finanzen. Bereits seine eigenen Schritte, Übernahme der persönlichen Bürgschaft für den Staatskredit (Oktober 1763) und Umwandlung der sechsprozentigen Schuldverschreibungen in solche von fünf Prozent im Jänner 1764, gestalteten sich für die finanzielle Lage Österreichs sehr segensvoll. Die Staatspapiere begannen im Werte zu steigen.

Konnte die Erfahrung des Kaisers auf dem Gebiete der Finanzgebarung erst ganz zuletzt für die Monarchie fruchtbar werden und blieb damit seine Stellung bis zum Schlusse schattenhaft, um so größer war die persönliche Zuneigung Maria Theresias für ihn. Freilich aber quälte sie den Geduldigen und Nachgiebigen auch durch die Heftigkeit, die ihrem Wesen gelegentlich entsprang, und der Kaiser vermochte sich eigentlich nie richtig zur Geltung zu bringen, zumal in den ersten zwanzig Jahren der Ehe Rücksicht auf die so häufigen Schwangerschaften der Gemahlin geboten war und energischen Widerspruch ausschloß. Maria Theresia konnte auch sehr eifersüchtig sein, zumal der leichtblütige Lothringer gern in der Gesellschaft schöner Frauen weilte und insbesondere von der allerdings überall gefeierten Schönheit der Fürstin Wilhelmine Auersperg gefesselt war. Früh tauchte jedoch die Anekdote auf, daß die Kaiserin nach dem Tode des Gemahls in großherziger Versöhnlichkeit die schöne Rivalin mit den Worten angesprochen habe, daß sie Beide viel verloren hätten.

Seine viele Zeit widmete Franz Stephan neben der Verwaltung des eigenen Vermögens, neben der Jagd — noch auf der verhängnisvollen Tiroler Reise hatte es eine Hirschjagd bei Graz und eine Gemsjagd auf dem Reiting bei Leoben gegeben —, neben dem Theater und den Hoffesten sowie dem allzusehr geliebten Pharaospiel der Zustandebringung und Betreuung einer wertvollen Sammlung von Goldmünzen und Medaillen. Er hatte viel Freude an der Pflege und Förderung der Schloßgärten und ihrer Glashäuser und noch die Fahrt nach Tirol sowie der Innsbrucker Aufenthalt hatten ihn aufgeschlossen gezeigt für alles Merkwürdige, das sich darbot. Er besichtigte in Hall die Salinen und den Salzberg. Der gute Haushalter, von dem Khevenhüller sagt, daß er nicht gern etwas ausgäbe, hinterließ ein Vermögen, das zwischen 20 und 30 Millionen Gulden geschätzt wurde.

Seinem Wesen nach trug Franz, ein leutseliger, sich an schlichtem Frohsinn, ja selbst derbem Scherz erfreuender Mann, nicht viel Kaiserliches an sich. Er war dem Prunk und der Etikette abhold. Am stolzen Habsburgerhofe trat er wie ein vornehmer Privatmann auf. Oft distanzierte er sich geradezu von der herrschenden Gemahlin und den erzherzoglichen Kindern als dem eigentlichen Hof. Ein uraltes Dynastengeschlecht hatte sich in diesem letzten Abkömmling der Lust am Herrschen und Führen, am Gestalten von Schicksalen begeben.

*

Maria Theresia war in ihrer lebhaften Art über den erlittenen Verlust untröstlich. Sie gab sich auch äußerlich mit aller Entschiedenheit der Trauer hin, entledigte sich ihrer prächtigen Haare, verschenkte ihre Kleider und hielt sich fortan streng in schwarze Witwentracht gekleidet, die das letzte Bild dieser starken Persönlichkeit kennzeichnete. Nie mehr sollte sie fortan die Wehmut, ja das Gefühl verlassen, daß ihr Leben und ihre Regierung unglücklich gewesen sei. Nur die Stunden, die sie mit ihrem Gemahl verleben durfte, leuchteten in ihren Gedanken auf, sie errechnete sie mit der überschauenden, das Vergangene nie ruhen lassenden

Art lebhafter und energischer Naturen bis zur letzten und merkte sich ihre Zahl in herrscherlicher Übersicht. Der Gedanke bedrückte sie, was sie etwa an dem Gemahl versäumt haben könnte. Denn, gütig in der Tiefe ihres Wesens, mochte sie sich ihre Ungeduld, ja wohl auch Heftigkeit, und seine Geduld gegenwärtig halten und schmerzlich die gelegentlichen Trübungen empfinden, die ihr Zusammenleben aufgewiesen haben mochte. Sie erinnerte sich daran, daß er ungern nach Innsbruck gegangen sei, während sie wegen der Nachbarschaft des Haller Stiftes, in das sie sich bei einem Ableben des Gemahls zurückzuziehen gedacht hatte, auf dieser Stadt bestanden habe.

Sie lebte einer offenkundigen Selbstbeschuldigung, alle kleinen Versäumnisse, die etwa zu dem jähen Tode beigetragen haben mochten, in selbstquälender Übertreibung vor ihr Gemüt haltend. Sie hätte mehr für ihn, und sei es auch nur für sein Vergnügen, tun müssen, sagte sie sich. Einige Zeit nach seinem Tode erblickte sie in ihm einen großen Monarchen und betonte dies in liebenswerter Selbsttäuschung oft gegenüber ihren Kindern.

Innsbruck gewann für die Kaiserin geradezu einen romantischen Reiz. Sie beneidete alle, die sich dorthin begeben mußten, die Stadt war ihr verklärt, da in ihr das letzte Zusammensein mit dem Gemahl gewesen. Sie pflegte einen Briefwechsel mit der Gräfin Enzenberg, die, ihr von früher her vertraut, mit dem Landeshauptmann in Tirol verheiratet war. Wie Trübsinn wallt es in diesen Briefen von überschwenglichem Schmerze auf. Vor ihrer Abreise von Innsbruck entwarf sie — und das mag das formale Übermaß entschuldigen — auch jene Instruktion für Leopold, die so langdauernde religiöse Übungen vorschrieb und zugleich strenge Ratschläge für die Erhaltung der Gesundheit gab.

Inmitten solchen Überschwanges der Empfindungen und Kundgebungen bewährte sich die kühle Ruhe des Kanzlers. Ja, man darf es als eines seiner schönsten Werke bezeichnen, daß er das stürmische Begehren der Kaiserin, von allen weltlichen Geschäften nun Abschied zu nehmen und sich in ein Kloster zurückzuziehen, zu Fall gebracht hat. Viel Geduld und ehrlichen Rat und schließlich gar List mußte er dabei anwenden.

Nur langsam und mit vielen Rückschlägen fand die tiefbewegte Frau den Weg ins Leben zurück. Ganz aber wollte sie sich niemals mehr von ihm gefangennehmen lassen. Die fröhliche Maria Theresia von einst ist nicht mehr. Eine müde, tapfere, gütige Herrscherin bewegt sich im Bereiche der Pflichten. Ihr weiteres Regententum ist ein Opfer für den Staat.

DER DEUTSCHE DUALISMUS

Mit dem Ausgang des Siebenjährigen Krieges hatte sich das Problem des deutschen Dualismus zu einer fortan das deutsche staatliche Leben belastenden Hypothek des Schicksals verhärtet.

Es ist der Sinn des Wortes Dualismus, daß, wo eine Einheit bestehen sollte, sich eine Zweiheit gebildet hat. Eine solche, ein Dualismus, tritt in der Geschichte nur zu gern als These und Antithese auf, weil auf begrenztem Raume das politische Leben nicht so sehr im Sowohl-als-Auch als vielmehr im Entweder-Oder aufgeht, da es nach der Herrschaft und dem vollen Sichentfalten drängt.

Der deutsche Dualismus hat tiefe und uralte Wurzeln. Er wurzelt in den Anlagen der deutschen Stämme, in den Schicksalen deutscher Staatlichkeit, des Reiches im besonderen, er wird aber auch begünstigt durch die geographische Lage und den Aufbau des deutschen Landes.

Zuerst einige Worte über letzteres. Zum Unterschiede von Frankreich, das eigentlich nur eine Grenze, die vom Jura bis zum Kanal, besitzt, überall sonst aber von der Natur behütet wird, zum Unterschiede von Spanien, das, abgesehen von der portugiesischen Grenze fast allenthalben von weglosen Gebirgsmauern und Meeresküsten gesäumt ist, ganz zu schweigen von der unvergleichlichen Begünstigung des ozeanumschlossenen England, entbehrt der Wohnraum der Deutschen, von der Nordsee — kaum der Ostsee — abgesehen, fast allenthalben der natürlichen, geschützten Grenzen. Nicht einmal die Alpen stellen infolge ihrer tiefen Einschartungen eine solche von sicherer Behütung dar. Die Pyrenäengrenze trennt unbedingt, und die lange ozeanische Küste Frankreichs von Brest bis zu den Pyrenäen, und auch seine Mittelmeerküste erwiesen sich in den abgelaufenen Jahrhunderten als wenig empfindlich. Wo könnte das von einer deutschen, die einzige genannte Ausnahme abgesehen, behauptet werden? Dem Zugriff des Nachbars waren die Tore offen. Innere deutsche Widerstreite fanden leicht Anhalt an auswärtigen Mächten. Die Stabilität der staatlichen Entwicklung konnte leichter von außen her gestört werden als anderswo. Jahrhundertelang wurde es deutsches Schicksal, europäischer Kriegsschauplatz zu sein.

Der Gebirgsaufbau Deutschlands und seine Fluß-Systeme begünstigten eine Einheit nicht. Die Mitteldeutsche Gebirgsschwelle legt sich wie ein breiter Sperrbalken zwischen den Süden und den Norden von Deutschland. Als noch die dichten Wälder standen, war sie ein starrendes Hindernis. Da ist aber neben der Mitteldeutschen Gebirgsschwelle die Umrahmung der Oberrheinischen Tiefebene, da sind Hunsrück und Taunus, das Rheinische Schiefergebirge, das Hessische Bergland, der Teutoburger Wald, das Weser-Bergland, der Harz, die böhmische Bergumrahmung mit ihren urwaldähnlichen Beständen des Böhmerwaldes, ganz zu schweigen von den Bergmauern der Alpen und ihrer von Eisriesen und Felswänden begleiteten oder umschlossenen Talungen und Böden. Alle sie bergen Täler und Becken, Kessel und Niederungen in sich, die, von der Nachbarschaft getrennt, wie zu einem eigenen Leben bestimmt erscheinen. Die zwei größten deutschen Fluß-Systeme streben auseinander, der Rhein zur Nordsee, die Donau zum Schwarzen Meere; dazu kommt noch die Elbe, kommen die Ströme der Ostsee, kommt die Etsch, die sich zur Adria ergießt.

Ein natürlicher Mittelpunkt fehlte bei dieser Beschaffenheit. Wien lag zu weit in den Südosten vorgeschoben und entsprach gewissermaßen einem großen, am Schicksal gescheiterten Programm. Berlin konnte wohl für die West-Ost-Erstreckung der Norddeutschen Tiefebene Hauptstadt sein, schwer schon für Süddeutschland mit. Wir erleben die Problematik in der Gegenwart (1949), wo die Hauptstadt für das Restdeutschland gesucht wird. Ein natürlicher Mittelpunkt aber ist geschichtlich der Halt, an den sich in allen Krisen das Leben klammern kann, ist eine ausstrahlende Kraft, die die Einheit fördert. Vergleichen wir damit die ideale Lage von Paris in der Isle de France, die von London im Becken der Themse für das eigentliche England. Wie schlecht schneidet das residenzlose Deutschland des Mittelalters dagegen ab! Wie groß waren die Nachteile, die sich jahrhundertelang dadurch ergaben!

In diesen zum Eigenleben der Kräftigen geradezu verführenden Raum waren vom Schicksal die deutschen Stämme gesetzt, aus denen, im wesentlichen durch die Wegzeichnung und Vollbringung Karls des Großen, das deutsche Volk erwachsen ist. Diese Stämme waren kraftvolle, eigenständige Wesenheiten, von denen eine jede sozusagen den weltgeschichtlichen Marschallstab im Tornister führte. Ein jeder von ihnen konnte auf eigene Rechnung Geschichte machen und Schicksale begründen, wie dies sichtbar bei den Angelsachsen der Fall war. Von Karl dem Großen bis zu Friedrich Barbarossa rang die Kraft, rang das Genie der deutschen Könige und Kaiser darum, diese Energieströme in das *eine* Bett des deutschen Lebens zu leiten. Es ist nur zum Teil gelungen. Denn, wenn auch das Sonderbegehren der Stämme als solcher gebändigt werden konnte und durch das fruchtbarste Geschenk der Reformation, die deutsche Schriftsprache, ein unzerreißbares Band um sie alle, ausgenommen nur die Flämen und Holländer, geschlungen wurde, es war doch nur ein Pyrrhussieg, der den Ottonen, den Saliern und den Hohenstaufen zuteil ward. Denn aus den Stämmen und an ihrer statt und immer wieder aus ihrem unversiegbaren Kraftquell genährt, erhoben sich neue partikulare Kräfte, die Dynastien und Territorien als Wegbereiter deutscher staatlicher Vielheit.

Wie immer aber auch durch Machtspruch und Schicksalswendungen, durch Erbverträge und Heiraten, durch Kauf und Belehnungen diese erstandenen Länder sich in ihren Grenzen wandelten, verkleinert wurden, ja gar zerfielen, wie es außer dem altbayrischen allen Stammesgebieten geschah, die Stämme blieben unverändert, sie verschmolzen untereinander nicht, sie behielten ihre Eigenart. Auf dem neu erschlossenen Boden östlich der Enns, des Böhmerwaldes und der Saale-Elbe-Linie bildeten sich für die beiden größten deutschen Stämme gar stammesmäßige Neuschöpfungen, engst mit ihnen verbunden, wenn auch sowohl im Norden wie im Süden durch andres deutsches Blut mitbedingt.

Unter den deutschen Stämmen verkörperten die Franken eine reichsbindende Kraft, genährt durch die karolingische Tradition ihrer Geschlechter, durch ihre Wohnsitze am deutschen Schicksalsstrome und im einstigen Mittelraum des Reiches, aber auch als ihr beweglichstes Element, fähig sich anzupassen und fähig, andere zu durchdringen und zu formen.

Nächst ihnen trugen vor allem die Schwaben ein lebendiges Reichsbewußtsein in sich. Bei aller ihrer Versessenheit auf den fruchtbaren Ufern des Neckar und seiner Nebenflüsse, einem Garten voll von Weizen, Obst und Wein, waren sie nie von einem Sonderstaatsgeist befallen, zumal in diesem erinnerungsreichen Lande das Gedächtnis an die Taten der Hohenstaufen für das Reich nicht aussterben konnte.

Anders lag es bei den Bajuwaren und den Sachsen. Beide mußten die harte Hand Karl des Großen spüren, ehe sie sich dem Reichsganzen fügten. Jeder von ihnen begehrte selbst die Führung und machte böse Miene, wenn er nicht zum Zuge kam. Als die Liudolfinger vom Sachsenlande aus die Wiederherstellung des Reiches begannen, wurde gleichzeitig mit dem Könige Heinrich der Bayer Arnulf von den Seinen zum König erhoben. Als sich dann die deutsche Reichskrone südlicher verankerte, als noch einmal die Salier fränkisches Geblüt zur Herrschaft führten und dann die Hohenstaufen schwäbisches, wurde das mächtige Sachsenland schwierig, während Bayern durch die nahe Nachbarschaft der Kronträger und durch den Umstand, daß sich seine Marken und Neusiedlungsgebiete, Österreich, die Steiermark, Kärnten, aber auch das sich eben bildende Tirol in rascher Folge aus dem gemeinsamen Stammesgebiete zu eigener Landesgestalt erhoben, weit fester als Sachsen an das gemeinsame Los geschlossen blieb.

Schon unter Friedrich Barbarossa drohte ein Dualismus, da dem Hohenstaufen die durch den Besitz der beiden partikularen Herzogtümer Sachsen und Bayern überstark gewordene Macht Heinrichs des Löwen gegenüberstand. Politische Meisterschaft des Kaisers und seine persönlichen Eigenschaften wie auf der anderen Seite offenkundige Mängel des Welfen bewirkten den Zusammenbruch dieser Gegenmacht, allerdings um den bitteren Preis der Schwächung der beiden Herzogtümer, ja gar der Zerschlagung des sächsischen.

Als dann mit dem Zusammenbruch der Hohenstaufen endgültig die Stammesherzogtümer versanken — Franken und Schwaben waren völlig in Trümmer gegangen —, traten die auf dem Herrschergeschlechte beruhenden Territorialgebilde auf, wie sie sich durch Zufall und Schicksal ergaben. Lange Jahrhunderte gehörten ihrer Entwicklung. Aus ihnen erhob sich die Größe des Hauses Österreich. Aus ihnen entwickelte sich aber auch das Haus Brandenburg.

An all diesen Hausmachtsgebilden formten die geschichtlichen Kräfte. Sie bildeten gemäß den Eigenarten der Stämme deutlich profilierte Bereiche, die aus dem innersten Streben jedes geschichtlichen Gebildes heraus nach ihrer Selbständigkeit rangen und sich tatsächlich eine fortschreitende Bewegungsfreiheit innerhalb des in seiner Autorität gegenüber den Gliedern ständig Abbruch erleidenden Reiches errangen.

Das mächtigste Schicksal dieser werdenden deutschen Sonderstaatlichkeit wurde die Reformation.

Als diese ihre unermeßliche Wirksamkeit begann, war das mittelalterliche Kaisertum dem Sondergeist der Territorien fast schon erlegen. Schon sprach man geraume Zeit die Formel „Kaiser und Reich", die in sich die Richtung trug, eines Tages „Weder Kaiser noch Reich" zu heißen. Dazu erhob sich nun die Tragik der deutschen Glaubensspaltung. Nicht nur, daß durch sie die Territorien, an die sich beide Bekenntnisse zu ihrem Schutze halten mußten, neue und mit dem Ausgang des Dreißigjährigen Krieges entscheidend gewordene Machtvollkommenheit erlangten, nicht nur, daß die protestantischen deutschen Staaten ihrem Wesen nach dem universalen, katholisch gebliebenen Kaisertum noch kühler gegenüberstehen mußten als schon vordem, ehe die Glaubensgegensätze erwacht waren. Viel mehr! Die Grenzlinien der beiden Bekenntnisse wurden Markscheiden der Denkungsart, der politischen Richtung, der Politik selbst. Selten und schwer kamen fortan Ehebündnisse zwischen glaubensgetrennten deutschen Häusern zustande. Es bedurfte der toleranten Richtung der Leibniz-Zeit, daß die braunschweigische Prinzessin Elisabeth Christine konvertierte, die Maria Theresias Mutter werden sollte.

Aus der Kluft der Glaubensspaltung ergaben sich im Verein mit den von früher bestehenden stammesmäßigen Unterschieden und territorialen Durchkreuzungen neue Sprünge und Zerrissenheiten. Der Gegensatz zwischen Reformation und Gegenreformation mußte die alten Gegensätze sich versteifen lassen.

Die Begriffe Katholik und Protestant gewannen eine größere Bedeutung, als sie frühere Gegensätze besessen hatten. Selbst die Gegensätzlichkeit zwischen Österreich und Preußen, der Dualismus schlechthin, vermochte die Gemüter nicht in dem Maße zu bewegen, niemals solche Leidenschaften und Erbitterungen, nie solche Trennungen zu bedingen wie die religiöse. Diese wurde der Nährboden für die Richtung des Herzens auch in den politischen Fragen. So leiteten Machtfragen der Staaten und Dynastien alsbald in die letzten Tiefen der Menschenseele. Die religiösen Gegensätze bildeten mit den übrigen zusammen unterirdische Geflechte, an denen sich jeder andere auftretende Gegensatz anhalten und verwurzeln konnte.

Ein katholischer Friedrich ist als Begründer der antiösterreichischen preußischen Großmacht nicht gut denkbar, eine evangelische Maria Theresia wiederum hätte kaum Schlesien eingebüßt, hätte kaum ihr Österreich durch die jüngere Macht im deutschen Norden gefährdet sehen müssen. Und dies, obwohl zwischen dem Norden und dem Süden erhebliche Unterschiede klafften. Es bedurfte hier des katholischen, dort des evangelischen Spezificums, um das Vorhandene an Unterschiedlichkeiten zu der Kraft zu stählen, die sich in der politischen Vollbringung von 1740 bis 1918, vielleicht gar bis in unsere Tage hinein auswirkte, im ganzen unbedingt ein Unheil für das deutsche Gesamtvolk.

Die stammesmäßigen Anlagen, die historischen Geschehnisse, das deutsche Land und seine Eigenart wurden die Voraussetzungen für den deutschen Dualismus.

*

Weltgeschichtliche Aufgabe, eine besondere Begabung und Aufnahmefähigkeit, Überlieferung und geschichtliche Gegebenheiten, nicht zuletzt der aus der Reichskrone strahlende Auftrag, hatten die Großmachtsbildung Österreichs bewirkt. Es war ein Prozeß, der sich nur in seinen letzten Phasen rasch vollzog. Uralte Möglichkeiten und Momente hatten sich bereitet, um im Kanonendonner der Türken- und Franzosenkriege und unter der Gewitteratmosphäre europäischer Groß-Entscheidungen das letzte Aufschießen zu erleben.

Diese Großmacht war süddeutsch bedingt. Süddeutsch war ihre österreichische Grundart und aus dem zersplitterten deutschen Süden wuchsen ihr immer neue Kräfte zu. Sie war aber auch befähigt, andere deutsche Stammeselemente an sich zu ziehen, nicht nur den selbstverständlich nach dem kaiserlichen Wien hinstrebenden katholischen Adel und tatkräftige Elemente des katholischen Bürgertums. In dieser imperialen Atmosphäre fand auch der evangelische Norddeutsche ein Betätigungsfeld, wenn auch freilich diese Fälle nicht die häufigsten waren. Noch gab es ein eigenes Bewußtsein österreichischen Gepräges etwa als Gegensatz zu den „Reichern" — welcher Ausdruck in der Eugen-Zeit gelegentlich aufscheint — nicht. Es war erst im Werden, war jedoch in ein lebendiges, warmes Bewußtsein der Deutschheit untrennbar eingeschlossen, wofür Maria Theresia den besten Beweis bildet. Man fühlte sich allein schon aus der Tradition der Jahrhunderte mit der Krone und dem Deutschen Reiche verknüpft, ja identisch. Schon darum hatte man in Wien den Wittelsbacher Karl VII. nur als den „sogenannten Kaiser" empfunden.

Diese Großmacht war aus Überlieferung her, im besonderen durch die so lang fast die Welt umspannende Macht des Habsburgerhauses, der casa d'Austria, aber auch durch die germanisch-romanisch-slawische Herkunft ihres Adels, aus der Vielheit ihrer völkischen und landschaftlichen Bestandteile, und endlich — nicht zuletzt — von ihrem ungarischen Königreich her, Trägerin einer weltweiten Richtung. Ihr kam die Aufgeschlossenheit des bajuwarischen Volkstums entgegen, das in den deutschen Erblanden bestimmend war. Sie stimmte zu der Weltoffenheit des deutschen Südens und deutschen Westens. So oft Österreich auch, kriegsgeprüfter als irgendein anderes deutsches Machtgebilde, die Waffen erheben mußte, sein tiefstes Wesen offenbarte sich nicht im Militärischen. Man war hier Soldat, wo es kämpfen hieß, und man focht herkömmlich tapfer, wenn es zum Schlagen kam. Das eigentlich Militärische aber stand nicht im Vordergrund. In der Schicksalslenkung, in Politik und Diplomatie, in der Völkerlenkung und Verflechtung der Interessen war man daheim, sich freuend am Glanze einer imperialen Baukunst, der Kunst überhaupt, der herzensbewegenden Musik insbesondere. Ein von den Zeitgenossen als unerhört empfundener Stolz gesellte sich zu dem Glanz und zu der vielbeschäftigten Politik. Er war oft zum Nachteil, da er erbitterte, aber er gab auch der alten Krone noch Würde und er übertrug sich auf die Bevölkerung der Erblande, Wiens insbesondere, in einem gehobeneren Bewußtsein, das mit größeren Verhältnissen rechnete und auch dadurch weltoffener und aufgeschlossener wurde.

Preußen wuchs in einem weit schnelleren Prozeß auf. Noch zu Beginn des Dreißigjährigen Krieges trug der Besitz der Hohenzollern ein provinziales Gepräge. Erst der Kurfürst Friedrich Wilhelm rückte Brandenburg in genialer Ausnützung der Mittellage in das deutsche, ja europäische Geschick als ein unverächtliches, umworbenes Zünglein an der Waage. Die Erlangung der Königswürde war ein zweiter Schritt. Aber erst der Enkel des Großen Kurfürsten wurde der Schöpfer des eigentlichen Preußen. Er schuf dessen bestimmendes Gepräge der straffsten Verwaltungsorganisation, die militärische Züge trug, wie denn das Militärwesen in dem kleinen Königreich dominierte. Der König war fast mehr ein Militärgouverneur als ein König altdeutscher Vorstellung. Das preußische Heer konnte sich auf ein tapferstes Soldatentum stützen. Neigung des Volkes und Neigung seines Herrschers aber gaben diesem aufgeschossenen Militärwesen den Zug äußerster Straffung der militärischen Zucht, des Drills, der Kriegsmaschinerie. Der König Friedrich Wilhelm I. trug selbst etwas vom

Kasernhofe an sich. Seine geistigen Interessen und sein persönlicher Umgang blieben subaltern. Im Adlersflug erhob sich sein großer Sohn über die väterliche Enge ins Reich der Genialität und einer sprühenden Geistigkeit, der nichts Großes der ersten Jahrhunderthälfte fremd blieb. Indessen an der überkommenen Maschine, die er in seinen Schlachten als schneidend erkannt hatte, änderte dieser Friedrich nichts. Die Mißerfolge, die seine Gegnerin gegen ihn und seine Militärzucht erlitt, zwangen diese vielmehr, das preußische Beispiel auch in Österreich einzuführen, ohne daß es sich hier allerdings zu der gleichen Bedeutung einzuwurzeln vermochte, und nie in den geistigen Sündenfall geriet, die militärische Form an sich, das „Schleifen“ und „Geschliffenwerden“, zu preisen.

Der Militarismus ist nie eine Sache des Geistes. Er ist unter den Unteroffizieren mehr vertreten als unter den Offizieren, unter den Offizieren mehr als unter den Generalstäblern. Er ist hochstehenden Generalen fremd. Friedrich persönlich war von ihm frei, aber er schärfte auch seinerseits das Werkzeug und bestärkte durch seine Erfolge in Krieg und Politik die Hoch- und Überschätzung der Organisation, des Mechanischen im Soldatentum. Die größere Gabe, ja fast Neigung des Deutschen östlich der Elbe zur Unterordnung, zu einer Eingliederung in ein System von Befehlendürfen und Gehorchenmüssen, kam ihm entgegen. Das rationalistische Element der Aufklärung erkannte unleugbare Vorteile der militärischen Maschinerie, die sich ja in den großen Krisen des Siebenjährigen Krieges bewährt hatte, und begünstigte die Übertragung der militärischen Form auch in den zivilen Apparat. Der Kasernhof machte Eroberungen. Manche unliebe Eigenschaft im beamtlichen Dienst vom Referentenzimmer bis zum Schalter kommt von daher.

Der um 1740 zum Problem gewordene Dualismus war nicht überwunden worden. Hochaufgereckt stand er nach 1763 da, und seine Auswirkungen mußten ungünstige sein.

Die vorgezeichnete preußische Mentalität griff nach Norddeutschland über. Der Ruhm Friedrichs und später die opferfreudige Hingegebenheit an das Vaterland von 1813, und dazu das gemeinsame evangelische Bekenntnis wurden Helfer dabei. In einem Prozeß von fast hundertfünfzig Jahren wurden das evangelische Hannover und Hessen, aber auch das katholische Rheinland und Westfalen von diesem Geist gestraffter Organisation erfaßt. Man hatte in der Welt begonnen, norddeutsches und preußisches Wesen schlechthin zusammenzuwerfen. Die äußeren Momente der Straffheit, des betonten Selbstbewußtseins, der militärisch erhobenen Stimme und des forschen beweglichen Auftretens überdeckten die oft unerhörte Tiefe, die schwerflüssige Gediegenheit und sooft auch seelische Zartheit, die wir im gesamten norddeutschen Bereiche antreffen können, und die das Lebenswerk einer Droste, eines Wilhelm Raabe und eines Theodor

Storm atmet. Die von Treitschke sooft gerühmte Derbheit und Dreistigkeit des niederdeutschen Wesens — nur einer und ein nicht immer vertretener Zug — wurden in den Vordergrund gedrängt. Nicht zum Glücke. Verengung des Horizonts war die Folge eines platten Selbstbewußtseins.

*

Österreich, unterlegen in dem großen Versuche, das Reich wieder kaiserlich zu machen, sah sich fortan stärker auf sein Sonderstaatsleben gewiesen. Das Kaisertum Österreich beginnt mit einer gewissen Zwangsläufigkeit heraufzukommen. Auch dies war eine Verengung, die sich noch verstärkte, als das alte Reich 1806 unterging. Sehr zögernd, aber schließlich doch, begann sich ein österreichisches Staatsbewußtsein zu bilden, freilich auch dieses noch im stolzen Bewußtsein deutscher Sendung und einer gesamtdeutschen Zusammengehörigkeit. Der Ausschluß Österreichs aus dem Deutschen Bunde nahm dann dem Deutschösterreicher den erforderlichen Rückhalt an der größeren Gemeinschaft. Auch ihm hafteten Schwächen an, die nun in seiner Isolierung stärker auftraten. Eine deutsche Tragödie in Österreich begann.

Süddeutschland schied sich erst nach der Verankerung des Dualismus voll erkennbar von Österreich. Sein politisches Denken wurde provinzial, während es sich im geistigen Bereich, im Stolz auf die Fülle seiner wissenschaftlichen, philosophischen, dichterischen und künstlerischen Begabungen, als ein Drittes Deutschland, das eigentlich geistige Deutschland, allmählich zu fühlen begann. Als dann nach Österreichs Ausscheiden aus dem Deutschen Bunde 1871 das neue Deutschland gebildet wurde, fand sich das süddeutsche Element gegenüber dem als Einheit empfundenen preußischen in der Minderzahl, in der geringeren Geltung, im geringeren Anteil an der Macht. Das im mittelalterlichen Deutschland so glücklich vorhandene Gleichgewicht bestand nicht mehr. Durch den Gang, den die Entwicklung genommen hatte, präsentierte sich das evangelische Bekenntnis als ein Wegbereiter, aber auch als Kennzeichen des Preußentums. Neue religiöse Spannungen traten auf. Aktivistische Elemente in Süddeutschland übernahmen manche Äußerlichkeiten des Preußentums, übersteigerten sie, wie es gewöhnlich in solchen Dingen der Fall ist, und überdeckten damit das eigentliche Volkswesen. Tatsächlich aber unterschied sich Österreich nun auch von Bayern durch die geringere Lautstärke im Sprechen. Fühlbar konnte man und kann man dies heute wieder beim Grenzübertritt in Salzburg, in Passau und Kufstein merken. Das Land wird auf einmal stiller.

Vergessen wir aber nicht, daß der deutsche Dualismus, der sich so weitgehend ungünstig auswirkte, allerdings die Kräfte der deutschen Nation in sehr erheblichem Maße zur Entfaltung trieb. Unmittelbar war die Anfeuerung, die Friedrichs militärischer Ruhm, sein Sieg bei Roßbach über die Franzosen und seine Selbstbehauptung dem erwachenden deutschen Geistesleben nach 1760 gab. Mittelbar aber war die Spornung, die in dem Vorhandensein, dem Wetteifer, ja der Rivalität zweier deutscher Großmächte lag, Begabungen rufend, Begabungen fördernd. Drei Welten gab es fortan in Deutschland: die österreichische, die preußische, die altdeutsche. Ausdruck ihres Reichtumes und damit gesamtdeutscher Spannweite verkörpern die Dichternamen Grillparzer und Kleist und aus dem altdeutschen Bereiche die älteren und leuchtenderen Goethe und Schiller. Der Dualismus wirkte auf die gesamte innere deutsche Entwicklung zweifellos anregend, befördernd, beschleunigend.

Allerdings konnte ein solches Übermaß der Staatsentfaltung durch die Nation nicht zu lang ertragen werden. Zwei Großmächte auf dem Boden Deutschlands, das war zu viel.

Nach dem Ausscheiden Österreichs aus der gemeinsamen deutschen Staatlichkeit hob sich zwar die Kraft, die Leistungsfähigkeit, die Macht der durch Bismarck geeinigten außerösterreichischen ehemaligen Gebiete des Deutschen Bundes auf das höchste, und auch Österreich schien eine Zeitlang seine Großmachtstellung behaupten zu können. Indes die Entwicklung ging bereits von 1866 bis 1914 auf Kosten des deutschen Volkstums. Im großen politischen Schicksal aber erfolgten zwei Zusammenbrüche, der eine — 1918 — schwer und in seinen Auswirkungen aufs höchste verhängnisvoll, der zweite — 1945 — vollends eine Katastrophe.

In welchem Maße erscheint der deutsche Dualismus an diesen späten Schicksalen beteiligt? Daß er es ist, kann unbefangenem Urteil nicht einen Augenblick zweifelhaft sein.

Überblicken wir den Gang der Entwicklung seit 1740, die Kriege, in denen deutsches Bruderblut vergossen wurde, die Machtminderungen und Versäumnisse, die sich aus dem inneren Zwiespalt ergaben, so können wir den deutschen Dualismus nicht anders als das neben der Glaubensspaltung größte Unheil nennen, das unser Volk seit dem Zusammenbruch der Hohenstaufen traf.

Maria Theresia sah sich durch den Dualismus vor eine Regentenaufgabe schwerster Art gestellt. Sie vermochte das Übel nicht zu beseitigen, so energisch und zäh sie es versuchte, sie behauptete aber Ansehen und Gewicht ihres Staates als der führenden deutschen Großmacht.

KAISERIN MARIA THERESIA

Nach einem Pastellbild von Liotard

Rijksmuseum Amsterdam

DAS REGENTENOPFER

DER MITREGENT JOSEPH

Sogleich nach dem Tode ihres Gemahls hatte Maria Theresia den Sohn Josef, „in primo dolore", wie Khevenhüller sagt, zum Großmeister des Maria Theresien-Ordens und des Ordens vom Goldenen Vließ, und bald auch zu dem des ungarischen Stephansordens ernannt. Nun, nachdem der wildeste Schmerz abgeklungen war und die Kaiserin sich durch Kaunitz hatte bewegen lassen, sich wenigstens nicht sofort in das adlige Damenstift zu Innsbruck zurückzuziehen, und der Regierung völlig zu entsagen, wurde der Sohn von der Mutter am 17. September 1765 zu ihrem Mitregenten ernannt.

Die im ganzen noch dumpfe Zeit jugendlicher Gärung war damit für Josef, den nunmehrigen Kaiser und Mitregenten, beendet und ein neuer Josef, erfüllt von Tatendrang, stürmisch in Anregungen und Forderungen, und durchaus unbefriedigt von den ihn umgebenden staatlichen Zuständen, betrat die Bühne der Welt. Er war ein ganz anderer Mitregent als der bequeme, sich nie recht in der Herrschaft wohl fühlende Vater.

In einer Denkschrift aus dem Jahre 1761, die er „Träumereien" betitelte, forderte der damalige Erzherzog die bedingungslosen Dienste aller Untertanen für den Staat, der keine kleinen Könige und großen Untertanen benötige. „Gott behüte mich, geschworene Eide brechen zu wollen, aber ich glaube, man muß sich bemühen, die einzelnen Länder zu bekehren, und sie einsehen zu machen, wie nützlich ihnen jene Art von Despotismus sein würde, die ich vorschlage." Die Staatsgewalt müßte mit den Ländern vereinbaren, daß sie ohne deren Mitwirkung oder Beteiligung durch zehn Jahre alles tun dürfe, was sie zum Wohle dieser Länder als notwendig ansehe. Wir sehen, es ist ein Ermächtigungsgesetz, wie wir es heute nennen würden. Seien die zehn Jahre Zeit bewilligt, dann müßte man die Grundsteuer des Adels verdoppeln und ihm die gleichen Abgaben auferlegen, die jeder andere Untertan trage. Schwände dabei auch der Glanz des Kaiserhofes dahin: Üppige Feste, Galatage, leuchtende Säle, goldene Geschirre, reiche Stoffe und wertvolle Steine; köstlicher seien für den Staat seine innere Kraft, die Gesetze, eine strenge Rechtsprechung, ein starkes Heer, geordnete Finanzen, eine aufblühende Industrie. Der Adel aber sei dann, wenn er nicht mehr mit reichen Einnahmen auch bei Müßiggang zu rechnen habe, gezwungen, dem Staate seine Dienste zu weihen und damit ein nützliches, dem Ganzen wohltätiges Leben zu führen. Es sei eine falsch verstandene Großmut, wenn man um der Verdienste der Väter willen die Söhne belohne und damit den Staat mit unbrauchbaren Leuten belaste. Die Gehälter der hohen Beamten, der hochadligen Präsidenten etc. müßten herabgesetzt werden, die Geschäfte vereinfacht, die Stellen verringert, die Beamtenzahl vermindert. In Ungarn müsse man den hohen Adel an sich ziehen oder durch Furcht einschüchtern, den kleinen aber gegen den großen unterstützen und durch Stellenverleihung gewinnen, die Masse der Untertanen gegen Willkür und Tyrannei schützen. Das Zukunftsprogramm des jungen Erzherzogs aber war die gleiche Steuerleistung Ungarns wie die der deutschen Erbländer. „Wenn Ungarn," so sagte er, „gleich den übrigen Ländern Steuern zahlen würde, und ich verzweifle nicht daran, daß es mit der Zeit dazu kommt, dann wird es ein Peru genannt werden können."

So gärten schon in dem Zwanzigjährigen schicksalshafte Gedanken, die dann sein geschichtliches Bild prägen sollten. Wieviel mächtiger aber bewegte sich alles in ihm, seit er die geliebte Gemahlin verloren, seit er durch den Tod des Vaters zum Mitregenten erhoben worden war und die Kaiserkrone trug!

Als es infolge anderweitiger Bestimmung der in Aussicht genommenen Braut sich als unmöglich erwies, Isabellas Schwester, Louise zur Frau zu gewinnen, hatte den verwitweten Josef eine zweite Ehe nicht mehr interessiert. Die Mutter, in jeder Frage, die ihre Kinder betraf, vom staatsmännischen Gesichtspunkt geleitet, immer so etwas wie eine dynastische Abteilung der Staatskanzlei ihres Fürsten Kaunitz, hatte nun, nachdem dann eine portugiesische Braut wegen des bourbonischen Bündnisses nicht in Frage kam, eine deutsche ins Auge gefaßt. Sie schwankte zwischen der sächsischen Prinzessin Kunigunde und der bayrischen Josefa, die leider beide weder schön noch bezaubernd waren. Der persönliche Befund, nach dem Geschmack der Zeit durch „zufällige" Begegnungen herbeigeführt, gewann den Witwer Josef keineswegs. Mit einer kalten, ungezügelt verweilenden Beobachtungsgabe beschrieb er die Wittelsbacherin für seinen Schwiegervater in Parma: „Ihr Alter von sechsundzwanzig Jahren, der Umstand, daß sie die Blattern noch nicht gehabt hat (eine Krankheit, an die ich mich nur mit Schaudern erinnere), eine kleine und dicke Gestalt ohne jugendlichen Reiz, Bläschen und rote Flecken im Gesicht, häßliche Zähne." „Alles das konnte mich nicht versuchen, zu einem Ehestand zurückzukehren, in welchem ich gerade das Gegenteil gefunden hatte. Ich stellte das ihren Majestäten vor und bat sie, in einer so schwierigen Lage für mich zu entscheiden. Nach vielen Bitten deuteten sie mir an, daß für die bayrische Prinzessin das ganze Volk, ich weiß nicht aus welchem

Grunde, eingenommen sei, und da ich selbst mich gleichgültig verhielte, so meinten sie, daß derselben der Vorzug zu geben wäre; zu ihren Füßen brachte ich dieses Opfer dar."

Konnte diese Ehe, die noch zu Lebzeiten des Kaisers Franz, am 23. Januar 1765 abgeschlossen wurde, eine glückliche werden? Trotz des Glanzes der Feierlichkeiten — der Schloßhof von Schönbrunn war von zweihunderttausend Lampen erleuchtet! — wurde das Los der Tochter des wittelsbachischen Kaisers Karl VII. am Wiener Hofe ein unglückliches. Gewiß nahm sich Josef vor, die Ungeliebte, im Alter ältere Frau, die wie er ein Opfer höfischer Berechnung war, es nicht fühlen zu lassen, daß sie in ihm eher körperlichen Abscheu als Zärtlichkeit erweckte. Trotzdem blieb Josefa, ihrerseits von heißer Liebe zu dem Gemahl erfüllt, vernachlässigt, ja zurückgestoßen.

Maria Theresia, deren Beharren auf der bayrischen Ehe des Sohnes zwei Menschen unglücklich gemacht hatte, erhielt von diesem im Juli 1766 einen Brief zur Bestellung an seine Frau. Er sandte ihn mit den furchtbaren Begleitzeilen: „Weit lieber wäre es mir, und ich wäre ungleich weniger verlegen, an den Groß-Mogul zu schreiben, denn sie stellt sich mit bloß respektvollen Gefühlen nicht zufrieden und sie hat mir das schon zum Vorwurfe gemacht. Sagen Sie selbst, liebe Mutter, was ich ihr schreiben soll, wo zum Teufel vermag ich ein anderes Gefühl für sie herzunehmen? Entschuldigen Sie diesen Ausdruck, welcher nur derjenige der Wahrheit ist. Mein Brief beschränkt sich darauf, den Empfang des ihrigen zu bestätigen, sie meiner Gesundheit und des glücklichen Fortganges meiner Reise zu versichern, ihr ein Gleiches zu wünschen, und ihr am Ende der Seite zu erklären, daß ich mir eine Ehre daraus mache, ihr ergebenster Gatte zu sein."

Bei solchem Stand der Dinge war es für die Arme ein Glück, daß sie im Mai 1767 an den Blattern erkrankte und am 28. bereits an dem heftigen Anfall starb.

Maria Theresia, die selbst noch nicht an dieser schrecklichen Krankheit gelitten, hatte die Kranke, obwohl sie vor den Blattern die größte Scheu empfand, umarmt und geküßt, und war darauf in der heftigsten Weise erkrankt. Die Sorge um das kostbarere Leben warf auf das Sterben der jungen Frau den letzten Schatten geringer Beachtung und völliger Überflüssigkeit. Der Kaiser aber wohnte nicht einmal ihrem Leichenbegängnis bei, während er sich, von Sorgen übermannt, während der Erkrankung der Mutter stets in deren Zimmer oder in dessen nächster Nähe aufhielt.

Wie grausam kontrastiert zu der Gemütslosigkeit der Gemahlin gegenüber sein sorgenvoller Brief an Kaunitz, zwei Tage nach dem Tode Josefas geschrieben, als die Krankheit der Mutter auf dem Höhepunkt war: „Ich lasse Sie selbst urteilen, was ein Sohn und der getreueste aller Untertanen fühlt, indem er auf dem Punkte steht, seine liebende Mutter und würdige Monarchin verlieren zu können. Dieser unglückliche Nachmittag, der schrecklichste, den ich jemals erlebte, hat mich in diese Lage versetzt. Die Steigerung des Fiebers, etwas Irrereden und die Atmungsbeschwerden, haben die Kaiserin zu dem Wunsche vermocht, sich versehen zu lassen. Sie hat diese fromme Funktion und die letzte Ölung mit der Ruhe des Gerechten und jenem Mute überstanden, welcher ihr so natürlich ist. Sie hat die Güte gehabt, mir mit einer Klarheit zu sprechen, welche, indem sie mich in Erstaunen versetzte, mich gleichzeitig in die tiefste Betrübnis versenkte. Meine Zärtlichkeit hat gesiegt und meine Vernunft war nicht stark genug, meine Tränen zu unterdrücken. Ich frage Sie nicht, wie es Ihnen geht und schreibe auch nicht über meinen Zustand. Man muß die Kaiserin lieben und kennen wie wir, um sich ihn vorzustellen."

Die starke Natur Maria Theresias überwand schließlich die Krankheit doch, und ein Sturm des Jubels durchflutete die ganze Monarchie.

*

Kehren wir zu den ersten Maßnahmen Josefs nach dem Tode des Vaters zurück. Er begann mit einem Akt von unerhörter Großmut. Die gesamte Erbschaft, die der Kaiser ihm hinterlassen, wendete er dem Staate zu. Dadurch konnte er beginnen, die Zinsen der Staatsschuldpapiere erneut, von fünf auf vier Prozent, herabzusetzen. Die Operation, die zuerst gewagt erschien, hatte Erfolg. Dem Staate erwuchs durch die so eingeleiteten Maßnahmen eine Zinsersparnis von jährlich 870 000 Gulden.

In einer neuen Denkschrift offenbarte der Kaiser vielsagend seine Meinung über den Staat. Nur ein Mann dürfe alle Fäden in den Händen halten. Die Mitarbeiter der Kaiserin fanden nicht viel Gnade vor seinen Augen. „Der Staat," so schreibt er, „besitzt mit Ausnahme des Fürsten Kaunitz gar keinen Minister, der sich rühmen könnte, seit einigen Jahren irgendwelche Dienste geleistet zu haben." Der Staatsapparat bedürfe der Reform. Der Mitregent denkt an weitere Zentralisationen, aber alles hänge, so sagt er, von der richtigen Auswahl der Chefs der Behörden ab. Männern, die für eine solche Ernennung befähigt und verläßlich seien, würde er die volle Selbständigkeit geben. Die gesamte Instruktion dürfe nur folgend lauten: „Ich vertraue Ihnen dieses Departement; Sie werden es in meinem Namen und in der gleichen Machtvollkommenheit leiten, als wenn dies von mir selbst geschähe. Ihre Untergebenen hängen einzig und allein von Ihnen ab; Sie werden Sie aufnehmen, entlassen, befördern, wie Sie es für meinen Dienst passend erachten. Wenn irgendeine menschliche Schwäche Sie zurückhalten sollte, haben Sie nur mich in den Vordergrund zu stellen und auf mich den Tadel zu wälzen, der aus dem Guten entstehen könnte, das Sie dem Staate erweisen. Sie allein werden die Ehre aller Ihrer Handlungen genießen und es sollen die Belohnungen hiefür nicht ausbleiben. Solang Sie mir in zufriedenstellender Weise dienen, werde ich niemals Zwischenträgereien Gehör geben, oder Schleichwege zu mir gestatten. Aber darauf müssen Sie gefaßt sein, daß, nachdem jedermann mir seine Klage vorbringen darf und ich den etwaigen Grund desselben streng untersuchen lasse, Sie in allen den Fällen, in welchen ich Parteilichkeit oder Schwäche an Ihnen finde, von mir Vorwürfe zu hören bekommen. Mangelt es Ihnen an der erforderlichen Begabung, dann bin ich ebenso schuldig wie Sie, weil ich Sie wählte. Sie werden dann auf einen Platz versetzt, der Ihren Fähigkeiten angemessener ist und selbst von der Stelle eines Chefs, der Sie waren, zum Souschef gemacht und einem andern untergeordnet, wenn Sie nicht selbständig zu handeln vermochten. Finde ich jedoch jemals Fehler an Ihnen, welche von Bosheit, von Ungerechtigkeit, Eigennutz oder Falschheit herrühren, dann seien Sie versichert, daß auch das allerreinste Blut, wenn es in Ihren Adern fließt, daß fünfzig Dienstjahre, daß Ihre Familie und Ihre Verwandschaft, ja daß alles, was mir selbst am teuersten ist, mich nicht einen Augenblick abhalten werden, Sie in der für Sie schmachvollsten, empfindlichsten und offenkundigsten Weise vor ganz Europa zu bestrafen."

Wie viel Geradlinigkeit, Klarheit und Begeisterung für den Staat, wie viel aber unnötig betonte Härte und welche peinliche Freude beim Verweilen an Schuld und Ahndung!

Auch sonst mußte die Denkschrift das feinere und gesündere Empfinden der Mutter abstoßen. Vieles mußte die Kaiserin als unmittelbar gegen sich gerichtet empfinden, vor allem seinen Spott über die frommen Übungen. Da auch Kaunitz, obwohl in vielem der Auffassung des Kaisers verwandt, der Denkschrift nicht zustimmte, blieben Josefs Vorschläge unerfüllt.

Schon aber offenbarte sich im einzelnen die Energie des Mitregenten. Die Hofhaltung wurde wesentlich vereinfacht, die sogenannte Marschalltafel für die Hofchargen abgeschafft. Vom 1. Januar 1767 an wurde mit der Fülle der Galatage aufgeräumt. Nur der Neujahrstag sollte mehr als solcher gelten. Der Kaiser änderte an der Etikette, um sie weiter zu vereinfachen. Er sagte dem pompösen Mantelkleid Krieg an und erschien selbst nur schwarz gekleidet oder in der Uniform seiner deutschen Regimenter.

Mit all diesem, dessen Tragweite der in Trauer um den Gemahl versunkenen Kaiserin wohl nicht zur vollen Erfassung kam, mußte der Glanz des Hofes und seine fast mystische Exklusivität einem nüchternen und schlichteren Wesen weichen. Das Barock verlor eine seiner letzten Zufluchtsstätten. Ob aber in dem Vielvölkerstaat Österreich eine solche Verringerung der Distanz zum Hofe wirklich glücklich war?

Das Wiener Kleinbürgertum, der Handwerkerstand, der von den verschwenderischen Aufträgen des Hofes und des Adels lebte, mußte die neue Sparsamkeit empfindlich spüren. Er ist auch später kein Freund der josefinischen Reformen gewesen. Die Feindschaft des Kaisers gegen den Zwang der Etikette bekundete auch die Verfügung, daß er den Bürgern den Prater öffnete, der bisher nur dem Hofe und dem hoffähigen Adel offengestanden. Josef befahl zugleich, daß bei seinem oder der kaiserlichen Familie Erscheinen niemand eine Ehrenbezeigung zu leisten brauche.

Im Jagdwesen wurde mit dem Wildstand aufgeräumt, den sehr zum Schaden der Winzer der verstorbene Kaiser, hierin seinem Schwiegervater ähnlich, immer im Kampf mit der ihn bedrohenden Langeweile, in der Nähe Wiens hatte aufwachsen lassen. Innerhalb weniger Wochen wurden nun im Wiener Wald die überzahlreichen Wildschweine abgeschossen. Ein Beweis, um was für ein Übel es sich dabei handelte, ergibt sich aus einem Bericht des Kaisers, daß seine Gemahlin Josefa und die älteren Erzherzoginnen bei dieser Gelegenheit allein 1400 Sauen getötet hatten.

Die Schweizer Garde der Kaiserin wurde abgeschafft, als sie allzu hohe Forderungen stellte. Auch dies eine Verabschiedung uralter Vergangenheit!

*

Es war wie ein Auftakt reibungsvoller Arbeit, als Fürst Kaunitz am 4. Juni 1766 mit Rücksicht auf seine Gesundheit um Entlassung aus seinen sämtlichen Ämtern bat und in diese Entlassung auch seinen Mitarbeiter Binder einbezogen wissen wollte.

Die Tatsache, daß Maria Theresia mit ihrem Pariser Botschafter, dem Fürsten Starhemberg, über den Kopf des Kanzlers hinweg in Fühlung getreten war, daß sie diesem in Starhemberg einen Gehilfen geben wollte, gewiß auch, um damit die etwas umständliche Arbeit der Staatskanzlei lebhafter zu machen, besonders jedoch das wachsende Gewicht des Mitregenten mochten Kaunitz zu diesem Schritte bestimmt haben.

Die Kaiserin war in höchstem Maße bekümmert und brach fast leidenschaftlich in ihrem gekränkten Vertrauen aus: Sie habe seine beiden Schüler Starhemberg und Graf Pergen zu seiner Entlastung kommen lassen, weil ihr seine Erhaltung am Herzen liege. Sie sende ihm als Monarchin und als Freundin sein Schreiben zurück. „Sie sind", sagte sie wörtlich, „mir die Gerechtigkeit schuldig, daß mein Vertrauen zu Ihnen niemals vollständiger war als jetzt. Sie haben gesehen, daß in dem schrecklichen Zustande, in welchem ich mich befand, meine erste Sorge darauf gerichtet war und mir nichts mehr am Herzen lag, als bei meinem Sohne Ihren Kredit geradeso zu befestigen, als er bei mir ist. Es ist mir das vollständig geglückt, wenn ich auch gestehen muß, daß er anfangs nicht günstig für Sie gestimmt war, wodurch auch die ersten Gerüchte veranlaßt worden sind. Und in diesem Augenblicke wollen Sie mich verlassen, Sie, der so oft mir vorgepredigt hat, die Zügel der Regierung nicht aus den Händen zu geben? Geschah das, um mich zehn Monate später ohne irgendeinen ausreichenden Grund im Stiche zu lassen? Ich erkenne Ihre frühere Anhänglichkeit, Ihr Herz nicht mehr! Ist es Eifersucht, ist es Verdacht? Sind böse Zungen oder falsche Gerüchte daran schuld? Sind es meine eigenen Fehler? Und wenn, warum sagen Sie mir das nicht?" Sie klagt über das Mißgeschick, sooft die Entfremdung derjenigen erlebt haben zu müssen, denen sie sich vollständig vertraut hatte. Der Brief klingt in die Worte aus: „Lassen Sie uns sterben mit den Waffen in der Hand oder verbergen wir uns in den düsteren Bergen von Tirol, um dort unser trauriges Leben zu enden, verlassen und vergessen von all den Unsrigen und von der ganzen Welt."

Nach einem sehr zähen Rückzugsgefechte des Fürsten, darin er wenigstens die Zusicherung erwirkte, nach Ablauf von zwei Jahren zurücktreten zu dürfen, wenn es seine Gesundheit erforderlich mache, war seine weitere Mitarbeit gesichert.

Allerdings vermochte auf diese Art der sehr tüchtige Starhemberg in Wien nicht zu der gleichen ersprießlichen Tätigkeit zu gelangen, die ihn während des zwölfjährigen Aufenthaltes in Paris so wertvoll gemacht hatte. Graf Pergen aber fand in der Staatskanzlei als eine Art von Staatssekretär Verwendung. Die wichtige Vertretung in Paris war nach dem Abgange Starhembergs den alsbald höchst erprobten Händen des Grafen Florimund Mercy anvertraut.

Behielt sich die Kaiserin in allen Bereichen der Regierung deutlich die oberste Gewalt vor, ja suchte sie, nachdem sie sich endgültig entschlossen hatte, doch nicht abzudanken, die Zügel wieder fester in die Hand zu bekommen, im Militärwesen ließ sie dem Sohne fast ganz freie Bewegung. Hier fühlte sich Josef daheim, hier konnte sein rastloser Eifer sich am sichersten entfalten.

Schon harrte eine gewichtige Entscheidung. Am 5. Februar 1766 war Graf Daun gestorben. Der Posten des Hofkriegsratspräsidenten mußte neu besetzt werden. Mutter und Sohn waren sich einig, wer ernannt werden sollte. Es war Lacy, von jeher Dauns Liebling. Aber er hatte im Siebenjährigen Krieg wohl glänzende Manöver geführt, jedoch nie eine Schlacht selbständig geschlagen. Seine Ernennung bedeutete eine schwere, niemals voll verwundene Kränkung des Freiherrn von Laudon. Kaiserin und Kaiser wurden beide dem tapferen Laudon nicht ganz gerecht und sie haben damit der empfindlichen Seele des Feldzeugmeisters, die der Anerkennung und Ermunterung bedurfte, bitteren Schaden getan.

Lacy allerdings bewährte sich auf dem höchsten militärischen Posten der Monarchie als Meister der militärischen Organisation, der Friedensausbildung und der von ihm selbst ja begründeten Generalstabsarbeit ganz besonders. Josef hegte das größte Zutrauen zu seinen Fähigkeiten, selbst unermüdlich in Vorschlägen und Reformen, die sich sogar auf die zweckmäßigere Bekleidung der Armee erstreckten. Der Kaiser bereiste den österreichischen Wetterwinkel, die böhmische Grenze. Er besuchte die Schlachtfelder in Sachsen. Josef und Lacy forderten eine erhebliche Verstärkung des Heeres, wogegen Kaunitz mit Rücksicht auf die Finanzlage des Staates seine Stimme erhob. Maria Theresia ließ die Frage, die große Gegensätze der Auffassungen aufzureißen drohte, zunächst in Schwebe. Das überscharfe Auftreten des Sohnes rief bei der Mutter Unruhe hervor und sie erhob ihre warnende Stimme. Am 14. September 1766, als er vorschnell einen General, Graf d'Ayasassa, ungünstig beurteilte, schrieb sie ihm: „Ich fürchte sehr, daß indem Du im Allgemeinen eine recht üble Meinung von den Menschen hegst, Du Dir auch noch die geringe Zahl redlicher Männer dadurch entfremdest, daß Du sie mit den anderen zusammenwirfst. Das ist ein sehr wichtiger Punkt, denn wer ehrlich denkt, läßt sich nicht verdächtigen und mit anderen vermengen; eher wird er sich entfernen oder mit geringerem Eifer dienen. Der große Hebel besteht in dem Vertrauen; ohne dasselbe wird es an jeglichem fehlen."

Welcher Unterschied zwischen der warmen, in ihrem Vertrauen die Herzen bezwingenden Güte der mütterlichen Kaiserin und der Eiseskälte des Sohnes, die abschreckt. Sie will überreden, überzeugen, nicht zwingen. Deutlich macht sie ihm ihre Sorge klar, als sich der Sohn gelegentlich einer außenpolitischen Meinungsverschiedenheit mit aller Schärfe gegen den Fürsten Kaunitz wendet.

Es ist ein umfangreicher, gewichtiger Brief: „Glaubst Du Dir", sagt sie, „in solcher Weise brauchbare Leute zu erhalten? Ich fürchte Du wirst in die Hände von Schurken fallen, welche, um an ihr Ziel zu gelangen, alles dasjenige dulden, was eine edle und wahrhaft anhängliche Seele niemals ertragen kann. Urteile über meine Lage Kaunitz gegenüber. Ich muß ihm die Gerechtigkeit widerfahren lassen, daß er schmerzlich erregt war und nichts als die Worte sagte: ‚Ich habe nicht geglaubt, diese Vorwürfe zu verdienen.' . . . Und am meisten betroffen war ich, zu sehen, daß Du keineswegs in der ersten Aufregung gehandelt. Vierundzwanzig Stunden, nachdem Du die Depeschen empfingst, also nach reiflicher Überlegung, erfreust Du Dich daran, den Dolch ins Herz zu stoßen, mit ironischen Worten und mit viel zu übertriebenen Vorwürfen gegen Leute, welche Du selbst als die besten ansiehst und die zu erhalten Du bemüht warst. Fast möchte ich glauben, daß Du damals nicht aufrichtig gewesen bist. Wie sehr fürchte ich, daß Du niemals Freunde finden wirst. Wer wird auch Josef anhänglich sein, auf den Du doch so große Stücke hältst, denn es ist weder der Kaiser noch der Mitregent, von welchem diese beißenden, ironischen, ja böswilligen Züge ausgehen, sondern von dem Herzen Josefs, und das ist es, was mich beunruhigt."

Geradezu prophetisch heißt es weiter: „Das ist es, was das Unglück Deines Lebens bilden und das der Monarchie und unser aller nach sich ziehen wird. Ich werde nicht mehr auf Erden sein, aber ich schmeichelte mir, nach meinem Tode in Deinem Herzen fortzuleben und daß Deine zahlreiche Familie, Deine Staaten durch mein Hinscheiden nichts verlieren, im Gegenteil nur gewinnen werden. Kann ich das hoffen, wenn Du Dich zu einem Tone hinreißen lassest, der alle Liebe und Freundschaft verbannt? Die Nachahmung ist nicht schmeichelhaft: Dieser Held (die Kaiserin meint den König von Preußen), der so viel von sich reden gemacht hat, dieser Eroberer, besitzt er einen einzigen Freund? Muß er nicht jedermann mißtrauen? Welch ein Leben, aus dem die Menschlichkeit verbannt ist! In unserer Religion ist vor allem die Nächstenliebe eine wichtige Grundlage; sie ist nicht ein Rat, der uns gegeben, sondern eine Vorschrift, die uns erteilt wird. Glaubst Du sie zu üben, wenn Du durch Deine Ironie die Menschen und sogar diejenigen kränkst und verletzest, welche große Dienste geleistet haben, während sie doch nur gleich uns Allen Schwächen besitzen, welche nicht dem Staat noch uns, sondern nur ihnen selbst zum Nachteile gereichen? Und auch in dem vorliegenden Falle taten sie nur ihre Pflicht, indem sie die Schwierigkeiten darstellten und nach einem Auswege suchten . . . Und diese Vorstellung findet eine solche Aufnahme? Wer wird noch ein zweites Mal wiederkommen und sich anders als notgedrungen dem aussetzen wollen, Dir eine Vorstellung zu machen, wenn man in solcher Weise aufgenommen wird?"

Sie fuhr fort: „Welche Talente Du besitzen magst, so ist es doch nicht möglich, daß Dir die Erfahrung, die Erinnerung an das Vergangene wie das Gegenwärtige so zu Gebote steht, daß Du alles allein zu tun vermagst. Ein Ja, ein Nein, eine trockene Ablehnung wäre mehr wert gewesen als dieser ganze Haufen von Ironien, in denen Dein Herz sich entlud und sich gefiel, die Gewandtheit der eigenen Redeweise zu bewundern. Hüte dich wohl, Dir in Böswilligkeiten zu gefallen; Dein Herz ist noch nicht böse, aber es wird es werden. Es ist hohe Zeit, nicht an allen diesen Wortspielen, diesen geistreichen Redensarten Gefallen zu finden, welche nur darauf abzielen, die anderen zu demütigen und sie lächerlich zu machen, dadurch aber alle anständigen Leute von sich entfernen und glauben zu machen, daß das menschliche Geschlecht nicht verdiene, daß man es schätze und liebe, während man doch nur durch sein eigenes Verfahren alles, was gut ist, entfernt und sich bloß die Schurken sowie die schmeichlerischen Bewunderer Deiner eigenen Talente erhalten und ihnen allein die Pforte geöffnet hat..."

Mit diesen schweren Anklagen ist die Kaiserin aber noch nicht am Ende. Nie hat sie schärfer mit der unglücklichen Anlage des Sohnes abgerechnet als in diesem beschwörenden Brief vom 14. September 1766. Sie faßte ihr Urteil in knappster Prägung zusammen, ein Denkmal für die Schärfe ihres Geistes. „Nach dieser langen Predigt", so sagt sie, „die Du meinem Herzen verzeihen wirst, welches Dich und meine Länder allzu innig liebt, werde ich Dich mit allen Deinen Talenten und Annehmlichkeiten einem Vergleiche unterziehen. Du bist eine Kokette des Geistes und wo Du diesen zu finden glaubst, läufst Du ganz urteilslos hinterher. Ein Wortspiel, ein besonderer Satz, das beschäftigt Dich. Du magst ihn in einem Buche lesen oder von irgend jemand hören. Dann wendest Du ihn bei der ersten Gelegenheit an, ohne recht zu überlegen, ob er auch wirklich paßt, so ungefähr, wie Deine Schwester Elisabeth mit ihrer Schönheit. Sie mag nun dem Schweizer oder dem Fürsten gefallen, sie ist damit zufrieden und hegt kein anderes Verlangen." Die Kaiserin schloß das inhaltsschwere Schreiben mit einem heißen Aufwallen mütterlicher Liebe, als müßte die verhaltene Glut der Empfindung nachhelfen, die Heilung zu vollenden, die mit allen Waffen des Scharfsinns und der Regentenweisheit langer Jahre von der Kaiserin versucht wurde. „Indem ich diesen Brief beende", so heißt es, „nehme ich Dich beim Kopfe, umarme Dich zärtlich und wünsche, daß Du mir die Langeweile dieser üblen Rede verzeihen mögest, indem Du nur auf das Herz siehst, aus dem sie hervorgehen. Ich wünsche ja nichts, als Dich von aller Welt so geschätzt und geliebt zu sehen, wie Du es verdienst."

Kann dieser Brief ohne Wirkung bleiben? Josef antwortete hingegeben und gerührt durch die „sanften Rutenstreiche". Er verspricht alles zu vermeiden, was eine ähnliche Kränkung der Mutter herbeiführen könnte und, so sagt er, „sollte ich auch eine Gelegenheit zu glänzen aufopfern müssen!"

Aber Josefs Art war zu tief eingewurzelt, um einer kindlichen Rührung weichen zu können. Er hatte andere Überzeugungen als die Mutter, und alles in ihm war auf die Parole von Ibsens Pastor Brand: „Alles oder Nichts" eingestellt, eines Brand inmitten des staatlichen Lebens, wo doch stets soviel an Zugeständnissen, an Anpassung und Kompromissen obwalten muß.

Am 19. Januar 1769 erklärte er ihr, er könne hinfort, da er ja nur Mitregent sei, seine Unterschrift unter ihre Regentenverfügungen nur mit einer Einschränkung erteilen, aus der hervorginge, daß er nur der Mitregent, nicht der Urheber sei. Er sprach von einem leeren Titel; „von der Unvereinbarkeit eines Mitregenten mit dem monarchischen Begriff". Die

Mutter aber verwies darauf, daß sie niemals eine feierliche Vereinbarung ändern werde, die im Fall des verstorbenen Gemahls das Werk ihrer Liebe, im Fall des Sohnes ihrer Hoffnung auf ihn in der unglücklichsten Zeit ihres Lebens gewesen sei. Als sie sich bereit erklärte, das Gewissen des Sohnes zu entlasten, indem er künftig nur im Protokoll, aber nicht in der amtlichen Ausfertigung unterzeichnen sollte, lehnte der selbstquälerische Kaiser ab. Die Mutter brauste los: „Ich weiß wohl, daß Du gut zu reden und zu schreiben verstehst. Ich hoffe sogar noch, daß Du dasjenige fühlst, was Du sagst, aber Deine Halsstarrigkeit und Deine Vorurteile werden das Unglück Deines Lebens ausmachen, wie sie jetzt das meinige verursachen. Du selbst würdest mich verachten, wenn ich in einer so einfachen Sache zurückweichen wollte, die bis jetzt beobachtet wurde und nun plötzlich infolge Deines Eigensinns abgeändert werden soll, indem Du keinen stichhaltigen Grund dafür angibst. Kehre also zurück zu Deiner Pflicht; ich werde Dich keine Vorwürfe hören lassen. Gott allein weiß, was ich leide. Ja, ich bin Deine Freundin und eine leidenschaftliche Freundin, die aber gleichzeitig ihre Pflicht tun muß und gegen ihre Überzeugung und Erfahrung in keiner Weise nachgeben kann."

Fürst Starhemberg führte schließlich einen Ausgleich herbei. Aber erst nach hartnäckigen, wiederum brieflichen Einwänden fügte sich der Sohn, und dies sogar zunächst nur bis auf weiteres.

Der Sohn als Mitregent neben der gütigen und weisen Mutter und Kaiserin gab sorglich stimmende Rätsel für die Zukunft auf.

AUSGLEICHSVERSUCHE MIT PREUSSEN

Mit dem Ende des Siebenjährigen Krieges, aber auch mit dem Tode des Kaisers und der Mitregentschaft Josefs, war eine neue Zeit heraufgerückt. Das Mißlingen des großen Planes der Demütigung und Zertrümmerung Preußens stand als Tatsache da. Steiniger und sorgenvoller schien der weitere außenpolitische Weg zu werden, da ja das russische Bündnis zerbrochen lag. Im Innern der Kaiserin aber trat nach der großen Enttäuschung über den ergebnislosen Ausgang eines so blutigen Krieges der Wandel zu unbedingter Friedfertigkeit und der endgültige Verzicht auf die Rückeroberung des einst Verlorenen ein. Zählte Maria Theresia am Ende des Krieges erst sechsundvierzig Jahre, sie war eine alte Frau geworden. Ihr drängender Wille von einst wurde müder und es bedurfte schon aufwühlenden Geschehens, um das alte Feuer herausschlagen zu lassen. Das so früh nahende Alter jedoch versäumte nicht, dieser groß angelegten Natur seine schönste Gabe, abgeklärte Güte und edle Weisheit, zu schenken.

Die Kaiserin erhob sich in der letzten Zeit ihrer Regierung, in dem halben Menschenalter vom Tode des Gemahls bis zu ihrem eigenen Hingang, unverkennbar über ihre gesamte Umgebung, die beiden Helfer von hohem Range, Kaunitz und Josef nicht ausgenommen. Auch ihre Meinungen prägten sich eigenständiger und ursprünglicher aus, als dies in der früheren Epoche der Fall war, so sehr auch jetzt noch und so lang sie lebte, die große Einsicht und unerschütterliche Sicherheit des Kanzlers sie zu bestimmen vermochten und ihr Vertrauen festhielten. Allein der Sohn, dessen Stimme auch in der Außenpolitik bald unüberhörbar wurde, drängte nach Aktivität, wo die Mutter Ruhe und Beharren wünschte. Er traf sich in seinen Plänen und Hoffnungen mehr mit dem Willen des Kanzlers, der obwohl sechs Jahre älter als die Monarchin, sich zäh und selbstbewußt in der Wirklichkeit bewegte und Gedanken zur Mehrung der Macht immer zugänglich war, ja vielmehr in sich selbst unermüdlich weiterspann.

Nicht jedesmal konnte Maria Theresia den Gedanken des Fürsten ihre Zustimmung geben, noch weniger vermochte sie dies dem Ausgreifen ihres Sohnes gegenüber. Die Heldenkönigin von einst, die Erbauerin der Monarchie, sah sich zugleich in wachsendem Maße gezwungen, zwischen Sohn und Kanzler auszugleichen, da Josefs Art auch hier wiederholte Konflikte hervorrief.

Das französiche Bündnis blieb, so sehr ihm Josef im Innern abhold war, der feste Anker der österreichischen Außenpolitik nach Hubertusburg. Der Kanzler stand zu seinem Werke.

Die Allianz mit Paris habe Österreich, so führt er der Kaiserin gegenüber in einer Denkschrift des Jahres 1764 aus, aus einer verzweifelten Lage gerettet. Das Erzhaus, die ganze Reichsverfassung und — dies besonders für das Ohr der Kaiserin gesagt — die katholische Religion hätten sich vorher in mißlichstem Zustand befunden.

Kaunitz sagt wörtlich: „Die Staatsregistratur ist voll der überzeugendsten Proben, wie übermütig und wenn ich es sagen darf, wie verächtlich der hiesige Hof nicht nur von großen, sondern auch von den verschiedenen kleinen Höfen behandelt worden ist. Man bezeigte fast mehr Rücksicht für einen Kurfürsten von Köln als für das durchlauchtigste Erzhaus. Jedermann erkannte dessen gefährliche Lage und seine Abhängigkeit von der Willkür Englands. Diese Krone wollte in allen Stücken Gesetze vorschreiben, nach denen man sich hier betragen sollte. Bei erfolgendem Widerspruche aber wurde mit den empfindlichsten Vorwürfen und Drohungen nicht gespart, bis man sich genötigt sah, dem Begehren Englands sich zu fügen. So weit war es gekommen, daß die Höfe, welchen es in den Sinn kam, Ansprüche an das Erzhaus zu erheben, sich nicht hierher, sondern an England wandten. Dort aber fanden sie um so eher Gehör, je lieber man die Gelegenheit benützte, auf Österreichs Kosten sich selbst Freunde zu erwerben. Und in den Reichsangelegenheiten war schon gar nicht mehr fortzukommen, denn der König von Preußen stellte sich sozusagen als ein ‚Anticäsar', ein Gegenkaiser dar, und er wurde von Frankreich wie von all dessen erkauften Freunden aufs kräftigste unterstützt."

Nun aber habe Frankreich als Österreichs Verbündeter diesem während des Krieges mit Preußen fünfundzwanzig Millionen Gulden Subsidien gezahlt und Helfer gewonnen, während die Niederlande, durch die Allianz mit Paris ein ruhiger Besitz Österreichs, in der gleichen Zeit gegen vierzig Millionen Gulden zur Bestreitung der Kriegskosten ungestört beizutragen vermochten. Auch im Reiche mache sich, wie die Königswahl Josefs beweise, das französische Bündnis segensvoll geltend. Nenne man es oft, sagte der Fürst einige Zeit später in einem Briefe an Choiseul, ein unnatürliches, wohlan es habe bereits zehn Jahre unerschütterlich gedauert und werde es für alle Zukunft sein, wenn nur Frankreich solches ernstlich wolle.

Hielt aber dieses Frankreich am Bündnis fest? Kaunitz war emsig bemüht und er vermochte es trotz aller Reibungen, die sich aus dem selbstbewußten Wesen des Herzog von Choiseul ergaben, aufrechtzuerhalten. Freilich die alte Tatbereischaft, wie sie bestand, als beiden Mächten noch ein gemeinsam erstreitbarer Siegespreis, die Niederlande für Frankreich, Schlesien für Österreich, vorschwebten, wohnten dem Bunde nicht mehr inne.

Da Rußland nicht wieder in das alte Verhältnis zu Österreich trat, da England nach einigen, von Wien mit Vorsicht und unter unbedingter Wahrung der französischen Allianz hingenommenen Annäherungsversuchen sich wieder entfernte, Preußen jedoch der, wenn auch zunächst zurückhaltende Gegner blieb, waren die außenpolitischen Verhältnisse nach 1763 gegenüber der letzten Zeit des Krieges wenig verändert.

Die polnische Frage löste die erste Unruhe nach dem Friedensschluß aus. Territorial ein Großstaat, tatsächlich durch seine völlige Auflösung im Innern, durch das liberum veto, durch den Untergang jeder politischen Moral kaum noch ein Pufferstaat zu nennen, stand das Königreich an der Schwelle eines schweren Loses. Schon während des Siebenjährigen Krieges wurde seine Staatlichkeit von den russischen Heeren nicht respektiert. Nun vollends rief der Tod des Kurfürsten-Königs August III. die Wendung zum Untergang der nationalen Selbständigkeit hervor. Es handelte sich um die Nachfolge des am 5. Oktober 1763 im Alter von siebenundsechzig Jahren verstorbenen Wettiners.

Österreich wollte gerne weiter die Krone auf dem Haupte des sächsischen Kurfürsten sehen. Maria Theresia hatte sich darüber noch zu Lebzeiten Augusts in einem herzlichen, aber auf die Dauer immer diplomatischer werdenden Briefwechsel mit der Kurprinzessin Maria Antonia, die schon von gefährlichen russisch-preußischen Teilungsplänen zu berichten wußte, freundlich ausgesprochen. Sie war jedoch nicht gewillt, etwa über die Frage der wettinischen Nachfolge in einen Krieg verwickelt zu werden, wie solches 1733 zum Schaden Österreichs geschehen war. Deshalb hatte auch bei Betonung der Vorteile der Wahl des Wettiners sich die Kaiserin auf eine sehr liebenswürdige Anfrage Katharinas hin für einen in freier Wahl zu wählenden König ausgesprochen. Nun vollends, seit am 17. Dezember 1763 auch der neue sächsische Kurfürst Friedrich Christian gestorben und damit die wettinischen Aussichten auf den Nullpunkt herabgesunken waren, hatte sie nichts mehr gegen die Wahl eines polnischen Bewerbers einzuwenden. Allerdings richteten Kaiserin und Kanzler ihr Augenmerk auf den Piasten Branitzki, der als österreichfreundlich galt, nicht aber auf den Günstling Katharinas, Stanislaus Poniatowski.

Katharina vermochte mit der Hilfe Preußens ihren Willen durchzusetzen. Mit dem 11. April 1764 hatte Friedrich II. mit ihr ein Defensivbündnis geschlossen, das für den Angriffsfall die Entsendung eines Hilfskorps oder Zahlung von Subsidien vorsah. Unter preußisch-russischem Wahlschutz erfolgte am 7. September 1764, dem vorgebrachten Wunsch der Zarin folgend, die einstimmige Wahl Poniatowskis.

Das russisch-preußische Bündnis lastete schwer auf der österreichischen Außenpolitik. Konnte denn, solange es bestand, die Habsburgermonarchie in der polnischen oder in der türkischen Frage ernsthaft, also mit der Bereitschaft auch zum kriegerischen Austrag, dem Umsichgreifen der russischen Macht begegnen? Eine sorgenvolle Zeit hatte damit für Wien begonnen. Man fürchtete, daß die Zarin und ihr Verbündeter die Zerstückelung Polens im Schilde führten. Vermochte man diesem Plan entgegenzutreten?

Kaunitz sah die Gefahr eines Königtums des Poniatowski als so gefahrdrohend an, daß er der Meinung Ausdruck gab, Österreich müßte, wären nicht die Wunden aus dem letzten Kriege so unverkennbar, sich mit den Waffen in der Hand dem russischen Einfluß entgegensetzen, selbst auf die Gefahr eines Krieges mit Preußen hin. Da er aber dies als unmöglich erkannte, versuchte er, Preußen zu veranlassen, daß es sich gemeinsam mit Österreich verpflichte, nicht bewaffnet in den polnischen Wahlstreit einzugreifen. Die Patrioten würden dann, so erhoffte sich der Fürst, mit französischem oder spanischem Geld, vielleicht gar mit Hilfe der Pforte, die sich an den Vorgängen sehr interessiert zeigte, sich der Russen erwehren können. Preußen jedoch war zu einer solchen Verpflichtung nicht zu gewinnen gewesen. Die lediglich diplomatischen Künste Österreichs und Frankreichs hatten, auf sich allein gestellt, mit lediglich diplomatischen

Künsten gegenüber der brachialen russischen Kraft, hinter der notfalls das preußische Hilfskorps stand, nicht ausgereicht. So war die Wahl geschehen.

Immerhin suchte der neugewählte König alsbald um die Anerkennung durch den Habsburgerstaat an und erklärte sich schließlich auch bereit, gewissen Wünschen der Kaiserin, die zum größten Teil Ehrenpflichten Österreichs dem wettinischen Hause und der österreichisch gesinnten Partei in Polen gegenüber entsprangen, zu erfüllen.

Indessen blieb der König von Preußen von der Entwicklung der Dinge nicht unberührt.

Katharina, die ursprünglich als eine Art Agentin Friedrichs zur Ehe mit dem Großfürsten Peter gelangt war, offenbarte ein auf die Dauer doch recht unangenehm fühlbar werdendes Selbstgefühl, und das immer gebieterischer werdende Auftreten Rußlands ließ das wachsende Übergewicht der neuen Bundesgenossin erkennen.

Unter diesen Umständen durfte der österreichische Gesandte Nugent seinem Hofe seit Beginn 1766 mitteilen, daß sich ihm der preußische General Hordt, ein Intimus des Königs nähere, ja, daß er ihm mitgeteilt habe, der König hege den sehnlichsten Wunsch, in eine engere Verbindung mit Österreich zu treten.

Obwohl man sich in Wien, die Fallstricke Friedrichs scheuend, sehr zurückhaltend betrug, ging der König einen Schritt weiter.

Als Friedrich von einer Reise Josefs nach den böhmischen und schlesischen Schlachtfeldern des Siebenjährigen Krieges vernahm, ließ er durch den Grafen Finckenstein seinen Wunsch nach einer Begegnung mit dem Kaiser erkennen. Der Wunsch des Königs verdichtete sich dahin, daß er das Städtchen Lichtenberg als Schauplatz des Zusammentreffens vorschlug.

Nunmehr wich Kaunitz von seiner zuerst geübten Ablehnung aus Gründen der diplomatischen Höflichkeit ab. Maria Theresia jedoch war nicht zu bewegen, ihrem Sohne trotz dessen unverkennbaren Wunsches die Begegnung zu erlauben. So wurden dem König, der bereits Berlin verlassen hatte und sich nach Zinna begab, nur die Tage der Ankunft des Kaisers in Torgau und Bautzen mitgeteilt. Friedrich nannte dieses Verhalten „nicht kalt und nicht warm". Er kehrte in seine Hauptstadt zurück. Josef, den der Gesandte Nugent, mit der Begegnung rechnend, vor den Fallstricken des Königs als eines Fürsten ohne Treu und Glauben und ohne Gefühle der Menschlichkeit gewarnt hatte, brachte der Mutter das Opfer seines stillen Wunsches.

Das russische Bündnis warf seine Schatten über den König von Preußen und hatte ihn zur Geneigtheit für ein besseres Verhältnis zu Österreich veranlaßt. Der König fühlte sich durch Katharina ein Joch auferlegt; sie wolle ihn „zu ihrem Sklaven erniedrigen", schrieb er, grimmig des

Wandels in seinem Verhältnis zu ihr gedenkend, an seinen Vertreter in Rußland.

Katharina jedoch, gedeckt durch den unüberwindlich scheinenden Gegensatz zwischen den beiden deutschen Großmächten, schaltete in Polen immer selbstherrlicher. Als der König Stanislaus, ihr Geschöpf, den Versuch unternahm, die Verfassung des Königreiches durch die Abschaffung des liberum veto wenigstens in Finanz- und Justizfragen zu reformieren, forderte sie die Gleichberechtigung für die „Dissidenten", die Nichtkatholiken, vor allem für die Griechisch-Orthodoxen. Dies bedeutete praktisch die Aufrichtung der russischen Herrschaft in Polen. In dem chaotisch erregten Lande wuchs das Gewicht des vom Fürsten Repnin rücksichtslos durchgesetzten russischen Einflusses. Gegen ein Eingreifen Österreichs sicherte sich Katharina durch eine Konvention mit Friedrich vom 23. April 1767, darin sich dieser verpflichtete, im Falle des Einmarsches österreichischer Truppen in Polen und ihres Angriffes auf die Russen seinerseits Österreich anzufallen, ausreichend.

So konnte Repnin mitten im freien polnischen Königreich mit Verhaftungen und Verschleppungen nach Sibirien vorgehen und schließlich durch solchen Druck den sogenannten „stummen Reichstag" zur Beibehaltung des liberum veto und zur Annahme der Gleichberechtigung für die Dissidenten zwingen.

Kaunitz fand die in Polen eingetretenen Veränderungen so grundlegend, daß — so erklärte er — damit dieses Königreich, so wie es kurz vorher bereits Kurland geschehen sei, schon als ein Bestandteil Rußlands angesehen werden müsse. Angesichts dieser ernsten Bedrohung im Osten und der Gleichgültigkeit, mit der diese Dinge von England hingenommen wurden, hielt er es für unbedingt erforderlich, ein Einvernehmen mit dem König von Preußen herzustellen. Dessen Interesse würde ja gleichfalls durch ein so unerhörtes Vordringen des russischen Einflusses in Polen gefährdet. So betonte der alte Gegner des Königs aus der Notwendigkeit der Lage heraus, daß eine Annäherung an Berlin erfolgen müsse.

Noch verhielt sich die Kaiserin ablehnend.

Als jedoch die Katholiken Polens sich in der Konförderation von Bar erhoben und durch brutale russische Gegenwirkung kriegerischer Tumult in Polen ausbrach, als gleichzeitig Rußland durch die Verfolgung Konföderierter auf türkischem Boden die Pforte auf das äußerste brüskierte, betonte Kaunitz noch einmal die Notwendigkeit des Schrittes. Er wandte sich nunmehr auch an den Kaiser.

Friedrich, so führte er aus, müsse jedes Mißtrauen Österreich gegenüber genommen werden. Eine gegenseitige Verständigung könne für die Zukunft vorteilhafte Möglichkeiten erschließen und würde außerdem Österreichs Stellung gegenüber Frankreich stärken. Möglicherweise biete der

Umstand, daß im Augenblicke dem Hohenzollernhause ein Erbe fehle, Ansatzpunkte, den König für eine Abmachung zu gewinnen. Eine Zusammenkunft zwischen dem Kaiser und dem König wäre das Zweckmäßigste und biete auch bei der Weisheit, Kaltblütigkeit und Vorsicht des Kaisers — der Kanzler war Diplomat — keine Gefahren.

Kaunitz fügte seinem Vorschlag an den Kaiser bereits eine eingehende Instruktion bei, wie sich Josef bei der Unterredung verhalten solle. Dieser indessen fühlte sich durch die genaue Unterweisung verletzt. Er lehnte den Gedanken der Zusammenkunft ab.

Zum zweiten Male abgewiesen und doch durchdrungen von der Überzeugung, daß zwar kein Bündnis, jedoch ein gutes Einvernehmen zwischen Österreich und Preußen notwendig sei, verfiel der Kanzler auf einen merkwürdigen Gedanken.

In friedlichem Einvernehmen sollte entweder sofort oder bei Erlöschen des Mannesstammes im Hause Brandenburg durch Vermittlung der Pforte (!) der größte Teil von Schlesien und die Grafschaft Glatz an Österreich fallen. Friedrich könne für die Abtretung durch die Erwerbung des Herzogtums Kurland sowie des größten Teiles von Polnisch-Preußen eine reiche Entschädigung züteil werden. Die Pforte erhielte dafür wirksame Unterstützung in ihrem bevorstehenden Kampfe gegen Rußland, Polen hinwieder die Rettung vor dem ihm von allen Seiten drohenden Untergang. Ein wahrhaft seltsamer Vorschlag!

Und doch wäre seiner Verwirklichung eine unermeßliche Bedeutung zugekommen. Preußen hätte sich mit dieser Flurbereinigung, der alsbald ein fester Bund der beiden deutschen Großmächte gefolgt wäre, nicht nur die Landverbindung nach Ostpreußen, die ihm später ohnedies zuteil wurde, erschlossen. Es wäre vielmehr in eine baltische Stellung hineingewachsen, die ihm eine Aufgabe im Nordosten zuwies, wie sich eine solche im Südosten für Österreich durch die Wiederherstellung seiner deutschen Rückendeckung erneut gegeben hätte. Auf jeden Fall aber konnte bei einer solchen Abgrenzung der beiderseitigen Interessen der Dualismus, das Unglück Deutschlands in der kommenden Zeit, nach menschlichem Ermessen als gefahrlos gelten.

Allein wie unausführbar war dieses Projekt einer politischen Widerstandsfront gegen die russische Expansion! Zu tief war der Haß zwischen den beiden Mächten eingewurzelt, zu groß der Argwohn des Königs, zu groß sein Eigennutz, zu erheblich aber auch bereits die moralische Bedeutung, die der Besitz des Zankapfels Schlesien genommen hatte.

Kaunitz allerdings meinte zu Beginn seines Referates über diesen Gegenstand am 3. Dezember 1768: „Der Gedanke, daß der Türck unter Mitwirkung des Königs von Preußen Ewer Mayestäten zu Schlesien verhelfen solle, ist an sich außerordentlich und chimerisch, daß ich mit mir selbsten gestritten habe, ob ich die Freyheit nehmen solte, solchen Ewer Mayestäten unterthänigst zu eröffnen und mich der Gefahr des Auslachens auszusetzen. Aber aller Zeitverlust wäre höchst schädlich, und meine Beysorge ist durch die Betrachtung überwunden worden, daß ich ein Project wegen Wiedereroberung Schlesiens so an sich wenigstens nicht vor ohnmöglich, jawohl vor wahrscheinlich und zugleich wegen des Ausschlags vor unschädlich zu halten ist, Ewer Mayestäten ohne Verletzung meiner Pflichten nicht verhalten konnte. Ich sage nicht ohnmöglich, jawohl vor wahrscheinlich, dann wenn man alle Umstände recht betrachtet, so lasset sich mit dem Project das wesentlichste Staatsinteresse des Durchleuchtigsten Erzhauses, der Türcken und des Königs in Preußen miteinander vereinbaren." Die Pforte solle den Vorschlag lancieren und auch die Bürgschaft für die Einhaltung des Vertrages übernehmen, indem sie gegen den, der ihn brechen würde, Kriegshilfe oder Subsidien leistete.

Kaunitz betonte noch einmal das Chimärische seines Vorschlages, aber der des Bündnisses mit Frankreich sei seinerzeit nicht weniger chimärisch und gefahrvoll gewesen.

Soweit der unermüdliche, phantasievolle und kühne Rechner! Der nüchterne Verstandesmensch Josef jedoch zerpflückte das Projekt als undurchführbar, um es dann doch der Mutter zu empfehlen. Maria Theresia stimmte zu, versagte sich aber zum Schlusse, als bereits die Depesche an den Gesandten in Stambul der Unterzeichnung harrte.

So versank ein eigenartiger Versuch, den deutschen Dualismus durch eine großzügige Bereinigung zwischen beiden Rivalen unschädlich zu machen.

Zum dritten Male gescheitert trat der zähe Patriot erneut mit dem Gedanken der Fürstenbegegnung hervor, wofür die Kaiserin ungeachtet ihrer Sorge vor dem listigen und unaufrichtigen Wesen des Königs bereits gewonnen war. Nun stimmte auch Josef zu und Nugent wurde angewiesen, die Entrevue vorzubereiten.

Wie sah um diese Zeit Friedrich die Dinge an?

Sein zweites politisches Testament ist vom 7. November 1768, also just um die Zeit dieser Erwägungen des Wiener Hofes, datiert. Der König wertet in diesem die Stellung Preußens nicht mehr so hoch wie in seinem ersten Testament. Er spricht nur noch von „vier Großmächten: Frankreich, England, der Kaiserhof und die Zarin von Rußland". Preußen führt er nur unter den Verbündeten Rußlands an. Er hat eine sehr große Meinung von der Kraft des damaligen Österreich, über das er schreibt:

„Eine Frau, die man als großen Mann ansehen kann, hat den wankenden Thron ihrer Väter wieder aufgerichtet. Sie erzieht ihren Sohn in ihren Grundsätzen; ihr Ministerrat ist besser, als der aller anderen europäischen Herrscher. Sie hat sich tüchtige Offiziere und ein gutes Heer herangebildet.

So gut gerüstet kann man es weit bringen. Vielleicht wird Österreich den Plan fassen, Bayern zu annektieren, vielleicht Venedig mit allen seinen Besitzungen zu erobern, vielleicht Schlesien zurückzugewinnen. Der junge Kaiser wird seine Nachbarn wachhalten. Weh denen, die ihn aus den Augen verlieren oder sich in trügerische Sicherheit wiegen! Als Hauptziel der österreichischen Politik kann man das Bestreben ansehen, dem jetzigen Hause die Kaiserkrone dauernd zu erhalten. Vielleicht zwingt das ungeheure Anwachsen Rußlands Preußen und Österreich mit der Zeit zu einem engen Bündnis, um gemeinsam dem gefährlichen Ehrgeiz dieses Riesenreiches entgegenzutreten."

Wir sehen, die Gedanken des Königs bewegten sich um die gleiche Zeit keineswegs diametral zu denen der Wiener Staatskunst.

Zum österreichischen Gesandten äußerte sich der König am 15. November 1768 zustimmend. „Wir sind Deutsche ......," so sagte er, „so lang wir zwei, das Haus Österreich und ich, uns wohl verstehen, hat Deutschland von Kriegsunruhen wenig zu befahren. Die Kaiserin-Königin und ich haben lange Zeit verderbliche und kostspielige Kriege gegeneinander geführt, und was haben wir endlich davon?"

Schließlich wurde eine Begegnung für den kommenden Sommer gelegentlich der Truppenmusterungen in Böhmen und Schlesien vereinbart.

Als der Ort der Begegnung wurde Neiße bestimmt. Hier sollte Josef den König besuchen, mit einer gründlichen Instruktion durch den Staatskanzler versehen. Der Kaiser müsse, sagte Kaunitz, durch freimütige und würdevolle Erklärungen der zu gewärtigenden mißtrauischen Erforschung der Ursache seines Besuches durch den König zuvorkommen. Er komme, so solle Josef sagen, um seinen Nachbar kennenzulernen, und die alte Eifersucht und den alten Argwohn bis auf die Wurzel auszurotten; außerdem wolle er sehen, was die Kriegskunst dem Scharfsinne des Königs zu danken habe. Österreich, das die Freundschaft mit Frankreich unabänderlich pflegen wolle — eine ähnliche Erklärung hatte der König nach Wien bezüglich seines russischen Bündnisses übermitteln lassen —, vertrete ein absolut friedliches System. Es sei aber jeden Augenblick zum Kampfe bereit, wenn es dazu gezwungen würde. Im Falle eines neuen Krieges zwischen Frankreich und England sollten sich Österreich und Preußen durch Monarchenbriefe zur Aufrechterhaltung der Neutralität Deutschlands verpflichten. Im schwebenden russisch-türkischen Kriege — ein solcher war nämlich bereits ausgebrochen — habe Österreich seine Vermittlung angeboten. Das Bündnis mit Rußland suche man so lange nicht mehr, als Preußen nicht das seinige mit Frankreich wiederanknüpfen wolle. Im Reiche werde sich der Kaiser gemäß dem Umstande, daß er eine Wahlkrone trage, im Rahmen der Wahlkapitulation bewegen. Ein engeres Einverständnis mit Preußen sei bei gegenseitigem Vertrauen, bei Überwindung der Voreingenommenheit und Leidenschaft sowie bei einem vorsichtigen Vorgehen durchaus möglich. Beide Mächte aber, so aneinander geknüpft, hätten von niemand mehr etwas zu befürchten und würden die Schiedsrichter von Krieg und Frieden sein.

*

So vom Fürsten ausgestattet, macht sich Josef unter dem Namen eines Grafen von Falkenstein, welche Grafschaft ihm vom Vater her gehörte, am 19. August 1769 auf den Weg. Der Graf Dietrichstein und fünf Generäle, darunter Laudon und Lacy, begleiten ihn. Am 25. trifft er zu Neiße ein. Nach der Begrüßung, an der Prinz Heinrich, dann der Thronfolger Friedrich Wilhelm, Seydlitz und einige andere Generäle und Minister teilnehmen, beginnt die Aussprache zwischen den beiden Monarchen allein, und sie wird auch während der militärischen Veranstaltungen der nächsten drei Tage fortgesetzt.

Es war zweifellos ein bedeutungsvoller Augenblick, da sich seit Beginn der großen Auseinandersetzung die Vertreter des deutschen Dualismus zum erstenmale gegenübertraten, und in einer Stimmung der Versöhnlichkeit über das Gestern, das Heute und das Morgen miteinander sprachen.

Friedrich ist außerordentlich aufgeschlossen. Er spricht von den vergangenen Kriegen, er verteilt Lob und Tadel: Traun habe ihn, freilich auf seine Kosten, 1744 das Kriegshandwerk gelehrt. Er, Traun und Lacy seien hervorragende Taktiker gewesen. Der König tadelt die Dispositionen Brownes vor der Prager Schlacht, tadelt die österreichischen vor Leuthen. Torgau habe nicht Ziethen, sondern er selbst gewonnen, denn er habe mit drei Bataillonen die Süpitzer Höhen in Besitz genommen. Man spricht über die Jesuiten, über Voltaire und Maupertuis, man spricht über innere Maßnahmen. Dem jungen Josef empfiehlt der alte Praktiker, den Blick auf das Große und Ganze gerichtet zu halten, und sich nicht mit Kleinigkeiten zu überlasten. Er lobt sein Verhalten der Mutter gegenüber, nennt Kaunitz den ersten Staatsmann von Europa.

Von sich selbst sagt er, es sei ihm bekannt, daß man ihn in Wien für falsch halte. Er sei es auch gewesen. Er habe sich in seiner Jugend durch seinen Ehrgeiz bestimmen lassen und sogar schlecht gehandelt. Er habe die üble Meinung Wiens vollauf verdient, sei jedoch durch die Umstände hiezu veranlaßt worden .Jetzt denke er besser. Jederzeit hätte er Sachsen besetzen können, worauf ihn Rußland hindränge. Er habe es nicht getan, was doch gewiß ein Beweis seiner Humanität sei.

Eindringlich verweist er Josef auf die furchtbaren Kräfte Rußlands. Man werde dereinst die Kraft von ganz Europa bedürfen, um es im Zaume zu halten. In Ermangelung eines Bündnisses mit Österreich sei ihm dasjenige mit Katharina notwendig, aber es komme ihn teuer zu stehen und falle ihm lästig genug. Mit den Türken jedoch, über die er sich verächtlich äußert, unterhalte er keine Beziehungen mehr. Josef solle trachten, daß die Pforte ihm die Vermittlung in ihrem Kriege mit Rußland übertrage, da sie sonst auch Oczakow an das Ostreich verlieren werde. Was Polen anlange, möge man nicht an den durch Katharina dem Reichstag auferlegten gesetzlichen Einrichtungen rütteln.

Als Josef versichert, daß Österreich auf die Wiedereroberung Schlesiens verzichtet habe, erklärt der König, es falle ihm schwer, Vertrauen zu gewinnen. Durch das deutsch-patriotische System könne es mit der Zeit dazu kommen. Er dämpft den Enthusiasmus Josefs, der schon im Geist die Möglichkeit zu einer Verringerung der beiden Heere und dadurch zur Minderung der Lasten der Untertanen erblickt. Man könne niemals, so sagt der König, für die kommenden Ereignisse gutstehen.

Und das konkrete Ergebnis? Ein Austausch von Monarchenbriefen mit der gegenseitigen Versicherung, daß sie es als unmöglich empfänden, sich jemals wieder feindlich gegenüberzustehen, daß sie nach einer noch vollständigeren Annäherung strebten. Sie würden auch bei einem neuerlichen Zusammenstoß zwischen England und den Bourbonen den Frieden untereinander bewahren. Das ist ein recht mageres Ergebnis, wie Kaunitz alsbald grollend bemerkt. Denn wenn man auch die Neutralität der beiden Länder sich gewährleiste, so sei damit nicht einmal die von Deutschland gesichert. Es sei eine bloße Wiederholung dessen, was in allen Friedenstraktaten stünde. Der einzige Wert der Zusammenkunft liege in der Hoffnung auf vorteilhafte Wendungen in der Zukunft und darin, daß sie auf den Kaiser den erwünschten Eindruck gemacht hätte.

So urteilt der Beobachter aus der Ferne. Und die Beteiligten?

Josef erstattet der Mutter noch am 29. einen eingehenden Bericht. Neben der Darstellung des Ganges der Besprechungen, der wir im vorstehenden folgten, stehen seine Urteile über den König und seine Umgebung. Friedrich sei sehr liebenswürdig gewesen. Er habe unter dem Anschein größter Freundlichkeit und Aufrichtigkeit gesprochen, ohne den Kaiser überzeugen zu können, daß es aufrichtig gemeint sei. Der König sei ein Genie und ein Mann, der wunderbar zu reden verstünde. Aber bei allem, was er sage, fühle man doch heraus, daß man es mit einem Schurken zu tun habe. Selbst der Prinz Heinrich, so unterwürfig er auch gegenüber dem Bruder aufgetreten sei, habe sich ungünstig über ihn geäußert. Unbegreiflich servil sei auch das Benehmen des Prinzen von Preußen, der sehr gut aussehe, aber den Eindruck der Verlegenheit mache.

Urteilt Josef, bisher der stille Bewunderer des Königs, so ungünstig, was vielleicht etwas mit Rücksicht auf die Mutter geschieht, an die sein Bericht geht, die Meinung Friedrichs über den Kaiser lautet anders. Der

König schreibt an den Minister Finckenstein: „Der Kaiser ist ein Mann von lebhaftem Geist und liebenswürdigem gewinnendem Wesen. Er hat ernsthaften Sinn für das Militär. Er hat mich versichert, daß er Schlesien vergessen habe, was ich nach Gebühr zu würdigen weiß. Er hat mir dann eine gegenseitige Reduktion der Armee vorgeschlagen, was ich so höflich als möglich abgelehnt habe. Er ist von Ehrgeiz verzehrt. Ich kann im Augenblick noch nicht sagen, ob er es auf Venedig, Bayern oder Lothringen abgesehen hat. Aber es ist sicher, daß Europa in Flammen stehen wird, sobald er zur Herrschaft gelangt."

Stark beeindruckt ist zweifellos der Bruder des Königs, Prinz Heinrich, der damals einem Bunde mit Österreich zuneigt. Optimistisch sieht er die Möglichkeit, die Beziehungen zu einer wahren und sicheren Einigung, zu einer Brustwehr in der Mitte Europas auszubauen, ja dahin, daß Josef und Friedrich unter sich das Reich wie einst Oktavius und Lepidus teilen würden.

Aber Friedrich winkte in einem skeptischen Schreiben vom 26. November ab:

„Nicht ich, glaube es mir, lieber Bruder, werde die Aussöhnung des Hauses Österreich mit dem unseren zum Abschluß bringen können. Nicht nur muß die Zeit die Erinnerung an das Geschehene auslöschen. Es muß auch ein vorbehaltloses Vertrauen sich durchsetzen, und die Kaiserin muß den Haß, mit dem sie mich seit dreißig Jahren verfolgt, aufgeben. Und nun frage ich Dich, lieber Bruder, ganz offen: Kann man, wenn man fast sechzig Jahre alt ist, noch hoffen, solche Dinge zu vollenden? Aber auch andere Erwägungen sind anzustellen: Ist es nicht unsere Allianz mit Rußland, die die Österreicher nötigt, sich gut mit uns zu stellen? Solange sie in Kraft ist, können sie unmöglich etwas gegen uns unternehmen. Ich leugne nicht, daß der junge Kaiser Neigung für uns bezeigte, daß er uns wohlgesinnt schien. Aber darf man auf einen jungen Fürsten zählen, der in diesem Alter noch leicht seine Meinungen ändern mag? Zudem lebt seine Mutter möglicherweise noch lange, und er ist dann trotz seines besten Willens für viele Jahre zur Untätigkeit verurteilt. So betrachte ich denn alles, was ich im Sinne eines solchen Einvernehmens unternehme, als einen Versuch auf lange Sicht, den ein glücklicher Zufall gelingen lassen, ein widriger zerschlagen mag."

Der König täuschte sich in dieser Beurteilung, die voll von der Skepsis eines frühen Alters ist, völlig über die Grundabsichten der Österreicher. Nicht die Furcht vor seinem russischen Bündnis, sondern die Sorge vor Rußlands gefährlich zunehmender Macht war die Triebfeder des Wiener Versuches.

Wir hörten den Habsburger und die Hohenzollern über die Begegnung berichten. Der Wettiner aber, der im Gefolge Josefs der Begegnung beiwohnte, sein Schwager, Prinz Albert von Sachsen, sagt in seinen Memoiren: Der Abschied fand „nicht ohne vielfache Umarmungen und Freundschaftsversicherungen statt, aber auch nicht ohne, daß jeder bei sich selbst gedacht hätte, diese Kundgebungen würden nicht hindern, daß wir uns eines vielleicht nicht sehr entfernten Tages wieder beim Kragen packen würden".

WIEN UND BERLIN IN DEN OSTEUROPÄISCHEN WIRREN

In seinem ausführlichen Bericht an die Mutter hatte Josef einen gewichtigen Umstand verschwiegen, nämlich, daß der König von ihm in Neiße zu einem Gegenbesuch auf österreichischem Gebiet eingeladen worden war. Friedrich, dem sehr daran lag, seine Stellung gegenüber Rußland durch den Ausbau der Beziehungen zu Österreich, zumindest durch die Demonstration guter Beziehungen, zu stärken, hatte eingewilligt.

Ehe es jedoch zum zweiten Zusammentreffen kam, verstrich ein Jahr, in welchem das Übergewicht Rußlands im Kriege mit der Pforte noch deutlicher in Erscheinung trat. Man wünschte in Wien sehnlichst dessen baldigstes Ende. Um nun auf dem heiklen Boden von Stambul besser vertreten zu sein, hatte man dorthin einen noch jungen Mann von besonderem Fleiß und außerordentlicher Begabung entsandt, den am 31. März 1736 geborenen Franz Maria Thugut. Dieser trat sein Amt am 5. September 1769 an. Kaunitz erhoffte, daß Österreich gemeinsam mit Preußen die Vermittlung des Friedens anvertraut erhalte. Ginge dann Rußland auf den Frieden nicht ein, so schwebte ihm eine bewaffnete Vermittlung der beiden Staaten vor. Sei aber, so oder so, der Frieden zwischen Rußland und der Pforte zustandegekommen, dann könnte auch dem unglücklichen Polen seine Ruhe wiedergegeben werden, und damit auch die Erlösung von den russischen Truppen, die damals immer noch das Land überschwemmt hielten. Jedoch der Sultan, Mustapha III., blieb zunächst für die Vorschläge Thuguts unzugänglich. Die Pforte wollte vielmehr Österreich in den Krieg mit Rußland verwickeln, und bot als Entgelt dafür spätere Hilfe zur Wiedereroberung Schlesiens an. Chimärische Vorschläge, die naturgemäß bei Österreich Ablehnung fanden. Erst schwere Unglücksfälle, die Vernichtung der türkischen Flotte bei Kuru Tschesme am 5. Juli, und ihres Landheeres am Kagul am 1. August 1770, machten den Diwan friedensgeneigt. Er war nun bereit, sein Ohr den Anerbietungen Thuguts zu öffnen.

Schon rüstete man in Wien zur zweiten Begegnung mit Friedrich. Diesmal aber nahm neben dem Kaiser auch Fürst Kaunitz teil. Spieler und Gegenspieler, von einander durch kaum ein Lebensjahr getrennt, begegneten sie sich ein einziges Mal.

Nur die Kaiserin, die das durch Friedrich Erlittene nicht vergessen konnte, sollte dem Feinde und Bedränger ihres Herrscherlebens niemals persönlich begegnen.

Der König von Preußen war zum österreichischen Manöver nach Neustadt in Mähren eingeladen. Vom frühen Nachmittag des 3. September bis zum zeitigen Morgen des 7. September 1770 ist er Österreichs Gast.

Der große Feldherr erscheint mit seinem Gefolge in der weißen österreichischen Uniform. Dieses äußere Zeichen der Höflichkeit gibt einen angenehmen Auftakt. Schon beim Mittagsmahle wird es dann klar, daß die Tagung im Zeichen der Auseinandersetzung der beiden Staatsmänner Friedrich und Kaunitz steht, daß der Kaiser, der das militärische Manöver leitet, in den Hintergrund tritt. Der scharf beobachtenden Umgebung fällt auf, wie der König sein Erstaunen nicht verbergen kann, die Führung des Tischgespräches, die ihm sonst immer unbestritten eignet, mit dem selbstbewußten und schlagfertigen Fürsten teilen zu müssen. In einer Fensternische des Speisesaales beginnt dann die politische Auseinandersetzung zwischen beiden.

Friedrich betont die Stärke Rußlands, und mahnt Österreich, mitzuhelfen, daß ein gemäßigter Friedensschluß zustande käme. Kaunitz erklärt die Bereitschaft Österreichs zur Vermittlung, aber er betont, daß ohne Mitwirkung des Königs von Preußen alle Bemühungen fruchtlos bleiben würden. Es gelte für Österreich festzustellen, inwieweit diese möglich sei. Friedrich äußerte darauf den Wunsch nach einer ungestörten Unterredung mit dem Kanzler, und Kaunitz meldete sich zum Besuche für den folgenden Nachmittag an.

Hier nun treten sich die beiden Gegner zu einer längeren Aussprache gegenüber. Der österreichische Staatskanzler beherrscht ihren Ablauf. Er hat in mutigem Entschluß die Führung des Gesprächs an sich gerissen. Der Kaiserin erklärt er es folgend: „Da ich ... durch alles, was er mir gesagt hatte, und was, weit davon entfernt, irgendwie einleuchtend zu sein, im Gegenteil recht kleinlich gedacht und recht unkonsequent war, davon überzeugt wurde, daß entweder seine Gedanken in Geschäftsangelegenheiten nicht klar seien, oder daß ihre Verwirrung und Verdrehung aus einem Reste von Mißtrauen gegen die Absichten meines Hofes und selbst gegen die meinigen herrührte, von dem sich sein argwöhnischer Charakter noch nicht vollständig loszulösen vermochte, habe ich den Schluß gezogen, daß, wenn es mir nicht gelänge, ihn vor allem von diesem Mißtrauen zu heilen, ihn jene Fragen in größerem Stile und klarer beurteilen zu machen, als es bisher der Fall ist, und ihm endlich eine bessere Meinung von unserer Einsicht und ein volles Vertrauen zu unseren Absichten beizubringen, unsere Zusammenkunft nicht nur nutzlos sein würde, sondern, daß es sogar dazu kommen könnte, daß wir uns in innerer Verstimmung und sehr großer Unzufriedenheit trennen würden. Ich faßte daher einen Entschluß, der nur wenig übereinstimmt mit dem, was bisher Männer meines Berufes in einem ähnlichen Falle tun zu sollen glaubten. Bei meinem Eintritt in das Cabinett ließ mich der König Platz nehmen, und in Gemäßheit meines Planes gönnte ich ihm nicht Zeit, das Gespräch zu beginnen, sondern tat dies unverzüglich selbst."

Er bittet den König, ihn ruhig anzuhören, und ihn nicht zu unterbrechen. Dann beginnt er: Österreich wünsche den Frieden, es brauche keine Eroberungen. Auch Friedrich wolle nicht mehr, das habe Kaunitz seit Hubertusburg beobachtet, mit Österreich brechen. Dieses würde nur dann, wenn der König einen neuen Krieg herbeiführte, nochmals an die Eroberung Schlesiens denken. Es werde sich nicht um ein Bündnis mit Rußland bemühen. Ein Gleiches müsse auch Preußen bezüglich Frankreichs tun. Beide sollten sie ihr altes Bündnis pflegen, aber doch unter sich ein gutes Einvernehmen halten, ohne besondere Verträge, jedoch auf Grund von Prinzipien, die sie für ihr Verhältnis zueinander als unabänderliche Gesetze anerkannt hätten. Damit entrollt der Staatsmann der Prinzipien und rationalistischen Systeme vor dem König eine Schrift. Sie ist „Politischer Katechismus" betitelt. In zehn Punkten enthält sie die gegenseitigen Verpflichtungen. Nicht mit Unterschrift und Datum sei sie zu bekräftigen, sondern lediglich durch das einfache Versprechen, sich beiderseits daran halten zu wollen.

Der politische Katechismus besagt: Kein Argwohn unter beiden Staaten, notfalls sofortige Bitte um Aufklärung, Aufrichtigkeit und Freimut, ehrlichste Gegenseitigkeit, Orientierung der anderen Staaten über die eingetretenen guten Beziehungen. Österreich wird sich nicht Rußland, Preußen nicht Frankreich nähern. Allianzvorschläge dieser Mächte werde man sich sofort und getreulich mitteilen. Über die eigenen Pläne werde man sich gegenseitig informieren, bei etwaigem Landgewinn einen vernünftigen Ausgleich mit dem Partner treffen. Über geringfügige Angelegenheiten jedoch sollten keine Verhandlungen von Staat zu Staat erfolgen. Wenn von anderer Seite her Aufreizungen zum Argwohn erfolgten, sollte man sich gegenseitig Mitteilung machen.

Als der Kanzler von den heilsamen Folgen der Eintracht zwischen den beiden Höfen spricht, erhebt sich der König, umarmt ihn und erklärt, daß ähnliche Gedanken tief in sein Herz eingegraben seien. Es werde ihm daher nicht schwer fallen, den Katechismus einzuhalten. Wieder spricht man von Rußland. Kaunitz erlangt von Friedrich die Zusage, Katharina verständigen zu wollen, daß er und Österreich, von der Pforte zur Übernahme der Vermittlung eingeladen, diese zu übernehmen bereit seien, falls es der Zarin genehm wäre.

So verläuft die Unterredung harmonisch. Ja, der König sagt zum Staatskanzler: „Ich sehe wohl, daß Sie mit mir immer recht haben." War dies nur ein Zugeständnis an das überstarke Selbstbewußtsein des Österreichers? Friedrich selbst äußert den Wunsch, nochmals mit Kaunitz zu sprechen, und er schlägt dann in dieser letzten Unterredung künftige Aussprachen, mindest einmal im Jahre, vor. Könne Kaunitz nicht selbst erscheinen, so möge er eine Persönlichkeit seines vollen Vertrauens nach Berlin senden. Der Staatskanzler stimmt zu, aber er betont nochmals die Notwendigkeit, daß sich auf beiden Seiten das vollste Vertrauen einstelle.

Bei der militärischen und repräsentativen Seite der Entrevue tritt Josef voll in Erscheinung. Der König bewundert das Aussehen der österreichischen Truppen. Er findet keinen Unterschied gegenüber den Seinen. Das Manöver wird von Laudon geleitet. Am zweiten Tage gibt es eine arge Störung. Ein schwerer Wolkenbruch geht nieder, wodurch ein Teil des Lagers vernichtet wird. Auch die fürstlichen Persönlichkeiten werden arg in Mitleidenschaft gezogen. Friedrich ist ganz durchnäßt. „... der große Friedrich", berichtet der auch diesmal wieder anwesende Prinz Albert von Sachsen-Teschen, „der nicht mit einer für ein so unerwartetes Ereignis ausreichenden Garderobe versehen war, hatte die Unannehmlichkeit, daß er, in einen Mantel gehüllt, mehrere Stunden an einem Küchenfeuer zubringen mußte, an welchem er seinen einzigen Rock und seine Beinkleider trocknen ließ."

Als dann mit den übrigen Veranstaltungen von Tafel und Theater die Begegnung ausgeklungen war, erstattete Kaunitz — wir haben einen Teil davon schon vernommen — befriedigt von seinem Austerlitzer Gute aus der Kaiserin Bericht. Über den König urteilte er vorsichtig: „Über den König selbst kann ich im Augenblick nur sagen, daß ich bei ihm weder all das Gute, noch all das Üble fand, das man von ihm erzählt hatte."

Auch der König äußerte sich zufrieden. Josef, sagte er, sei ein redlicher Mann, oder es gäbe keinen mehr auf der Welt. Kaunitz hinwieder bezeichnete er als das Musterbild eines eifrigen Vaterlandfreundes.

Der politische Katechismus aber wanderte zwischen Wien und Berlin umher, ohne Widerspruch zu finden.

Die Ideale von Neustadt mußten jedoch nunmehr in der großen Wirklichkeit der Interessen und der Machtkämpfe ihre Erprobung finden. Tatsächlich beauftragte Friedrich seinen nach St. Petersburg reisenden Bruder Heinrich, die Zarin zur Annahme der österreichischen und preußischen Vermittlungsvorschläge zu bewegen. Als aber Rußland dies ablehnte und nur gute Dienste der beiden deutschen Mächte in Anspruch nahm, trat er nicht energisch genug auf, so sehr ihn auch Kaunitz durch den neuen österreichischen Gesandten in Berlin, Frhr. Gottfried van Swieten, den Sohn von Maria Theresias Leibarzt, um nachdrückliche Bemühungen ersuchen ließ.

*

In Wien selbst machte sich eine zwiespältige Auffassung geltend. Die Kaiserin war gegen die Vermittlung. „Ich möchte lieber ganz draußen bleiben," schrieb sie an den Grafen Mercy, „die Russen sollen sich mit den armen Teufeln (gemeint sind die Türken!) direkt verständigen." Sie fürchtete einen neuen Krieg. Josef und Kaunitz vertraten die energischere Tonart, aber auch sie waren nicht einig. Der Kaiser sah einen Krieg gegen Rußland als so schwierig an, daß er nur im äußersten Falle gerechtfertigt werden könnte. Kaunitz aber fürchtete die maßlose Vergrößerung dieses Staates gegenüber der unterliegenden Türkei. Auch erschien die Lage in Polen so gefahrdrohend, daß, so meinte er, bliebe man jetzt untätig, es künftig kaum mehr möglich sein werde, der russischen Übermacht die Stirne zu bieten. Gelinge es, den König von Preußen zur gleichen Beurteilung der in Rußlands Ausbreitung am Schwarzen Meere liegenden Gefahr zu bewegen, dann sollten beide Mächte in einem günstigen Zeitpunkt in Polen einrücken und die Russen aus diesem Lande verdrängen. Österreich und Preußen könnten sich dann auch territoriale Vorteile sichern, wofür der Kanzler bereits bestimmte Vorschläge unterbreitete. Stimme der König aber nicht zu, so müßte er wenigstens zur Neutralität bewogen werden, wenn dann Österreich in die Walachei einmarschierte. Die Erwerbung der Kleinen Walachei stellte der Kanzler als das zu erstrebende Ziel auf.

Jedoch die Kaiserin folgte dieser ausgreifenden Politik nicht. Van Swieten wurde nicht ermächtigt, Gebietserwerbungsvorschläge zu machen, er sollte dem König lediglich Österreichs Auffassung über das russische Umsichgreifen dartun und die Bereitwilligkeit eröffnen, mit Preußen notfalls auch mit bewaffneter Hand gemeinsam vorzugehen.

Die Kaiserin sagte: „In meinem Alter überlegt man reiflicher; nach den schrecklichen Kriegen, die ich führen mußte, weiß ich, was man davon zu fürchten hat, und insbesondere in jenem Lande durch die Pest und die Hungersnot."

Hatte Josef aber seine Politik der Enthaltung vom Kriege gegen Rußland damit verbinden wollen, den politischen Kredit Friedrichs bei der Pforte vollkommen zu untergraben, so stimmte die Mutter dem nicht zu. Sie schrieb an den Kanzler, indem sie zugleich ihre vorangegangene Resolution zugunsten des Friedens entschuldigte: „Mein Herz war so sehr bedrückt, mein grauer Kopf ist nicht mehr zum Regieren, ich fühle meinen Verfall, aber ich werde standhalten, solange es keinen Krieg gibt und Sie mich unterstützen. Ich bin immer der Meinung, dem König von Preußen und den Türken klar zu reden, und sie nicht irre zu führen, noch ihnen zu schmeicheln oder zu drohen, aber unsere Kräfte zusammenzuhalten."

Man einigte sich schließlich auf eine Formel des Fürsten, daß man von dem Könige ein Neutralitätsversprechen erlangen wolle, sich im Geheimen aber mit den Türken verständige. Man war entschlossen, mit einem Heere von 60 000 Mann den Übergang der Russen über die Donau zu verhindern. Dazu aber müßte die Pforte eine Defensivallianz mit Österreich eingehen und dem Kaiserstaate, der zur Abwehr ihres Unterganges das Äußerste wagen würde, die Ausgaben für die militärische Kraftanstrengung vergüten. Der Sultan sollte außerdem an Österreich die kleine Walachei, eventuell auch Belgrad und Widdin, abtreten und den Untertanen der Kaiserin die Vorteile der am meisten begünstigten Nation zuwenden. Maria Theresia, die dem Kanzler gegenüber erklärt hatte: „...ich bekenne subsidien von Tyrcken begern, scheint mir nicht anständig", stimmte im Juli 1771 schließlich zu, sprach aber zugleich die gebietenden Worte: „Ich verlasse mich auf Sie, daß uns diese Verfügungen nicht zum Kriege führen, sondern nur zum Frieden."

Der König von Preußen hatte von seiner russischen Bundesgenossin die Zustimmung zur Übernahme der Vermittlung nicht erlangen können. Als ihm Katharina etwa zum Jahreswechsel 1770/71 über die voraussichtlichen Friedensbedingungen verständigte, die sie den Türken auferlegen wollte, als er von seinem Bruder vernahm, die Zarin sei bereit, Österreichs Widerstreben durch die Überlassung der Moldau und der Walachei zu überwinden, erwachte in ihm der Gedanke an eine territoriale Entschädigung durch Erwerbung von Polnisch-Preußen, wenn auch noch ohne Danzig. „Ich werde nicht sklavisch für ihre (Katharinas) Vergrößerung arbeiten, ohne daß irgend etwas zu meinen Gunsten stipuliert ist", schreibt er an den Prinzen. Dem österreichischen Gesandten jedoch versagt er den von ihm erbetenen Brief an den Kaiser, wonach er einer österreichischen Diversion gegen Rußland im Bereich der unteren Donau nicht entgegentreten würde. Seine Ausführungen bleiben unbestimmt, so sehr auch von ihm der Wert betont wurde, den er einer engen Verbindung mit Österreich beimessen würde.

Damit waren die Bemühungen von Neiße und Neustadt in ihrer letzten Zielsetzung gescheitert. Preußen hatte sich versagt.

Unterdessen war der österreichische Gesandte in Stambul in voller Tätigkeit. In nächtlichen Unterredungen mit den maßgebenden türkischen Ministern, die unter größter Tarnung durchgeführt werden mußten und sich von Ende Februar bis in den Sommerbeginn 1771 hinzogen, erreichte Thugut sehr erhebliche Zugeständnisse des Großherrn. Ein meisterhafter Unterhändler, einsichtig und vorausschauend, realdenkend und auch seinem Hofe gegenüber im Auftreten entschieden, brachte er, wiederum in nächtlicher Sitzung, vom 6. auf den 7. Juli die Konvention zustande. Die Pforte verpflichtete sich, an Österreich Subsidien in der Höhe von elfeinviertel Millionen Gulden zu bezahlen, sie war bereit, einen weiteren Betrag Österreich für die Bestreitung geheimer Ausgaben — gedacht war an eine Zuwendung für den König von Preußen — zur Verfügung zu stellen. Sie willigte in die Abtretung der Kleinen Walachei an die Monarchie, falls ihr diese einen Frieden auf Grundlagen der Bestimmungen des Belgrader Vertrages von 1739 oder auf andere, den Umständen entsprechende und der Pforte annehmbar erscheinende Bedingungen hin zustande brächte. Den Untertanen der Kaiserin wurde die Meistbegünstigung zuerkannt.

Zweifellos hatte der österreichische Unterhändler erfolgreiche Arbeit geleistet. Die Wiedergewinnung des fruchtbaren Landes bis zur Alt stand in Aussicht und die erforderlich gewordene österreichische Rüstung, zu der sich anfangs Februar auch die Kaiserin bekannt hatte, konnte mit türkischem Geld finanziert werden. In der Ferne aber stand die Sorge, wie der russischen Maßlosigkeit Bedingungen abgewonnen werden sollten, deren Annahme man der Türkei zumuten konnte, wovon für Österreich wieder die Erwerbung der Kleinen Walachei abhing.

Schon aber hatten sich die Pläne des König von Preußen auf polnisches Gebiet verdichtet. Nicht ohne eine gewisse Vorschubleistung Österreichs, so sehr man auch in Wien Erwerbungen auf Kosten der Republik abgeneigt war und eine Aufteilung verhindern wollte. Österreich hatte nämlich auf Aufforderung des polnischen Königs hin in das südlich der Hohen Tatra liegende, Polen als Pfand seitens der ungarischen Krone zugehörige Gebiet der dreizehn Zipser Städte Truppen einrücken lassen. Die österreichische Besetzung griff dann auch auf Betreiben Josefs, dem sich die Kaiserin und der Kanzler fügten, über die Zips hinaus und erfaßte den Süden von unbestritten polnischen Starosteien.

Das war 1769, bzw. 1770 geschehen. Nun aber bot es für die Zarin den Vorwand, Polen zum Kompensationsobjekt für ihre türkischen Erwerbungspläne zu machen und vor allem Preußen sich zu verpflichten, Österreichs drohende Haltung aber zu dämpfen. Maria Theresia wollte bei solchem Handel nicht mitmachen. Sie veranlaßte, daß der mit der Verwaltung des besetzten Gebietes beauftragte Hofrat den Titel „Administrator der wieder einverleibten Provinz" ablege, sie ließ durch den Ersten Geheimen Hausarchivar Anton Theodor Taulow von Rosenthal sowie durch den Custos der Hofbibliothek Franz Adam Kollár die österreichischen Rechtsansprüche auf die Zips und das besetzte Gebiet nachprüfen. Mit dem Könige von Polen aber trat man in Verhandlung, um die Pfandschaft der Zips einzulösen. Noch erkannte selbst Kaunitz nicht den tiefen Sinn der Bemerkung Friedrichs zum österreichischen Gesandten in Berlin, Österreich möge seine etwaigen Rechte auf die Starosteien zur Geltung bringen, die übrigen Nachbarmächte Polens würden ein Gleiches tun. Man erkannte nicht sogleich, daß die Teilung des Landes bereits Gegenstand von Verhandlungen zwischen Berlin und St. Petersburg geworden war, die über rastloses Drängen Friedrichs von der zunächst widerstrebenden Zarin zugelassen wurden.

Als durch Friedrichs Empfehlung weiterer Besetzungen seitens Österreichs und die an van Swieten hinzugefügte Äußerung, er und Rußland würden auch ihren Teil nehmen, Klarheit über den Stand der Dinge eingetreten war, wurde der österreichische Gesandte in Berlin beauftragt, sich unter Mitteilung der Bereitschaft Österreichs, die von ihm okkupierten Gebiete wieder zu räumen, gegen den Plan einer Teilung Polens in aller Offenheit auszusprechen. Berlin war über diese Eröffnung betroffen, in Wien aber erkannte man, daß zwischen Preußen und Rußland noch keine festen Abmachungen bestanden.

Es war im Zuge der Besprechungen über die von Rußland an Österreich mitgeteilten schweren Friedensbedingungen für die Pforte, daß Friedrich dem österreichischen Gesandten nahelegte, man möge doch den russischen Forderungen keinen Widerstand entgegensetzen. Die beiden Donaufürstentümer Moldau und Walachei, deren Abtretungen durch die Pforte von Rußland ganz besonders gefordert wurde, sollten Österreich überlassen werden, das sie gegen Abtretung von Belgrad der Türkei zurückgeben könne.

Kaunitz lehnte die Eröffnung vom 9. Juli 1771 nach Ablauf einiger Wochen ab, hatte doch Österreich eben seine Konvention mit der Pforte abgeschlossen. Ginge, so hieß es in der für die Bekanntgabe an Preußen bestimmte Depesche, Österreich einmal zu Maßregeln gegen die Pforte vor, so hätte Rußland gewonnenes Spiel, ein solches Übergewicht zu erlangen, demgegenüber die Erwerbung der Moldau und der Walachei nur ein Kinderspiel genannt werden müßten.

In der nur für den Gesandten bestimmten Information des Kanzlers aber standen folgende Worte: „Unter uns gesagt, Ihr Schreiben vom 12. Juli hat mich einsehen gemacht, daß ich mich sehr stark in meiner Einbildung betrogen, als ob ich im vorigen Jahre zu Neustadt dem Könige den Grund unseres gesamten politischen Systems und unserer schon damals gefaßten definitiven Entschließung so deutlich und aufrichtig eröffnet hätte, daß er hievon im Herzen vollkommen überzeugt worden wäre. Allein er muß entweder meine freimütige Sprache als eine Verstellung angesehen oder geglaubt haben, daß wir Leute seien, welche mit leichten Dingen von ihren systematischen Entschlüssen abzubringen sind. Denn sonst hätte er uns unmöglich den Vorschlag wegen Vertauschung der Moldau und Walachei machen, noch über unsere letzte an Rußland gegebene Antwort mißvergnügt sein können, indem dieselbe mit allem, was ich dem König ein Jahr vorher gesagt habe, vollkommen übereinstimmt. Vielmehr sollte er uns dafür Dank wissen, daß wir allein uns gegen die Vergrößerung Rußlands stemmen und die augenblickliche Gefahr nicht nur von uns, sondern zumindest im gleichen Maße auch von dem Berliner Hofe abzuwenden trachten."

In einem von ihm selbst diktierten Schreiben an van Swieten führte der Fürst noch einmal zusammenfassend aus: „Es ist mir in diesem Momente wichtig, den König von der Idee zu heilen, daß wir uns vielleicht noch durch die Lockspeise eines elenden augenblicklichen Vorteils verleiten lassen könnten, wie er selbst es tut, das einzige und wahre politische Interesse großer Staaten aus dem Auge zu verlieren. Es besteht darin, alles zu opfern, ja selbst alles aufs Spiel zu setzen, um vor jeder anderen Rücksicht die Sicherheit und die Ruhe derer, die nach uns kommen, sicherzustellen. Es liegt mir gleichzeitig daran, ihn in eine Art von Unruhe über die Möglichkeit einer Vereinbarung mit der Pforte für den Fall zu erhalten, daß Rußland es wage, sich auf Friedensbedingungen zu versteifen, die wir nicht zulassen können."

Es wirft ein Streiflicht auf die damals am preußischen Hofe bestehende Alleinherrschaft der französischen Sprache, daß im Zuge dieser Unterhandlungen Friedrich dem österreichischen Gesandten eröffnete, er möge ihm die in deutscher Sprache abgefaßte Depesche des Wiener Hofes vorlesen, da er das Deutsche nicht lesen könne, daß ferner van Swieten ihm gewisse Stellen zur besseren Verdeutlichung ins Französische übersetzen mußte.

*

Österreichs Ablehnung nach Berlin und St. Petersburg ließ dunkle Wolken heraufsteigen. Friedrich sorgte sich wegen eines bevorstehenden österreichisch-russischen Krieges, da Rußland nicht geneigt war, in seinen Friedensbedingungen, die ja auch die Moldau und die Walachei forderten, vor dem österreichischen Druck zurückzuweichen. Auch Maria Theresia war zunächst entschlossen, trotz Pest und Hunger, die nach ihrer Meinung auf die österreichischen Heere im Falle des Krieges mit Rußland warteten, fest zu bleiben.

Jedoch die Kaiserin verriet in einem unbedachten Gespräch mit dem preußischen Gesandten im September 1771 ihre starke Friedensneigung und die Bereitschaft, dem Verbleiben der Russen in der Krim sowie der Unabhängigkeit der Tataren am Dnjepr zuzustimmen, was mit einem Schlag den bisher mächtigen Eindruck der großangelegten Kaunitzschen Demonstration gegenüber Rußland stark abschwächt. Vergebens bäumt sich der Kanzler in einem fast unverhüllt anklagenden Brief gegen die Kaiserin auf. Die so Zurechtgewiesene schwächte ab, entschuldigte sich, aber verwies auf die schlechte Ernte, auf Krankheiten, auf den Mangel an Geld. Man müsse so gut, als es eben noch ginge, aus allem herauskommen.

Kaunitz soll ihr dies ermöglichen und die Monarchie — wie sie übertreibend schrieb — vor dem Untergange retten.

Drei Möglichkeiten stellte der Fürst auf: Die erste, über die rasch hinweggegangen werden konnte, daß Rußland ohne wesentliche Vorteile mit den Türken Friede mache, die zweite, daß die Pforte durch Österreich einen erträglichen Frieden bekäme, wobei dieses die in der Konvention vom 7. Juli versprochenen Vorteile erhielte und die Teilung Polens vermieden würde. Dies wäre die beste Möglichkeit. Österreich empfinge eine wertvolle Gebietsvergrößerung und könne zudem rechtens auch die Zips wieder einlösen, während Preußen, das sich zweideutig betragen hätte, mit der Pforte entzweit und zudem leer ausgegangen wäre. Der dritte Fall aber liege in der gleichen Gewinnbeteiligung der drei Mächte, wobei es sich für Österreich frage, ob es seine Entschädigung auf Kosten der Pforte oder der von Polen suchen wolle.

Kaiser und Kaiserin entschieden für den zweiten Weg. Man erklärte dem russischen Gesandten, die von ihm präsentierten Friedensbedingungen in Stambul nicht vorlegen zu können. Vertraulich eröffnete ihm Kaunitz, daß man Rußland mäßige Vorteile, wie sie sich aus dem Stand des Krieges ergäben, nicht mißgönnen wolle, so unter anderem die Erwerbung von Asow und eine angemessene Kriegsentschädigung. Polen aber müßte in seine früheren Rechte und Gebietsgrenzen wieder eingesetzt werden, wobei Österreich auch das von ihm Besetzte mit Ausnahme der Zipser Städte räumen werde. Ein anderer Weg aber bestünde darin, daß sich die drei Mächte, Österreich, Preußen und Rußland, zur Herstellung des Friedens zum Abschluß eines Teilungsvertrages entschlössen.

Und das Echo aus St. Petersburg? Die Zarin lehnte den ersten Vorschlag ab, wenn sie auch auf die Abtretung der Moldau und der Walachei nicht mehr bestand. Preußen wiederum war nicht dazu zu gewinnen, auf Rußland im Sinne einer Ermäßigung von dessen Forderungen einzuwirken. Zudem erlitten die Türken am 20. Oktober desselben Jahres 1771 zwei schwere Niederlagen und ihr Versuch, sich des verlorenen Bukarest wieder zu bemächtigen, scheiterte.

Kaunitz hatte aber auch Kunde erhalten, daß König und Zarin sich bereits über die Teilung Polens so gut wie verständigt hätten. Die Türkei könnte Österreich nun, da Preußen und Rußland zusammenstünden, nicht mehr wirksam helfen. An einen Krieg wäre nicht zu denken. Man müßte also einen Teilungsvertrag zwischen den drei Großmächten herbeiführen. Die Teilung könnte die Türkei allein, oder Polen allein, oder beide Mächte zugleich betreffen. Kaunitz ging dabei von Vorschlägen aus, die zweifellos mit Zustimmung der russischen Regierung der russische Kontreadmiral Graf Massin der großherzoglichen Regierung in Florenz überreicht hatte. Der Vorschlag enthielt Radikallösungen wie die Zweiteilung der europäischen Türkei zwischen Rußland und Österreich. Nach umständlichen Prüfungen entschied sich der Kanzler eher für eine Teilung der Türkei als einer solchen von Polen, zumal die Pforte ja doch ein barbarischer Nachbar wäre und ja auch am Ende des Siebenjährigen Krieges, als Rußland von Österreich abgerückt war, Österreich zu überfallen im Begriffe gestanden sei. Nur wenn dieser Weg nicht mehr gangbar wäre, sollte man sich der Aufteilung Polens zuwenden.

Ganz anderer Meinung war Josef. Er hielt die Fortdauer des Krieges zwischen Rußland und den Türken für vorteilhaft, weil sich daraus immer Aussichten für Österreich ergeben könnten. Josef war dafür, die Türkei zur Fortsetzung des Krieges anzueifern, von Polen aber jetzt schon Krakau, Sandomir, Lemberg und Czenstochau zu besetzen. Allerdings sollte man erklären, daß man diese Gebiete wieder räumen wolle, wenn die beiden anderen Mächte ein Gleiches täten. Dringend widerriet der Kanzler einem solchen Beginnen und er erreichte, daß sich Josef fügte.

Nun galt es ernstlich, die Entschädigung für Österreich auszumitteln. Unter den sieben Vorschlägen Massins war einer, der eine Entschädigung Österreichs durch einen Teil Schlesiens und die Grafschaft Glatz oder aber durch Ansbach und Bayreuth vorsah, in welchem Falle sich Friedrichs polnischer Anteil erhöhen sollte. Die Kaiserin sprach sich für diese Lösung aus, allenfalls kämen, so meinte sie, auch die Clevischen Besitzungen Preußens in Frage. In einer zweiten Kundgebung ihres Willens vom 22. I. 1772 erklärte sie unter deutlicher Mißbilligung der mit der Pforte betriebenen Politik, daß sie selbst eine Erwerbung der Walachei und Belgrads als zu teuer erkauft empfinden würde, „denn“, so sagte sie wörtlich, „es geschieht auf Kosten unserer Ehre, des Ruhmes der Monarchie, unseres guten Glaubens und unserer Religiosität. Seit dem Beginn meiner unglücksvollen Regierung haben wir wenigstens danach getrachtet, in allem eine wahre und gerechte Haltung, Worthalten, Mäßigung und treue Erfüllung unserer Verpflichtungen zu zeigen. Das gewann uns das Vertrauen, ja ich wage es zu sagen, die Bewunderung von ganz Europa, die Ehrfurcht und die Verehrung selbst unserer Feinde. Seit einem Jahre ist dies alles verlorengegangen. Ich bekenne, daß ich es kaum zu ertragen vermag und daß nichts auf der Welt mich mehr geschmerzt hat als der Verlust unseres guten Rufes. Unglücklicherweise muß ich Ihnen gestehen, daß wir es verdienen. Hier ist es, wo ich es wünsche, daß man das Heilmittel anwende, indem man den Grundsatz, aus diesen Wirren Vorteil zu ziehen, als schlecht und verderblich verwirft und darüber nachdenkt, auf welche Weise man am schnellsten und am wenigsten übel aus dieser unglücklichen Lage herauskommen kann, ohne an Erwerbungen für uns zu denken, wohl aber, indem wir unseren guten Ruf, indem wir Treu und Glauben und insoweit es sein kann das politische Gleichgewicht wiederherstellen.“

Es ist eine Kundgebung aus der Tiefe eines verwundeten Gewissens, die uns zeigt, wie weit sich die Politik der beiden Männer Josef und Kaunitz bereits von dem Billigkeitsempfinden der Kaiserin entfernt hatte. War aber der von ihr ersehnte Ausgleich die Rückkehr, wie sie es verstand, zu Treu und Glauben, noch möglich? Schon die allernächste Zeit mußte auch der redlichen Monarchin darüber Auskunft geben.

DIE POLNISCHEN TEILUNGEN

Österreich hatte nach dem Ausbruch des russisch-türkischen Krieges die Vernichtung der Pforte wie auch eine gefahrdrohende Machterweiterung Rußlands verhindern wollen, dessen gleichzeitige Übergriffe in Polen es tief beunruhigten. Bei solchen Sorgen hatte man sich schließlich zu der Konvention mit dem Sultan verstanden, nicht ohne sich dabei für die verheißene Unterstützung einen territorialen Vorteil auszubedingen. Durch demonstrativ betriebene Rüstung und im besonderen durch eine Truppenaufstellung in Siebenbürgen hoffte die Monarchie, auf Rußland im Sinne der Mäßigung einzuwirken. Ja, sie war notfalls bereit gewesen, den Krieg gegen die Zarenmacht zu eröffnen.

Da es indessen nicht gelang, Preußen für diesen Fall zur Zusicherung der Neutralität zu gewinnen, da ferner der türkische Kampfgeist sich als sehr gering herausstellte, erwies sich die Konvention bald als unwirksam, ja undurchführbar. Da man endlich in der polnischen Frage ein gemeinsames Vorgehen mit Preußen nicht zu erzielen vermochte, ja dieses, begierig nach territorialen Erwerbungen, sich mit Rußland wegen eines gemeinsamen Zugriffes auf polnisches Land ins Benehmen setzte, wobei beide Mächte mit der durch Österreich erfolgten Besetzung der Zips und des Südteiles der drei Starosteien geschickt zu operieren vermochten, sah die Wiener Politik auch im Bereich von Polen das alte Gleichgewicht ins Wanken gekommen.

Wollte es nun Österreich vermeiden, in eine Machtverschiebung einzuwilligen, die einseitig zum Vorteil Preußens und Rußlands ausgefallen wäre, so mußte sich die Habsburgermonarchie in die Vorgänge mit einschalten, auch wenn dies einen Bruch mit ihrer bisherigen Politik bedeutete.

Das Grundübel lag ja darin, daß man Rußlands Vorgehen schon seit den Tagen der Wahl des Stanislaus Poniatowski zum polnischen König nicht so begegnen konnte, wie es allein Eindruck gemacht hätte, nämlich mit der unbedingten Entschlossenheit, sich notfalls mit bewaffneter Hand dem Umsichgreifen der Zarin entgegenzusetzen. Dazu jedoch war man infolge der preußischen Haltung außerstande. Der deutsche Dualismus bestand und wirkte sich verhängnisvoll aus. Die Begegungen von Neiße und Neustadt hatten an dieser Grundvoraussetzung nichts geändert, denn sie schufen wohl zwischen Wien und Berlin erträgliche, ja angenehme diplomatische Beziehungen, ohne jedoch die Interessen der beiden deutschen Großmächte in der Tat vereinigen zu können. Österreich als die ältere, stärkere und als Träger der deutschen Kaiserkrone in größerem Bereiche verantwortliche und stärker ausgesetzte Macht war nicht in der Lage gewesen, Preußen von der Größe der russischen Gefahr zu überzeugen, die dieses noch durch den polnischen Staatskörper gedämpft und nur in begrenzterem Bereiche verspürte. So blieb der Wiener Politik nichts anderes übrig, als sich dem russischen Machtdrang willfährig zu erweisen, sich selbst aber in den Teilungsvorgang einzuschalten, um hinter der territorial so gewaltigen Macht des Ostens nicht allzusehr zurückzubleiben.

Es war also nicht Stümperhaftigkeit der österreichischen Diplomatie, wie gesagt worden ist, sondern der Zwang einer seit 1763 bestehenden und als unabänderlich erwiesenen Lage, die das Vorgehen Österreichs in der polnisch-türkischen Frage bewirkte.

War man in Wien entschlossen, die Gelegenheit nicht vorübergehen zu lassen, ohne selbst ein tüchtiges Stück Landes zu erwerben, die Wahl war schwer, zumal man am liebsten die Hände von Polen lassen wollte. Man einigte sich schließlich dahin, zuerst die Grafschaft Glatz und ein Stück Schlesiens (gegen stärkere Beteiligung Preußens an der polnischen Beute), in zweiter Linie Belgrad mit einem Stück von Serbien und Bosnien, in dritter aber Ansbach und Bayreuth zu begehren.

Als jedoch van Swieten am 4. Februar 1772 dem König den ersteren Vorschlag eröffnete, fand er unüberwindlichen Widerstand, während Friedrich dem Südostprojekte lebhaft zustimmte. Die Pforte sollte nach dem Wiener Plane durch die Rückgabe der Donaufürstentümer und Bessarabiens seitens Rußlands entschädigt werden.

In Wien aber erhob sich die Kaiserin nochmals mit schweren Bedenken: „Ich begreife nicht“, so sagte sie, „die Politik, welche erlaubt, daß wenn zwei sich ihrer Überlegenheit bedienen, um einen Unschuldigen zu unterdrücken, der Dritte auf Grund der Konvenienz für die Gegenwart und bloßer Vorsicht für die Zukunft die gleiche Ungerechtigkeit nachahmen und begehen kann und soll; mir scheint dies vielmehr unhaltbar zu sein. Ein Fürst besitzt keine andere Berechtigung als jeder Privatmann; die Größe und die Stärke eines Staates wird nicht in Rechnung kommen, wenn wir alle erscheinen müssen, um ihn zurückzugeben ... Was wird Frankreich, was Spanien, was England dazu sagen, wenn wir uns jetzt plötzlich so eng mit denjenigen verbünden würden, welche wir so sehr in Schranken halten wollten und deren Verfahren wir für ungerecht erklärten. Ich bekenne, dies wäre eine formale Ableugnung alles dessen, was seit dreißig Jahren meiner Regierung geschehen ist. Trachten wir doch lieber danach, das Begehren der anderen zu vermindern, statt daran zu denken, mit ihnen auf so ungleiche Bedingungen hin zu teilen. Suchen wir eher für schwach als für unredlich zu gelten."

Auf diesen Vorstoß der Kaiserin und ihre mehrfache Bitte: „Retten Sie mich und den Staat!" hin änderte Kaunitz den österreichischen Plan. Er forderte nur die Walachei sowie den Süden der Moldau und Bessarabiens bis zur Mündung der Donau, Gebiete, die nicht mehr im Besitz der Türkei waren. Mit den nördlichen Teilen der beiden letzteren Länder sollte Polen entschädigt werden. Die Bedenken der Kaiserin entkräftete Kaunitz mit dem Argument, daß sie mit einer solchen Besitznahme nur ihre Pflicht als Oberhaupt des Staates erfülle, da es ja keineswegs erlaubt wäre, „Millionen ihrer eigenen Untertanen allen Schrecknissen der Kriege preiszugeben, welche der Umsturz des notwendigen Gleichgewichtes der Macht zwischen den verschiedenen Staaten mit der Zeit ohne Zweifel herbeiführen müßte".

Gegen diesen Vorschlag des Kanzlers aber wandte sich in der ganzen unangenehmen Schärfe, die ihm bei der Vertretung abweichender Meinung zu eigen war, der Kaiser. Österreich müßte alles Land bis zum Pruth fordern, nicht aber Bessarabien. Für diesen Verzicht könnte man vielleicht noch Orsowa und Belgrad erhalten. Dieser Vorstoß gab der Kaiserin erneut Veranlassung, aus der Not ihres Herzens heraus Folgendes zu sagen: „Aller Partage ist unbillig in seinem Grund und für uns schädlich. Ich kann diesen Antrag nicht genug bedauern und muß bekennen, daß mich sehen zu lassen schäme. Es ist nicht ohne, daß die Idee von Moldau, Walachei und Bessarabien wenigeres Aufsehen mache und weniger unbillig scheine, weile die Russen andurch ihre Conquêtes uns überlassen. Allein warummen. Um so größere Vorteile in Pohlen zu erlangen. Hieran sind wir indirect Ursach. Beede Puissances, Russland und Preußen werden damit sich prahlen und vorwenden, daß um uns ein so großes Stück Landes zuzuschanzen, sie auch stärker auf Pohlen greiffen müsten. Ohnedeme eignet uns der König von Preußen seine Vergrößerungsideen schon zu, mithin werden wir anjezo und in der Folge allein die große Blame von diesem Plan und leyder nicht ohne Grund tragen müssen. Man erwäge unseren dermaligen Betrag gegen die Türken. Wir entreißen ihnen obgedachte Provinzen als Vermittlere und gegen die Verbindlichkeit, welche wir mit ihnen eingegangen, ihnen den Belgrader Frieden zu verschaffen. Rußland und Preußen können nicht unbillig bei der Pforten hievon Mißbrauch machen und behaupten, daß sothaner Vorschlag von uns herkomme. Beede Puissances könnten wohl solchen gar verwerffen, wo sodann das Gehässige dieser Sache ganz auf uns liegen bliebe. Ich bekene, daß Zeit meines Lebens nicht so beängstigt mich gefunden. Als alle meine Länder angesprochen wurden, steiffete ich mich auf mein gutes Recht und den Beistand Gottes. Allein im gegenwärtigen Fall, wo nicht allein das Recht auf meiner Seiten nicht vorhanden, sondern Verbindlichkeiten, Recht und Billigkeit wider uns streiten, bleibet mir keine Ruhe, vielmehr Unruhe und Vorwürffe eines Herzens übrig, so niemahlens Jemanden oder sich selbsten zu betäuben oder Duplicität für Aufrichtigkeit gelten zu machen gewohnt ware. Treu und Glauben ist für allezeit verlohren, so doch das größte Kleinod und die wahre Stärke eines Monarchen gegen die anderen ist. Was werden alle Puissances von uns dencken und urtheillen, daß wir unsere Reputation um einen so elenden Vortheil, als die Wallachey und Moldau ist, in die Schanze schlagen? Zwey Provinzien, welche en ligne d'interêt der Monarchie sogar schädlich, en ligne de politique aber vielleicht nebst dem Verlust des Credits noch zu unserem Untergang gereichen werden. Die drey Puissances Rusland, Preußen und die Pforten werden sammt Pohlen wider uns sich alliieren; der ganzen übrigen Welt werden wir zum Hohn und Spott dienen und man wird uns unserem Schicksal überlassen, denn wer wird nach einem solchen Betrag mit uns sich alliieren wollen? Ich kann mich nicht entbrechen, es nochmahlens zu wiederhollen. Ich bin nicht starck genug, allein die affaires zu führen, mithin lasse, jedoch nicht ohne meinen größten Gram, selbe ihren Weeg gehen."

Bei solchem Widerstreben der Kaiserin, das aus den reinen Tiefen von Treu und Glauben fließt, bewirkte Kaunitz, daß Österreich zunächst von den Teilungsmächten die Anerkennung der Gleichheit der einzelnen Anteile betrieb und die Forderungen Rußlands auf Polen kennenlernen wollte. Schon aber überreichte Fürst Gallitzin den am 19. Februar zwischen Preußen und Rußland unterzeichneten Teilungsvertrag, der Österreich die Beteiligung offen ließ. Österreich möge, fügte der Gesandte mündlich hinzu, so rasch und so genau wie möglich die von ihm beanspruchten Gebietsteile bezeichnen. Nun müßten, erklärte der Kanzler am 8. März seiner Herrin, wolle man nicht durch unverhältnismäßige Vergrößerung von Preußen und Rußland in die äußerste Gefahr gebracht werden, die eigenen Ansprüche auf Polen geltend gemacht werden. Die Kaiserin fügte sich mit den Worten: „Ich finde das vor jetzo nichts anders mehr zu thun, kan aber mich noch nicht beruhigen über die vergrößerung dieser beeden puissancen und noch weniger, daß wir auch mit selben theillen sollen."

So war durch den Widerstand der Kaiserin die Südostausdehnung Österreichs auf Kosten der Türkei gefallen und der Zwang der Dinge hatte zum Griff auf Polen geführt, so unbehaglich es dem Kanzler dabei war, der diesen Staat zwischen den Dreien am liebsten nicht angerührt hätte. Eine kalte, von keinen Skrupeln berührte Sachlichkeit legte Josef während all dieser Schwierigkeiten an den Tag, gegen dessen Drängen die Kaiserin in der ganzen Krise oft zu Kaunitz ihre Zuflucht nahm. Den von Rußland zugeworfenen Apfel der Versuchung, neben polnischen Gebieten noch Teile von Bosnien und Serbien und dazu Belgrad in Besitz zu nehmen, ließ man mit Dank unberührt.

Österreich präsentierte seine Forderungen. Die Kaiserin war kaum mehr beteiligt. Friedrich fügte sich nach einigem Widerspruch, im stillen Rußlands Veto betreibend. Dem österreichischen Gesandten sagte er, von ihm aus würden keine Hindernisse in den Weg gelegt werden. Aber, „erlauben Sie mir zu sagen", erklärte er unter Lächeln wörtlich, „Sie haben einen guten Appetit". Rußland erhob vor allem gegen den Anfall von Lemberg und der Salinen an Österreich Widerspruch, fügte sich indessen, noch bevor Wien eine schon erwogene Ermäßigung seiner Ansprüche zuzugeben gezwungen war. Daß bei dieser Gelegenheit Josef von kindischer Furcht, von Unwissenheit und Schwäche sprach, die aus dieser Vorsicht des Staatskanzlers herausleuchtete, macht die Unerquicklichkeit der Wiener Auseinandersetzung klar, aber auch die Schwierigkeit des Zusammenarbeitens mit dem Kaiser. Die günstige Regelung wurde beschleunigt, da die Österreicher — und dies war Josefs Drängen zuzuschreiben — die von ihnen beanspruchten Gebiete nunmehr militärisch besetzten. Dem Fürsten Kaunitz aber gelang es, in einem außerordentlich geschickt durchgeführten diplomatischen Prozeß, in die am 2. August 1772 in St. Petersburg vollzogene Unterzeichnung des Teilungsvertrages die russische Zustimmung einzufügen, daß es in dem künftigen Frieden mit der Pforte diesem die Donaufürstentümer zurückstellen wolle. So hatte Österreich noch in letzter Stunde einen Rest Ehre für seine im Sommer 1771 mit den Türken abgeschlossene Konvention gerettet.

Ein ausgedehntes Gebiet, das von der schlesischen Grenze an bis nach der Mündung des San durch die Weichsel begrenzt wurde, um sich hier zum Bug zu erstrecken und von da an zum Dnjestr, war damit an Österreich gefallen. Fortan wurde das Land nach der Stadt Halitz Galizien und nach dem Namen Wladimir Lodomerien genannt. Österreichs Anteil war territorial größer als der von Preußen, dem allerdings mit der Erwerbung von Westpreußen und des Netzedistriktes sowie von Ermeland eine relativ bedeutend wertvollere Gebietsabrundung zuteil geworden war. Wohl gehörten Danzig und Thorn noch nicht dazu, indes Friedrich, der nun den Namen König „von", nicht mehr nur „in" Preußen zu führen berechtigt war, sah doch nun die letzte Hypothek verlöscht, die noch auf seinem Staatsgebiet im Osten lag. Rußland aber, das von den drei Teilungsmächten am günstigsten abgeschnitten hatte, war in den Besitz von Polozk, Witebsk und Mohilew gelangt. Es hatte seine Grenze nun vollends an die Düna herangeschoben und beherrschte den oberen Dnjepr.

Die Kaiserin fügte sich. „Placet," sagte sie, „weil so viele große und gelehrte Männer es wollen. Wenn ich aber schon längst tot bin, wird man erfahren, was aus dieser Verletzung von allem, was bisher heilig und gerecht war, hervorgehen wird." Welche Voraussicht der Dinge durch ein gequältes Gewissen! Zehn Jahre ihres Lebens, so schrieb sie an ihren Sohn Ferdinand, koste sie diese Teilung, sie werde die Quelle des Unheils werden, das endlich die Monarchie zerstören würde.

*

In einer Formsache versuchte die Kaiserin nochmals ihrem gequälten Gewissen stattzugeben. Sie forderte, daß in dem Manifest an die neuen Untertanen der Ausdruck „rechtmäßige Ansprüche" in „Ansprüche" geändert werde, und vermochte sich schließlich auch hier nicht durchzusetzen.

Noch galt es, dem durch die Teilung so schwer getroffenen Polen die formale Zustimmung abzuringen. Jedoch dies konnte durch ein Zusammenspiel von Bestechungen und von neuen Teilungsdrohungen, die von militärischen Bewegungen begleitet wurden, unschwer bewerkstelligt werden und erfolgte für Österreich am 21. August 1773. Von seiten der Westmächte erhob sich kein besonderer Widerstand. In Frankreich war in den letzten Tagen des Jahres 1770 der Sturz der beiden Herzöge Choiseul und Praslin erfolgt, und der neue Außenminister, eine Kreatur der Madame Dubarry, war keine Persönlichkeit. Die Verstimmung dieses Herzogs von Aiguillon wurde von Kaunitz wenig beachtet und war auch nur vorübergehend.

Was Polens innere Verhältnisse betraf, so hätte der Staatskanzler gern eine Abschwächung des liberum veto zugunsten einer Stärkung der Staatsgewalt in der unglücklichen Republik herbeigeführt, denn er erkannte wohl die Bedeutung, die einer wenn auch nur teilweisen Erstarkung dieses Staatskörpers zukam. Er schrieb an den österreichischen Bevollmächtigten in Polen: „Wie dann, wenn die betreffenden Höfe und Minister nach gleichförmigen billigen Grundsätzen zu Werke gehen, kein Zweifel vorhanden ist, daß der Republik eine solche Form ihrer innerlichen Verfassung gegeben werden kann, durch welche sie aus ihrem alten Chaos gezogen, eben dadurch aber über den von ihr leidenden Verlust der abgezogenen Provinzen entschädiget, und zu einer von innen glücklichen, von außen aber den benachbarten Mächten ganz unschädlichen Puissance intermediaire gemacht wird." Dieses Bemühen Österreichs aber scheiterte an der Ablehnung Rußlands.

Hatte Maria Theresia schwersten Herzens der Teilung Polens zugestimmt, so drängte sie nun um so mehr nach der Beendigung des russisch-türkischen Krieges. „Die guten Muselmannen", „meine Mohammedaner", die „armen Teufel", so nannte sie die Türken, von denen Rußland den Verzicht auf die Krim und auf die Obergewalt über die Tataren forderte. In der Tat, der österreichische Vertreter in Stambul mußte große Fähigkeiten unter Beweis stellen, wollte er die veränderten Verhältnisse den Ministern der Pforte schmackhaft machen, war es doch jetzt Österreich, das zu Waffenstillstand und Frieden riet. Vollends die vollzogene Tatsache der Teilung Polens zu verkünden, und endlich von der bewaffneten Vermittlung zur einfachen Verwendung zu gelangen, bürdete Thugut eine schwere Last auf. Denn alles dies bedeutete einen Umsturz der Dinge für die Pforte.

Tatsächlich gelang es dem einzigartigen Geschick des Gesandten, einen Bruch zu vermeiden, und den Sultan zu der Erklärung zu vermögen (6.—7. Juni 1772), daß er freiwillig auf alle Vorteile verzichte, die für ihn aus der seinerzeit abgeschlossenen Konvention hervorgehen konnten, ja daß er auf die Rückzahlung der bisher an Österreich ausgezahlten 2 Millionen Gulden nicht bestehe, daß er sogar Österreich die Vorteile der Konvention zukommen lassen wolle, wenn ihm dieses einen Frieden erwirke, durch den nicht nur die beiden Donaufürstentümer, sondern auch die Tataren wieder unter die Oberhoheit der Türkei zurückkehren würden. Gelänge es nicht, so wäre die Konvention damit vollständig aufgehoben, ohne daß dadurch die Beziehungen zu Österreich leiden sollten. „Ganz vernünftig, freundschaftlich, anständig, wohlüberdacht", nannte der Kanzler diese Erklärung.

Trotz eines Friedenskongresses von Fokschani, zu dem übrigens Österreichs Vertreter von Rußland nicht zugelassen wurde, trotz neuer Verhandlungen, die nach dem Scheitern eines ersten Versuches der Verständigung zwischen den Kriegführenden zu Bukarest eingeleitet wurden, ging der Krieg weiter, da der Sultan auf etwas gemäßigtere russische Forderungen, die aber immer noch die Abtretung der beiden Krimfestungen Kertsch und Jenikale in sich schlossen, nicht einging. Erneut wurden die guten Dienste Österreichs von den Türken in Anspruch genommen. Zu dieser Zeit, Beginn 1773, war es, da Kaunitz auf den in der Konvention von 1771 enthaltenen Plan einer Erwerbung der Kleinen Walachei für Österreich zurückkam und der Kaiserin vorschlug, dieses Land für 5—6 Millionen Gulden von der Pforte abzukaufen. Aus diesem Vorschlag wuchs schließlich die Erwerbung der Bukowina, eines nördlichen Teiles der Moldau, der den Winkel zwischen Galizien und Siebenbürgen ausfüllte, heraus, und zwar ohne daß hiefür eine Entschädigung bezahlt werden mußte.

Daß dies so kam, ging auf Josef und auf Thugut zurück. Josef erhob, sobald ihm das Projekt des Staatskanzlers zu Händen kam, scharfe Bedenken und erklärte die Kleine Walachei als keineswegs eines so hohen Kaufpreises wert. Er fügte sich zunächst. Jedoch von einer Reise, die er im Frühsommer 1773 nach dem Banate und Siebenbürgen unternommen hatte, zurückgekehrt, riet er seiner Mutter aus eigenem Augenschein ab. Die Erwerbung der Kleinen Walachei würde dem Staate mehr zur Last als zum Vorteil gereichen. Er schlug dafür vor, die Festung Alt-Orsowa zu erwerben. Hatte Thugut schon gegen das walachische Projekt Einspruch erhoben, so betonte er nunmehr die Unmöglichkeit, die Türken zur Abtretung eines Platzes bewegen zu können, in welchem sich Moscheen befänden. Am ehesten wäre dies noch möglich, wenn Österreich mit der Türkei einen ewigen Frieden abschlösse, und sich bei dieser Gelegenheit die Grenzberichtigung erbäte. Kaunitz aber konnte mit Rücksicht auf die immer noch im Krieg mit der Pforte befindlichen Russen, die sich in der Teilungsfrage gefällig erwiesen hatten, diesem Gedanken nicht näher treten. Ein vorläufiges Einverständnis müßte, so meint er, herbeigeführt werden, dem nach Abschluß des Friedens eine dauernde Verabredung folgen sollte. Jedoch möge Thugut dann nicht nur den Grenzstrich von Alt-Orsowa, sondern auch das Landstück zwischen Pokutien und Siebenbürgen für Österreich erwerben. Auf dessen Wichtigkeit hatte Josef am 19. Juni 1773 von seiner siebenbürgischen Reise aus hingewiesen, und er sagte von ihm, es hieße im Volksmund der deutsche Kreis. Indessen auch jetzt vermochte der Internuntius eine Durchsetzung nicht in Aussicht zu stellen.

Der russisch-türkische Feldzug war nach einigen Erfolgen der Osmanen während des Jahres 1773, wo die Russen vergebens versucht hatten, unter Überschreitung der Donau die Städte Silistria, Schumla und Varna in ihren Besitz zu bringen, im Frühjahr 1774 durch glänzende russische Erfolge zur Entscheidung gebracht worden. Die Pforte hatte die einzige Gelegenheit, einen mäßigen Frieden zu erlangen, der die Halbinsel Krim mit Kertsch und Jenikale ausschließlich der Herrschaft des Tatarenkhans unterstellt hätte, durch den Tod des Sultans Mustapha (24. 1. 1774) und den Regierungsantritt des völlig unfähigen, zunächst aber unnachgiebigen Abdul Hamid versäumt. Nun zerbrach der Friede von Kutschuk-Kainardsche vom 16. Juni 1774, in welchen sie willigen mußte, ihre Stellung am Dnjepr und in der Krim völlig. Asow, Kertsch und Jenikale sowie Kinburn wurden russisch, Wegweiser für die fortan immer rascher fortschreitende russische Vorherrschaft am Gestade des Schwarzen Meeres. Kaunitz sah das Ende der Pforte voraus. „Dies Volk“, so sagte er zum Vertreter Englands, „ist zum Untergange bestimmt, und ein kleines aber gutes Heer dürfte die Türken zu jeder Zeit aus Europa hinaustreiben.“

Ganz im Geiste der damaligen Politik, mit Vorspiegelung von Rechtsansprüchen und sophistischen Auslegungen von Verträgen und der Auswertung von Positionen, die durch gewaltsames Vorgehen gewonnen waren, rückte nun der Staatskanzler der geschlagenen Pforte zu Leibe, um die Abtretung des nachmals Bukowina genannten Ländchens zu erreichen. Man erzielte ein Einverständnis mit dem Befehlshaber der russischen Truppen in der Moldau — ein schönes Geschenk wirkte hiebei nützlich mit — daß er österreichische Truppen in das begehrte Gebiet einrücken ließ.

Nun im machtvollen Besitz der fait accompli, begann Österreich die Verhandlungen mit dem Diwan, die eigentlich keine mehr waren. So hatte es der Kanzler überlegt, so Thugut gebilligt. Der über Rußlands Betreiben eingesetzte neue Hospodar der Moldau, der Grieche Ghika, wurde durch seinen Schwiegervater, den Griechen Jakobaki Riso, zugunsten der Wünsche des Kaiserhofes beeinflußt und trat nur noch schwach mit seinem Widerstand hervor. Rußland konnte nach anfänglichem Widerstreben gewonnen werden, der Pforte aber wurde für die förmliche Abtretung des fraglichen Gebietes die Räumung der noch von Österreich besetzten Teile der Walachei angeboten. Mit besonderem Geschick gelang es dem Internuntius Thugut, die erhaltenen Weisungen durchzuführen. Ein Doppelspiel Ghikas konnte leicht durchkreuzt werden, und die Pforte willigte, als Österreich sich bereit erklärte, auf den Besitz der Festung Chotim zu verzichten, und als man den Anspruch auf Alt-Orsowa fallen ließ, am 7. Mai 1775 in die Abtretung des gesamten Gebietes, das zwischen Siebenbürgen, Ungarn, Pokutien und dem Dnjestr lag. Dies war eine wertvolle Abrundung der neuen Ostgrenze der Monarchie, deren strategische Bedeutung in den heißen Kämpfen des Weltkrieges wiederholt erhärtet wurde. Die dankbare Kaiserin aber schrieb dem Kanzler: „Meine ganze Erkenntlichkeit schuldige ich Ihnen und ebenso meine Freundschaft und Hochachtung."

Während Thugut am Bosporus um die Erwerbung eines kleinen, aber bedeutungsvollen Ländchens rang, hatte der Ehrgeiz des Kaisers auch an der Ostgrenze Galiziens eine Erweiterung ins Auge gefaßt. Er stellte sie als unumgänglich notwendig hin und leitete Bemühungen der Staatskanzlei zu ihrer Erlangung in die Wege. Es betraf die Grenzlinie des Zbrutsch, an Stelle des im Teilungsvertrag vorgesehenen Flüßchens Podhorze, das sich jedoch auf der Karte nicht vorfinden ließ. Polen bestand auf der Grenzlinie des Serethflusses, die österreichischen Truppen hatten jedoch bereits das Land bis zum Zbrutsch in Besitz genommen. Der Kaiser erklärte jede Nachgiebigkeit als Feigheit, was den vorsichtigen Staatskanzler so tief verletzte, daß er am 7. Dezember 1773 erneut um seine Entlassung einkam.

Die Monarchin erwiderte die Bitte des treuen Dieners mit einer ergreifenden Kundgebung ihrer Freundschaft, ja Kameradschaft. „Ihr Billet," hieß es, „hat mich weder erstaunt noch überrascht, wohl aber sehr empfindlich geschmerzt. Ich erwartete es schon seit einiger Zeit in Anbetracht meiner eigenen Lage. Ich kann und will nicht auf das eingehen, was Sie wünschen, und muß es daher ignorieren. Aber ich erwarte von Ihrer Anhänglichkeit und sogar Freundschaft, daß Sie mich in meiner grausamen Lage nicht im Stiche lassen. Sehen wir doch zu, ob es nicht noch Mittel gibt, nach dreiunddreißig Jahren mühseliger und treuer Dienste, die wir zusammen dem Staate geleistet, denselben zu retten. Gibt es keine solchen Mittel, dann ziehen wir uns gemeinschaftlich zurück" — welch ein schöner Gedanke — aber nicht in anderer Weise, und zählen Sie auf meine Freundschaft, meine „Hochachtung und Dankbarkeit, wie ich auf Ihre Anhänglichkeit zähle."

Auch Josef, der mit seinem vorschnellen Urteil so leicht Verwirrung anrichtete, fand die geeigneten Worte, den Kanzler zu versöhnen. In der Sache aber setzte sich der Wille des Jüngeren gegen Kaiserin und Kanzler durch. Der ergraute Fürst mußte nach den Mittel der Staatskunst sehen, um diese neueste Forderung des jungen Herrn durchzusetzen. Josef hatte die in Frage kommende Landschaft für so fruchtbar, ihre Einwohner für so tüchtig und die damit zu gewinnende Grenze für die Verteidigung des Landes als so wichtig erklärt, daß man lieber, wenn man schon großzügig sein wolle, die Bereitschaft aussprechen möge, das ganze Galizien an Polen zurückzugeben, wofern es auch die anderen Teilungsmächte täten.

Wiederum war Kaunitz für einen vernünftigen Ausgleich, um die Zustimmung Polens für die angeforderte Grenze zu erhalten, und seine Politik war unermüdlich im Sinne der freundschaftlichen Lösung der Grenzfrage am Werke, während Friedrich, der gleichzeitig seinen Anteil nicht unerheblich vergrößert hatte, sich mit dem Recht der Gewalt begnügen wollte.

Tatsächlich gelang es dem Kanzler, den Kaiser für die Rückgabe einiger Österreich zugesprochener Gebietsparzellen an Polen zu bestimmen, wodurch dieses in der Frage der Zbrutsch-Grenze zugänglicher wurde. Dennoch kostete es noch unsägliche Geduld, ehe am 9. Februar 1776 die endgültige Konvention mit Polen unterzeichnet werden konnte. Geduld gegenüber den Polen, die immer neue Ausflüchte gemacht hatten, Geduld aber auch gegenüber dem Kaiser, der in seinem harten und lebhaften Wesen oft sprunghaft und ungerecht auftrat, und durch seine Schroffheit mehrmals das Erreichte in Frage stellte. Die Kaiserin hatte wohl recht, wenn sie den Abschluß des wahrhaft mühsamen Werkes dem „unermüdlichen Eyffer" und der „beständigen Auffsicht" des Fürsten zuschrieb.

So war, da in der gleichen Zeit auch die Grenzziehung in der Bukowina zum Abschluß kam, ein sorgen- aber doch erfolgreicher Abschnitt der österreichischen Politik, dessen Wechselfälle zu wiederholten Malen Uneinigkeit zwischen den drei maßgeblichen Persönlichkeiten der Monarchie hervorgerufen hatten, zum Abschluß gelangt. Die Kaiserin — wir sahen es — fühlte sich in dieser Zeit sehr unglücklich und durch den ausgreifenden Sinn der beiden Männer, insbesondere aber ihres Sohnes, oft geradezu überwältigt und zurückgedrängt.

*

Alles zusammengerechnet, war eine außerordentlich stattliche Gebietsvergrößerung für Österreich zustandegekommen. Nie wieder sollte die Monarchie so glücklich mit Rußland teilen.

Allerdings glitt damit der Habsburger Staat aus seiner Umgrenzung durch die Karpaten in die podolische Ebene hinein, ohne daß eine nur einigermaßen gleichwertige natürliche Grenze dem neuen Besitztum Schutz und Halt verlieh. In der Ferne mußte über den völligen Zusammenbruch Polens hinweg die gefährliche russische Nachbarschaft winken und damit die unmittelbare Berührung mit dem Machtbereich des östlichen Slawentums, der byzantinisch-slawischen Welt, deren Kultur ganz anders gerichtet war, mit einem Staate, der wohl damals in seinen alten Grenzen erst neun Millionen Einwohner zählte, jedoch auf ungeheure Gebiete gestützt, schon mit seinem Gewicht nach dem Westen hin zu drücken begann.

Als ein Ersatz für das 1742 verlorene und 1745 und 1763 nicht mehr zurückgewonnene Schlesien konnten die polnischen und ukrainischen Gebiete Galiziens nicht angesehen werden. Sie belasteten im Gegenteil die Monarchie mit neuen Millionen nichtdeutscher Bevölkerung. Außerdem war das Land durch die beispiellose polnische Verwahrlosung tief herabgekommen, wie sich kein Geringerer als der unermüdliche Kaiser schon im Sommer und Herbst 1773 selbst überzeugte. Sogleich und in der Folge bis zum Untergange der österreichisch-ungarischen Monarchie hat Galizien Unsummen von Fleiß, von Geld und materiellen Hilfsmitteln gekostet. Ungern genug hatten ja Kaunitz und noch mehr die Kaiserin ihre Hand nach diesem Lande ausgestreckt, im Grunde doch nur dem unerbittlichen Zwange folgend, hinter den namhaften Gebietserwerbungen der Nachbarn nicht zurückzubleiben.

Die Kaiserin mochte bei aller schließlich eingetretenen Freude am Besitze der großen Provinz doch empfinden, wie wenig oder gar nicht ihr all das entsprach, was geschehen war. Ihre einfache gesunde Natur wurzelte noch in der alten Zeit von Treu und Glauben und geheiligtem Besitz, welche Begriffe sie zum ersten Male durch den König von Preußen gefährdet und verletzt gesehen hatte. Sie gehörte der alten Schule des Fürstentums an, wie diese auch dem beharrenden Wesen des Reiches am ehesten entsprach. Sie konnte die Art, wie die Rationalisten Kaunitz und Josef, vor allem aber der ihr unversöhnlich verhaßte Friedrich, vorgingen, die Gewalt vor das Recht setzten und den altgeheiligten Besitz umstürzten, nicht billigen. Aber da sie schließlich doch unterzeichnete, und die Mühewaltung ihres Kanzlers lobte, hatte sie sich in Widerspruch zu ihrem eigenen Rechtsgefühl gesetzt, was ihre Antipodin Katharina weidlich verspottete.

Maria Theresia fühlte sich müde und der neuen Zeit fremd geworden.

DER BAYERISCHE ERBFOLGEKRIEG

Das Jahr 1777, das Jahr der Reise Josefs nach Paris, war noch nicht zu Ende gegangen, als eine für die deutsche Machtstellung Österreichs unermeßlich bedeutungsvolle Angelegenheit verhältnismäßig rasch am Horizonte heraufstieg. Es war die Frage der bayrischen Erbfolge.

Die bayrische Linie des Hauses Wittelsbach stand vor dem Erlöschen. Schon Bartenstein hatte 1753, damals auf Anregung des bayrischen Kanzlers Frhr. v. Kreittmayr, den Gedanken an eine Nachfolge in Bayern höchlichst begrüßt. Wurde er bei dieser Gelegenheit mit der angeregten bayrischen Ehe Josefs in Verbindung gebracht, bei der späteren tatsächlichen Eheschließung kam er nicht mehr zur Sprache. Kaunitz aber betonte damals der Kaiserin gegenüber, man müsse im tiefsten Geheimnis die Möglichkeiten für den einmal eintretenden Erbanfall erwägen und die eigenen Ansprüche prüfen lassen. Er hoffe mindestens, alle böhmischen Lehen Bayerns sowie die Inngrenze für Österreich zu gewinnen. Vielleicht könnte mit Opfern in Vorderösterreich oder in den Niederlanden ganz Bayern erworben werden.

Dann ruhte die Angelegenheit. 1770 sprach Friedrich als Versucher dem österreichischen Gesandten davon, ohne daß man in Wien darauf einging. Zwei Jahre später aber beschäftigten sich Josef und der Reichsvizekanzler mit dieser Frage. Die Besitztümer des Kurfürsten wurden nach ihrer Herkunft und ihrem rechtlichen Charakter geprüft. Was Reichslehen sei, solle, so einigte man sich, mit Ausnahme der Oberpfalz und der Grafschaft Cham, über deren Erbfall an die Pfälzer Linie bereits im Westfälischen Frieden verfügt worden war, vom Kaiser eingezogen werden.

Kaunitz, nun eingeschaltet, präsentierte die von ihm seit 1764 veranlaßten Untersuchungen seines Vertrauensmannes Schrötter, betonte aber im Gegensatz zu diesem, daß man die bayrischen Länder nicht sogleich durch Truppen besetzen müsse, sondern durch Patente von ihnen Besitz ergreifen solle. Wieder wurde die Inngrenze als Ziel gesetzt, wofür man eventuell auch die österreichischen Ansprüche auf Mindelheim und die böhmischen Lehen in der Oberpfalz hingeben könnte.

Die Reichskanzlei traf nun im tiefsten Geheimnis ihre Vorbereitungen. Ein neuerliches Vorfühlen des mißtrauischen Preußenkönigs wurde möglichst farblos beantwortet.

So war der Stand der Dinge, als 1777 der voraussichtliche Erbe der bayrischen Wittelsbacher Länder, der Pfälzer Karl Theodor, erfüllt von Besorgnis, Friedrich könnte ihm beim Eintritt des Erbfalles Jülich und Berg entreißen, sich am 14. Februar an Kaunitz wandte. Er erklärte, er wolle sich wegen Jülichs und Bergs in die Arme des Kaiserhofes werfen. Da Kaunitz bei der Kaiserin und ihrem Sohne es durchsetzte, daß man, Vertrauen mit Vertrauen erwidernd, den Kurfürsten von der Pfalz mit den österreichischen Ansprüchen vertraulich bekannt mache, entspannen sich lange Verhandlungen zwischen dem kurpfälzischen Beauftragten Frhr. von Ritter und Binder, der rechten Hand des Fürsten, an. Schon beschäftigte sich der erfindungsreiche Geist des Staatskanzlers mit dem Äquivalent, das dem Pfälzer zu geben wäre, wenn er mehr als Niederbayern und Mindelheim Österreich überlasse. Man war aber noch nicht weiter als mit genauer Prüfung der Möglichkeiten beschäftigt, als aus München die Nachricht von der Erkrankung des Kurfürsten Maximilian Josef an den Blattern eintraf. Noch vor dem Abschluß der daraufhin beschleunigten Verhandlungen starb der letzte bayrische Wittelsbacher am 30. Dezember 1777.

Josef setzte sich sogleich mit dem Fürsten Kaunitz ins Benehmen, um die österreichischen Ansprüche zu sichern. Maria Theresia jedoch, die, vor einer neuen Verwicklung zurückschaudernd, noch im Sommer 1777 dem Kurfürsten ein längeres Leben als sich selbst gewünscht hatte, wandte sich in einem eindringlichen Schreiben noch am 2. Januar an den Sohn.

Sie dürfe, so führt sie aus, jetzt im Interesse des Glückes und der Ruhe nicht bloß der ihrer Fürsorge anvertrauten Völker, sondern des ganzen Deutschlands nicht schweigen. Man dürfe nichts überstürzen, nicht jetzt mit der Sturmglocke läuten und unzählige Unglückliche machen. Sie sagt wörtlich: „Selbst wenn unsere Ansprüche auf Bayern nachweisbarer und begründeter wären, als sie es sind, sollten wir zögern, um unseres speziellen Vorteils willen einen allgemeinen Brand zu entzünden. Bedenk doch wie viele, selbst nach den Aussagen des Ministers, nur wenig bewiesene und verjährte Rechte, wie Du es so gut weißt als ich selbst, abgewogen werden müssen, um nicht Verwirrungen anzurichten, aus denen so viel Unglück hervorgehen wird. Ohne daß wir jemals soviel wie die anderen gewinnen, werden doch die unermeßlichen Kosten nur uns zur Last fallen. Von neuem werden wir unsere Völker bedrücken müssen, um für die von uns aufgehäufte Schuldenlast aufkommen zu können und um eine noch größere Armee zu erhalten, deren Vermehrung durch die unserer Besitzungen notwendig gemacht würde. Den von uns in so glücklicher Weise wiederhergestellten Staatskredit müßten wir neuerdings wieder untergraben, an seine Stelle die Gewalt setzen, und nie mehr würden wir uns der Ruhe, des Friedens und des Glückes erfreuen, welche mit Treue und Glauben und dem allgemeinen Vertrauen unzertrennlich verbunden sind. Kein bürgerliches, kein politisches Band will mehr halten; die Menschen und die Länder sieht man nur immer noch unglücklicher und im Verfall; noch ärger wird das werden, wenn wir ebenso handeln. Ich rede nur nach meinen Erfahrungen in politischen Dingen und als Familienmutter. Ich widersetze mich nicht einer Bemühung, diese Angelegenheiten in dem versöhnlichen Wege der Verhandlung zu gegenseitigem Vorteile zu ordnen, aber niemals auf dem der Waffen oder der Gewalt, ein Weg, der mit Recht von unserem ersten Schritte an die ganze Welt gegen uns aufbringen, und uns sogar diejenigen zu Feinden machen würde, welche sonst neutral geblieben wären. Niemals sah ich eine ähnliche Unternehmung gelingen, außer der gegen mich im Jahre 1741, als ich Schlesien verlor. Der Einbruch in Sachsen, der in Portugal, unserer im Jahre 1756, keiner gelang. Alle haben diejenigen zugrunde gerichtet, die sie unternahmen. Noch verspüren wir die Folgen davon: Zweihundert Millionen Schulden mehr und der Wohlstand unserer Völker vernichtet." Man solle, so wünscht sie, die einem Gewaltstreich ähnliche Besetzung Bayerns hinausschieben.

Trotz dieser deutlichen und zugleich bekümmerten Kundgebung der Kaiserin brachen die von Josef bestimmten Truppen auf. Sie sollten das Land in Besitz nehmen, das Österreich nach der Konvention, die nun — am 3. Januar 1778 — mit dem kurfürstlichen Unterhändler abgeschlossen wurde, zufiel. Karl Theodor hatte die österreichischen Ansprüche auf Niederbayern, die sich auf eine wittelsbachische Teilung von 1353 stützten, in der Tat anerkannt. Auch dem Rückfall der verstreuten böhmischen Lehen in der Oberpfalz hatte er zugestimmt, und seine Bereitschaft zum gegenseitigen Austausch der ihm und Österreich zugefallenen Gebiete untereinander zugesichert. Auf Grund dieses Abkommens sollte Österreich den größten Teil von Niederbayern erhalten.

Josef war voll Zuversicht. Er schrieb an seinen Bruder in Florenz: „Die Verhältnisse in Europa scheinen uns günstig. Alle Welt ist beschäftigt und aufmerksam, daher hoffe ich, daß dieser Streich auch ohne Krieg gelingen wird und die Erwerbung, obwohl keineswegs vollständig, wird in Anbetracht des Umstandes, daß sie nichts kostet, immerhin schön sein". Österreichs neue Grenze müsse, so meinte der Kaiser, dem Inn entlang und von da gegen Taus in Böhmen gezogen werden. Dies sei das Mindestprogramm. Bedeutsamer wäre es, ganz Ober- und Niederbayern bis Waldmünchen zu erwerben, wofür man Vorderösterreich, Mindelheim, die böhmischen Lehen, die Anwartschaft auf Württemberg — eine solche bestand für Österreich seit dem Jahre 1546 — ja sogar den österreichischen Teil von Limburg und das Herzogtum Luxemburg, also bedeutsame Stücke der habsburgischen Niederlande, hingeben könne, die zu einem Königreich zu erheben wären.

Als am 16. Januar endlich die schon sehnlich erwartete Ratifikation des Vertrages durch den Kurfürsten einlangte, fühlte sich selbst die bisher von Sorgen gequälte Kaiserin beruhigt. Etwas voreilig schrieb sie sogleich an Kaunitz: „Meine Befriedigung ist um so größer, als mein Herz jetzt beruhigt ist und die Monarchie Ihnen einzig und allein auch noch dieses Ereignis verdankt. Europa muß Ihnen die Gerechtigkeit erzeigen, daß ich den größten Staatsmann besitze...“ „Alle Welt scheint ruhig und zufrieden zu sein“, so schrieb auch noch am 29. Januar Josef an seinen Bruder Leopold.

Nun setzten im Sinne des von Josef angeregten Großprojektes die Austauschverhandlungen mit Karl Theodor ein. Schon aber stiegen die ersten Wolken auf.

Das Selbstgefühl des altbayrischen Stammes war durch die Besetzung und vor allem durch die drohende Zerreißung des Landes aufgewühlt. Eine Partei, deren Bedeutung wuchs, scharte sich um die Herzogin Marianne, die Schwägerin Karl Theodors, die eine Freundin Preußens und eine Gegnerin Österreichs war. In München erschien, die Schwierigkeiten zu vermehren, der Herzog Karl von Pfalz-Zweibrücken. Dieser war der künftige Erbe des kinderlosen Kurfürsten, und er war infolge einer vergeblichen Bewerbung um die Hand der Erzherzogin Amalia dem Kaiserhause gram. Der österreichische Vertreter Graf Franz Siegmund von Lehrbach, wurde durch ein Doppelspiel hingehalten, während Karl insgeheim den Werbungen Preußens nachgab.

Längst war zwischen Friedrich und dem Kaiserhofe das mehr dekorative Einvernehmen von 1770, die Beziehungen nach Maßgabe des Politischen Katechismus, dem alten Mißtrauen und gegenseitigem Grolle gewichen. Kaunitz hegte menschlich die schlechteste Meinung von dem König und beging den Fehler, ihn zu unterschätzen. Nur „in seinem persönlichen Charakter, seiner Stimmung, seiner mürrischen Einsamkeit, seinem Menschenhasse, seiner steten Verachtung sittlicher Pflichten, der Abnahme seiner Gesundheit, in seinen persönlichen und unpersönlichen Feindschaften“, nicht aber „in scharfsichtiger Voraussicht oder gesunder Staatskunst“ seien die Beweggründe seines Handelns gelegen. Er suche nach der geeigneten Möglichkeit, „in dem allgemeinen Brande die Mittel zu finden, etwas für sich zu entwenden“.

Friedrich aber handelte rasch. Er beauftragte sogleich, da ihm die Nachricht vom Tode Maximilian Josefs zugegangen war, den in Weimar lebenden Grafen Eustach von Görtz, ihm als geheimer Agent zu dienen. Versuchte es Görtz vergebens, den Kurfürsten Karl Theodor von der mit Österreich geschlossenen Konvention abzubringen, bei dem Herzog von Pfalz-Zweibrücken hatte er Erfolg. Nach einigem Zaudern schrieb dieser den von Friedrich gewünschten Brief, darin er den König um Hilfe in der bayrischen Erbfolgefrage bat. So konnte der Preuße legitimiert in der Erbfrage zur Intervention schreiten. Der Zweibrückener aber erhob auch über sein Betreiben beim Reichstag Protest. Wie sehr hatte sich Josef getäuscht, der in dem schon früher angeführten Briefe vom 29. Januar seinem Bruder auch geschrieben hatte: „Der König von Preußen hat noch kein Wort zu uns gesagt. Er ist der übelsten Laune und klopft an alle Türen, um zu wissen, ob man mit ihm gemeinschaftliche Sache machen will. Da er sie jedoch verschlossen findet, muß er sich in Geduld fassen, indem er es nicht wagt, sich allein in den Vordergrund zu stellen. So wird, wenn ich mich nicht täusche, zum Erstaunen der ganzen Welt, diese Angelegenheit in großer Ruhe verlaufen. Aber man muß rasch und mit Entschlossenheit handeln. Hätten wir dies nicht getan, dann bürge ich Dir dafür, daß wir jetzt, einen Monat nach dem Tode des Kurfürsten, noch kein Dorf inne hätten."

Schnell kam das Erwachen! Eine preußische Note, die am 7. Februar übergeben wurde, bestritt die österreichischen Ansprüche. Das war Preußens Antwort auf die durch Kaunitz erfolgte Mitteilung an die Vertreter der Mächte am Kaiserhofe. Friedrich mußte sich alsbald in seiner feindseligen Haltung nicht mehr allein fühlen. Die verwitwete sächsische Kurfürstin Antonia erhob große Ansprüche auf das wittelsbachische Erbe, und da sich der Kurfürst von der Pfalz weigerte, sie zu erfüllen, wandte man sich in Dresden auch aus Verstimmung gegen Österreich Preußen zu.

Wie aber verhielt sich der französische Bundesgenosse, auf dessen Bündnistreue es in diesem Augenblicke sehr viel ankam? Wir müssen einen Augenblick innehalten.

Seit dem Versailler Bündnisse zwischen Österreich und Frankreich hatte sich die Machtstellung Österreichs erhöht, die von Frankreich vermindert. Österreich war die Erwerbung von Galizien und der Bukowina gelungen, Frankreich aber hatte seine Weltstellung nicht zu wahren gewußt. Das österreichische Bündnis wurde in wachsendem Maße in Frankreich als den Interessen des Landes widrig angesehen. Dies wurde auch in der amtlichen Politik fühlbar, seit der Graf Vergennes französischer Außenminister geworden war. Just vor der Reise Josefs nach Paris hatte er seinem König — und das war nicht mehr der bundestreue Ludwig XV. — in einer Denkschrift die folgenden kritischen Worte zum Bündnis gesprochen: „Ich werde nicht nachprüfen, Sire, ob dieses Haus (erg. Habsburg) die Verpflichtungen seiner Allianz mit E. M. immer treu erfüllt, ob es nicht vielmehr versucht hat, sie zu mißbrauchen, um das seiner Krone gebührende Ansehen und die Meinung über den Schutz zu verringern, den E. M. nach dem Beispiel Ihrer erhabenen Vorfahren geneigt ist, den deutschen Fürstentümern angedeihen zu lassen, um sie in der Behauptung ihrer gesetzmäßigen Rechte zu unterstützen." Nach zwanzig Jahren war das österreichisch-französische Bündnis innerlich krank geworden, und der Besuch des Kaisers vermochte nichts mehr daran zu ändern.

Der französische Bundesgenosse erklärte, obwohl Marie Antoinette, durch die Mutter angespornt, sich treu für ihr Vaterland bemühte, am

10. März 1778, daß für den mit Preußen schwebenden Streit der Bündnisfall nicht gelte, da er ein 1756 noch nicht zu Österreich gehöriges Land betreffe. Man gönne aber gern dem Verbündeten den Machtzuwachs.

Die Verhandlungen mit dem Pfalz-Zweibrückener zerschlugen sich. In der Austauschfrage bot Karl Theodor ganz Bayern und die Oberpfalz gegen die gesamten Niederlande, was vor allem bei der Kaiserin Ablehnung fand, und darum scheiterte. Die Huldigung der Stände in den besetzten Gebieten wurde geleistet.

Alle noch schwebenden Sorgen verblaßten vor dem sich rasch zuspitzenden Konflikt mit Preußen. Die Note des Königs war mit Rechtsverwahrung abgelehnt worden. Am 9. März überreichte der preußische Gesandte Freiherr von Riedesel ein zweite. Österreich solle die Besetzung Bayerns rückgängig machen, worauf die Verständigung unter Wahrung auch der Ansprüche von Sachsen, Mecklenburg, Zweibrücken und anderer erfolgen müßte. In Berlin stand der österreichische Gesandte Graf Ludwig Cobenzl, ein hervorragender Diplomat, in Verbindung mit dem zum Frieden neigenden Prinzen Heinrich, aber an der kriegerischen Entschlossenheit des Königs hegte auch er keinen Zweifel.

Preußen rüstete, auch Österreich mußte seine Vorkehrungen treffen. Laudon wurde nach Böhmen abgesandt.

Maria Theresia, die bereits in der Frage der Grenzberichtigung mit Karl Theodor Mäßigung erzwungen hatte und diesmal nicht so passiv war wie 1772, sah mit schweren Besorgnissen in die Zukunft. Ein Krieg mit Preußen würde selbst bei Erfolgen, die sie nicht erwartete, durch die lange Dauer von drei bis vier Jahren schließlich Europa gegen Österreich auf den Plan rufen. Sie fürchtete: „Nichts Geringeres als ... den Sturz unseres Hauses und der Monarchie, ja sogar eine völlige Umwälzung in Europa. Kein Opfer ist zu groß, um dieses Unglück noch rechtzeitig zu verhüten. Bereitwillig werde ich mich zu allem herbeilassen, selbst bis zur Erniedrigung meines Namens. Man mag mich albern, schwach und kleinmütig schelten; nichts soll mich abhalten, Europa aus dieser gefahrdrohenden Lage zu befreien; ich könnte den Rest meiner unglückseligen Tage in keiner besseren Weise verwenden. Ich gestehe, dieses Opfer kostet mich große Überwindung, aber es ist gebracht, und ich werde es aufrechtzuerhalten wissen." Sie schloß diese Schrift, die sie am 14. März Josef und Kaunitz zur Verlesung brachte, mit den Worten: „Nach allem, was ich soeben gesagt habe, muß ich Dir erklären, daß ich mich nicht dazu herbeilassen könnte, immer gegen mein Gewissen und gegen meine Überzeugung zu handeln; es ist dies weder üble Laune noch persönliche Feigheit. Ich fühle mich noch ebenso voll Kraft wie vor dreißig Jahren, aber nie würde ich mitwirken, mein Haus und meine

Staaten zugrunde zu richten." Ja, sie fügte in aller Entschlossenheit hinzu: „Wenn der Krieg ausbricht, so zähle nicht mehr auf mich. Ich werde nach Tirol gehen, dort meine Tage in der größten Zurückgezogenheit zu enden, das unglückliche Schicksal meines Hauses und meiner Völker zu beweinen, und einen christlichen Tod zu erwarten."

Verhandlungen in Berlin führten zu keinem Ziel. Man hatte gehofft, den König willfährig zu machen, indem man ihm den Eintausch von Ansbach und Bayreuth gegen die Lausitzen gestattete. Die preußische Note vom 9. März war am 1. April unter scharfer Rüge zurückgewiesen worden. Schon gingen die Kriegsherren ins Feld. Ein Briefwechsel, den Josef von Böhmen aus mit Friedrich einleitete, ließ die Unvereinbarkeit der Gegensätze deutlich erkennen. Die Kaiserin, über die geschliffene Feder ihres Sohnes entzückt, erhoffte sich von dem „Alten Fuchs", der zu den „falschesten Menschen gehöre", nichts. Die Friedensneigung des Prinzen Heinrich sei bedeutungslos, da er neben dem König nichts zu sagen hätte. „Unser neunter Erzherzog", so schreibt Maria Theresia, „wird besser behandelt, als dort der präsumptive Erbe des Thrones, dort ist alles nur Sklaverei, während man bei uns aus Anhänglichkeit dient."

Dennoch überschätzte man in Wien den Wert der friedlichen Kundgebungen des Prinzen Heinrich. Auch Kaunitz glaubte nicht, daß der König ernst machen würde. Wohl unterhandelte Cobenzl seit dem 1. Mai offiziell mit Friedrichs Ministern, den Grafen Hertzberg und Finckenstein, aber die preußischen Forderungen für die Zuerkennung des kleinen Innviertels und eines unbedeutenden Landstückes in der Oberpfalz waren exorbitant. Teile von Limburg und Geldern, Verzicht auf die böhmischen Oberhoheitsrechte in der Oberpfalz, in Bayreuth und in Sachsen sowie die Zustimmung zur vorhin erwähnten Erwerbung der Ober- und der Niederlausitz durch Eintausch! „Nichts nutz, unmöglich und höchst schädlich", nannte der Kaiser diese Vorschläge. „Wir sind bereit und vollkommen gerichtet," so schrieb er am 24. Mai an Cobenzl, „den König da, wo es ihm belieben wird, mit Mut und Tapferkeit zu empfangen."

In den Meinungsverschiedenheiten zwischen der ruhebedürftigen Mutter und dem vorwärtsdrängenden Sohne vermittelte Kaunitz. Dort hieß es, die Aussichten und Notwendigkeiten des Staates gegen die Neigung zur Passivität, hier aber einen klugen Gang des Staatsgeschäftes gegen einen radikalen und oft wechselvollen Ungestüm zu verteidigen. Der Gang der Dinge war gegen seine Berechnungen gelaufen. Der Fürst hielt sich in der Staatskanzlei geradezu verborgen und war im Mai wochenlang auch für die Kaiserin unsichtbar. Man konnte in der Krise erkennen, daß die Meinungen in der Staatsspitze nicht zusammenstimmten, was auch die Arbeit Cobenzl in Berlin recht erschwerte.

Immer noch sehr optimistisch, schrieb Josef am 17. Juni an den Berliner Gesandten: „Das einzige, was man urteilen kann, ist wohl dieses, daß des Königs kriegerische Lust sehr klein, dessen Habhaftwerdung der Lausitz aber sehr groß seye und ich folgere aus all diesem, daß, wenn wir bey einer billigen aber vesten Sprache bleiben, der große Friderich mitsamt seiner Xerxesarmee endlich doch seine Donquichottische Sprache für das Heil Deutschlands mäßigen und seinen wesentlichen Vorteilen und der Ruhe seiner alten Knochen das Übrige aufopfern wird."

Die Kaiserin mit ihrem feineren Gefühl war anderer Meinung über das „Ungeheuer", wie sie den König nannte. „Zu weit hat er sich vorgewagt," meinte sie. Auf eine erneute Erklärung des Kaisers, er sei überzeugt, daß es doch keinen Krieg geben werde, gab sie zur Antwort: „Wie glücklich wäre ich, wenn Deine Hoffnungen sich erfüllten, aber ich gestehe, ich wage es nicht, mir damit zu schmeicheln; es ist unmöglich. Welche Lust sollte denn den König anwandeln, sich ein so grausames Dementi zu geben; wir werden somit den Krieg haben. Wie schrecklich ist dieses Wort, und wie furchtbar werden die Folgen davon sein."

Die Kaiserin hatte richtig gesehen. Schon fünf Tage vorher, und nochmals just einen Tag vor dem Brief Maria Theresias an Josef (28. Juni) hatte der König seinen Bruder Heinrich unter Zurückweisung von dessen Rat zur Versöhnlichkeit erklärt, daß er den Krieg beginnen müsse. Er bürge ihm dafür, „daß der Kaiser, so sehr er auch Cäsar ist, doch bald lernen wird, in seinen Wein Wasser zu gießen".

Eine preußische Note wies nochmals die Unberechtigtheit der österreichischen Ansprüche auf Bayern nach, und lehnte deren Verbindung mit den berechtigten preußischen Ansprüchen auf die beiden fränkischen Markgrafschaften Ansbach und Bayreuth ab. Der Kaiserhof besäße kein Recht, sich dieser Vereinigung zu widersetzen. Österreich habe den Eintausch der Lausitz angeregt. Man sei darauf eingegangen, ohne eine Vergrößerungsabsicht zu hegen, man sei bereit, Sachsen reichlich zu entschädigen. Österreich habe seine letzten Vorschläge, die, obwohl dunkel und vieldeutig, doch darauf hinausgingen, die unbefugte Teilung Bayerns zu vollenden, als solche erklärt, über die man nicht mehr zu diskutieren hätte. Damit habe es die Verhandlungen abgebrochen, und der König sei gezwungen, zur Gewalt der Waffen seine Zuflucht zu nehmen, auf die Billigung der Mitstände des Reiches und ganz Europas vertrauend.

Zwei Tage später, am 5. Juli 1778, erfolgte der preußische Einmarsch in Böhmen mit 160 000 Mann.

*

Einen neuen Heinrich den Löwen zu bezwingen, waren die Heere Österreichs 1756 ins Feld gezogen und ihnen folgten alsbald die Banner des Reiches nach. Der moderne Heinrich aber war nicht bezwungen worden, er wurde je länger, je mehr zum „Antikaiser“, wie ihn Josef gerade während des bayrischen Erbfolgekrieges nannte. Nun lenkte er seine Armeen gegen den Kaiser, um im Namen der deutschen Libertät mit diesem Krieg zu führen. Die Lage war klar. Österreich suchte nach dem Ersatz für das durch Friedrich verlorengegangene überwiegend deutsche Schlesien. Diesen meinte es in Bayern gefunden zu haben, und zweifellos hätte die Erwerbung des ausgedehnten Kurfürstentums Österreichs Stellung in Deutschland wesentlich gestärkt, alle Gewichte zu seinen Gunsten verändert. Im Besitze von Bayern, das die klaffende Lücke zwischen der Westspitze Böhmens und der Tiroler Pforte bei Kufstein geschlossen hätte, wäre Österreich in eine nicht mehr zu erschütternde deutsche Stellung hineingewachsen. Diese gefahrdrohende Verschiebung zu verhindern, trat just der Umstürzer der alten deutschen Welt Friedrich auf, gewiß in seinem Ruf für Recht und Reichsverfassung, der Bock als Gärtner, aber getragen von der Mißstimmung im Reich, die sich über Österreichs Vorgehen erhoben, vor allem deshalb, weil man gegen den Rat von Kaunitz die fraglichen Gebietsteile militärisch besetzt hatte. Wesentlich ungünstiger als 1756 stand es somit im Reiche selbst um die Sache der Monarchie, während in Europa der einstige Bundesgenosse Rußland nun seit langem der Alliierte Friedrichs war, und Frankreich, das die Teilung Polens mißvergnügt hingenommen hatte, die neue Vergrößerung seines Bundesgenossen nicht mit freundlichen Augen betrachtete. Friedrich hatte zudem Sachsen, das im Siebenjährigen Krieg auf Gedeih und Verderb an Österreich geknüpft war, nun zum Alliierten, und konnte durch dessen Gebiet als Freund durchmarschieren, da er die maßlosen sächsischen Allodialansprüche mit aller Macht unterstützte.

Die vereinigten preußisch-sächsischen Streitkräfte waren den österreichischen um 30—40 000 Mann überlegen. In zwei Armeen geteilt, rückten sie in das seiner Lage nach von Sachsen her besonders aufgeschlossene Böhmen ein. Der König, dem Josef selbst, den Feldmarschall Graf Lacy an der Seite, gegenüberstand, befehligte die östliche stärkere Armee, Prinz Heinrich die westliche. Ihren Einbruch sollte Laudon, der nun endlich zum Feldmarschall ernannt wurde, abwehren. Bei der Armee Josefs befanden sich auch Erzherzog Maximilian, der jüngste Sohn der Kaiserin, und Prinz Albert von Sachsen-Teschen, ihr Schwiegersohn.

Unermüdlich tätig, hatte Josef den Aufmarsch seines Heeres geleitet. Nun aber der von ihm doch nicht erwartete Krieg Tatsache geworden, brach schwerste Sorge über den Gewissenhaften herein. War wirklich alles aufgeboten, um dem trotz seiner sechsundsechzig Jahre so fürchterlichen Gegner begegnen zu können? In solcher Stimmung wandte sich Josef an die Kaiserin. Er forderte, in gewohnter Weise alle Dinge überschärfend, die Anwendung „äußerster Mittel“: vierzigtausend neue Rekruten, dazu ohne Rücksicht, wer nur gewehrtauglich ist, zu nehmen, „Stärkung der Finanzen, Heranziehung aller vom Thron bis zum letzten Bauer, Kreditbeschaffung in der Fremde, sei es durch was immer für harte Bedingnisse, da wenn das Haus brennt, man nicht handeln muß, ob das Wasser teuer.“ Die Insurrektion in Ungarn müsse aufgeboten werden, Siebenbürgen müsse Truppen stellen. Gleichgültig, um was für Versprechungen müsse man Alliierte gewinnen oder Truppen in Sold nehmen, woher es immer sei. Die Kaiserin möge die Minister berufen, und sie auf die äußerste Kraftanstrengung der Monarchie verpflichten.

An sich gesehen, waren diese Forderungen für eine so große Auseinandersetzung, von der doch die deutsche Stellung Österreichs abhing, nicht übertrieben. Aber sie wirkten für den Augenblick bestürzend, nachdem man doch wochenlang das Kommende hätte bereiten können, und der peinliche Grundton der Nervosität war aus ihnen herauszuhören.

„Das ist es, was ich immer voraussah,“ schrieb die tiefbekümmerte Kaiserin an Kaunitz. Erst nach einer verlorenen Schlacht sei sie auf so etwas gefaßt gewesen. „Ohne Kanonenschuß hält man schon alles für verloren, und Rekruten und Insurrektion sollen die Monarchie retten, nachdem hundertsiebzigtausend wohleingeübte Leute sich in Verwirrung befinden. Leb wohl Monarchie; ich sehe keinen Weg, sie zu retten. Von Ihnen und Ihrem Rate erwarte ich, was ich morgen abends antworten soll, denn was mich betrifft, ich bin mit meinem Latein zu Ende.“ Kaunitz möge alsbald daran denken, „wie der Krieg allsogleich und ohne Aufschub beendigt werden könne“. Den Sohn aber ermutigte sie mit aller Entschiedenheit. Der Anfang eines Krieges sei jederzeit schrecklich. Friedrich könne man nicht durch Schlachten beikommen, „die Zeit ist es, die ihn mürbe macht“.

Schon kündigte sich ihre Entschlossenheit durch Handeln an: „Ich fühle wieder meine frühere Kraft und mit Gottes Hilfe werde ich mich wieder herausziehen. Gilt es ja doch die Rettung Josefs, und da fühle ich ich dasselbe Feuer, wie mit fünfundzwanzig Jahren in mir.“

Hatte die Kaiserin aus Josefs Brief zu viel herausgelesen?

Am gleichen Tage, da ihm die Mutter so mannhaft antwortete, ja ihm den Kopf zurechtsetzte, am 11. Juli, schrieb der Sohn einen zweiten recht eindeutigen Brief. Es hieß darin: „Unsere Lage ist gewiß ungemein kritisch. Der Feind ist überall stärker als wir, und gleichzeitig überaus kriegserfahren und kühn. Wir werden sehr große Mühe mit ihm haben; wenn wir aber hier nicht tüchtig standhalten, müssen wir uns entschließen, Böhmen in seiner Gewalt zu lassen. Ein glücklicher Augenblick, nur etwas göttliche Gnade, könnte allein allen Übelständen abhelfen. Wir erwarten unseren Gegner mit Geduld, aber nicht ohne die größte Unruhe, wie Sie sich wohl vorstellen können. Wenn irgendein Mittel den Frieden zu nur einigermaßen anständigen Bedingungen wiederherstellen könnte, so wäre das ein sehr großes Glück; aber ich sehe die Mittel dazu nicht."

Die Kaiserin handelt. Sie entschließt sich, Österreichs Gebietsforderungen auf die Ämter Braunau und Burghausen einzuschränken, notfalls auf alles zu verzichten, um aus diesem Kriege herauszukommen. Der von ihr angerufene Kaunitz schlägt die Entsendung eines vertrauten Unterhändlers ins Hauptquartier Friedrichs vor, und zwar den erprobten Freiherrn von Thugut. Maria Theresia drängt zur Eile. Schon am 13. Juli verläßt der verschwiegene Diplomat mit einem Passe des russischen Botschafters, Fürsten Gallitzin, Wien, um als Legationsrat Rosdorf den König in seinem Hauptquartier in Welsdorf aufzusuchen. Thugut überbringt einen vertraulichen Brief der Kaiserin und hat eine Instruktion bei sich, die Österreichs Sich-Begnügen mit einem Gebiete beinhaltet, das eine Million Gulden Ertrag abwerfe. Der eigenhändige Brief aber spricht den Wunsch der Mutter aus, die zwei Söhne und einen Schwiegersohn bei der Armee hat, die Verhandlungen wieder anzuknüpfen. Sie wende sich ohne Vorwissen des Kaisers an ihn und bitte um strengste Geheimhaltung. Thugut wird ermächtigt, unverzüglich Friedenspräliminarien abzuschließen.

Josef, der inzwischen sein Selbstvertrauen wiedergewonnen hat, ist außer sich. Er sieht den Entschluß der Kaiserin als den schädlichsten an, den man denken könne. „Wer hat den Schritt anraten dürfen? Wer hat in dieser Weise den Ruf Maria Theresias, das Ansehen der Monarchie herabgesetzt? Es ist die schwerste Demütigung, die nur je ersonnen werden konnte, und mein Kopf verliert sich in dem Meer von Betrachtungen, von Qualen und von Folgerungen, die daraus gezogen werden müssen." Nur der Abbruch könne die Ehre Maria Theresias retten.

Ja der Kaiser will, wie er Laudon mitteilt, die Armee verlassen und nach Italien gehen. In edlem Freimut rät der Feldmarschall ab, betont aber die Notwendigkeit, im Augenblick, wo der Friede bestätigt sei, die Armee zu reformieren. Aus diesen Worten spricht zugleich der lastende Gegensatz zwischen Lacy und Laudon, welch letzterer seit 1763 stets zurückstehen mußte.

Thugut war am 16. Juli beim König eingetroffen. Bis zum Nachmittag des 18., wo er abreist, hat er vier Besprechungen. Der König zeigt sich zuerst ziemlich erfreut, ist aber weit davon entfernt, Präliminarien abzuschließen. Er spricht mit Bewunderung von der Kaiserin, und meint diese Worte, wie der Unterhändler bemerkt, wohl ernst. Aber obwohl er den Schritt Maria Theresias billigt, äußert er sich nicht definitiv über die österreichischen Vorschläge, betont jedoch die Notwendigkeit der Entschädigung des pfälzischen Kurfürsten, der Befriedigung des Sachsen, dessen Forderungen er sehr hoch beziffert, und die Freistellung des Austausches der fränkischen Markgrafschaften mit den beiden Lausitzen. Bis zum Eintreffen der Antwort der Kaiserin wolle er, so lautet seine Botschaft an sie, keine Unternehmung ins Werk setzen, welche das Leben ihrer im Feldlager befindlichen Söhne irgendwie gefährde. In einem weiteren Brief verschärft der König seine Bedingungen.

Trotzdem will die Kaiserin den Faden nicht abreißen lassen. Thugut wird neuerdings entsandt. Maria Theresia sucht die Zustimmung Josefs zu diesem Schritte zu gewinnen. Sie beschwört ihn: „Man muß den Mut haben, sich selbst aufzuopfern und gerecht zu beurteilen. Wir waren eine große Macht; wir sind es nicht mehr; man muß sein Haupt beugen, wenigstens die Trümmer davon retten und die Völker, die uns noch bleiben, glücklicher machen, als sie es während meiner unglücklichen Regierung waren, weil wir trotz unserer Verluste uns immer auf der früheren Höhe erhalten wollten. Beginne Deine Regierung damit, die Ruhe, den Frieden, das Glück denjenigen zurückzugeben, die dies so sehr verdienen; Du selbst wirst Dich an dem Glück der anderen erfreuen, sogar auf Kosten Deiner persönlichen Größe."

Der Kaiser weigert sich, die ihm von der Mutter angetragene Entscheidung über die zu fassenden Entschlüsse abzugeben, aber er beunruhigt sie gleichzeitig durch eine ungünstige Mitteilung.

Laudon hat seine Stellung um Leitmeritz und Niemes vor den überlegenen Kräften des Prinzen Heinrich räumen müssen, und ist hinter die Iser zurückgegangen. Auch diese neue Stellung bei Kosmanos und Münchengrätz fürchtet er bei einem ernsthaften Angriff des Gegners nicht behaupten zu können. In diesem Falle wäre nicht nur Prag verloren, sondern selbst Josefs feste Stellung, gegen die der König bisher nichts zu unternehmen vermochte, gefährdet.

Bei solchem Stand der Dinge erwartet die Kaiserin mit doppeltem Bangen den Ausgang der neuen Mission Thuguts. Dieser unterhandelt am 10. August wiederum zu Welsdorf mit Friedrich. Er hat die Mitteilung zu überbringen, daß Österreich sogar bereit ist, alles von ihm in Bayern Besetzte zurückzugeben, wenn der König seinerseits auf die Vereinigung der beiden Markgrafschaften mit Preußen verzichte. Als Friedrich mit Entschiedenheit ablehnt, jedoch seine Friedensgeneigtheit betont, kehrt das Gespräch zu den alten Streitpunkten zurück. Der König verweist Thugut an seine Minister. Mit diesen unterhandelt der Abgesandte noch zwei Tage zu Braunau (in Böhmen). Ohne Ergebnisse. Insbesondere Graf Hertzberg offenbart eine ausgesprochene feindselige Haltung gegen Österreich. Thugut gewinnt den Eindruck, daß es dem König gar nicht mehr um eine friedliche Vereinbarung zu tun sei.

So müssen die Waffen weitersprechen. Der Kaiser ist ein unermüdlicher Feldherr. Schon um drei Uhr morgens ist er zu Pferde, selbst während der Nachtruhe läßt er sich wegen eingelaufener Berichte wecken. Die Lage Laudons ist Gegenstand seiner hauptsächlichsten Sorge. Der Feldmarschall, jetzt einundsechzig Jahre alt, zeigt nicht mehr den einstigen Wagemut. Er sieht die Lage düster an. Das Gefühl, das Vertrauen des Kaisers nicht voll zu besitzen, und die erlittenen Zurücksetzungen mögen beigetragen haben, daß nunmehr an Stelle der Entschlossenheit und Sicherheit von ehedem Sorge vor der Verantwortung eingetreten ist. Josef faßt den richtigen Entschluß, sich selbst zu Laudon nach Münchengrätz zu begeben.

Drei Tage verweilt der Kaiser bei dem Feldmarschall. In seiner übertriebenen Art berichtet er der Mutter: „Offen muß ich Ihnen sagen: Laudon verlor bei dem Einmarsch des Prinzen Heinrich vollständig den Kopf. Weit davon entfernt, dem von uns festgestellten Plane zu folgen und die Befestigungen sowie die Stellung von Niemes zu behaupten, flüchtete er sich, man muß es so nennen, ohne einen Schuß zu tun oder den Feind gesehen zu haben, hierher. Hiedurch hat er die Elbe verlassen, und ohne den mindesten Widerstand dem Feinde den Vormarsch aus dem Gebirge gestattet, aus welchem derselbe bis zu diesem Augenblick ... noch nicht seine ganze Artillerie zu ziehen vermochte. Ja, Laudon war auf dem Punkte, wenn ich nicht gekommen wäre, auch von hier zurückzugehen, und hatte schon die Zelte abschlagen lassen. Ich kann Eurer Majestät meinen qualvollen Zustand und die Zwangslage, in der ich mich befinde, nicht genug schildern. ... Laudon ist in Verzweiflung über das, was er getan, er fühlt es, er möchte tot sein, aber das Übel ist ohne Heilmittel, und in den nächsten Tagen werden wir, wenn der Friede nicht eher geschlossen wird, was, wenn es schon einmal sein soll, am besten so rasch als möglich geschehen würde, alle hinter der Elbe, das Land aber im Besitz des Königs sein." So schreibt er übernervös am 14. August.

Indessen die düsteren Erwartungen erfüllen sich keineswegs. Der König bricht sein Lager ab und versucht durch neue Bewegungen die Österreicher aus ihren festen Stellungen zu locken, und den Kaiser zum Rückzug zu zwingen. Jedoch Friedrich, einst der verwegene Feldherr, kann sich zum Angriff auf die starke Stellung der Österreicher bei Hohenelbe nicht entschließen. Der September bricht herein und bringt naßkaltes Wetter und Schneefall in den böhmisch-schlesischen Bergen. Den König trifft es in ungünstiger Stellung und bei schwieriger Nachschublage. „Ich kann nicht leugnen," schreibt er an den Bruder Heinrich, „daß wir einen recht albernen Feldzug machen." Auch dieser, von Friedrich später sehr getadelt, kann sich zu keinem energischen Vorgehen entschließen. Man merkt, es ist ein Feldzug von Generalen, die samt und sonders ihre beste Zeit hinter sich haben. Schmettau erinnert in einer Darstellung des Feldzuges von 1778, daß man diesen mit einem schlechten Schauspiele verglichen habe, das durch gute Schauspieler gegeben wurde. So vermag sich Laudon trotz seiner ständigen Sorgen an der Iser zu halten, der König aber, dessen Heer sich durch Krankheiten verringert, und zudem durch Desertionen Verluste erleidet, beginnt im September seinen Rückzug aus Böhmen, erst nach Trautenau, dann nach Schatzlar, endlich über die Grenze nach Schlesien zurück. Er hat die Österreicher aus ihren „versteinerten Stellungen" nicht herausbekommen. Jetzt kostet der Rückzug ihn und seinem Bruder, der gleichfalls das besetzte Gebiet räumt, empfindliche Verluste, besonders an Pferden. Der Kaiser aber zollt den vorzüglichen Maßnahmen Lacys Anerkennung. Nur der FML. Graf Dagobert Wurmser habe sich neben ihm noch unter den Generälen ausgezeichnet.

Der Rückzug ist noch nicht der Friede. Für den Staatskanzler, der all die Zeit unter dem Grolle Josefs zu leiden hatte, stehen noch sorgenvolle Wochen bevor. Rußland, das dem König von Preußen bisher die bewaffnete Hilfe versagt hatte, bringt am 20. Oktober eine drohende Friedensmahnung in Wien vor. Die Zarin erkennt den österreichischen Anspruch auf Bayern nicht an. Österreich solle ihm entsagen und die Ruhe Deutschlands nicht länger stören. Sie empfiehlt den Friedensschluß mit Preußen. Wenn auch Josef die russische Drohung nicht ernst nimmt — hat er es nicht auch mit der preußischen getan? — die Kaiserin setzt sich über seine Meinung, der immer noch hartnäckig an seinem großen Austauschplane festhalten möchte, hinweg. Sie entschließt sich zur Annahme der von Katharina auf ein Wiener Ersuchen vom 27. September angebotenen russischen Vermittlung. Sie hat aber auch den Vorschlag des Fürsten Kaunitz abgelehnt, der die bayrische Frage an das Reich bringen wollte, da alle anderen Bemühungen seines erfindungsreichen Kopfes gescheitert waren. So werden — denn auch der so zweifelhaft gewordene französische Bundesgenosse wird eingeschaltet — Frankreich und Rußland die Friedensvermittlung übernehmen. Für die Kaiserin geht alles viel zu langsam. Sie meint, Kaunitz, der sehr bedächtig zu Werke geht, schmeichle sich immer noch mit der Hoffnung, durch „etwa eintretende Ereignisse noch einen Ausweg zu erhalten". Am 25. November 1778 sind die Einladungen abgegangen. Auch Friedrich, der sich um die erwartete militärische Hilfe der Russen betrogen sieht, stimmt der Vermittlung zu.

Der französische Gesandte in Wien, Breteuil, und für Rußland der Fürst Repnin, sollen die Unterhandlungen führen. Um sie endlich in Fluß zu bringen, stimmt die Kaiserin, deren Willen nun überall energisch hervortritt, dem von ihr zuerst als zeitraubend abgelehnten Kongreß zu. Er wird in Teschen abgehalten. Beide Kriegführenden fühlen sich im Grunde von ihren Verbündeten verlassen. Österreich hatte trotz des vollen Einsatzes der französischen Königin keine Hilfe von Frankreich, nicht einmal eine solche diplomatischer Natur, zu erlangen vermocht. Friedrich wieder hatte in der russischen Vermittlung die Verweigerung militärischer Hilfe zu deutlich herausgehört. Beide Streitenden neigen endlich dem Frieden zu. Sogar der Kaiser, nach dem preußischen Rückzug sehr kriegerisch, hat die Unmöglichkeit, den Krieg fortzusetzen, erkannt. Die Entschädigung für Sachsen bereitet vor allem Schwierigkeiten. Erfreulicherweise tritt die russische Vermittlung für Österreich nicht in drückender Gestalt auf. Es ist fühlbar, daß die beste Zeit russisch-preußischer Freundschaft vorüber ist.

In Teschen wird Österreich an Stelle des erkrankten Ludwig Cobenzl durch seinen Vetter, den Grafen Philipp Cobenzl, vertreten, und als Helfer steht ihm der Hofrat von Herbert zur Seite. Preußen hat den Freiherrn von Riedesel abgeordnet. Die Verhandlungen, an denen auch Sachsen, die Pfalz und Zweibrücken beteiligt sind, beginnen am 11. März 1779. Um einzelne Positionen gibt es erbitterten Kampf. Friedrich fordert, daß im Friedensvertrag die Konvention vom 3. Januar 1778 förmlich aufgehoben wird; er will in den Vertrag, der zwischen der Kaiserin und dem Pfälzer Kurfürsten über die endgültige territoriale Auseinandersetzung geschlossen werden soll, mit Frankreich und Rußland als Garant eingeschaltet werden. Er fordert vier Millionen Taler oder sechs Millionen Gulden Entschädigung für den Sachsen. In den beiden ersten Punkten setzt sich der Standpunkt Österreichs durch, das beide Forderungen hartnäckig ablehnt. Ja, Wien, wo diesmal Kaunitz und Joseph gegen die zur Nachgiebigkeit geneigte Maria Theresia zusammenstehen, droht in der Garantiefrage, die ja einen dauernden russischen Einfluß auf die deutschen Verhältnisse bedeutete, eher den Kongreß zur Auflösung zu bringen. Die Höhe der Geldentschädigung für Sachsen wird nach Friedrichs Wunsch bemessen.

„Müde und ungeduldig" sei er über die ewigen neuen Vorschläge und Ansinnen, so schreibt Kaunitz an Cobenzl: „Bringen Sie die Sache zu Ende, denn ich beginne schon gründlich gelangweilt zu werden von all diesen Kleinlichkeiten und Schikanen, welche unablässig und von jeder Seite auftauchen. Sollte dies noch eine Weile so fort gehen, dann wäre ich genötigt, dieses Privilegium nicht mehr Herrn von Hertzberg zuzugestehen, den ich bisher als den König der Pedanten und der Ränkeschmiede sowie als den verkörperten Haß betrachtet habe." Indessen auch Friedrich bricht mehrmals während der Verhandlungen in Kundgebungen der Verbitterung aus, fürchtet er doch immer, daß der Kaiser die Entscheidung Wiens im Sinne des Krieges bestimmen könne. Tatsächlich vertritt Josef bei allen Schwankungen die schärfere Tonart. Auch die Gefechte während des Winters stimmen ihn zuversichtlich. FML. Wurmser hat Habelschwerdt und das Blockhaus zu Oberschwedelsdorf genommen und dabei einen General, 37 Offiziere und über tausend Mann als Gefangene abgeführt. Noch am 28. Februar hatten die Österreicher das schlesische Grenzstädtchen Neustadt überfallen und in Brand gesteckt.

Endlich am 5. Mai kann Kaunitz der Kaiserin die Friedensinstrumente, im ganzen fünf, zur Unterschrift vorlegen. Sie schreibt darauf an den Kanzler: „placet. obwohlen dises werck nicht das glorioseste seiner wercke ist, so ist es gewis das penibelste und nützlichste vor die monarchie und vor mich, die er jemahls unter so vill groszen, die seiner einsicht und attachement zu dancken habe, und die meine erkäntlichkeit und Freundschaft ihme, solang ich lebe versichert."

Am 13. Mai 1779, just am Geburtstag der Kaiserin, erfolgt die allgemeine Unterzeichnung in Teschen.

Österreich erhielt — in Anbetracht seiner großen Erwartungen ein geringes Ergebnis! — das Gebiet zwischen Donau, Inn, Salzach und Oberösterreich, das dann als sogenanntes Innviertel dem Land ob der Enns einverleibt wurde. Es verzichtete dafür auf die Herrschaft Mindelheim in Schwaben sowie auf die böhmischen Oberhoheitsrechte über die Schönburgschen Herrschaften in Sachsen und in der Oberpfalz. Es garantierte gemeinsam mit Preußen die wittelsbachischen Familienverträge.

Immerhin, es war ein brauchbarer Kompromiß, und das neuerworbene Ländchen wurde alsbald eines der fruchtbarsten und kernhaftesten Gebiete des deutschen Österreich.

Matt genug war von beiden Seiten dieser letzte Kampf der Kaiserin mit ihrem großen Gegner ausgetragen worden. „Kartoffelkrieg" oder „Zwetschgenrummel" war er von den Zeitgenossen genannt worden, spöttische Worte, in denen doch unendlich viel erspartes Menschenleid liegt. Nicht der erregte Kaiser, sondern die mehr als sechzigjährige Mutter hatte, unterstützt von der unermüdlichen, geduldigen und unerschütterlichen Hilfe des achtundsechzigjährigen Kanzlers, gegen den siebenundsechzigjährigen Friedrich den Handel ausgefochten, und der Anteil der Kaiserin war dabei groß genug.

Als am 23. Mai im lichtüberfluteten Dom zu St. Stephan das feierliche Tedeum für den Abschluß des Friedens erklungen war, preßte sich die mächtige Empfindung der Kaiserin in die Worte zusammen, die sie noch am selben Tage an Kaunitz richtete: „Ich habe heut gloriose meine carriere geendigt mit einem te deum; was wegen der ruhe meiner landen mit freuden übernohmen, so schwäre es mir gekostet mit seiner hilff geendigt, das übrige" — wie Todesahnung überkommt es sie — „wird nicht mehr in villem bestehen."

Schon vor Beginn der Teschener Unterhandlungen aber hatte Ludwig Gleim, einst Verfasser der „Kriegslieder eines preußischen Grenadiers", der Kaiserin ein ergreifendes Gedicht gewidmet. Es heißt darin:

„Die Kaisermutter, sagt man, sei
Dem edlen Frieden hold:
Sie hätte Krieg und Kriegsgeschrei
Um Bayern nicht gewollt.

Ist wahr es, dann Victoria
Dann liebt der Kriegesmann
Die heilige Theresia,
Dann betet er sie an."

*

Noch einmal nach diesem Frieden wurde die Kämpferin von einst, die tapfere, in Ehren müd gewordene Frau zum Streit gerufen, wiederum mit ihrem historischen Widersacher. Aber es wurde kein Streit mit den Waffen mehr, und das Ende war bald ein erfolgreiches. Was bisher keinem Habsburger gelang, einen Angehörigen seines Hauses in den Besitz des Kölner Erzstiftes und des Fürstbistums von Münster zu setzen, der Kaiserin glückte es für ihren jüngsten Sohn, den Erzherzog Maximilian. An sich war sie stets dagegen gewesen, einen ihrer Söhne geistlichen Fürsten werden zu lassen. Sie fügte sich jedoch, als an sie in Anbetracht des Alters des Kölner Erzbischofs und Fürstbischofs von Münster, Graf Königsegg, von der österreichischen Partei in den Stiften die Bitte herangetragen wurde, ihren Sohn zum Koadjutor wählen zu lassen.

Der Kurfürst, der zunächst nicht geneigt war, wurde durch zwei von Kaunitz konzipierte Briefe der Kaiserin gewonnen. So vermochte die österreichische Partei in Köln durch den Frhr. v. Belderbusch und den Legationsrat Kornrumpf, in Münster durch den Domherrn Moritz von Brabeck, schnell Raum zu gewinnen.

Und wiederum, das letztemal in ihrem Leben, kreuzt der König von Preußen den Weg der Kaiserin. Sein Gesandter v. Emminghaus erklärte in Köln, der König werde sich niemals mit der Wahl eines Habsburgers abfinden, diese vielmehr mit allen Mitteln durchkreuzen. Er empfahl, wenn der Kurfürst schon eines Koadjutors benötige, die Wahl des Prinzen Josefs von Hohenlohe. War man in Köln über eine solche Beeinflussung empört, in Münster erreichten plumpe Drohungen des benachbarten kommandierenden preußischen Generals von Wolffersdorf und die Gegenarbeit, ja schließliche Kandidatur des Münsterer Konferenzministers Franz Friedrich Frhr. von Fürstenberg die gleiche Erregung.

Abmahnungsschreiben des Königs von Preußen verfehlten ihren Zweck. Am 7. August 1780 erfolgte zu Köln, neun Tage später zu Münster, einstimmig die Wahl des Erzherzogs, der übrigens erst die niederen Weihen empfangen hatte. Maximilian aber war nach dem am 4. Juli 1780 erfolgten Tode des Prinzen Karl von Lothringen, dessen Koadjutor der Neffe bereits war, auch Hochmeister des deutschen Ritterordens geworden.

Wenn sich vor und während des Bayrischen Erbfolgekrieges der Wille des Kaisers immer gebieterischer, aber nicht glücklich geoffenbart hatte, so brachte Josef nun in initiativem Vorgehen einen offenkundigen außenpolitischen Erfolg nach Hause. Der Mitregent hielt wenig von dem Wert des französischen Bündnisses, das ja auch tatsächlich bei den Verhandlungen der Vermittlungsmächte Österreich nicht wesentlich gefördert hatte. Rußlands Eingreifen war dagegen für Preußen wirksamer gewesen. Die östliche Großmacht zu gewinnen wurde das Ziel Josefs.

In raschem Entschluß besuchte er den russischen Gesandten Fürst Gallitzin am 1. Februar 1780 und regte ein Zusammentreffen zwischen ihm und der Zarin Katharina an. Zu diesem Zwecke war er bereit, auf einer Fahrt nach Galizien einen Besuch in Rußland zu machen. „Könnte ich dadurch nur die Galle des geliebten Friedrichs so aufregen, daß er daran umkommt", so teilte er hocherfreut die alsbald eingelangte frohe Zustimmung der Zarin zu diesem Plane mit. Die Kaiserin, zuerst gegen diese Reise gestimmt, fügte sich. Kaunitz, der zu seiner Kränkung zunächst nicht eingeweiht war, hatte wie gewöhnlich vermittelt. Friedrich aber, bestürzt über die drohende Gefährdung seiner Rückendeckung, intrigierte in Paris und in Petersburg.

Die Reise kam dennoch zustande. Am 25. Mai traf Josef in Kiew ein, am 4. Juni erfolgte seine Begegnung mit Katharina zu Mogilew. Hier blieb er mit ihr sechs Tage, um dann mit ihr gemeinsam nach Smolensk zu fahren und schließlich nach einem Besuche in Moskau noch über drei Wochen der Gast der Zarin in Petersburg und Peterhof zu sein. Noch war entgegen dem Wunsche des Fürsten Kaunitz kein Gespräch über die Wiederherstellung der ehedem so engen Beziehungen zwischen den beiden Staaten zustande gekommen. Die Zarin warf Josef den Köder hin, er möchte sich doch Roms bemächtigen, um ein richtiges Patrimonium für die römisch-deutschen Kaiser zu erwerben. Dieser Gedanke war im Zeitalter der Aufklärung doch etwas mehr als ein vages Hirngespinst. Der Gast erwiderte mit dem Hinweis auf das Rom der Zarin, Konstantinopel. Noch aber traten Beide mit ihren Plänen nicht heraus.

Der Gewinn der Fahrt war zweifellos eine Annäherung der beiden Staaten, hatte doch der Kaiser in seinem gewinnenden Wesen, was ja schon im voraus von Friedrich befürchtet worden war, die Zarin für sich eingenommen. Die Störungsversuche des Königs scheiterten. Altweiberklatsch nannte die Zarin Friedrichs Verdächtigungen der Absichten Josefs. „Vereinsamt lebend lasse sich der König durch kleine Leute alles mögliche zutragen, durch die falschen Mitteilungen, die er nach allen Richtungen hin mache, werde er es am Ende noch erreichen, daß man ihm auch das Wahre nicht mehr glaube. Durch seine Einsamkeit und sein Alter werde er in immer üblere Laune versetzt."

Die Kaiserin aber meinte, vorsichtig ihren Eindruck zusammenfassend, zu ihrer Tochter nach Versailles: „Ich kann Dich versichern, daß man gar nichts verhandelte. Aber es scheint, daß er das Glück gehabt hat, die falschen Vorurteile gegen uns, die sehr tief eingewurzelt waren, wieder zu zerstreuen."

Erst nach dem Tode der Kaiserin sollten die politischen Ergebnisse der Reise heranreifen.

MARIA THERESIA UND IHRE KINDER

In höchster Erfüllung eines tapferen Frauenlebens hatte Maria Theresia während zwanzig Jahren ihrer Ehe sechzehn Kindern das Leben geschenkt. Es war aber nicht an dem, daß die vielbeschäftigte Kaiserin etwa diese Kinder nach ihrer Geburt im wesentlichen der Betreuung durch den Personenkreis überlassen hätte, der im höfischen Leben dafür vorgesehen war. Im Gegenteil. Selbst voll von Leben tat sich ihr Herz ganz der Jungblüte ihres Hauses auf. Die Kaiserin begegnet uns immer wieder als eine wahrhaft liebevolle Mutter, der das Gedeihen ihrer Kinder in gesundheitlicher und in seelischer Hinsicht am Herzen lag, wie nur je einer besorgten Mutter.

Zwei dieser Kinder, die erste Elisabeth und die erste Karoline (1737 bzw. 1739 geboren) sind sehr schnell hinweggestorben, die zweite Karoline starb noch am Tag ihrer Geburt 1748. Das zehnte Kind, Johanna, starb im dreizehnten, der zweite Sohn Karl 1761 im sechzehnten, die 1751 geborene Tochter Josepha im siebzehnten Lebensjahr. Zehn unter den sechzehn Kindern der Kaiserin wuchsen zu reifem Alter auf, aber nur eines, Elisabeth, die freilich auch stets ein geruhsames Leben führen konnte, hat mit ihren über fünfundsechzig Jahren die Lebensdauer der Mutter um zwei Jahre übertroffen. Alle anderen, selbst die drei, die von ihnen am längsten gelebt haben, Amalia mit ihren achtundfünfzig, Karoline mit ihren zweiundsechzig Jahren, Maria Christine mit siebenundfünfzig, erreichten sie nicht. Marie Antoinette endete erst achtunddreißig Jahre alt, aber schon durch ein furchtbares Schicksal gealtert, durch

Henkershand. Dies die Töchter. Von den Söhnen aber ist nur einer, der 1754 geborene Ferdinand, über zweiundfünfzig Jahre alt geworden. Keiner sonst erreichte das fünfzigste Lebensjahr. Josef wurde noch nicht neunundvierzig, Leopold gar nur fünfundvierzig, der am spätesten geborene und durch keine schwierigen Lebensumstände, Sorgen, Strapazen oder Überarbeit angegriffene Maximilian Franz, das letzte Kind der Kaiserin, auch nur wenig über vierundvierzig. Ihr Vater, der Kaiser, übertrifft sie alle an Lebensdauer mit seinen schon fast siebenundfünfzig Jahren erheblich. Eine merkwürdige, zur Nachdenklichkeit stimmende Statistik, die freilich durch eine Beurteilung der Todeskrankheiten der Einzelnen noch ergänzt werden müßte!

War etwa das Leben in den grauen Mauern der Hofburg für die gesundheitliche Entwicklung der Kinder, trotz der damals noch vorhandenen Gärten, trotz des weiten mit Gärten bestandenen Glacis gegen die Vorstädte zu, nicht doch ein ungünstiges? Maria Theresia war in der fast ländlichen Favorita aufgewachsen. Merkwürdigerweise nahmen an der alljährlichen Übersiedlung der Familie nach Schönbrunn gerade die jüngeren Kinder wegen Raummangel (!) nicht teil.

Kehren wir aber aus diesen Betrachtungen, die das abgeschlossene Leben zum Gegenstand hatten, zurück zu den erst sich entfaltenden Lebensläufen der Kinder und dem Einflusse ihrer kaiserlichen Eltern, der Mutter insbesondere! Wir greifen weit in das Leben Maria Theresias zurück.

Die älteste Tochter, da ja die erstgeborene Elisabeth nach drei Jahren wegstarb, war die Erzherzogin Marianne. Der Preuße Podewils, dem wir schon öfter als scharfem, wenn auch nicht immer gerechten Beobachter begegneten, nennt die damals im neunten Lebensjahr Stehende „hinreichend groß für ihr Alter und ganz hübsch, jedoch am wenigsten von ihren Geschwistern.“ „Sie hat“, so setzt er seinen Bericht an Friedrich fort, „eine hochmütige Miene und man flößt ihr den gleichen Hochmut ein wie dem Erzherzog (erg. Josef), aber sonst ist ihre Erziehung besser. Man läßt sie mehrere Sprachen und die ihrem Geschlecht und Rang angemessenen Wissenschaften lernen.

Sie verrät viel Geist und Urteilskraft und man erzieht in ihr einen großen Hang zur Religion und zu ihren Pflichten.“

Eine erstaunlich gute Beurteilung, wenn auch der gerügte Hochmut sonst nicht greifbar wird. Aber begabt, vielseitig begabt muß diese Erzherzogin gewesen sein, deren Leben infolge früher Kränklichkeit und wahrscheinlich eines Konstitutionsfehlers im Schatten geblieben ist und endlich in der Stille eines adeligen Stiftes zu Klagenfurt ausklang, zu dessen Äbtissin sie die Mutter gemacht hatte. Marianne scheint die durchaus musikalischen Geschwister in dieser liebenswürdigen Gabe noch übertroffen zu haben. Sie war zudem eine gute Zeichnerin, verstand die Kunst des Radierens und hat 1774, eifrige Numismatikerin, wie sie nach dem Vorbild des Vaters war, ein eingehendes Werk „Sammlung der unter der glorreichen Regierung Kaiserin — Königin Maria Theresia bishero geprägten Denkmünzen" abgefaßt, das später auch im Druck erschienen ist.

Ihre große Kränklichkeit und das Bittere ihres Loses mußten das liebenswürdige Kind frühzeitig der besonderen Fürsorge der Mutter empfehlen. Wir wissen, insbesondere auch aus Khevenhüllers Tagebuch, wie krank sie im April 1757 war, wo ihr sogar vom Nuntius das Viaticum und darauf die letzte Ölung zuteil wurde. Die Kaiserin schrieb damals aus ihrem gequälten Mutterherzen an den Grafen Sylva Tarouca: „Meine Tochter liegt fast ohne Hoffnung darnieder; sie leidet, man kann schon nicht mehr, und sagt dabei die rührendsten und erbaulichsten Dinge und ist voll Zärtlichkeit für mich und voll Resignation; es kostet sie nichts zu sterben, im Gegenteil, nur das beunruhigt sie, daß sie mich verlassen soll. Stellt Euch meine Lage vor! Dieses Kind, ich gestehe es, liebte ich am meisten, und nun nimmt es mir Gott."

Nach dem Tode der Mutter, den sie ergreifend beschrieben hat, ging Marianne, die sich mit ihrem Bruder Josef nicht verstand, bald nach Klagenfurt, wo sie 1789 starb. Leider ist uns nichts von Briefen der Kaiserin an sie oder an ihre Schwester Elisabeth erhalten, wie denn überhaupt Maria Theresia die Kinder anwies, die von ihr empfangenen Briefe zu vernichten, was sie selbst auch mit den Briefen ihrer Kinder tat, lediglich die politisch wichtigen ausgenommen. Nur zwei durchbrachen bewußt die Vorschrift der Kaiserin. Es waren der Erzherzog Ferdinand und seine Gemahlin Maria Beatrix von Modena. Von Leopold ist das Gleiche wahrscheinlich.

Das nächste der zu reifem Leben herangewachsenen Kinder war nach Josef die Erzherzogin Maria Christine. Diese, am gleichen Tage wie die Mutter, 1742 geboren, galt schließlich als die Lieblingstochter der Kaiserin. Zweifellos besaß sie ein wahrhaft liebenswürdiges Wesen, aber die „Mimerl" hatte auch ein eigenwilliges und oft heftiges Herz. Sie war künstlerisch begabt, sie malte und musizierte, und war ganz zum Unterschied von der Mutter eine eifrige Leserin. Mit ihrem Bruder Josef verstand auch sie sich nicht gut, und mancher uns heute nicht mehr greifbare Faden der Intrige gegen ihn mag in der Zeit seiner Alleinherrschaft durch ihre Finger gelaufen sein. Kennzeichnenderweise bediente sie sich in ihrem Briefwechsel mit dem Großherzog und späteren Kaiser Leopold, dem zweiten Bruder, der möglichen Kontrollen der kaiserlichen Polizei Abbruch tuenden Zitronenschrift.

Maria Christine hatte, neunzehnjährig, ihr Herz an den Prinzen Ludwig von Württemberg verschenkt, der dann 1793 als Nachfolger von Karl Eugen Herzog von Württemberg werden sollte. Jedoch der Auserkorene war ein Freigeist, und sein Leben galt als ein lasterhaftes. Den kaiserlichen Eltern nicht erwünscht, verließ er bald Wien. Der Kandidat des Kaisers hinwieder, der Herzog von Chablais, fand keine Gegenliebe bei „Mimerl". Maria Theresia begünstigte im Stillen die schon damals gefaßte Herzensneigung der Tochter zu dem Wettiner Albert von Sachsen, sah sich aber außerstande, gegen den erklärten Willen des geliebten Gemahls in dieser Frage durchzudringen. Der Kaiser plante just für den Hofaufenthalt zu Innsbruck im August 1765, der ihm so verhängnisvoll wurde, die Einführung des Herzogs von Chablais und wohl auch die Verlobung der Tochter. So gab denn der Tod des Vaters Maria Christine den Lebensweg frei. Die Kaiserin willigte nun ein, daß Prinz Albert, der Sohn des Kurfürsten-Königs, die Tochter heimführte, obwohl er über keine größeren Mittel verfügte, sondern nur auf eine tatsächlich nicht erhaltene Apanage angewiesen war. Um die Ehe zu ermöglichen, stattete Maria Theresia Tochter und Schwiegersohn überreich aus. Wir fühlen förmlich, wie sich dem treuen Khevenhüller die Feder sträubt, wenn er zum 5. April 1766 bemerkt: „Die eigentliche Conditionen aber des Heiratsbrieffes wurden von darummen sehr geheimm gehalten, weil die Kaiserin die Braut, für welche sie eine vorzügliche Neigung heget, über die Maßen avantagieret, indeme sie derselben über alle andere Kostbarkeiten an Geschmuck und sonstig reicher Ausstaffirung annoch eine Dotem von vier Millionen bewilliget, worzu in specie die hungarische Cameral-Herrschaft Altenburg zugerechnet worden; nebst deme muste der Kaiser auch ferners seinen Consens geben, daß dem Printzen das Herzogthum Teschen abgetretten würde, worauf er auch den Nahmen als Herzog von Sachsen-Teschen sich offentlich pro distinctione zugeleget hat."

Prinz Albert, den sie schon vor der Verlobung zum General der Kavallerie gemacht hatte, wurde zudem Statthalter von Ungarn. Die Hochzeit fand am 8. April 1766 in dem einst eugenischen Schloßhof statt. Wie sehr die Kaiserin an der „Mimerl" hing, beweist uns der Umstand, daß die je länger, je mehr reiseunlustige Frau, die ja längst durch eine große Leibesfülle an freier lebhafter Bewegung behindert war, die Jungvermählte sowohl auf dem Schlosse von Preßburg, wie auf ihrem Landsitze in Schloßhof mehrmals besuchte. Welche Erinnerungen vergangener Kämpfe aber auch des Glückes tatkräftiger Selbstbehauptung mögen die Kaiserin berührt haben, sooft sie sich dem hochragenden Schlosse über der Donau näherte, das sie für die Zwecke des Statthalterpaares glanzvoll hatte erneuern lassen!

Maria Christine, die später gemeinsam mit ihrem Gemahl während der Regierungszeit Josefs in den Niederlanden schwere, aufregende Tage erleben sollte, blieb als einziger der verheirateten Töchter der Kaiserin das Glück einer heranwachsenden Kinderschar versagt. Aber die kunstsinnige geistvolle Frau betätigte die Mütterlichkeit, die in ihr lag, gegenüber ihrem Neffen, dem berühmten Erzherzog Karl, über dessen Leben sie gemeinsam mit ihrem Gemahl den Zauber einer glücklichen Heimstätte bereitete. Als sie früh, schon am 24. Juni 1798 starb, ließ ihr der trauernde Witwer in der Augustinerkirche, die ja die eigentliche Hofkirche der Habsburger war, von der Meisterhand Canovas eines der eigenartigsten und der wehmütigsten Grabmäler setzen, das die Kunstgeschichte kennt. Mit ihrem Tode verklang recht eigentlich die zauberschöne Zeit des theresianischen Wien.

Ein Jahr jünger als Maria Christine war Elisabeth, über deren Eitelkeit, ihr Bedürfnis, in ihrer einst außerordentlichen Schönheit von jedermann, „ob Fürst oder Portier", Anerkennung zu finden, sich die Kaiserin oft spottend äußerte. Als sie noch ein Kind war, rügte Maria Theresia ihr „Wetzen, Rutschen, Nicht-Gradsitzen" und ihre schlechte Muttersprache. Sie blieb bei reichster Ausstattung durch die Natur mitten in dem Glücke, das sich ihren Schwestern Maria Christine, Maria Karoline oder gar Maria Antonia, zunächst erschloß, verwaist. Fünfmal eröffnete sich ihr die Möglichkeit einer Ehe, darunter zweimal eine solche von äußerlicher Großartigkeit, auch als sie bereits durch die Blatternerkrankung von 1767 ihre einst alle anderen Kinder der Kaiserin überstrahlende Schönheit eingebüßt hatte. Aber das Glück war ihr nicht hold. Die Werbung des Stanislaus Poniatowski, des neuen Königs von Polen, brachte die erboste Zarin Katharina zu Fall. Dann sollte der von Maria Christine verschmähte Herzog von Chablais ihre Hand erhalten, worum sich vor allem dessen Verwandter, der König von Sardinien, bemühte. Da aber dieser Bewerber zu wenig reich war, Josef aber anscheinend gegen neue Opfer der Kaiserin wie im Falle des Herzogs Albert Einspruch erhob, kam die Ehe nicht zustande, obwohl man schon, wie Khevenhüller berichtet, „im Publicum" davon sprach. Auch ein Eheprojekt mit dem König von Spanien zerschlug sich. Die vierte Heiratsmöglichkeit, diesmal von der Mutter und Kaunitz mit Ernst und Zähigkeit betrieben, war eine äußerst peinliche Angelegenheit der Politik. Man mutete der jungen, freilich seit den Blattern nicht mehr schönen Erzherzogin zu, die Gemahlin des alten Wüstlings Ludwig XV. zu werden. Frankreich sollte, so erhoffte man sich von dieser Ehe, wieder fester an Österreich gebunden werden, zumal der König an sich schon eine Hauptstütze der Allianz war. Elisabeth willigte ein, ahnungslos, wie sie war, und durch den lockenden Glanz geblendet. Maria Theresia aber übertäubte die schweren und gerechtfertigten Gewissensskrupel mit der christlichen Hoffnung, den alten Sünder durch den Zauber der Ehe zu bessern. Josef stimmte voll zu, weil die Heirat die Machtstellung Österreichs stärken mußte. Aber auch dieser Plan reifte nicht aus. Der Wüstling nämlich, der gebessert werden sollte, scheute vor dem Band einer Ehe zurück. Nur noch schattenhaft tauchte dann einmal eine Bewerbung aus Württemberg auf.

Die lebensdürstende Erzherzogin, die ihrem Wesen nach sehr heftig sein konnte, litt unter diesen Enttäuschungen sehr und sah gewiß ungern genug auf die ihr winkende Äbtissinnenschaft im adligen Damenstift zu Innsbruck. Maria Theresia sprach von ihr mit liebevollem Spott, sie nahm sie nicht voll ernst. Sie gönnte ihr aber, wie auch der gleichfalls dem geistlichen Leben bestimmten Marianne, alle Freuden des dezenten Wiener Hofes, die Geselligkeiten, das Spiel, die heiteren Schlittenpartien im Winter, auch den heißgeliebten Tanz, einzig das Theater ausgenommen. Mit Josef verstand sich die Erzherzogin schlecht, und auch sie ist nach dem Tod der Mutter bald nach ihrem Stifte abgereist. In Innsbruck erfreute sie sich später einer großen Beliebtheit. Sie starb am 22. September 1808 als vorletztes der Theresienkinder.

Amalia, die im Alter nächste der Erzherzoginnen, war am 26. Februar 1746 geboren. Sehen wir von dem tragischen Schicksal der Marie Antoinette ab, so ist sie von allen Töchtern der großen Kaiserin die unglücklichste geworden. Sie war ein wahres Stiefkind des Lebens. Sie wurde es durch eigene Schuld, aber in noch größerem Maße durch die Schuld der Mutter als Kaiserin, wozu Kaunitz, in dessen Staatskanzlei sich die Geschicke der Kaiserkinder zumindest mitentschieden, beigetragen hat. Die lebhafte Erzherzogin, zur Heftigkeit neigend und eigenwillig in ihrem Wesen, hatte alle Anlagen zu einem starken Charakter. Sie faßte eine ernste Zuneigung zu dem seit 1767 in Wien weilenden, uns vom Bayrischen Erbfolgekrieg bereits bekannten Prinzen Karl von Zweibrücken. Der war seinem Landbesitz nach ein kleiner Herr, aber da sein Oheim Karl Theodor von der Pfalz keine legitimen Nachfolger besaß, winkte ihm dessen reiches Erbe, ja nach ihm auch die Erbschaft der bayrischen Wittelsbacher, die ja nur noch auf den zwei Augen des Kurfürsten Maximilian standen. Prinz Karl bewarb sich 1768 förmlich um die Hand der Erzherzogin. Maria Theresia fragte bei Kaunitz nach. Dieser fand den Antrag „komisch, ja absurd". Woher kam dieses harte Urteil? Warum sagte der Kanzler, die Erbaussichten seien zweifelhaft, der Bewerber nur als ein mäßig begüterter Privatmann anzusehen? Kaunitz mochte schon damals begehrlich auf das bayrische Erbe sehen, und der Kaiser verstand schnell, daß die Ehe Karls mit der Erzherzogin Österreich die Hände in der bayrischen Frage gebunden hätte. Die Mutter als die zuletzt Entscheidende zwang der Tochter den Verzicht auf ihre Herzensneigung auf. Denn über alles Persönliche ging dieser Frau das Schicksal des Staates, der einer deutschen Gebietserwerbung bedurfte.

So vom Lebensglücke zurückgestoßen, wurde die Erzherzogin vollends am 27. Juni 1769 dem Herzog Ferdinand von Parma, Sohn des 1765 verstorbenen Herzog Philipp von Parma, vermählt. Ferdinand war ein Bruder der verstorbenen Gemahlin Josefs Isabella. Das in Glanz und Liebe stehende Bild der Schwester warb für ihn. Er selbst war ein Geistesschwacher.

Die neue Herzogin von Parma bekam, wie alle Töchter der Kaiserin eingehende Verhaltungsmaßnahmen und Vorschriften mit auf den Weg. Sie hat diese gröblich verletzt, was Maria Theresia mit der Zeit zu völliger Abkehr von der eigenwilligen Tochter veranlaßte.

Amalia war von der Mutter zu einem bescheidenen Auftreten, zu größter Zurückhaltung ihres Dranges zu erzählen, zur Überwindung ihres übergroßen Stolzes, ja Hochmut ermahnt worden. Sie solle sich, zumal sie älter sei als der Gemahl, von allem zurückhalten, was als ein Drang, den Jüngeren zu beherrschen, ausgelegt werden könne. Nie dürfe sie vergessen, daß sie in Parma, einem fremden Lande, nicht die Herrscherin, sondern die Untertanin ihres Gemahls sei.

Die Kaiserin wurde bitter enttäuscht. Amalia offenbarte alsbald den starken Drang, sich in die Staatsgeschäfte des kleinen Ländchens zu mengen, zumal der erst zwanzigjährige Gemahl es seinerseits als seine liebste Beschäftigung ansah, eigenhändig Maroni (Edelkastanien) zu braten, und sich damit zu belustigen, die Kirchenglocken zum Läuten zu bringen. Amalia trat hochfahrend auf. Sie fülle, so lautete eine Beschwerde der spanischen Regierung, die Gänge des Palastes mit Bettlern, die sie aus übertriebener Freigebigkeit herbeigerufen habe, sie suche unter völliger Verletzung der Etikette alle ihre Untertanen, ohne Unterschied von Stand und Rang, kennenzulernen, während sie den Gemahl wie ein Kind behandle. Allerdings keine gröblichen Vergehen!

Maria Theresia entsandte einen eigenen Gesandten, den Herrn von Knebel, um der Tochter den Kopf zurechtzusetzen. Sie rief sogar die Mithilfe des Königs von Spanien an. Der um Rat befragte Kaunitz sprach sich für den von Amalia beanstandeten Minister aus und betonte die Pflicht der Infantin zu einem zurückgezogenen, nur auf die Familie gerichteten Leben. Die junge Herzogin aber brach in leidenschaftliche Anklagen gegen ihren trägen, verlogenen und unfähig schwachen Gemahl aus. Sie sei in Parma von Schurken, Lügnern und Spionen umstellt. Sogar ein französischer Sondergesandter griff im Sinne der Ermahnungen Maria Theresias ein und legte dem herzoglichen Paare völlige Enthaltung von den Staatsgeschäften auf, die allein der Minister du Tillot zu versehen habe. Bald aber erhoben sich neue Schwierigkeiten, bis schließlich der König von Spanien in die Entlassung des Ministers willigte. Jedoch auch der von ihm neu bestellte Don de Llano sah sich bald von dem herzoglichen Paare angegriffen.

Nun aber wandte sich Maria Theresia mit scharfem Tadel gegen die Tochter, ihren Eigensinn, ihre Herrschsucht, ihren falschen Drang nach Popularität, ihre Heftigkeit. Man werde, so ließ ihr die Kaiserin durch den Grafen Rosenberg sagen, nicht um ihretwillen die Verbindung mit den durch sie so sehr gereizten bourbonischen Höfen in Gefahr setzen. Sie werde sich ihrer in keiner Weise annehmen, wenn sie entgegen den Ratschlägen der Mutter weiterhin in ihrem bisherigen Vorgehen verharre. Sie und ihr Gemahl seien als die Herzöge von Parma bedingungslos dem Willen von Frankreich und Spanien unterworfen.

Als sich die Tochter den mütterlichen Ermahnungen, hinter denen der feste Wille von Kaunitz und Josef stand, nicht fügte, verbot Maria Theresia den weiteren Verkehr mit ihr, und ihre Briefe sollten uneröffnet zurückgehen. Die bedrückte Mutter, die gerade diese Tochter in ihr Herz geschlossen hatte, bemerkte gelegentlich dieser Verfügung zu ihrem Gesandten in Paris, Graf Mercy: „Ich habe es für notwendig gehalten, so zu handeln, indem ich den Starrsinn meiner Tochter nur allzugut kenne. Aber trotz des großen Kummers, den sie mir verursacht, bleibt sie doch mein Kind. Ich möchte ebensowohl, daß man sie nicht zum Äußersten treibt, als es gleichzeitig abwenden, daß man sie mir zurücksendet." Eine Zeit darauf wurden die Beziehungen zu Amalia wieder aufgenommen, aber sie blieben kühl, und von der so freigebigen Kaiserin sind an diese Tochter später nur unbedeutende Geschenke ergangen.

Die unglückliche Erzherzogin ist uns in ihrem wahren Charakter nicht greifbar. Zweifellos stieß sich ihr Wesen in der Enge von Parma und im Käfig einer für die selbstbewußte Frau untragbaren Ehe wund. Ihr Stolz wurde zu Hochmut. „Ich bin eine Deutsche," schreibt sie dem Minister Llano, „und ich weiß, was mir gebührt, vergeßt das nicht ..." Die Kaiserin dachte eine Zeitlang an Ehescheidung, dann aber wurde eine Tochter, endlich ein Sohn geboren. Versöhnliche Empfindungen erwachten in Maria Theresia. Sie hob das Verbot, an Amalia zu schreiben, auf. Aber der sehnsüchtige Wunsch der Tochter, daß sie nach Wien eingeladen würde, erfüllte sich nicht. Kaunitz, der aus Staatsräson die Erzherzogin ohne Güte behandelte, und Josef, der in seinem Staatsfanatismus an Güte Arme, waren dagegen.

Amalia starb 1804, nachdem sie die Besetzung Parmas durch die Franzosen erlebt hatte, im Asyl zu Prag, nicht in der geliebten Heimatstadt.

Hatte so die eine Tochter, die an einen bourbonischen Prinzen gegeben war, die Hoffnungen der Wiener Staatskunst wie der Mütterlichkeit der Kaiserin enttäuscht, noch zwei andere Töchter vermählte die Habsburgerin in die Ferne, um den Bund mit den Bourbonen fester zu knüpfen. Es waren die jüngeren Erzherzoginnen Maria Karoline (geb. 1752), und die nachmals so unglückliche Marie Antoinette (geb. 1755).

Sowohl der bourbonische Hof zu Neapel wie der von Paris hatten den Wunsch nach ehelicher Verbindung mit einer habsburgischen Prinzessin geäußert. Dem Neapolitaner, der als erster hervortrat, bzw. durch seinen Vater, den König von Spanien, werben ließ, war die fünfte Tochter der Kaiserin, Josefa, die 1751 geboren war, zugestanden worden. Ungern hatte die Mutter das Kind für diesen entlegenen Thron, mitten hinein unter fremde Menschen, an den Hof eines noch jungen, von Schmeichlern umgebenen Fürsten bestimmt, und sie sagte darüber der Gräfin Lerchenfeld, der Erzieherin Josefas: „Ich kann Ihnen nicht verhehlen, daß ich die Vorteile dieser Verbindung erkenne, aber mein Mutterherz ist doch durch dieselbe aufs höchste beunruhigt. Ich betrachte die arme Josefa als ein Opfer der Politik. Wenn sie übrigens nur ihre Pflichten gegen Gott und ihren Gatten erfüllt und für ihr Seelenheil sorgt, dann würde ich zufrieden sein, selbst wenn sie unglücklich würde." Welch eine Härte, welch eine Unterordnung des Glückes des eigenen Kindes unter die Notwendigkeiten der Politik!

Schon hat der König von Spanien die Werbung für seinen erst sechzehnjährigen Sohn vorgebracht, schon werden in Wien die letzten Vorbereitungen zur großen Festlichkeit getroffen, als die Kaiserin Josefa, Josefs zweite Gemahlin, an den Blattern erkrankt und stirbt, als die Kaiserin, bei der Pflege angesteckt, selbst erkrankt und mit Mühe davonkommt, als kurz darauf, nach einem unvorsichtigen von der Mutter gewünschten Besuch in der Kapuzinergruft auch die Braut an den Blattern erkrankt und nach kurzer Krankheit in wahrhaft engelhafter Haltung am 15. Oktober 1767 stirbt.

So tief der Schlag die Mutter trifft, so kalt ist die Staatsräson der Kaiserin am Werk, um unverzüglich eine andere Tochter in die geplante Verbindung mit dem Bourbonenhause einzufügen.

Erst sechzehn Jahre alt, wird Maria Karoline im April 1768 nach Neapel abgesandt, versehen mit einer ausführlichen Anweisung der Mutter, ein etwas schwacher Trost für die weite Fahrt eines jungen Menschenkinds, das sich aus dem fröhlichen Wien und Schönbrunn nach dem heißen, fernen Süditalien begeben mußte. Es waren gute Ratschläge, die von der Mutter erteilt wurden, und ihre Befolgung mochte dem Kind das schwere Los, ein Opfer der Politik zu sein, wohl etwas erleichtern. Wie schön das Nationalempfinden, wenn es da heißt: „Du wirst niemals vergessen, daß Du von Geburt eine Deutsche bist, und Du wirst Dich bemühen, Dir die guten Eigenschaften zu bewahren, welche unser Volk charakterisieren, die Herzensgüte und die Redlichkeit, und darum mußt Du auch diese Leute als durch Deine Verwendung unterstützen." Aber sie dürfe auch, so schärfte sie der Tochter ein, die Deutschen nicht den Neapolitanern vorziehen. „Du mußt Dich vollständig anpassen dem Geschmacke jener Nation. Du bist dazu bestimmt, ihre Königin zu sein; Du mußt daher so viel als nur möglich ihre Gewohnheiten annehmen, um ihr Vertrauen zu gewinnen. Deine reizende Schwägerin" — die Kaiserin meint die frühverstorbene Isabella von Parma — „rühmte sich von den ersten Augenblick an, in dem sie in meine Länder trat, eine Österreicherin zu sein. Sie trachtete alles und selbst höchst unbedeutende Dinge sich anzueignen und zu lernen, welche unseren Gewohnheiten entsprechen, und dadurch hat sie alle Herzen gewonnen. Du mußt daher vollständig zur Neapolitanerin werden, und darfst ihre Eigentümlichkeiten nicht lächerlich finden, deren jede Nation, sogar jeder einzelne Mensch, besitzt." Sie solle nicht die Zustände in dem neuen Lande mit denen der Heimat vergleichen. Jedes Land habe sein Gutes und sein Schlechtes. „In Deinem Herzen aber", so heißt es weiter, „sei durch die Redlichkeit Deiner Gesinnung immer eine Deutsche; in allem, was bedeutungslos, aber in nichts, was schlecht ist, mußt Du als Neapolitanerin erscheinen." Mit besonderer Wärme aber empfiehlt sie dem Kinde, sich mit dem spanischen Schwiegervater gut zu stellen. Er sei der beste Vater, „der beste Freund, der ehrenhafteste Mensch und beharrlich in seiner Freundschaft."

Die so mit Ratschlägen ausgestattet wurde, war ein tapferes Mädchen von rascher Auffassung und lebhaftem Geiste, nach der Meinung der Mutter selbst von allen Töchtern ihr am meisten ähnlich. Anhänglich an die Wienerstadt, mit dem Herzen der Familie, der Mutter und insbesondere der Schwester Antonia verbunden, reist sie, von ihrem Bruder Leopold, dem Großherzog von Toskana, begleitet, nach Neapel ab. Ein Zittern befällt sie, den Wildfang, als sie die Grenze überschreitet, mit tiefer Wehmut entläßt sie ihr deutsches Gefolge.

Tapfer schlug sich die junge Wienerin und Habsburgerin in der fremden Umgebung an der Seite ihres häßlichen, kindischen Mannes durch, aber sie versicherte: „. . . wenn mir die Religion nicht gesagt hätte, denk an Gott, ich hätte mich getötet, denn acht Tage so zu leben schien mir eine Hölle, und dringend wünschte ich mir zu sterben." Wie sehnte sie sich nach Wien, nach dem „angebeteten Vaterland"! Der Gräfin Lerchenfeld, die sie im letzten Jahre betreute, schrieb sie zu Beginn 1769, daß sie das irdische Paradies Neapel in Begleitung nur ihres Mannes am liebsten sogleich verließe, wenn sie statt dessen in Hernals (damals ein Vorort von Wien) dauernd wohnen dürfe. Sie liebe ihr Vaterland und ihre lieben Landsleute bis zur Verrücktheit.

Heftig und leidenschaftlich, aber ein treues und unverzagtes Herz, hat diese Tochter Maria Theresias bis zum Tode der Mutter mit ihr im Briefwechsel gestanden. Schwer wurde ihr Leben mit dem rohen, ungebildeten und ausschweifenden Gemahl, um vollends nach dem Tode der Kaiserin bewegtesten Schicksalen entgegen zu gehen. Sie ist als letztes der Theresienkinder am 8. September 1814 gestorben.

Glanzvolle neunzehn Jahre, aber am Ende ein furchtbares Los, waren dem vorletzten Kinde der Kaiserin, Maria Antonia, bereitet, für die bereits, als sie erst zehn Jahre alt war, durch die Hand des Dauphins der französische Thron in Aussicht genommen war. Der Herzog von Choiseul hatte für ihre Erziehung als die Wünsche Frankreichs vorgebracht, daß sie auch im äußeren Schein, in den Talenten des Singens, der Musik, des Zeichnens und gewisser Nadelarbeiten, aber auch des Tanzens ausgebildet sei, daß sie das Französische und seine Literatur kenne. Zur Ausbildung der Erzherzogin wurde aus Paris der Abbé Vermond berufen. Ihre Erzieherin war die bewährte Gräfin Lerchenfeld. Vermond rühmte an seinem Zögling die Gutartigkeit und den bestrickenden Zauber, tadelte jedoch seine Flatterhaftigkeit und Trägheit.

Wie bedeutungsvoll die Kaiserin die geplante Ehe für den Weiterbestand des Bündnisses mit Frankreich ansah, erkennen wir aus den eingehenden Verhandlungen, die darüber und über die Verhaltungsmaßnahmen für Marie Antoinette zwischen Kaunitz und dem Herzog von Choiseul gepflogen wurden.

Am Ostermontag 1770 erfolgte die feierliche Werbung durch den französischen Botschafter. Tags darauf gab die Kaiserin im Belvedere ein ungemein prächtiges Maskenfest, zu dem sechstausend Personen geladen waren. Am 19. April fand per procurationem die Hochzeit statt und drei Tage später erfolgte die Abreise aus Wien, das die Erzherzogin nie mehr sehen sollte.

Maria Theresia, emsig um die Tochter auch in der Ferne bemüht, eröffnete über alles, was diese betraf, eine geheime, sogar dem Staatskanzler verborgen gehaltene Konferenz mit dem Grafen Mercy. Unermüdlich beriet sie die Tochter, die jedoch in ihren Schwächen unbelehrbar blieb. Mit unerschütterlichem Stolz wies diese alle Mahnungen zurück, daß sie um des alten Königs willen einige, wenn auch nichtssagende Worte mit dessen Favoritin, der Madame Dubarry spräche. Gute Lektüre, zurückgezogenes Leben, Vorsicht vor Verschwendung und ungerechtfertigter Begünstigung, vor Einmengung in die Staatsgeschäfte: gute Lehren der Mutter, die nicht befolgt wurden. Die Tochter möge sich doch mehr als Deutsche fühlen. „Hättest Du mehr Vorliebe für Deine Nation“, so lautet eines ihrer Schreiben, „oder wenigstens den ernstlichen Wunsch an den Tag gelegt, daß man vor Dir nicht übel von ihr rede, dann hätte man sich davor ohne Zweifel gehütet. Es ist ein Beweis mehr, daß man recht hatte, erstaunt darüber zu sein, welch geringen Eifer und wie wenig Wohlwollen Du für die Deutschen fühlst. Glaub mir, der Franzose wird Dich weit höher schätzen und sich viel mehr aus Dir machen, wenn er die deutsche Gediegenheit, den deutschen Freimut in Dir findet. Schäme Dich nicht, eine Deutsche, selbst in dem linkischen Wesen, zu sein, das ihnen anklebt; Du mußt dies mit Güte entschuldigen und nicht dulden, daß man darüber spottet . . ."

Seit 1774 war Marie Antoinette Königin von Frankreich. Ihr Auftreten als Herrscherin bedrückte die Mutter erneut. Sie war ihrem Gemahl keine rechte Stütze, sie kümmerte sich nicht um ihn. Sie vertändelte ihre Zeit, war ernsteren Beschäftigungen abhold, dem Glanze und dem Vergnügen ergeben. Sie übte ihren Einfluß zu Begünstigungen aus, die nicht immer den Würdigsten zuteil wurden. Freilich, sittenlos war sie nie.

Josef in seiner oft schulmeisternden Weise übte harte Kritik an der Schwester: „Haben Sie sich je danach gefragt, mit welchem Recht Sie sich in die Angelegenheiten der französischen Monarchie hineinmischen? Welche Studien haben Sie gemacht? Sie, eine reizende junge Person, denken nur an Ihr Vergnügen und an Ihre Toilette . . . Sie erwägen, Sie denken nie, ich bin dessen sicher. Lassen Sie doch endlich die Torheiten und glauben Sie meinem Wort, dem eines Freundes und eines Mannes, der Sie liebt. Suchen Sie mit Eifer die Freundschaft und das Vertrauen des Königs zu gewinnen, und für den Rest lesen Sie, beschäftigen Sie sich, bilden Sie Ihren Verstand und benützen Sie Ihr natürliches Talent . . ."

Der so scharf rügte, unternahm 1777, gewiß nicht ohne starke Sympathie für die Schwester, unter seinem Pseudonym Graf Falkenstein, eine viermonatliche Reise nach Frankreich. Er weilte, in seiner schlichten Art die Pariser zunächst enthusiasmierend, vielleicht aber gerade durch den Gegensatz zwischen seinem Auftreten und dem Prunk des französischen Hofes der Königin eher schadend, über sechs Wochen in Paris und Versailles. In aller Strenge berichtete er der Mutter über das Geschaute.

Die Königin sei hübsch und liebenswürdig, aber sie fühle nichts für den stark apathischen, bei aller Gutmütigkeit schwachen König. Sie erfülle weder die Pflicht einer Frau noch die einer Königin. Sie halte auf keine Etikette, wahre ihre Würde zu wenig. „Ihre Tugend", sagte er, „ist unbefleckt; sie ist sogar streng, und zwar noch mehr aus Charakter als aus Überlegung, und daher geht bis jetzt alles gut; aber sie bereitet sich für die Zukunft keine Hilfsquellen vor, und das könnte eine ungünstige Wendung nehmen. In diesem Sinne predige ich ihr, aber obwohl ich mit ihrer Offenheit und ihrer Freundschaft für mich nur zufrieden sein kann, so hört sie mich nur an und gibt mir sogar recht, läßt sich aber von dem Strudel der Zerstreuungen, der sie umgibt, daran verhindern, irgend etwas anderes ins Auge zu fassen oder daran zu denken, als von Vergnügungen zu Vergnügungen zu taumeln . . . Gleichwohl habe ich schon einiges, insbesondere in bezug auf das Hazardspiel, erreicht, welches schrecklich war." Als

Josef, der übrigens einige Tage später die Schärfe des Verstandes und die Richtigkeit des Urteils und der ersten Eingebungen der Schwester rühmte, von Paris abreiste, ließ er der Bekümmerten „Betrachtungen" zurück, die ihr — es ist der alte Optimismus der Aufklärungszeit — weiter helfen sollen.

Dies die Töchter der großen Kaiserin. Fast alle waren sie lebhaft, heftig und eigenwillig, aber alle tapfer im Leben und selbst die als oberflächlich angesehene Marie Antoinette spielte in einer der furchtbarsten Tragödien der Weltgeschichte eine wahrhaft heroische Rolle.

Eigenständiger konnte sich naturgemäß das Leben der Söhne entfalten. Nach Josef, dessen Geburtstag von der Kaiserin stets als der eine der beiden glücklichsten Tage ihres Lebens bezeichnet wurde, waren Maria Theresia noch vier Söhne bestimmt.

Unter diesen war der 1745 geborene Karl der Älteste, und er wurde von beiden Eltern sehr geliebt. Er galt als sehr begabt, doch betont der durchaus korrekte Khevenhüller, daß er verletzend hochmütig sein konnte. Auch bei Karl wird die Eigenwilligkeit und das lebhafte Wesen hervorgehoben. Zum großen Schmerze der Eltern starb er bereits am 18. Jänner 1761.

Leopold, der drittgeborene Sohn, geboren am 5. Mai 1747, war eine geschmeidige Natur, lenkbaren, aber stets bedachten Sinnes. In seiner Nüchternheit, seiner schnellen Auffassung und seiner diplomatischen Klugheit der geborene Staatsmann! Noch früher als Josef war er mit achtzehn Jahren bereits Souverän, da ihm ja 1765 das Großherzogtum Toskana als väterliches Erbe zuteil geworden. Seine Ehe wurde sehr kinderreich und war eine glückliche. Auch ihm, wie den in die Ferne ziehenden Töchtern, gab die um sein Seelenheil besorgte Mutter eingehende und große Pflichten auflegende religiöse Unterweisungen. Er wurde in Toskana ein vorbildlicher Landesherr, durchaus auch selbst der Führer inmitten der erheblichen Reformen, die das kleine Land nun erlebte. Nach Josefs Tod vollends sollte er in einer wahren Katastrophenlage der leider viel zu kurzlebige Retter Österreichs werden.

Dem 1754 geborenen Erzherzog Ferdinand hat die Mutter in einem reichen Briefwechsel immer wieder das Herz aufgeschlossen. Er wurde 1776 Statthalter von Mailand, mit Maria Beatrix, der Erbprinzessin von Modena, vermählt. Ein inniger Briefwechsel verband alsbald auch Mutter und Schwiegertochter. Arneth verzeichnet in seiner Briefsammlung etwa 430 Briefe.

Das jüngste und überhaupt letzte der Theresienkinder war der am 8. Dezember — dem Geburtstag des Vaters — 1756 geborene Erzherzog Maximilian Franz. Ihm wurde schon mit vierzehn Jahren die Wahl zum Koadjutor des Herzogs Karl von Lothringen in dessen Eigenschaft als Hoch- und Deutschmeister zuteil. Mit starkem Bedenken stimmte dann die

Kaiserin, die ihren Sohn ungern in geistlichen Gewändern sah, dem Plan der Staatspolitik zu, Maximilian zum Koadjutor von Köln und Münster wählen zu lassen. Nach dem Tod der Mutter tatsächlich Kurfürst von Köln und Fürstbischof von Münster geworden, gewann er durch sein leutseliges Wesen die Geneigtheit seiner Untertanen. Er ist schon 1801 als der letzte Kölner Kurfürst gestorben.

Vier Töchter bzw. Schwiegertöchter hatte Maria Theresia in Italien. „Meine lieben italienischen Kolonien" nennt sie sie, „meine Schätze, mein Trost, meine Stütze."

Und die Kolonien wuchsen durch den von der Kaiserin heiß ersehnten und brieflich unermüdlich propagierten Kindersegen stattlich an. „Unersättlich" nannte sich die selbst so kinderreiche Frau. Sie meinte, daß sie mit ihren sechzig Jahren nicht mehr warten könne. Tatsächlich wurde sie durch Amalia dreimal, durch die spanische Schwiegertochter Marie Louise elfmal, durch Karoline sechsmal, durch Marie Beatrix viermal, also in der italienischen Gesamtkolonie vierundzwanzigmal Großmutter. Darunter waren die besonders ersehnten Knaben zahlreich vertreten. Die Geburt des ersten Enkels, es war der nachmalige Kaiser Franz, gab Maria Theresia, wie eine lang überlieferte Anekdote angibt, selbst dem Burgtheaterpublikum kund. Sie rief den jubelnden Theaterbesuchern die eben eingetroffene Meldung mit den Worten zu: „Der Lepold hat an Buam." Auch die 1771 erfolgte Geburt des Erzherzogs Karl, des „beharrlichen Kämpfers für Deutschlands Ehre", den Napoleon einen Menschen aus dem goldenen Zeitalter nannte, fiel noch in die Lebenszeit der Kaiserin.

So hallte aus der Ferne her vielfältig fröhliches Kinderlachen an das lauschende Ohr der trotz aller melancholischen Äußerungen und gewiß fühlbarer Müdigkeit immer noch dem Erdenleben tief verbundenen alten Frau. Freilich in der unmittelbaren Nachbarschaft durfte sie es nicht vernehmen. Josefs entzückendes Töchterlein aus der ersten Ehe, sein einziges Kind und sein letztes Stück Freude, starb früh, wie denn die Maria Theresias der jüngeren Generation fast alle kein Glück hatten. Maria Christine aber, die in Preßburg oder Schloßhof der Mutter so nahe war, besaß keine Kinder.

Es sei verstattet, in diesem Abschnitt, der von der Mutter Maria Theresia spricht, auch ihrer großen Kinder zu gedenken, zu denen allmählich doch auch die Führenden ihrer Mitarbeiter für die urmütterliche Herrscherin wurden. Der alte Bartenstein, der so leicht polterte, pedantisch und eigensinnig war, aber doch ein durchaus treuer Helfer, hatte sich schon am 5. Jänner 1767 verabschiedet. Ihm war, ein nie verschmerzbarer Verlust, am 8. März 1771 der Graf Sylva Tarouca gefolgt. Bis zum Tode stand er bei der Kaiserin im höchsten Ansehen, und noch als Todkranker erhielt er von ihr einen ergreifenden Abschiedsbrief. Mit ihm ging ein Stück des alten Kaisertums zu Grabe, denn der Portugiese war ja einer aus der langen und stolzen Reihe der Edelmänner aus dem ganzen Abendlande, die vom Glanze und der Universalwürde des Kaisertums angezogen, in Wien ihre Heimat gefunden hatten.

Weitere Verluste folgten. Am 18. Juni 1772 starb van Swieten. Dieser hatte bei der Kaiserin trotz seines Reformkatholizismus — der von dem Flamen Cornelius Jansenius bestimmt war und in der österreichischen Niederlanden, aber auch in Wien viel galt — und trotz seiner Zugehörigkeit zu den Ideen der Aufklärung bei der streng katholischen Kaiserin sehr viel vermocht. „Ich verliere an ihm einen zuverlässigen, wahrhaften, rechtschaffenen Freund und Ratgeber von einer undurchdringlichen Verschwiegenheit, und der mir stets trocken die Wahrheit sagte: solche Menschen braucht gerade unsereiner, um nicht irre zu gehen in jedem Lebensalter." Mit leisem Groll stellt Khevenhüller in seinem Tagebuche fest, „daß unser berühmter Protomedicus Baron van Swieten" „eine große Role am Hof gespiellet, indem die Kaiserin ihm nicht allein in sua sphära und zu Einrichtung der Studien consultiret und recht blindlings seinen Rath- und Vorschlägen gefolget, sondern ihr Vertrauen in selben immer so weit erstrecket hat, daß sie auch in internis, zumahlen in Religions-Sachen, sich von ihme zum öftern und leider nicht alzeit zum besten leiten lassen".

Schon aber nahte auch, nachdem der Fürst Wenzel Liechtenstein und der Feldmarschall Batthyány, beide Veteranen der großen Kampfzeit, hingegangen waren, dem Zionswächter der Etikette am Hofe der Kaiserin, dem Fürsten Khevenhüller, der Tod. Nachdem er sich im November 1775 eine schwere Erkältung zugezogen, starb er am 18. April 1776. Über ein Menschenalter hindurch hatte er, gewissenhafter Chronist der großen, der kleinen, ja selbst der kleinsten Begebenheiten am Hofe, Ansager der Geburten, der Verlobungen und Hochzeiten im Herrscherhause, ja selbst der beginnenden Schwangerschaften der Kaiserin, Ansager aber auch des Totentanzes der herrscherlichen und hochadeligen Welt Europas mit all den Sterbeursachen, die für ihn so klar sind, wie nur je Ärztebefunde an Verstorbenen, sein Tagebuch geführt.

Im gleichen Jahre 1776 mußte die Kaiserin fürchten, daß sie auch ihr eigenwilligstes und sprödestes Kind, ihren größten Helfer, Kaunitz, verliere. „Ich wäre vernichtet", schrieb sie, als keine Hoffnung mehr bestanden hatte, an Ferdinand, „er ist der einzige von meinen alten Freunden, der mir bleibt." Allein der wunderlich Zähe erholte sich wieder und sollte die Kaiserin fast vierzehn Jahre überleben.

Als letzter, wir hörten es schon, verließ sie der Herzog Karl von Lothringen, der 1780 in Brüssel starb, wo er als Statthalter wirkte.

Hielt so der Tod Ernte, neu trat kaum mehr ein Helfer an die Monarchin heran. Lacy, das Glückskind des Lebens, blieb ihr, zu Laudon fand sie bei aller betreuenden Güte doch nicht den richtigen Weg. In den Reformen der letzten Lebensjahre wurde ihr der Hofrat Greiner ein unentbehrlicher Helfer, den sie als Freund empfand. Sonst wurde es still um sie. Thugut, der Mann der Zukunft, war erst im Kommen. Der Besuch Lessings, obwohl die Kaiserin seine „Minna von Barnhelm" und wahrscheinlich auch seine „Emilia Galotti" kannte, berührte sie nur am Rande. Die Hoffnungen, die der Dichter an seine Wiener Audienz im Jahre 1775 geknüpft hatte, erfüllten sich nicht.

So war es immer wieder die Welt, die ihre Kinder sich aufgebaut, wohin die alt und einsam gewordene Frau aus den Sorgen des Alltags ihre liebevollen Blicke richtete.

LETZTE REFORMPOLITIK

In den Fragen der äußeren Politik war die Kaiserin je länger, je mehr vor dem Sohne zurückgetreten, um nur einmal noch, in der Krise des Bayrischen Erbfolgekrieges, mit alter Tatkraft segensvoll einzugreifen. In der inneren Politik jedoch blieb sie trotz aller Weltfluchtsgedanken nach dem Tode des Gemahls stets die „allgemeine und erste Mutter" ihrer Länder. Das Militärwesen freilich überließ sie ihrem Sohne. Es war ein Opfer, schrieb sie doch im Februar 1766 an Sylva Tarouca: „Dieser Zweig der Staatsverwaltung war der einzige, für den ich Interesse hatte. Nun habe ich ihn aufgegeben; alles andere wird mir nichts mehr bedeuten." Völlig allerdings trat die Kaiserin auch hier nicht zurück.

Ebenso wie in der Außenpolitik erfolgten auch in den Fragen der inneren Staatsführung häufige Reibungen mit dem Sohne. Der exzessive Geist des Kaisers, die rücksichtslose Schärfe seiner Urteile und die Kompromißlosigkeit, mit der er seine Pläne, oft auch nur Einfälle, verfocht, ohne auf das Empfinden der Anderen Rücksicht zu nehmen oder die Berechtigung einer abweichenden Meinung zu würdigen, riefen schwere Konflikte mit der Kaiserin und dem Fürsten Kaunitz hervor. Immer gebieterischer drang Josef in die letzten Reservationen der Kaiserin vor, die sich hier allerdings entschlossen und erfolgreich zur Wehr setzte.

In der Frage des Staatsrates, dessen Überlastung mit Details der Sohn rügte, kam sie seinen Wünschen entgegen, zumal auch der Fürst diesen Mangel beklagte, und sie erließ, der Neigung Josefs nach Verordnungen und Punktationen nachgebend, am 12. Mai 1774 ein Statut für die Geschäftsbehandlung, wonach nur noch die Gegenstände der höchsten Kategorie unter den Mitgliedern zirkulieren sollten. Der Staatsrat, dessen Wirkungsbereich sich auch über Ungarn zu erstrecken begann, fand in der Persönlichkeit des Grafen Karl Friedrich v. Hatzfeld einen neuen Vorsitzenden.

Der Gedanke des Kaisers, den Staatsrat aufzuheben und aus ihm ein Kabinett für das Innere zu bilden, war von Maria Theresia nach Befragung von Kaunitz abgelehnt worden, ebenso wie der dem hochmütigen Übereifer entsprungene Antrag, zur Leitung und Beschleunigung der Arbeit der Staatskanzlei eine Art Staatsrat für die äußeren Angelegenheiten ins Leben zu rufen. Es war peinlich genug, daß der Staatskanzler sich veranlaßt sehen mußte, die Arbeit seiner Kanzlei, die doch die Anerkennung Europas gefunden hatte, in Schutz zu nehmen. Er tat dies erst (20. II. 1774), als die Kaiserin sein Rücktrittsgesuch abgelehnt hatte und nachdem auch die darauf unmittelbar folgende Krise überwunden war, daß nämlich der Kaiser selbst um Enthebung von seinem Amte als Mitregent bat, ja, daß sogar die Kaiserin Abdankungsgedanken hegte. Auch hier entschied die Mutter gegen den Sohn.

So dämpfte sie den ungebärdigen Willen und schwächte Schärfen in seinen Vorschlägen ab, ohne sich aber der immer sieghafter mit dem jungen Kaiser vordringenden Idee der Zentralisierung zu verschließen. Sie ernannte den Grafen Hatzfeld zum „dirigierenden ersten Staatsminister“ in „inländischen Geschäften“, aber sie lehnte es ab, ihn, wie Josef gewünscht hatte, zum Chef eines Kabinetts zu machen und durch eine Überzentralisation ihm, dem bereits die Hofkammer, die Generalkasse, die Ministerialbankodeputation und der Kommerzienrat unterstanden, auch noch die Leitung der Hofrechnungskammer zu übertragen. Die Kaiserin wahrte gegen den weitergehenden Zentralisierungswillen des Sohnes den Bestand der sechs großen Behörden des Staates: der Vereinigten Hofkanzlei, der Staatskanzlei, der Obersten Justizstelle, der Hofkammer, der Hofrechnungskammer, des Hofkriegsrats und des Staatsrats.

In Finanzangelegenheiten, für die Josef weniger Interesse besaß, bewegte sich die Landesmutter, unterstützt durch die Sachkenntnis des Grafen Karl Hatzfeld, freier und erfolgreicher. Im Jahre 1775 konnte, „wohl zum ersten Male seit dem Regierungsantritt der Kaiserin“, der Voranschlag als ausgeglichen gelten, ja etwas über eine halbe Million Gulden als Überschuß aufweisen. Im Jahr 1777 wurde gar, obwohl man seit 1776 einen größeren Aufwand für das Militär machte, ein Überschuß von fast dreieinhalb Millionen erzielt. Der Bayrische Erbfolgekrieg mit seinen im Jahre 1778 erwachsenen Ausgaben von etwa 45 Millionen bedeutete naturgemäß einen schweren Rückschlag. Über Hatzfelds Vorschlag wurde seit 1771 die Ausgabe von Banknoten vorgenommen, die in sieben Abstufungen von fünf bis tausend Gulden zur Ausgabe gelangten. Ein Rivale des Grafen

Hatzfeld, der aber infolge der wirksamen Unterstützung Hatzfelds durch den Kaiser schließlich unterlag, war der von Kaunitz und Binder sehr geschätzte Graf Sinzendorf, unter dessen kundiger Verwaltung die Hofrechnungskammer Klarheit und Übersichtlichkeit in das Rechnungswesen des Staates brachte.

Ein auch der Regierung der Kaiserin unüberwindlicher Mangel blieb, daß Ungarn, obwohl es fast die Hälfte des gesamten Staatsgebietes und die Hälfte seiner Bevölkerung umfaßte, in weit geringerem Maße als die anderen Länder Österreichs zur Bestreitung der Staatskosten beitrug, für die Militärkontribution z. B. mit vier Millionen weniger als ein Viertel dessen leistete, was die übrigen österreichischen Länder gerechnet ohne die Niederlande und die Lombardei hiezu aufbrachten. Die Monarchin mußte also ihren Willen, die Einheit ihres Staatswesens durchzusetzen, doch stark auf die deutschen Erblande mit ihren Gubernien und Kreisämtern einschränken, wo es ihr allerdings gelang, die Stände durch die Kontrolle der Hofrechnungskammer selbst in der Gebarung mit ihren Eigengeldern zu überwachen.

In Handelsfragen setzte sich in der späteren Regierungszeit der Kaiserin gegen den lebhaften Widerstand des Schutzzöllners Josef eine freiere Auffassung durch. Sie wurde von dem vierunddreißigjährigen Grafen Philipp Cobenzl getragen und eifrig von Kaunitz gefördert. So kam es 1774 zur Aufhebung einer Reihe von Einfuhrverboten. Triest, das trotz mancher Förderung schon in früherer Zeit ein Sorgenkind geblieben war, erhielt in dem Grafen Karl Zinzendorf 1776 einen Gouverneur, dem die Belebung des wirtschaftlichen Lebens der Stadt und des Handels gelang. Der Kaiser, der sich auch in den Küstengebieten des Adriatischen Meeres durch seine Reisen persönlich orientiert hatte, förderte die Interessen der alten Handelsstadt durch eine Fülle von Ratschlägen und Anregungen. Seinem Drängen war es auch zuzuschreiben, daß die Kaiserin zu Beginn 1776 den Kommerzienhofrat, der sich nicht bewährt hatte, aufhob und die von ihm geübten Agenden der Hofkanzlei übertrug.

Weitausschauende Pläne zur Förderung des österreichischen Handels, wie sie das Bankhaus Proli in Antwerpen zur Gründung einer ostindischen Handelsgesellschaft eine Zeit lang in Verbindung mit dem Engländer William Bolts vorbrachte, fanden die regste Förderung des Staatskanzlers, aber auch das größte Mißtrauen Josefs. Bolts brach mit einem in England ausgerüsteten Schiffe, „Josef und Theresia" genannt, im Frühjahr 1776 auf und erreichte unter Überwindung großer Schwierigkeiten Surate in Ostindien. Das Bankhaus Proli rüstete ein weiteres Schiff, „Fürst Kaunitz", aus, nun von Bolts getrennt. Maria Theresia jedoch erlebte die Rückkehr der Schiffe nicht mehr. Das Los der Boltsschen Unternehmung, die gewisse koloniale Aussichten in sich barg, betraf schließlich die Regierung Josefs.

Blieb Ungarn immer noch außerhalb des Behördenapparates der österreichischen Länder, im Bereich der deutschen Erblande vermochte die Kaiserin aus dem Bündel staatsrechtlicher Individualitäten eine Einheit zu formen. Die Binnenzölle, die sich noch trennend zwischen die Länder legten, kamen zu Fall, und nur noch die Zwischenzollinie gegenüber dem Königreich Ungarn zog sich durch die Monarchie. Das neuerworbene Galizien, das der Staatskanzler gern, wie die Niederlande und die Lombardei, von seiner Behörde aus verwaltet hätte, erhielt eine eigene Hofkanzlei, wurde aber schließlich in den Kompetenzbereich der Vereinigten Hofkanzlei eingegliedert und erhielt eine Gubernial- und Kreisamtsverfassung.

*

In den Reformen ihrer Frühzeit hatte Maria Theresia nach Herstellung der „gottgefälligen Gleichheit" in der Steuerleistung gestrebt. Nun in der zweiten Epoche ihrer inneren Politik, da es müder und stiller in ihr geworden war, erfüllte sie der Gedanke nach einer Besserung der Untertänigkeitsverhältnisse, nach einem Schutz für die Bauern, die von den nach ihrer Überzeugung so vielfältig an die Grundherren gebundenen Kreishauptleuten zu wenig betreut würden. Gegen die „Abstiftung" der Untertanen, das verhängnisvolle Bauernlegen, begannen Verfügungen zu ergehen. Alle seit 1748 durch die Grundherrschaft eingezogenen bäuerlichen Gründe sollten zurückgegeben werden. Für Ungarn erfolgte 1766 das erste Robotregulierungsgesetz, obwohl der Reichstag widerstrebte. „Ich will auch meinem Gewissen gerecht werden und wegen einiger Magnaten nicht in die Verdammung kommen," erklärte die entschlossene Frau. Mutig nahm sie eine neue Last von Sorgen, von endlosen Auseinandersetzungen, von neuen Wirrungen im engsten Kreise auf sich. Denn das war ja das Schwierige an dem Unternehmen der Landesmutter, daß man nicht allein mit den Vorstellungen und Beschwerden der Interessenten beider Lager, der Grundherren wie der Grundholden, zu rechnen hatte, sondern, daß wiederum die drei Maßgebenden in der Monarchie — Kaiserin, Kaiser und Kaunitz — zu keiner einheitlichen Meinung gelangen konnten.

Als erstes der deutschen Länder erhielt Schlesien unter der Leitung des Freiherrn Ernst von Locella eine Urbarialkommission, welche die Leistungsverpflichtungen der Bauern in dem kleinen Ländchen in mustergültiger Weise regelte. Am 6. Juli 1771 wurde das erste Robot-Patent erlassen, das für Schlesien, ihm folgten im Laufe der Jahre die für die anderen Länder. Als Höchstleistungen wurden für Schlesien drei bäuerliche Robottage angesetzt. Die Kreishauptleute waren streng angewiesen, sich einer Bedrükkung der Landleute entgegenzustellen.

Weit schwieriger ging es in den anderen Ländern, besonders in Böhmen. Hier traten vielerorts grobe Überschreitungen des Robotpatentes von 1738 auf, hier widerstrebte der mächtige Adel einer Neufestsetzung, hier rief die lange Erörterung der Frage unter den Grundholden Hoffnungen und Enttäuschungen und schließlich gar (1775) Zusammenrottungen und Unruhen hervor.

Von sich aus die von der Kaiserin ersehnte Besserung in der Lage der Bauernschaft herbeizuführen, unternahmen nur zwei Große, der Abt Gregor Lambeck vom Kloster Bruck bei Znaim und der Graf Franz Norbert von Trauttmannsdorff. Die Kaiserin war darüber begeistert, schrieb sie doch am 22. November 1772 an Kaunitz, daß die Aufhebung der Leibeigenschaft „das Einzige noch wäre, mich bei dem Staatsruder zu erhalten".

Josef übte in dieser Frage eine schwankende Haltung aus. Er schlug schließlich vor, es solle ein jedes Dominium mit seinen Untertanen nach Recht und Billigkeit eine Urbarialregulierung zustandebringen. Geschähe dies binnen einem halben Jahre nicht, so habe es von Seite des Kreisamtes aus zu erfolgen.

Die freien Vereinbarungen aber gerade waren es die den Unmut der Bauern auslösten. Tief bekümmert über die Unruhen wollte die Kaiserin im Mai 1775 zurücktreten. Sie schrieb an den österreichischen Botschafter in Paris, den Grafen Mercy, der schon als Betreuer der Marie Antoinette das besondere Vertrauen der Monarchin genoß: „Für die wenigen Tage, die mir noch bleiben, könnte man mir wohl einige Ruhe gönnen. Fünfunddreißig Jahre habe ich der Gesamtheit geopfert; ich bin so abgespannt, so niedergeschlagen, daß ich mehr Übles als Gutes vollbringe. In dem letzten Tumult in Böhmen, der zwar unterdrückt, aber noch bei weitem nicht verlöscht ist, liegt eine der Ursachen, welche meine Entschlüsse beschleunigen, nicht aus Furcht, denn ich kenne dieses Gefühl nicht, wohl aber, weil ich nicht Abhilfe schaffen kann und durch meine Gegenwart großes Unheil stifte. Der Kaiser, der das Streben nach Popularität allzuweit treibt, hat, ohne zwar diesen Leuten auf seinen verschiedenen Reisen förmliche Versprechungen zu machen, doch allzuviel über ihre Freiheit in Religionssachen sowohl, als ihren Grundherren gegenüber gesagt." Die Kaiserin hofft, Josef werde, wenn er erst einmal allein die Regierungslast trage, die „Schwierigkeiten sehen".

Die tapfere Frau ließ sich dann doch bewegen, auf ihrem Posten auszuharren. Zu Ende des Jahres aber kam es erneut zu schweren Konflikten mit dem Sohne. In drei Grundsätzen faßte die mit Sorgen erfüllte Mutter die Regierungsauffassungen des Sohnes zusammen: Freie Religionsausübung, Vernichtung des Hochadels unter der grundfalschen Annahme, daß dies der Mehrzahl der Bevölkerung zum Heile gereiche, endlich die fortwährend wiederkehrende Betonung der Freiheit. Tiefbekümmert über die fortgesetzten Reibungen bat Josef erneut um Enthebung von seinem Amte als Mitregent, da ihn die Mutter doch als „hitzig, übereilt, eingenommen, unüberlegt, voll falscher Sätze, so er aus Büchern oder gefährlichen Gesellschaften gesammelt" ansehe.

Mit tiefer Bekümmerung antwortete die Mutter noch am Abend desselben Tages: „Es ist fürwahr ein großes Unglück, mit dem besten Willen verstehen wir uns nicht. ... ich bin es wohl, welche sagen kann, daß ich seit sechsunddreißig Jahren mit nichts beschäftigt bin als mit dir. Sechsundzwanzig davon waren glücklich, aber ich kann ein Gleiches nicht heute sagen, indem ich niemals Grundsätzen beizupflichten imstande bin, welche sowohl hinsichtlich der Religion als der Sitten zu wenig streng sind. Zu sehr zeigst Du Deine Antipathien gegen die althergebrachten Gewohnheiten und gegen den ganzen Klerus, zu sehr allzufreie Ansichten in bezug auf Aufführung und Moralität".

Als Josef schließlich in seinem Amte verblieb, wurde die Kaiserin von einem neuen Rücktrittsansuchen des durch die Rücksichtslosigkeit des Kaisers verletzten und mit seinem Rate nicht durchgedrungenen Kanzlers in Besorgnis versetzt, und nur mit Mühe konnte der alte Getreue wieder versöhnt werden.

Gern hätte Maria Theresia die Aufhebung der Leibeigenschaft herbeigeführt. Aber sie stand in dieser Frage allein, weil ihr eigentlich nur der taktisch ungeschickte und in kein Kompromiß sich fügende Gubernialrat Franz Anton v. Blanc, ein Schwabe, energische Hilfe zu leisten bereit war. So mußte sie sich mit einer Halbheit, wie sie die Robotgesetzgebung benannte, zufrieden geben. Bewegt führte sie gegenüber ihrem Sohn Ferdinand darüber Klage. Auf ihren Eigengütern beseitigte sie die Erbuntertänigkeit nahezu völlig.

*

Erfolgreicher und ungestörter vermochte sich der reformatorische Wille der Landesmutter auf dem Gebiete der Schule durchzusetzen. Hier wich vollends das Barock einer nüchternen und weit ausgreifenden Gegenwart. Hervorragende Helfer standen der Kaiserin zu Gebote. Man hatte die besten Einrichtungen im Reiche, besonders in Preußen, in ständiger Beobachtung.

Schon wirkten an den Universitäten da und dort Gelehrte mit klangvollen Namen, in Wien besonders van Swieten, Martini und der Mediziner de Haen, in Prag Seibt, der einen mächtigen Einfluß übte.

Die Reformen umgriffen den Bereich der Volks- und der höheren Schule. Sie leiteten das Ende der Herrschaft des Klerus über die Schule ein und gewannen besonders an Kraft durch die vom Papst Clemens XIV. in der Bulle Dominus ac Redemptor am 21. Juli 1773 vollzogenen Auflösung des Jesuitenordens. Maria Theresia hatte sich ihr schweren Herzens gefügt.

Die Jesuiten waren die Träger des Unterrichts von den hohen bis zu den niederen Schulen gewesen. Die Universitäten hatten sich vor dem Auftreten van Swietens ganz in ihrer Hand befanden. Hier und im Bereiche der Zensurkommission war ihre Verdrängung bereits seit geraumer Zeit vollzogen. Der Umstand, daß die Weltgeistlichkeit, insbesondere der Erzbischof von Wien, den Jesuiten abhold war, hatte die Erfolge van Swietens erleichtert.

Durch die Aufhebung des Ordens war der Weg für eine gründliche Neuordnung des Unterrichtswesens frei geworden. Die Kaiserin bestimmte das gesamte, nach Versorgung der Mitglieder noch verbleibende Vermögen des Ordens als Fond für die Pflege der Studien. Auch die Volksschulen und Mittelschulen wurden fortschreitend verweltlicht und verstaatlicht. Schon 1770 hieß es in einer vom Staatsrat Hofrat von Stuppan verfaßten und von Maria Theresia unterzeichneten Resolution der Böhmisch-Österreichischen Hofkanzlei: „Das Schulwesen ist und bleibet allezeit ein politikum." Ja Graf Pergen, der vor seinem Abgang als Statthalter des neuerworbenen Galiziens als Betreuer der Orientalischen Akademie auf die Fragen des Unterrichts überzugreifen begann, übermittelte der Kaiserin einen Studienplan, der unter Betonung des landesherrlichen Interesses an der Schule dem Staat „die Aufsicht und Leitung über das Schul- und Erziehungswesen in ganzer Ausdehnung und über alle Teile desselben" vorbehielt und in einem dritten Grundsatz festlegte: „Unterricht und Erziehung müssen den Händen der Ordensgeistlichen, denen sie bisher mit Ausnahme der medizinischen Wissenschaften fast ausschließlich anvertraut gewesen, durchaus abgenommen und die Schulen nur mit weltlichen oder doch weltgeistlich bewährten Lehrern besetzt werden." Ein überzeugter Rationalist und Staatseiferer weigerte sich Pergen, die ihm von Maria Theresia angebotene Leitung eines Schuloberdirektoriums zu übernehmen, als sie seinen Vorschlägen nur eine teilweise Berücksichtigung zuteil werden lassen wollte.

Auf der Suche nach klangvollen Namen für das neue Direktorium wurden aus dem Reiche Persönlichkeiten wie Ramler, Sulzer und Weisse, ja sogar Wieland zum Vorschlag gebracht. Der zu nüchterne Sinn Josefs brachte den Gedanken zu Fall. Er äußerte sich befragt dahin, daß man nicht so sehr Gelehrte benötige, sondern Praktiker und sofortige praktische Arbeit. „Wir können oder sollten," fügte er mit Stolz hinzu, „unsere Länder, unsere Verfassung, unsere Gebrechen, unsere fundos wohl besser kennen, als jeder noch so einsichtige fremde Gelehrte, der hierher berufen würde. Was würde daraus entstehen als Unkosten, nichts Gutes, oder wenigstens, daß in einem sehr kleinen Teil dieser Mann seine Geschicklichkeit mit wenigen Lehrern zeigete und das Hauptwerk der Nationalerziehung verschlafen würde."

Schließlich erhielt, nachdem noch mehrere Pläne zur Reform der Studien vorgelegt worden waren, der des Piaristen Gratian Marx den Vorzug, für den sich Hofrat von Greiner — ein einflußreicher Mitarbeiter der letzten Maria Theresia — eingesetzt hatte. Dieser Entwurf jedoch änderte kaum etwas am Lehrplan und behielt den Regularklerus in der Schule. Tatsächlich wuchs erst ganz allmählich ein weltlicher Lehrerstand heran.

Pergen, dessen Entwurf am entschlossensten ausgegriffen hatte, war auch um die Organisation des Volksschulwesens bemüht, als er seine Eingabe ausarbeitete. Schon am 2. Jänner 1770 wurde in Wien im Churhaus von St. Stephan eine „Normalschule" (Musterschule) eröffnet. Der niederösterreichische Regierungsrat Franz Karl Hägelin regte die Gründung von Dorfschulen auf dem flachen Lande, von Pflanzschulen in den Kreisen, von Musterschulen in den Landeshauptstädten an. Sein Entwurf wurde nicht angenommen, aber die Kaiserin gab den Auftrag zur Errichtung von Normalschulen in jedem Kreise Niederösterreichs und von Dorfschulen.

Als sich mit der Aufhebung des Jesuitenordens Mittel und Gebäude ergaben, um größer zu planen, wurde aus dem preußischen Schlesien mit freundlicher Genehmigung des Königs Friedrich der Probst Johann Ignaz Felbiger aus Sagan berufen, der „aus augenscheinlicher Liebe zu seiner ehemaligen österreichischen Landesherrschaft" gern kam, und nun eine ausgedehnte segensreiche Tätigkeit entfaltete. War sein Eintreffen zunächst (1774) nur für einige Zeit gedacht, im Dezember 1777 wurde er für dauernd berufen, trotz mancher Schwächen seines Wesens stets von der dankbaren Kaiserin, auch gegen den nicht so günstig denkenden Sohn, gestützt.

Felbiger gründete die Normalschulen in den Hauptstädten der einzelnen Provinzen. Bald nahmen diese einen beachtlichen Aufschwung. An Stelle vielfach verfallener Jesuitengymnasien wurden Hauptschulen errichtet und die Trivial- oder Landschulen wurden verbessert und vermehrt. Für die Organisation der Landschulen wirkte der 1740 in Schluckenau geborene Ferdinand Kindermann, dem Maria Theresia die Dechantur des Allerheiligsten Kapitels zu Prag verlieh, indem sie ihn gleichzeitig zum Ritter von „Schulstein" adelte. Am 6. Dezember 1774 erließ die Kaiserin die von Felbiger ausgearbeitete „Allgemeine Schulordnung" für die deutschen niederen Schulen sämtlicher Erbländer. Es war der erste Vorläufer — ein ehrwürdiges Dokument des Willens zur Volksbildung — des berühmten Reichsvolkschulgesetzes der franzisko-josefinischen Zeit. Die Kinder sollten die vorgenannten Schulen vom Beginn des sechsten bis zum zwölften Jahre besuchen. „Deutsche Schulen" wurden sie genannt. Schon griff das österreichische Vorbild ins Reich hinüber. Ja, sogar die Zarin Katharina ließ 1780 sieben Schulen nach dem Wiener Muster in Petersburg errichten. So schnell hatte sich das Schulwesen Österreichs, das noch 1770, der Reform bedürftig, nach dem preußischen Muster hinübergesehen hatte, aufwärts entwickelt. Waren alle Besserungen und Organisationen auf dem schulischen Gebiete aus dem sieghaften Geiste des Rationalismus in der für das damalige Österreich so charakteristischen Dienstbarmachung und Teilübernahme der Aufklärungsideen erwachsen, die Kaiserin hatte, obwohl sie unrationalistisch und fernab jeder Theorie war, aus dem Verantwortungsgefühl der Landesmutter und aus der praktischen Weisheit des Alters heraus das segensvolle Werk der allgemeinen Schulbildung mit ihrem Namen verknüpft, das eine ganz neue Zeit einleitete. Maria Theresia wurde die Mutter jenes Schulwesens, das sich mit dem Ausgang des neunzehnten und dem Beginn des zwanzigsten Jahrhunderts den Ruf, das beste in deutschen Landen zu sein, eroberte und für die Ausstrahlung deutschen Geistes und deutscher Bildung im Südosten eine unermeßliche Bedeutung gewann.

*

Der Kirche gegenüber nahm die sehr fromme, seit dem Tode des Gemahls in ihren eigenen religiösen Übungen, wie bei der religiösen Erziehung ihrer Kinder übereifrige Frau auch in der zweiten Hälfte ihrer Herrscherzeit die landesherrlichen Rechte in Anspruch. Sie verschloß sich auf die Dauer nicht dem Reformstreben ihrer Mitarbeiter. Die Prozessionen und Bruderschaften wurden beschränkt. Das Asylrecht der Kirchen und geistlichen Häuser erfuhr eine Minderung. Die Zulassung zu den Ordensgelübden wurde zeitlich begrenzt. Wohl waren von den alten Vorkämpfern reformkatholischer Haltung der Weihbischof Stock und van Swieten hinweggestorben, aber der Beichtvater der Kaiserin, Ignaz Müller, der den erblindeten Jesuiten Kampmüller abgelöst hatte, und von ihr zum Prälat von St. Dorothea erhoben wurde, gehörte der gleichen Richtung an, und die jüngere Generation war noch kompromißloser. Gelang es zwar den Wiener Reformkatholiken nicht, zur raschen Förderung der Rückkehr der Jansensistischen „Kleinen Kirche" von Utrecht, die damals, als die Gesellschaft Jesu aufgehoben worden war, unter dem Papsttum Clemens XIV. große Aussichten hatte, Gottfried van Swieten, den Sohn des großen Arztes, als Botschafter in Rom durchzusetzen, auch der zunächst als Uditore für Deutschland an der Rota romana entsandte erst 35jährige Propst Franz Herzan Reichsgraf von Harras wurde ein zuverlässiger Förderer der theresianischen und später der noch viel schärfer profilierten josefinischen Reformpolitik. Die Aussichten allerdings auf die Wiederaufnahme der Jansenisten verflüchtigten sich, seit am 22. September 1774 Papst Clemens XIV. starb, und sein Nachfolger Pius VI. das Interesse an dem Ausgleich verlor. Mit dem Jahre 1776 weilte auch ein neuer Nuntius, Josef Garampi, am Wiener Hofe, der hier fortan als Widerpart der Reformkatholiken wirkte, während sein Vorgänger August Eugen Visconti sachlich und persönlich gute Beziehungen zu ihren führenden Persönlichkeiten unterhalten hatte. Alle in der Kirchenreform Josefs maßgebenden Männer sind bereits von Maria Theresia herangezogen worden: Baron

Kresl ist Staatsrat, seit 1772 Leiter der Studienhofkommission, und besitzt das Ohr der Kaiserin; Rautenstrauch wird Abt von Breunau-Braunau, Wittola Probst und Mitglied der niederösterreichischen Zensurkommission, Hay Propst von Nikolsburg, Zippe Dechant von Böhmisch-Kamnitz. Alles Josefiner!

Die kirchliche Gerichtsbarkeit erfuhr noch unter Maria Theresia Einengung. Der Anhäufung von Vermögen in der toten Hand wurde entgegengetreten.

Schon zeigte sich auch für die Protestanten etwas Entgegenkommen. Unter gewiß noch peinlichen Beschränkungen wurde ihnen das Recht zur Erlangung der Doktorwürde zugestanden. Gemischte Ehen wurden erlaubt.

Als aber in Mähren eine Übertrittsbewegung zum Protestantismus einsetzte, fühlte sich die Kaiserin aus ihrem Gewissen heraus zum schärfsten Einschreiten veranlaßt. Der Sohn widersprach in leidenschaftlichster Bewegung. Er zeichnete der Mutter das Bild der Duldung, wie er es in sich trug. „Bei mir will das Wort Toleranz nur sagen, daß ich in allen bloß irdischen Dingen jedermann, ohne Unterschied der Religion, anstellen würde, ihn Güter besitzen, Gewerbe ausüben, Staatsbürger sein ließe, wenn er hiezu befähigt und dem Staate und seiner Industrie zum Vorteile wäre. Diejenigen, welche unglücklicherweise einem falschen Glauben anhängen, sind viel entfernter von ihrer Bekehrung, wenn sie in ihrem Land verbleiben, als wenn sie in ein andres übersiedeln, wo sie die überzeugenden Wahrheiten des katholischen Glaubens hören und sehen. Ebenso macht die ungestörte Ausübung ihres Kultus sie zu viel besseren Untertanen, und läßt sie die Religionslosigkeit vermeiden, welch letztere für die Verführung unserer Katholiken weit gefährlicher ist, als wenn man jene ihren Kultus unbehindert beobachten läßt." Die Kaiserin milderte die erlassenen Verfügungen, aber sie lehnte die Auffassungen des Sohnes durchaus ab. „Indem Du überall blickst und horchst," schreibt sie ihm im Verlauf dieser Auseinandersetzung im Juli 1777, „indem Du Deinen Geist des Widerspruchs mit dem gleichzeitigen Bestreben vermengst, irgendetwas zu schaffen, richtest Du Dich zugrunde, und ziehst zugleich mit Dir die Monarchie in den Abgrund, vernichtest das Resultat all der schweren Sorgen Deiner Vorfahren, die uns mit großer Mühe diese Provinzen hinterlassen und ihren Zustand gar sehr gebessert haben, indem sie, nicht gleich unseren Gegnern mit Kraft und Grausamkeit, sondern mit Sorgfalt, Mühe und Auslagen unsere heilige Religion daselbst einführten. Kein Geist der Verfolgung, aber noch weniger einer der Gleichgültigkeit oder Tolerantismus; hieran hoffe ich mich zu halten, solange ich lebe, und ich wünsche nur so lang zu leben, als ich hoffen darf, mit dem Troste hinabzusteigen zu meinen Ahnen, daß mein Sohn so groß, so religiös wird wie seine Vorfahren, daß er zurückkehren wird von seinen irrigen Anschauungen, von jenen schlechten Büchern, deren Verfasser ihren Geist glänzen lassen auf Kosten alles dessen, was das Heiligste und das Verehrungswürdigste auf der Welt ist, welche eine eingebildete Freiheit einführen wollen, die niemals zu existieren vermag und die in Zügellosigkeit umschlägt und in gänzlichen Umsturz."

Die sechzigjährige Frau blieb den sieghaft gewordenen Ideen der Zeit fremd. Unerschütterlich wahrte sie die althabsburgische Linie gegenüber dem so unhabsburgisch anmutenden Sohne.

*

Dennoch aber griffen die Zeitideen überall in das allmählich ausgehende Herrscherleben der Kaiserin. Wenn an der Wiener Universität der im Geburtsjahre Wielands geborene mährische Jude Joseph von Sonnenfels aus Nikolsburg, dessen Vater Perlin Lippmann sich hatte taufen lassen und den Namen Sonnenfels annahm, freisinnige Auffassungen verkündigte und an bestehenden Einrichtungen Kritik übte, so wurde er, dem hochadelige Gönner wie die Fürstin Trautson und Graf Dietrichstein das juristische Studium ermöglicht hatten, den der Staatsrat von Borié und der Freiherr von König förderten, trotz des Widerstands des Grafen Chotek und des Wiener Erzbischofs Graf Migazzi, von der Kaiserin gehalten. 1763 Professor an der Wiener Universität, wurde er 1769 zudem Regierungsrat bei der niederösterreichischen Regierung. Josef war ihm zugetan. Er sah es dem eitlen, auf die Verbreitung seines Namens bedachten Manne nach, daß dieser eine seiner Schriften, die in Wien unerwünscht war, mit einer polemischen Vorrede in Leipzig drucken ließ.

Sonnenfels war sehr begabt, aber seine Bedeutung wurde gröblich überschätzt, wenn man ihn den „östereichischen Lessing" genannt hat. Er besaß ein Verdienst — aber nicht das ausschließliche! — daran, daß in Österreich am 2. Jänner 1776 die Folter abgeschafft wurde, die in der theresianischen Halsgerichtsordnung noch vorgesehen war. Die Abschaffung der Todesstrafe, für die Sonnenfels gleichfalls eintrat, erfolgte nicht. Immerhin aber beauftragte Maria Theresia über Betreiben Josefs die Oberste Justizstelle, diese Frage in reifliche Überlegung zu ziehen.

Die von der Kaiserin zur Herstellung einer einheitlichen Rechtspflege und Rechtsordnung betriebene Rechtskodifikation gedieh nicht voll zur Reife. Wohl arbeitete die sogenannte Kompilationskommission ein bürgerliches Gesetzbuch, an dem Josef Ferdinand von Holger und der Welschtiroler Karl Anton Martini, zwei hervorragende Juristen, mitwirkten, aus. Die Staatsräte Binder und Gebler stießen sich an seiner Weitschweifigkeit und schwerfälligen Art, umfaßte es doch acht Folianten, und auch der Fürst Kaunitz sprach sich gegen seine Zulassung aus. So sehr auch in der Folge die Fertigstellung der Umgestaltung über Drängen des Staatskanzlers durch die Kaiserin betrieben wurde, sie sollte das Ende dieses Werkes nicht mehr erleben. Erst ein Menschenalter nach ihrem Tode wurde es 1811 als sogenanntes Bürgerliches Gesetzbuch, ein hervorragendes Werk der Gesetzesfestlegung, fertiggestellt. Die schon erwähnte Strafgerichtsordnung, deren erster Teil Ende 1768 in Wirksamkeit gesetzt wurde, beruhte auf der alten Halsgerichtsordnung Karls V. Diese Nemesis Theresiana ragte in die freundliche Zeit des Rokoko als ein düsteres Mahnzeichen einer harten Vergangenheit hinein.

So umfaßte die Reformtätigkeit der großen Dienerin am Bau der österreichischen Monarchie vollends in ihrer letzten Lebensepoche alle Gebiete. Auf eine weite Zukunftsstrecke hin legte sie die Fundamente für den Bau und das Gedeihen des Staates, ja sie begründete das innere Staatsleben Österreichs erst. Es war ein Werk, das der Monarchie bis in den Weltkrieg hinein trotz gänzlicher Wandlung der Dinge nicht völlig verlorenging.

EINE KAISERIN STIRBT

Um die alternde Maria Theresia war es immer einsamer geworden. Nach dem nie verwundenen Tode des Gemahls hatte sie Daun verloren, der seit Kolin stets ihre Dankbarkeit und ihr Vertrauen besaß; van Swieten ging 1772 hin und endlich, 1780, auch ihr Schwager Karl von Lothringen, dessen liebenswürdige Eigenschaften die Kaiserin so sehr schätzte, dem sie die für Österreich so kostspieligen Niederlagen nie nachrechnete. Die Unruhe des Sohnes, den sie doch bewunderte, bereitete ihr Sorgen, die steten Reibungen mit seinem herrischen Besserwissen und Anderswollen bedrückten sie; seine Reisen empfand sie als eine Flucht von ihr, und sie bemerkte es dankbar, daß er um ihretwillen eine geplante Reise nach England unterlassen hatte. Der sorgenvollen Monarchin war Kaunitz, so sehr sein ganzes Wesen anders als das ihre war, und immer einen gewissen Abstand bedingte, in wachsendem Maße Trost geworden, und die Ruhe seiner Staatskanzlei war die Stätte, von der ihr in allen Bedrängnissen Gleichmut und Unerschütterlichkeit herkamen. Aber auch Kaunitz wurde älter, und er hatte sich ja schon mehrmals durch die Reibungen mit Josef veranlaßt gesehen, um seinen Rücktritt nachzusuchen.

Über Maria Theresia breiteten sich die Dämmerschatten der Müdigkeit, so wenig ihre tapfere Natur sie auch Herr werden ließ. Hatte sie noch 1778 kräftig, fast mit dem alten Feuer, eingegriffen, um den Staat zu retten, schon nach dem Tedeum zur Feier des Teschener Friedens betonte sie, daß es nur noch in wenigem bestehe, was ihr zu tun erübrige.

Nach dem Tode des Prinzen Karl machte sie selbst ihr Testament. Sie war in den letzten Jahren immer schwerfälliger geworden, und die Erzherzogin Maria Anna, ihre älteste Tochter, sagt in ihrer rührend einfachen, ganz in das Wienerische getauchten „Relation“ über den Tod der Mutter: „... seine Majestät hatten schon seit einigen Jahren und diß nahm beständig zu einen sehr schweren athem, dann der ebene Weg kostete ihr so vill als eine stiegen zu steigen und sobald sie nur ein wenig gehen mußte, so wurde sie blau roth und schwitzte am ganzen Leib sie sagte oft: ich bin miserabel, ich kann nicht mehr, es wird täglich übler mit meinem athem; denn auch sitzend wenn sie vill redete oder mit den Händen gelängen mußte war der athem ganz kurtz sie sagte oft lachend ich werde völlig zu stein innerlich ich empfinde es.“

Es war wohl zweifellos nicht so sehr ein Asthmaleiden, wie der landläufige Bericht lautet, sondern ein schweres organisches Herzleiden, für das auch das frühe und stete Bedürfnis nach frischer Luft sowie die Eigenart des Auftretens ihrer Beschwerden, zum Schlusse auch die ganze Konstitution — ihre Fettleibigkeit — sprechen.

Sie liebte keine Medikamente, und man fürchtete wegen der Gefahr der Wassersucht ihr zur Ader zu lassen, „besonders weil sie das letzte Jahr vill blasser als gewöhnlich war“. Innere Hitze quälte sie in zunehmendem Maße, so „daß sie tag und nacht die fenster offen hatte und ihm ziheten Wind ....“ — es ist Oktober —, „auch sehr vill starck in eiß gekühlte Limonade trank“. Die Zugluft trug ihr vielmehr im Oktober 1780 einen Rheumatismus im rechten Arm ein. Ein Husten, der sie in den letzten Tagen des gleichen Monats befiel, wurde von ihr vernachlässigt, zumal sie jeden Winter einen Katarrh hatte. Bei strömendem Regen nahm sie noch am 8. November an einem Jagdfrühstück in Schönbrunn teil. Der Erkrankung aber wurde, obgleich der Husten zunahm, zunächst keine Bedeutung beigemessen.

Am 19. November jedoch — also elf Tage später — offenbarte sich deutlich ein beginnender Verfall ihrer Kräfte. Der Husten nahm zu und die Beschwerden mehrten sich. Ohne hohe Temperaturen, aber mit schwachem Puls und wachsender Atemnot, kündigte sich das Fortschreiten der Krankheit an. Am 21. stellte sich am Abend ein Erstickungsanfall ein, und es blieb ein Röcheln auf der Brust. Zwei Tage zuvor war sie noch incognito zur Kirche gegangen, hatte Damen empfangen und die gewöhnlichen Audienzen abgehalten. Nun mußten Maria Christine und ihr Gemahl aus Preßburg gerufen werden.

Der Leibarzt Störck machte, nachdem die Kaiserin schwere Erstickungsanfälle bekommen hatte, darauf aufmerksam, daß die Krankheit ernsthaft würde. Das Temperament der Patientin und ihr resolutes Wesen ließen sie jedoch nach einem „schauer“, der sie überfallen hatte, wieder aufstehen, und sie redete mit ihren Kindern wie zuvor. Dadurch kam es, daß Josef, der erst jetzt eintraf, die Sache für nicht so gefährlich hielt.

Langsam vollzieht sich das Weggehen der großen Frau. Die Erstickungsanfälle und Schauer mehrten sich. Die Erzherzogin Maria Anna veranlaßt den Leibarzt, die Kaiserin darauf aufmerksam zu machen, daß es geraten sei, den Prälaten „von Dorotheern" kommen zu lassen. Die Kaiserin dankte ihm und beschwor ihn aufs neue, ihr keinen Umstand zu verhehlen und ihr alles zur rechten Zeit zu sagen. Sie untersagte ihm, einen anderen Arzt zu rufen. Nachdem sie gebeichtet hatte, empfing sie — es ist inzwischen der 26. November geworden — das Abendmahl, das ihr durch den Nuntius gereicht wurde. „... wir Kinder", so schreibt die zweiundvierzigjährige Erzherzogin, „begleiteten es bis in das Schlaffzimmer wo sie auf einem Betschemel kniete vollkomen angelegt so gar mit dem schwarzen Schleier wie am grünen donnerstag nach der Comunion rastete sie eine weil."

Die Nacht zum 27. wurde sehr schlecht. Infolge Verschleimung und der daraus hervorgehenden Atemnot, konnte die Kranke nicht mehr liegen, sondern mußte im Stuhle sitzen. Josef, der zum ersten Male persönlich die Erstickungsanfälle der Mutter sah, „fing von dieser Zeit an, alle Hoffnung zu verlihren".

Vom Lehnstuhl aus brachte die geduldig Leidende, ja gelegentlich fast Heitere, ihre Angelegenheiten in Ordnung. Sie sprach lebhaft. Aber die folgende Nacht war sehr schlecht, und die Kaiserin ließ jeden Augenblick durch den Arzt den Puls befühlen. Kein Klagen, keine Ungeduld! In der Nacht zum 28. sagte ihr der Arzt, „daß es anfange schlecht aus zu sehen und er ihr rathe die letzte Ölung zu begehren; von diesem Augenblick ließ sie sich nicht mehr die Puls greiffen, außer es verlangte Störck".

In Gegenwart des Kaisers und des Erzherzogs Maximilian empfing Maria Theresia am 28. November um 4 Uhr früh die Letzte Ölung. Hören wir wieder den schlichten Bericht der Tochter: „... wir kamen alle und knieten mehr tod als lebendig um sie herum; sie saß in ihrem Sessel, hatte eine geheffte Hauben auf und einen braunen Männerschlafrock so sie allzeit tragte und in dem sie auch starb an; und welchen ich nach ihrem Tod von ihren Leuthen gekaufft habe und ihn jetzt so wie eine reliquie verehre und schon zum Kleid wo ich in meinem Sarge anlegen werde habe richten lassen." Nach vollzogener Zeremonie hielt Maria Theresia an ihre Angehörigen eine mehr als viertelstündige Ansprache, „... sie empfahl uns den Kayser sie dankte uns um unsere Lieb for sie, sie sagte die rührendsten Sachen, sah uns alle in thränen zerfließen und blieb gelassen der kayser wollte ihr antworten konte aber nicht machte einen brüller und kniete vor ihr nieder, sie gab ihm ihren seegen er küste ihre hand sie küßte ihm, welches wir jedes eine nach dem anderen gleich tathen, als wir alle 6 dann sie ruffte nach uns auch dem Printz Albert diß gethan hatten blieben wir widerum auf unseren plätzen stehen dann wir wusten nicht was wir tathen; endlich sah sie uns an und sagte: gehet hinaus, mir kostet es zu vill euch so zu sehen".

Lang war sie dann mit Josef allein. Leider ist von diesem über seine letzten Unterredungen mit der Kaiserin, die zweifellos deren tiefste Sorgen um Staat und Nachfolger zum Inhalt hatten, kein Bericht vorhanden. Immer noch hegte der Kaiser, so schrieb er dem Fürsten Kaunitz, die Hoffnung, daß die Mutter genesen könnte. Die Kaiserin aber beeilte sich, noch Briefe zu schreiben. Sie erledigte Geschäfte, „befahl alles von ihrer leich". Irgendwelche Gewissensängste peinigten sie nicht mehr. Sie empfand nicht mehr das Bedürfnis, mit dem Prälaten, der ihre Beichte gehört hatte, unter vier Augen zu sprechen. Sie sagte einmal: „ . . . ich hab alles in der guten intention gethan, ich hoff gott wird mir barmhertzig sein . . .". Ein andermal sagte sie: „ . . . ich hab alleweil gearbeitet so zu sterben aber ich habe mich geforchten es möchte mir nicht gerathen jetzo sehe ich das mann mit der gnad gottes alles kann." Wiederum redete sie öfters mit dem Kaiser, der sehr gerührt war. Die Erzherzogin sagt: „Als sie vor uns allen wiederum etwas zärtliches sagte, so antwortete er ihr, aber mit einer zitterten stimm so das weinen einhaltet da sagte sie diese stim ist nichts vor meine ohren sie könte mich meine vorsätze brechen machen."

Gedrückt saßen die Angehörigen um sie an einem Tische herum. Es war der Abend des 28. Novembers. Keiner konnte die Tränen zurückhalten. Nur die Sterbende blieb ruhig, immer im Gespräch um jedes einzelne ihrer Kinder bemüht. Die sich mühsam Beherrschenden hielten oft inne: „ . . . sie schauete uns eine weil eines um das andere an dann sagte sie glaubt nicht das mein hertz gegen euch seit zweymal 24 stunden geändert ist, und das ich nicht just so liebe als ich euch liebte, nein, aber ich habe euch gott geopfert als diß was mir am liebsten ist und was mir allein hart ankommt zu verlassen; also sehe ich euch ruhig an."

Seit dem 28. mittags hatte sie die Füße ganz kalt und sagte selbst: „Das ist der Brand, er macht es aus in 24 Stunden."

Ein schwerer Erstickungsanfall ließ sie den Leibarzt fragen: „Sind dies die Zügen?" „Nein", sagte er, „noch nicht." „Also was ärgeres", sagte sie. Bei einem Anfall von der gleichen Wucht, deren es an diesem Tag und in dieser Nacht viele waren, so daß man jedesmal glaubte, sie würde sterben, sagte sie „Mein Gott, wird es nicht bald aus werden?" Der Prälat, welcher meinte, es sei aus Ungeduld gesagt worden, sprach ihr Geduld zu und verwies darauf, es wäre für ihre „Abbüßung" gut. Königlich erwiderte die Sterbende: „ . . . nein es ist nicht vor mich das ich ein end meines leiden wünsche aber vor euch auf uns und ihre leuth deutend, dann ich bring euch um ich sehe wie ihr leidet."

Als in der Nacht zum 29. eine schwere Erschöpfung eingetreten war und die Kinder die Kaiserin beredeten, doch ein wenig zu schlafen, gab sie ihnen eine Antwort, die uns noch einmal die Heldin Theresia zeigt, freilich jetzt in der Enge des Lebensausgangs, die einst strahlend vor ganz Europa im Kampfe um ihr Recht gestanden war. Die Tochter überliefert uns auch diese Worte: „ . . . wie wolt ihr das ich schlaffen soll indem ich jeden augenblick erwarte vor meinen richter gerufft zu werden ich förchte mich zu schlaffen, dann ich will nicht überfahlen werden und will gantz den tod komen sehen."

Wie rührend sorgte sie auch jetzt für ihre Kinder! Um drei Uhr nachts bat sie den Kaiser, er möchte sich ein wenig aufs Kanapee legen und ihr den Erzherzog Maximilian, den sie in diesen letzten Zeiten sehr liebte, hereinrufen. Mit diesem sprach sie allein eine Stunde. Um fünf Uhr früh fragte sie, ob sie einen Milchkaffee trinken dürfte. Man erlaubte es ihr, und sie trank zwei Tassen. Sie ließ auch den Kaiser trinken und sorgte noch, „das er nach seyn gusto bedient wurde". Er konnte aber nichts hinunterbringen, so sehr war er gerührt.

Am Morgen sprach sie zu Maria Anna und zeigte, wie der Tochter auffiel, eine Stärke und Gegenwart des Geistes wie in den besten Jahren. Die Stimme aber klang sehr hohl und ausgelöscht. Schon schienen auf dem Antlitz die Todeszeichen wahrnehmbar. Dann rief sie Elisabeth, dann Maria Christine, dann alle und endlich um zehn Uhr vormittags „sagte sie uns wir solten gehen und sah uns steif nach kaum waren wir aus dem Zimer so schickte sie nach wir Schwestern möchten keine mehr zu ihr komen nicht einmal in ihre vorzimmer in dem sie unser gang unsere hutzer und schneitzer könete und sie nicht wolte das wir sie sterben seheten wir solten also in die Kirche gehen wann sie in die zühen greiffen wurde welchen befehl wir gehorcht um 11 uhr danoch dreymahl machten sie uns in die kirchen gehen und sie erholte sich allzeit widerum".

Den ganzen Nachmittag redete sie mit dem Kaiser französisch, obwohl sie mit ihren Kindern gewöhnlich deutsch sprach.

Das Sterben zieht sich den 29. November über hin. Feierliche Klarheit, fast Heiterkeit, glänzten trotz der furchtbaren Qualen aus ihren Zügen. Drei Stunden vor ihrem Tode brachte der Leibarzt Störck eine Medizin. Sie lächelte und sagte: „Ich bedanke mich. Dies gehört nur um mich auf zu halten, dies nehme ich nicht." Fünf Minuten vor ihrem Tode stand sie „mit gewalt" auf und machte einige Schritte bis zu ihrer Chaiselongue, brach aber vor ihr zusammen. Man legte sie so gut als möglich hinauf. Sie half sich noch selbst. Der Kaiser sagte: „Ihre Majestät liegen sehr übel!" „Ja", erwiderte sie, „aber gut genug, um zu sterben."

Sie tat noch drei oder vier Atemzüge und verschied. Es war neun Uhr abends.

Der Bericht der Tochter liest sich bei allem Aufschauen zur Mutter als der Herrscherin wie eine in ihrer Schlichtheit ergreifende Familienchronik, die unter guten, einander heiß liebenden Menschen spielt. Stolz aber schreibt nun nicht die kindliche Tochter, sondern die Erzherzogin: „... sie starb als eine wahre christliche Heldin."

Drei Tage nach ihrem Hinscheiden fand die Kaiserin Aufnahme in der Kapuzinergruft, der herkömmlichen Ruhestätte ihres Geschlechtes seit den Tagen des Kaisers Matthias. Ein prunkvoller Sarkophag, von dem Tiroler Bildhauer Balthasar Moll geschaffen, birgt sie und ihren geliebten Gemahl. Unter der Fülle der Särge, die vom frühen Barock mit seinem Grauen vor dem Tode, seinem Schwelgen in Emblemen der Vergänglichkeit bis zu der wehmütigen Skepsis und dem Eklektizismus des franzisco-josefinischen Gruftteils sich reihen, ist dieser Doppelsarg der großartigste, ihr Mittelpunkt und zugleich ihr Widerspiel. Denn während sonst überall der Tod ohne Einschränkung herrscht, auch Josefs Sarg in stummer Starrheit ruht und der von Franz Joseph sich vor uns in der ernsten Feierlichkeit der größeren Zeitnähe aufbaut, scheint der von Maria Theresia Leben zu atmen. Es ist, als ob Molls Bildwerk die Überwindung des Todes, das Erwachen aus dem Todesschlafe ausdrückte. Die Kaiserin und der Kaiser, ihr Haupt vom Schlummer erhebend, blicken einander in beglückter Verklärung an. Ausgestanden sind Leid und Vergänglichkeit. Das Leben der Seligen hat begonnen.

EIN KAISERLEBEN FÜR DAS RECHT

Nach einer Herrschaft von fast genau vierzig Jahren, aber erst wenig über dreiundsechzig Jahre alt, war die Kaiserin hingegangen, zu früh für ihre Monarchie, für das Reich, zu früh für ihre Kinder, zu früh besonders für den Kaiser.

Ihre Regierungszeit war vom ersten Tage an belastet von schwersten Sorgen: Anfechtungen ihrer Nachfolge, der jähe, sie im innersten verletzende Einbruch des Königs von Preußen in Schlesien, der schwere und langdauernde Kampf mit dem Hause Bourbon und seinen deutschen Satelliten. Der lebenslustigen Frau war das Gespenst des Thronverlustes entgegengetreten. Sie fand den Staat ihrer Väter tief verfallen, ja scheinbar dem Tode geweiht. Mit den wachsenden Sorgen jedoch war ihre herrscherliche Kraft, die bis zum Tode ihres Vaters unerweckt in ihr geschlummert hatte, erwacht und rasch gewachsen. Sie, die zunächst der in der Gestalt des Gemahls gebotenen männlichen Stütze, eines Mitregenten, nicht entraten zu können gemeint hatte, trat bald selbst, entschlossen und nach der Herrschaft innerlich verlangend, an das Ruder des Staates. Als eine Heldenkönigin focht sie die schwerste Krise ihrer Regierung, die Jahre bis 1745, durch. Sie war damals zweifellos die bedeutendste Gestalt ihrer Zeit, weil ihre Jugend, weil ihr Recht, weil ihre Tapferkeit und ihre frische Unerschütterlichkeit zusammenhalfen, sie aus einem wahren Existenzkampf herauszuschlagen und zu gesicherter, durch eigenes Verdienst neu gesicherter Herrschaft emporzuheben. Als die drängendsten Sorgen überwunden waren und die Kaiserkrone für den Gemahl erstritten, als der Dresdener Frieden den Kampf mit Preußen beendigte, trat ihr Herrscherleben in eine ruhigere Bahn und sie mußte in der Wertung Europas ihrem großen Gegner in Sanssouci, dessen Haupt eben erst errungener Schlachtenlorbeer schmückte, den ersten Platz einräumen. Die Kaiserin aber entfaltete nach Abschluß des großen Krieges um ihr Erbe als oberste Mutter ihrer Länder und Untertanen, von den Notwendigkeiten des Staatslebens ausgehend und überall in der Wirklichkeit fußend, ein Reformwerk, das ihr Österreich aus einer Summe von zusammen eine Hausmacht bildenden Ländern erst richtig zum Staate formte. Im Besitze neuer Kräfte, die ihr aus allen Bereichen des mannigfachen Reformwerkes zuströmten, nahm sie noch einmal den Kampf um Schlesien auf, beraten, ja gelenkt durch einen

Helfer von einzigartigen staatsmännischen Qualitäten. Als es sich dann in einem siebenjährigen Kriege unmöglich erwies, nicht die preußische Macht, sondern das dämonische Feldherrngenie Friedrichs zu überwinden, wandte sich die Kaiserin endgültig von dem Gedanken ab, durch einen Krieg das Verlorene zurückzugewinnen. Erneut wurde sie, bereits von Resignation und früh nahendem Alter überschattet, Baumeisterin ihrer Monarchie, wenn auch die Reformtätigkeit nun eine behutsamere war, als in ihrer mittleren Zeit, wo es gegolten hatte, erst einmal mit kühnem Zugreifen die schwersten Hindernisse für den werdenden Staat aus dem Wege zu räumen. Ihre Innenregierung wurde in dieser Epoche von dem Zweckbestimmten, nur auf den Nutzen Gewandten, wie dies zuerst auch bei ihr, obwohl sie Gegnerin der französischen Aufklärung blieb, der Ära des aufgeklärten Absolutismus gemäß der Fall war, stärker in das Humanitäre gelenkt. Dies bekundeten das Werk der Bauernbefreiung und ihre liebevolle Fürsorge für die Volksschule.

Kampflos, wir sahen es, konnte sie ihre herrscherliche Spätzeit nicht beenden. Konflikte ergaben sich mit dem leidenschaftlichen und allseitigen Reformwillen ihres Sohnes, ergaben sich aus dessen unruhigem Drang nach Gebietsvergrößerungen, in welchem sich auch wieder der auf größere Einheiten hinzielende Zeitgeist aussprach. Nahe dem Ende ihres Lebens sah sich Maria Theresia erneut in einen Waffengang mit ihrem historischen Gegner Friedrich verwickelt, der die größte Chance ihres Hauses und ihrer Monarchie grausam zerstörte. Bald danach, nun in Ruhe und in sicherem Besitz des in den letzten acht Jahren ihrer Regierung stattlich vergrößerten Staates, schloß sie die Augen, allenthalben ihrem Sohne ein konsolidiertes Erbe hinterlassend.

So der Gang dieses Herrscherlebens. Suchen wir nun dem Menschen, dessen Augen sich geschlossen haben, ins Herz zu sehen! Es ist ein lebhaftes Herz, aufwallend im Temperament, in Freude, in Zorn. Es ist aufgeschlossen den Menschen und zur Güte bereit. Als die Dreiundzwanzigjährige zum Throne kam, sprühte sie von Frohsinn und Lebenslust. Der Tanz, der Gesang, die Jagd, die Geselligkeit und das aufregende Pharaospiel mit seinen hohen Einsätzen, über allem aber die Liebe zum Gemahl, waren der Inhalt ihres privaten Lebens, das sich unter dem Himmel der lebigsten, der frohesten Stadt Deutschlands entfaltete.

Sorge, Not und fortdauernde Mühe um den bedrohten Staat der Väter griffen hart und allmählich sieghaft in das süß unbekümmerte Lebensgefühl der Jugend, der ersten Ehe- und Herrscherzeit. Sie formten mit Tränen und Zorn, nicht nur dem schnell verrauchenden, der gestillt oder versöhnt werden konnte, sondern mit dem hilflos tobenden, der sich nicht zu rächen vermochte und daher als tiefe Verbitterung fortwirkte, am Seelenbilde der Kaiserin. Schon begegnet uns das Wort von ihrer unglücklichen Regierung, das in ihren Spätjahren nicht mehr verstummen wollte. Wir erwähnten bereits die frühen Anzeichen eines Überdrusses am Leben.

Gewiß vermochte das alles nicht völlig den in Maria Theresia liegenden Grundton heiterer Entschiedenheit abzutöten. Aber es gab ihr einen Zug von Härte, der ihr selbst gegenüber in Erscheinung trat, der sich auch in der unbedingten Wahrung des Staatsinteresses bei den Entscheidungen über die Zukunft ihrer Kinder offenbarte.

Nie hat die Kaiserin ihre frische Natürlichkeit eingebüßt, alles in ihr war ursprünglich, gerade und offen. Ironie und Sarkasmus, in ihrem geistreichen Jahrhundert so häufig, waren ihr verhaßt. Das machte ihr auch die Zusammenarbeit mit Josef, einem der härtesten Sarkasten, so schwer. Ihr mütterliches Herz stand in Rat und Tat großen und kleinen Kindern offen. Es nahm die Menschen mit ihren besten Zügen und es hörte nicht auf, liebe- und vertrauensvoll zu sein. Ihre Mitarbeiter von Kaunitz bis Thugut, von Haugwitz bis Felbiger, von Daun bis Lacy konnten die Beharrlichkeit ihrer Güte und ihres Vertrauens kennenlernen. Sie fanden in ihr eine Herrin, die über Schwächen der Untergebenen, obwohl sie diese in ihrem Scharfsinn gut erkannte, hinwegzusehen vermochte.

Gewiß auch ihr wohnten Schwächen inne. Die Gegner nannten sie ehrgeizig und herrisch, Näherstehende klagten über ihre Heftigkeit, ihre wetterwendische Art, letzteres aber doch wohl nur in kleineren Dingen; denn welche Konsequenz offenbart dieses Leben als Ganzes. Man klagt über ihre Neigung, launisch zu sein und dann „grantig". Die früh verstorbene Schwiegertochter Isabella hat einmal an Maria Christine geschrieben: „Die Kaiserin ist ungeheuer lebhaft und die Entschlüsse, die sie im ersten Augenblicke faßt, sind oft von ihrer Heftigkeit eingegeben. In solchen Fällen muß man sich bemühen, sie zum Reden zu bringen; das erleichtert sie; dann soll man trachten, jede Entscheidung hinauszuschieben, den Fall, der sie gerade erbittert, muß man bedenklich finden; dann aber sie besänftigen und eine Änderung ihres ersten Entschlusses herbeiführen. Sie wird bald darauf eingehen und darin besteht das sicherste Mittel ihre Hochachtung zu erwerben. Geradheit und Güte sind die Grundzüge ihres Charakters."

Mochte aber die Kaiserin auch oft verletzen, viel häufiger tröstete, stärkte und beglückte ihr starkes Herz die anderen. Ihre Schwächen wiegen klein gegenüber den reichen Vorzügen dieses tapferen menschengewinnenden Herzens, und Klopstock durfte von ihr sagen, sie sei die Größte ihres Stammes gewesen, weil sie die Menschlichste war.

Maria Theresia atmete noch durchaus in der Welt des Barock. Noch trug bei ihr, der Staatsbaumeisterin, der Herrscherbegriff viel Persönliches an sich, was dem Sohne, dem überpersönlichen Fanatiker eines das Dienen von jedermann, auch dem Kaiser erheischenden Staates, fremd blieb. Sie aber, die ihr Verhältnis zu den Völkern ihrer Kronen noch so persönlich sah, übergoldete die Maßnahmen des Staates durch den Glanz ihrer Güte und den Hauch ihres Wesens. Nach dem Tode der großen Kaiserin scheint die Welt auch in Österreich mit einem Male viel nüchterner geworden zu sein und der Sohn ist mit manchem nicht so sehr der Erwecker, sondern vielmehr der letzte Vollstrecker einer heraufrückenden bürgerlichen Welt. Es ist, als hätte die Kaiserin mit ihrer Person und ihrem Leben das alte Leuchten und den Adelszauber der eugenischen Zeit noch festgehalten und ihn verweilen gemacht, so sehr ihre Herrschermaßnahmen bereits die Grundlagen der heraufrückenden bürgerlichen Welt bereiteten.

*

Ein Kaiserleben für das Recht! Dürfen diese stolzen Worte über ein Herrscherleben gesetzt werden, das von so vielen Kämpfen angefüllt war? Scheint nicht die Teilung Polens, der den Türken abgezwungene Erwerb der Bukowina, schließlich sogar Österreichs großer Appetit auf das bayrische Land dagegen zu sprechen?

Maria Theresia hat nie einen Krieg erklärt. Sie kämpfte um ihr österreichisches Erbe mit Härte und Zähigkeit, weil sie von ihrem Rechte darauf unbedingt überzeugt war. Keiner ihrer Gegner konnte gegen ihr formales und ihr inneres Recht auf das ganze ungeminderte Erbe der Väter ein begründetes Argument vorbringen. Dennoch war sie, auch in fraulicher Güte, bereit, dem Wittelsbacher, ihrem hartnäckigstem Bedränger, Versöhnung zu gewähren, selbst zu einer Zeit, da ihr der Erfolg ihrer Waffen die größten Aussichten eröffnete und Karl VII. Hauptstadt und Stammland verloren hatte.

Sie kannte kein preußisches Recht auf Schlesien und konnte ein solches nicht anerkennen. Dieses wurde ja auch in einer Art und Weise verfochten, die offenkundig macht, das es nicht auf eine Rechtsverfechtung, sondern auf eine rücksichtslose Machtanwendung ankam. Zwei blutige Kriege focht sie mit Friedrich als Überfallene aus. Nicht von ihr war der Bruch des Breslauer Friedens ausgegangen. Daß sie die Politik des Grafen Kaunitz, die auf die Wiedererwerbung Schlesiens und die Demütigung Preußens hinzielte, nicht nur duldete, sondern mit Freude mitmachte, konnte ihrem Rechtsempfinden und ihrer Loyalität keinen Abbruch tun. Denn dieser Friedrich stand an allen Lebenswegen Österreichs feindselig und unversöhnlich, weil ihn der Raub Schlesiens und das Schicksal der deutschen Nation nicht anders handeln lassen konnten. Dasselbe Schicksal zwang Maria Theresia den Kampf gegen diesen Mann auf. Sie wollte die letzte Auseinandersetzung mit ihm, weil anders Schlesien, das für Österreich unentbehrlich war, nicht wiedergewonnen werden konnte und weil die reifste Staatskunst, die aus der nüchternsten Überlegung her floß, diesen Krieg als einen unvermeidlichen ansah. Dennoch trat Friedrich auch 1756 wieder als der Angreifer auf und sein

Präventivkrieg stärkte das Bewußtsein des guten Rechtes in der Kaiserin. Es ist kein Zweifel, daß sie diesen Krieg als den letzten ansah, den sie führen mußte und auch führen wollte. Als dann in Hubertusburg das leidvolle siebenjährige Ringen beendet wurde, ging von ihr kein Versuch mehr aus, an dem Inhalt dieses Friedens zu rütteln. Der König von Preußen durfte sich — und er erkannte dies bald auch selbst — fortan von seiten dieser Frau gesichert fühlen.

An der Teilung Polens hat Maria Theresia mit wirklich blutendem Herzen teilgenommen. Durfte sie aber, sobald diese Teilung unvermeidlich geworden war, sich von ihr ausschließen und den beiden Nachbarn diese mächtige Vergrößerung allein überlassen? Mußte sich eine solche Machtverschiebung an der Nordostgrenze der Monarchie nicht in naher Zeit für ihren Staat, gegenüber dem sie sich als Mutter fühlte, bedrohlichst geltend machen? Hier ist der für jeden rechtlich Empfindenden auf einem Herrscherthrone unvermeidliche Fall der Überschneidung, ja des Widerspruchs von Rechten gegeben: das Lebensrecht des eigenen Staates und das Recht des anderen. Man war in Wien bereit, von der Teilung zurückzustehen, wenn es auch die Anderen taten, ja, man regte einen solchen gemeinsamen Verzicht förmlich an. Maria Theresia litt schwer an Anfechtungen, ja Scham und Bedrückung über die Teilung. Der Erwerb der Bukowina wurde der Pforte abgepreßt, aber er konnte immerhin noch als Entgelt für Dienste, die Österreich den Türken geleistet hatte, angesehen werden und betraf im übrigen die Befreiung eines christlichen Landes aus mohammedanischer Herrschaft.

Die österreichischen Rechtsansprüche auf Bayern waren nicht fadenscheiniger als die seinerzeitigen bayrischen auf Österreich, ja doch zum Teil begründeter Natur. Zudem hatte Österreich einen förmlichen Vertrag mit dem Erben dieser Gebiete abgeschlossen und war in Ausweitung dieses Vertrages zu einem großen Austauschhandel bereit, der dem Wittelsbacher Karl Theodor ohne Zweifel eine Rangerhöhung und die Erwerbung sehr reicher Gebiete eingetragen hätte. Maria Theresia machte diese Politik, die von Kaunitz und Josef ausging, nur widerstrebend mit und sie erhob sogleich gebieterischen Einspruch, als sich daraus der Krieg mit Preußen entzündete, an dessen unblutigem Verlauf vorweg ihr Eingreifen Verdienst hat. Wieder kam es in diesem bayrischen Falle zu einem Konflikt der Rechte. Das österreichische Lebensrecht, im tiefsten auch das des gesamten bajuwarischen Stammes, vielleicht der Deutschen überhaupt, rief nach der Vereinigung Bayerns mit Österreich. Nicht umsonst taucht dieser Plan immer wieder im achtzehnten Jahrhundert auf, und auch Karl VII. hatte ihn ja — von Bayern aus — verwirklichen wollen. An der Glücksaussicht von 1777 durfte kein Staatsmann der Geschichte vorübergehen, und wenn ein Mönch an der Spitze des Staates Österreich gestanden wäre!

Streng rechtlich vollzog sich die innere Regierung Maria Theresias. Ihre Härte gegen die Protestanten war gewiß nichts Erfreuliches, aber es widersprach keineswegs dem gegebenen Rechte. In der Beseitigung der ständischen Übermacht vollzog sie eine Befreiung des Staates und damit seiner Gesamtbevölkerung von der Herrschaft einer wenig einsichtigen Schichte der Privilegierten. Es war ein schweres Bemühen. Dennoch erreichte sie ihr Ziel ohne Gewalttat. Die Taten ihres inneren Herrschertums sprechen für sich. Mit einem heißen Herzen nimmt sich noch die lebensmüde und weltmüde gewordene Frau des Rechtes der unterdrückten Bauern an.

Rechtlich war ihr Leben, rechtlich ihr heißes Lieben für den Gemahl und die Kinder, rechtlich ihr Verfahren mit ihren zahlreichen Mitarbeitern im Staat. Hier kann man ihr da und dort zu große Güte und Nachsicht, zu große Milde bei Gunsterzeigungen, nirgends eine Tat des Zornes, des Unrechts und der willkürlichen Härte nachweisen.

In ihrer kampfreichen Jugendzeit als Herrscherin sah sie das Recht vor allem in dem ihren, das sie verteidigen mußte. Die Mittelzeit ihrer Herrschaft beschäftigte der Gedanke, das mit dem Verlust von Schlesien erlittene Unrecht zu bestrafen, ihren Staat und ihr Haus auf immer zu sichern und den eigenen Besitz wiederherzustellen. Ihre Spätzeit aber gehörte frei von allem persönlichen Bezug dem Menschenglück und dem Rechte ihrer Untertanen. So war dieses Leben insgesamt trotz allem, was man einwenden könnte, ein Kaiserleben für das Recht.

*

Wie aber urteilte die Nachwelt über sie?

Ihr Widersacher im Leben, Friedrich, der sie um sieben Jahre überlebte, sprach immer wieder mit der höchsten Anerkennung von ihr und ihrer Leistung. Es war das Urteil auch seiner ganzen Zeit.

Die deutsche Geschichtsschreibung freilich war in ihrer Wertung begreiflicherweise nicht unabhängig von dem Lager, dem sie zugehörte: Österreich oder Preußen, später dann großdeutsch oder kleindeutsch. Selbst der Vater Zeus der deutschen Geschichtsschreibung, Leopold von Ranke, ist nicht völlig davon frei. Wohl fließt von seinen Lippen nie ein Wort von Ungerechtigkeit gegen Maria Theresia. Verhohlen und unverhohlen wird ihrer Tapferkeit und herrscherlichen Klugheit von ihm Anerkennung gezollt. Aber das volle Licht seiner Betrachtung fällt begreiflicherweise auf Friedrich, dessen Waffentaten und Regentenvollbringungen unter allerdings unerhört treffenden Urteilen die Freude des historischen Olympiers finden. Die Eigenart der österreichischen Mission, fast sogar die Tatsache einer solchen, wie auch das Antlitz österreichischen Lebens hat sich dem Meister nicht völlig zu erschließen vermocht. So machtvoll ist die stille

Wirkung des Ideen- und Anschauungskreises, innerhalb dessen sich ein Genie entwickelte.

Entscheidend ist, daß Leben und Werk dieser Frau auch zur Kritik bereite Autoren entwaffnet. Karl von Rotteck widmet ihr — freilich in ganz anderer Fülle dem Sohne — in seiner einst weithin wirksamen „Allgemeinen Geschichte" die Huldigung der Liberalen. Die ausgeprägten Kleindeutschen, Kritiker, Gegner, ja fanatische Feinde Habsburgs, standen nicht an, sich vor ihrem Mute zu verbeugen. Selbst Treitschke spricht in seiner Deutschen Geschichte im Vorübergehen von der Tapferkeit Maria Theresias, wenn er auch hier wie überall ganz von der preußischen Sendung erfüllt ist und kein Wort von Wohlwollen und Verständnis für dieses ihm verhaßte Österreich über sich bringt.

Alfred Rapp, nach Sybel und Treitschke wohl der schärfste Gegner des Hauses Habsburg, spricht in seinem Werk „Die Habsburger", das er mit dem bezeichnenden Untertitel „Die Tragödie eines halben Jahrtausends deutscher Geschichte" benennt, anerkennende Worte, wie sie sonst in diesem Buche nur noch für Josef erschallen: „... es wird hell um Habsburg in dieser großen Frau", „Die Königin kämpft wie ein Mann", „Erstaunliche, außergewöhnliche Hartnäckigkeit", „habsburgische Zähigkeit". „sie hat bis zum Äußersten gestritten", „vorbildliche Gattin, vorbildliche Mutter", „eine große Frau", sie und Friedrich „die größten Gestalten des deutsch-habsburgischen Dualismus", in ihr nähere „Habsburg sich Deutschland am nächsten". Allerdings kommt die, wir möchten sagen, prinzipielle Habsburgfeindlichkeit des gedankenreichen Autors auch in diesem Artikel seines Buches zur Geltung. Es ist nur begrenzt richtig, wenn es bei ihm heißt: „Seit Maria Theresia ist der deutsche Kaiser im Wesen und in Wirklichkeit der österreichische Kaiser. Wird Maria Theresia die „große Kaiserin" genannt — und sie wird es mit dem Recht der Tatsachen in Geschichte und Gegenwart — so versteht sich dies mit Selbstverständlichkeit im Sinne der großen Kaiserin Österreichs, nicht aber Deutschlands."

Weitaus reicher an Verständnis für die österreichischen Gegebenheiten und die Wesenheit des alten Deutschland ist, ganz abgesehen von Max Braubachs vortrefflichen Studien und Darstellungen zur Geschichte des achtzehnten Jahrhunderts, Willy Andreas' Porträt der Kaiserin in seinem Sammelwerk „Geist und Staat". Er erkennt stärker als sonst ein reichsdeutscher Autor das Nichtzufällige des Zusammentreffens der beiden Großen und ihres So-und-nicht-anders-Seins. „Für das Gemeinwohl, so wie sie es auffaßten, zehrten sich beide in rastloser Arbeit auf," heißt es bei ihm. Er rühmt die Natürlichkeit ihres Wesens, den „warmen Hauch", er rühmt die Reformen der inneren Politik, die Erkenntnis, die ihr vorausgegangen, daß nämlich die vorgefundenen Mängel nicht solche der Personen als vielmehr der überkommenen Einrichtungen waren, als eine „an sich als schöpferisch zu bezeichnende" Erkenntnis, „ihr geistiges Eigentum". Er lobt „ihr tapferes, so gar nicht wankelmütiges Herz", er spricht von ihrer „Naturnähe und der schönen menschlichen Rundung ihres Dasein", er betont ihren „volksbeglückenden Sinn, ihr mildes Aufklärertum", ihre „innige Frömmigkeit". Andreas bringt dem Seelenkampf in Maria Theresia gelegentlich der Teilung Polens, der Erwerbung der Bukowina und der Besetzung Bayerns ein gerechtes Verständnis entgegen. „Maria Theresia," sagt er, „wollte auch in der hohen Politik so sein, so vorgehen, wie im täglichen Leben die Menschen gegeneinander handeln sollten, rechtlich, ehrenhaft und treu." Und er faßt in schönen Worten zusammen: „Der Name dieser Frau, die ganz deutsch und vollkommen österreichisch war, behielt in allem Wandel der nationalen Geschicke seinen warmen, forthallenden Klang. Die Dichter haben recht, wenn sie so von ihr sprechen wie von Haydn und Mozart, als von etwas Köstlichem und Unzerstörbarem aus einer uns tief verbundenen Welt."

Die österreichische Historiographie hat sich ernster seit der Mitte des neunzehnten Jahrhunderts mit der Gestalt der Kaiserin befaßt. Es war, als ob in der unvermeidlichen End-Auseinandersetzung zwischen Österreich und Preußen ihre Erscheinung als die eines Patrons für das in seiner Lebensstellung bedrohte Österreich heraufbeschworen werden müßte. Der als erster die biographische Aufgabe zu lösen versuchte, Adam Wolf, ist mit seinen verdienstlichen Werken durch die reicheren archivalischen Forschungen und die weitaus umfangreichere Darstellung von Alfred von Arneth zurückgedrängt und fast vergessen worden, obwohl dies seine für die vorhandenen Mittel gediegene Arbeit nicht verdiente. Arneths „Maria Theresia", in siebzehn Lebensjahren entstanden —, der erste Band noch in der hoffnungsvollen Schmerlingschen Zeit 1863, der zehnte und letzte 1879, als dem Jahre des Zweibundes, der über die tiefe Lebenswunde des Habsburger Staates ein zu wenig zureichendes Pflaster legte —, erschöpfte die archivalischer Bestände, wie denn Arneth mit seinen Schülern und Nachfolgern, unter denen Hans Schlitter und Adolf Beer hervorragen, auch die Masse der theresianischen und josefinischen Briefe, auch die von Josef und Leopold an Kaunitz gerichteten, veröffentlichte, ohne daß sie allerdings in der Briefsammlung vollständig vorliegen, vor allem auch deshalb, weil Arneth in seiner Biographie bereits zitierte Briefe in seine Sammlung nicht gern aufnahm.

Niemand konnte fortan an dem umfangreichen Lebenswerke von Arneth, denn dazu war die Arbeit an der „Maria Theresia" für den Biographen des Prinzen Eugen und des Guido Starhemberg allmählich geworden, vorübergehen. Ihr ist auch Eugen Guglias zweibändige Biographie der Kaiserin (1916) verpflichtet, die allerdings für die Benützung etwas unübersichtlich geraten ist und den einzelnen Abschnitten des Lebens der großen Kaiserin eine sehr ungleiche Anteilnahme widmet. Feinsinnig stellt sich in ihrer gedrängten — fast zu gedrängten — Kürze Heinrich Kretschmayrs „Maria Theresia" (1925) dar. Allerdings wird der Verfasser der Persönlichkeit von Kaunitz nicht voll gerecht und verkennt damit die entscheidende Gestalt in dem Regentenleben der Kaiserin.

Es ist hier nicht der Raum, mehr als einige kennzeichnende Beispiele zu bieten. In gedrängter Kürze würdigt die letzte mir vorliegende Arbeit Heinrichs von Srbik mit all der Wärme und Tiefe der Empfindung, die diesem Meister der Geschichtsschreibung zu eigen ist, die deutsche, nicht nur die österreichische Sendung der großen Frau.

Maria Theresia ist zweifellos die am wenigsten umstrittene Gestalt der gesamten Geschichte des habsburgischen Hauses.

*

Ist Friedrich in seinem überreichen Genie gewiß der Größere, die Frau, die ihrem Staate Organisation, Sicherheit und Ordnung schenkte, hält ihm die Waage, nicht mit den Waffen, die ihr als dem Weib fremd geblieben sind, auch nicht mit dem blitzenden Esprit, der im geistesstarken und geistesstolzen 18. Jahrhundert Rang und Urteil sicherte, wohl aber in der staatsmännischen Weisheit. Diese floß aus den ungeheuren Erlebnissen ihrer Regierung her. Die Kaiserin erhebt sich aber über ihren großen Widersacher mit dem einen, das seine Natur nicht zu geben vermochte, weil es aus einem reichen liebevollen Herzen kommen mußte: Um Maria Theresias Wirken schwebt ein Hauch von Güte. Eine Melodie der Seele. Mit weicher Hand vermag sie in schwierigen Verhältnissen Widerstrebende zu gewinnen, zu binden, mitzureißen.

Es liegt eine ungeheure Lebenskraft, etwas Lebenserweckendes in dieser Frau, eine warme Mütterlichkeit, die über die eigene zahlreiche Familie hinausreichte und im kühlen Bereich der Staatswirklichkeit nicht unterging. Ihr Gestirn ist reiner, gütiger, ruhiger als das des gewaltigen Friedrich. Ist er der Größere, ist ihr Sohn der Härtere, Konsequentere, der Bahnbrecher einer neuen Zeit: Maria Theresia übertrifft sie beide an menschlichem Reichtum, an ausstrahlender, gebender Kraft der Seele.

Klopstock, der Verehrer des Heldentums, dessen Seele die Fähigkeit besaß, Größe zu wittern, sagt bei ihrem Tode:

„Dein Sohn mag forschend streben,
Ringend, dürstend, weinend vor Ehrbegier:
Ob er Dich erreichen könne?

Friedrich mag sein graues Haupt
Hinsenken in die Zukunft,
Ob von ihm Erreichung melden werde
Die Felsenschrift der Totenrichterin."

Uns Heutigen sagen vielleicht noch mehr die Worte zu, die bis zur Einfalt schlicht Matthias Claudius für die Verstorbene fand:

„Sie machte Frieden! Das ist mein Gedicht,
War Mutter ihres Volks und ihres Volkes Segen.
Und ging getrost und guter Zuversicht
Dem Tod als ihrem Freund entgegen.
Ein Welteroberer kann das nicht.
Sie machte Frieden: Das ist mein Gedicht."

So huldigten zwei Dichter des Nordens der lebensvollsten Herrschergestalt, die der deutsche Süden hervorgebracht hat.

Die habsburgische Monarchie, durch Maria Theresia zum österreichischen Staat geformt, hat in kampfreichen hundertachtunddreißig Jahren, die ihr nach dem Tode der großen Kaiserin noch beschieden waren, von den Kräften gelebt, die diese erweckt hatte, oder ihr einzuflößen vermochte. Sechs Männer folgten ihr in der Herrschaft über die vielsprachige Monarchie noch nach. Keiner von ihnen hat es zustande gebracht, alle maßgebenden Kräfte der mannigfaltigen Königreiche und Länder, die dieses Österreich bildeten, so im Dienst am gemeinsamen Staat zusammenzufassen und ihnen das Bewußtsein dieses Vaterlandes einzuflößen, wie es die Vorgängerin mit weicher Hand vollbrachte. Nie mehr wurde Wien in solchem Maße das Zentrum dieser Länder, ihre tatsächliche Hauptstadt, als unter Maria Theresia. Selbst der widerstrebende ungarische Adel blieb durch sie auf lange hinaus an dieses Wiener Leben und damit an ein deutsches Kulturempfinden gebunden. Die von ihr geschaffenen Einrichtungen bewährten sich im wesentlichen auch in ganz anders gewordenen Zeiten, und erwiesen sich immer noch als bindende Kräfte. Wenn die Letztform des Staates ihrer Väter, die österreichisch-ungarische Monarchie, sich im Weltkrieg als erstaunlich stark zeigte und mit den Waffen in der Hand nach überaus zähem Kampfe den Untergang fand, so war dieses heldische Ende noch der Heldenkaiserin von ehedem verpflichtet.

Über dem Werden und Vergehen ihres Staates aber, wie über dem wechselnden Schicksal des Volkes, zu dem sie sich so gern und oft bekannte, steht ihre Gestalt in der Weltgeschichte, kaum berührt vom Wandel der Zeiten: Einfach und klar, edel und mütterlich.

PERSONENVERZEICHNIS

ZENO, venez. Botschafter in Wien, 49

DER VERFASSER

Richard Josef Franz Suchenwirth wurde am 8. Oktober 1896 in Wien geboren, studierte an der dortigen Universität Geschichte und Germanistik und promovierte 1920. Seine Persönlichkeit wurde entscheidend durch drei Eindrücke seiner Jugend geprägt: den stark sozial empfindenden Vater, die konservativ-christliche, großdeutsch bestimmte Atmosphäre im Elternhaus und das Erlebnis des Weltkriegs 1914/18. Als Volksschullehrer kam der Vater mit dem Elend der Großstadt ständig in Berührung und setzte sich so tatkräftig als Armenrat ein, daß ihm die goldene Salvator-Medaille der Stadt Wien verliehen wurde. Im Elternhaus wurde ein tolerantes Christentum praktiziert, die drei Kinder wurden als Österreicher großdeutscher Prägung erzogen. Tief erschüttert erlebte der junge Student und k. u. k. Oberleutnant die Tragödie des Weltkriegs 1914/18 und die Auflösung des südosteuropäischen Habsburgerreiches.

Wie damals die überwältigende Mehrheit der Österreicher (bei Abstimmungen in Salzburg und Tirol befürworteten mehr als 98% den Zusammenschluß) sah auch der junge Historiker Suchenwirth in der Schaffung Großdeutschlands die einzige Möglichkeit politischen Überlebens. In der gerade entstandenen Hitler-Bewegung glaubte er den sichersten Weg zu diesem Ziel gefunden zu haben. Meinungsverschiedenheiten führten ihn aber schon 1926 zum persönlichen Konflikt mit Hitler und zum Austritt aus der NSDAP. Seitdem widmete er sich konsequent — auch als er einige Jahre später der „Partei“ wieder beitrat — nahezu ausschließlich dem Kampf für Großdeutschland und gegen kleindeutsche und partikularistische Bestrebungen.

Im Österreich des Bundeskanzlers Dollfuß wie auch im Nachkriegs-Deutschland wurde er interniert. In diesen schwierigen Zeiten resignierte er nicht, sondern arbeitete unbeirrt insgesamt $3^1/_2$ Jahre lang an späteren Publikationen. In vielen Büchern — am bekanntesten wurde seine umfangreiche „Deutsche Geschichte“ mit einer Auflage von über 740000 Exemplaren —, in rund 10000 öffentlichen Vorträgen und Reden und einer neunjährigen Lehrtätigkeit als Hochschullehrer an der Pädagogischen Hochschule und der Universität in München seit 1936 hat Richard Suchenwirth seine humanen Vorstellungen vertreten und für die Idee Großdeutschland geworben. Seine schriftstellerische und rednerische Begabung waren gleich eindrucksvoll. Starke wechselseitige geistige Beziehungen zu bedeutenden Persönlichkeiten seiner Zeit sind charakteristisch für dieses farbige und reiche Leben. Wichtig für die Entwicklung des jungen Wissenschaftlers wurden vor allem die Begegnungen mit dem Nationalökonomen und Philosophen Othmar Spann und dem Historiker Heinrich Ritter von Srbik, deren hoher wissenschaftlicher Rang feststeht. Mit beiden verband ihn achtungsvolle Freundschaft bis zum Tode. Srbik attestierte 1949: „Professor Suchenwirth hat der Universität München zur Ehre gereicht". Zum Freundeskreis um Richard Suchenwirth gehörten noch viele Namen von gutem Klang: Herbert Cysarz, Konrad Hofer und Karl Thums, später Heinz Trettner und Josef Kammhuber. Seine großzügig und vielseitig angelegte Persönlichkeit vermochte Brücken zu sehr unterschiedlichen Menschen zu schlagen. Treue Freundschaften aus der Jugendzeit und den wechselhaften Jahren politischen Wirkens bestanden bis an sein Lebensende. Auch hieran läßt sich menschlicher Wert messen.

Höhepunkt seines politischen Lebens waren die Stunden im März 1938 auf dem Heldenplatz in Wien, als durch den „Anschluß" die alte Sehnsucht des deutschen Volks für kurze Zeit verwirklicht schien. Mit Ausbruch des Krieges aber lastete tiefe Sorge und Enttäuschung auf ihm. Nach der Katastrophe von 1945 wurde er, sich beschränkend, zum Historiker des Luftkriegs. Drei Bücher, Ergebnis jahrelanger Studien, wurden kurz nach seinem Tod in den USA veröffentlicht.

Am 15. Juni 1965 riß ihn in München nach langem, tapfer ertragenem Leiden der Tod aus allen seinen Plänen, die er trotz zeitweiliger Erblindung nie aufgab.

Es wird noch Zeit vergehen müssen, bis das Charakterbild von Richard Suchenwirth unverstellt von Zufälligem und Zeitbedingtem deutlich wird. Seine Studie über die Kaiserin Maria Theresia mag rückwirkend auch auf den Autor ein neues Licht fallen lassen.

*

Anmerkung zur Literatur über die Kaiserin Maria Theresia: Neue Quellen wurden seit der Abfassung des Buches kaum erschlossen. Der Interessierte findet viele Literaturangaben in Hans Jessen, Friedrich der Große und Maria Theresia in Augenzeugenberichten, Düsseldorf 1965, und bei Max Braubach, Vom Westfälischen Frieden bis zur Französischen Revolution, Gebhardts Handbuch der deutschen Geschichte, Stuttgart 1970.